다부동지구 전선

제10연대 | 제11연대

← 팔공산　가산 901고지　다부동　674고지　천생산　유학산 제2능선 837고지

← 옥골

← 해평

6 · 25전쟁사

낙동강
제8권

6·25전쟁사

낙동강

제8권

전쟁일지	군사관련 법령	미국 및 UN 결의와 미 지상군 참전
지휘관 및 참모 프로필	남·북한군 창설 개요 및 군 주요지휘관
남북한 군사력 비교	지상군 장비	전쟁의 상처	참고 문헌

또 하나의 전쟁사

제8권은 압축된 또 하나의 전쟁사 개념으로 정리하였다.

첫째, 전쟁일지는 1945년 8월 15일 광복 이후부터 1950년 10월 1일 38선을 돌파할 때까지 기간으로 하고 6·25남침 이전의 국내 정세와 군사적 사항을 기술하여 전쟁의 배경을 개관하였고, 6·25남침 후에는 UN 및 미국의 움직임과 함께 전쟁의 경과를 파악할 수 있게 하였다.

둘째, 국방관련 법령 및 협정, 국군 사단 및 연대 창설 연혁과 북한군 창설 개황을 요약 정리하여 남북한 군제사(軍制史)를 개관하였다.

셋째, 6·25남침 후 서울과 도쿄에서 워싱턴으로 간 각종 전문과 서한, UN안전보장이사회 결의 및 UN총회 결의, 워싱턴의 결정 및 성명서 등을 실어 전쟁 초기 긴박했던 사정을 개관하였다.

넷째, 6·25남침 당시 38선 대치 전력, 낙동강 방어선 대치 전력, 북한군 9월 공세 및 연합군 공세 전환시 대치 전력을 비교 수록하였다.

다섯째, 주요 지휘관과 참모의 프로필을 전투 위주로 소개하여 당시 시대 상황과 함께 인물로 본 전사의 가치를 부여하였다.

여섯째, 남·북한군이 실전에 사용한 지상군 병장기를 소개하여 6·25전쟁에 동원된 무기류가 어떤 것인가를 살펴보았다.

제8권에 수록된 내용은 본 책의 내용에 따라 작성했다.

참고 문헌의 기술이 서로 다른 것은 함께 기술하여 비교되게 하였다.

2010년 12월 1일

류 형 석

낙동강 제8권
목차

또 하나의 전쟁사 5

전쟁일지 9

국방 관련 법령 및 규정 56
    군정법령 제28호(1945.11.13) 56 • 군정법령 제96호(1946.6.15) 56 • 국군조직법 57
    국방부직제 61 • 군인복무령 65 • 사병훈 66 • 국군 3대 선서 67 • 국군의 맹서 67
    각군 계급과 육군 군번 68 • 6·25 전쟁 때 계급장 70

본문 관련 협정 및 선언 72
    1. 대한민국 대통령과 주한 미군 사령관 간에 체결된 과도기에 시행될 잠정적 군사안전
      에 관한 행정 협정 72
    2. 조·중 상호 방위협정 74
    3. 미국의 대 '아시아' 대책(抄錄) 74
    4. 주한 미국 군사고문단 설치에 관한 한·미 협정 77
    5. 한미상호방위원조협정문 80
    6. 7·4 남북공동성명 82
    7. 남북공동선언문 84

북한군 남침에 따른 미국 및 UN의 대책 85
    1. 주한 미국대사가 미 국무부장관에게 보낸 전문보고 85
    2. 주 UN 미국부대표가 UN사무총장에게 보낸 서한 86
    3. UN한국위원단이 UN사무총장에게 보낸 전문보고 87
    4. UN안전보장이사회의의 공산침략행위 정지 명령에 관한 결의문 90
    5. 대한민국 국회가 미국 대통령 및 의회에 보낸 서한 92
    6. UN한국위원단이 UN사무총장에게 보낸 보고 93
    7. 미국 대통령 성명 94
    8. UN주재 미국대사가 UN안전보장이사회에서 행한 발언 95
    9. 한국군 군사지원에 관한 미국 대통령 성명 99

10. UN안전보장이사회의 한국 군사원조에 관한 결의문 102
　　11. UN사무총장이 미 국무부장관에게 보낸 전문 103
　　12. 맥아더가 한강전선을 시찰하고 워싱턴에 보낸 메시지 104
　　13. UN통합군사령부 설치에 관한 UN안전보장이사회 결의문 105
　　14. 한국군 작전지휘권 이양에 관하여 이 대통령과 맥아더 장군 간에 교환된 공한 106
　　15. 트루먼 대통령 "우리는 왜 한국에서 싸우고 있는가?" 109
　　16. 38선 돌파에 관한 UN총회 결의문 116
　　17. 맥아더 원수의 북한군 총사령관에 대한 항복권고문 118
　　18. 맥아더 원수의 두번째 항복권고문 119

남북한 대치전력 비교 · · · · · · · · · · · · · · · · · · 120
　　1950.6.24 현재 전력 120 • 낙동강 방어선에 전개된 피아 전력(8월 4일 현재) 139
　　9월 1일 현재 한·미 연합군 지상군 병력 현황 149
　　9월 중순 현재 피아 지상군 전력 151

피아군 조직 · 158
　　1950년 6월 25일 현재 국군 조직 158 • 미군 조직 163 • 북한군 조직 165

국군 사단 및 연대 창설 · · · · · · · · · · · · · · · · · 170
　　사단 창설 연혁 170 • 연대 창설 상황 178 • 편성관구 설치 181

북한군 창설 개황 · 183
　　인민군 창설 과정 183 • 보병사단 편성 186 • 제105기갑여단 편성 190

주요 인사 프로필 · 192
　　정·관계 및 군 외의 주요 인물 192 • 광복군 및 중국군 출신 198
　　일본육군사관학교 출신 215 • 일본육군사관학교 출신자 프로필 229
　　일본육군 학도병·지원병 출신 253 • 만주군 출신 277
　　특별 임관한 사람 292 • 임관 구분별 주요 인사 296 • 미군 지휘관 312

한강 전선에서 맥아더와 대화한 병사 · · · · · · · · · 321
　　국방일보 - 2004년 10월 20일 321 • 조선일보 - 2006년 6월 24일 보도 322
　　육군(격월간지) 2007년 5·6 No.287 보도 323 • 육군 반론 기고문 325
　　국방일보 정정보도 327 • 끝내 정정을 거부한 조선일보 328
　　맥아더를 만난 사람은 누구인지 확인되지 않았다 - 조선일보에 보낸 의견서 329

지상군 장비 · 338
　　통신 장비 338 • 연합군 병장기 353 • 북한군 병기 365

참고 자료 372
　　6·25전쟁 기간 중에 유통된 화폐와 발매된 담배 372
　　6·25전쟁 중 인명 손실 373 • 국군 및 UN군 참전 상황 374
　　국군 및 미군 사단급 이상 부대 휘장 375 • 중요 현충시설 377

전투 상황도 387
　　미국의 극동방위선 387 • 남·북한군 38선 대치상황도 (1950년 6월 24일) 388
　　북한군남침 상황도(6월 25일) 384 • 1950년 7월 13일 현재 전선 390
　　낙동강 방어선(1950년 8월 3일) 391 • 북한군 침공 경과도(38선~낙동강) 392
　　낙동강 방어선 9월 공방전 상황도 393
　　연합군 반격작전 상황도(1950년 9월 16일~30일) 394

전쟁이 할퀸 상처(화보) 395

참고 문헌 413

전쟁일지

1945. 8. 15~1950. 10. 1 (주황색은 북한측 상황)

1945. 8. 15 　일본 항복
　　　　　　　낮 12시 일본 천황이 라디오 방송을 통하여 항복 조서 발표
1945. 8. 17 　38°선 분할안을 연합군최고사령부 일반명령 첨부서 일반명령 제1호로 소련에 통보. 소련수상 스탈린 '의의 없음'을 회보
1945. 8. 18 　소련 점령군선발대 원산(元山)에 입항
1945. 8. 21 　소련군 1개 여단 병력 원산 상륙. 다음 날 함흥 진주
1945. 8. 20 　맥아더 사령관이 일본 전권대사 가와베 도라사부로(河邊虎四郞)를 마닐라로 불러 앞 일반명령 제1호 전달
1945. 8. 22 　일본 정부는 일반명령 제1호에 따라 38°선 이북은 소련군에게, 그 이남은 미군에게 항복하도록 조선 총독에게 전문 지시
1945. 8. 23 　소련군은 함흥 주둔 일본군 제34군사령부에서 일본군 제17방면군참모부장 나가구보(長久保萬雄)와 일본군 무장해제에 관한 협의
　　　　　　　도청 간부들과 행정권 접수에 관한 교섭
1945. 8. 24 　평양에 있는 평안남도 도청에 소련군사령부 설치
　　　　　　　소련군 북한 진주 병력 125,000명.
　　　　　　　주둔군사령관 이반·치스챠코프 대장, 군정책임자 로마넹코 소장
　　　　　소련군정 철도남행중단 조치
　　　　8. 24 　경원선(서울~원산)은 원산에서 전곡까지 운행
　　　　8. 25 　경의선(서울~신의주)은 신의주에서 신막(新幕)까지 운행
　　　　8. 26 　토해선(토성~해주)과 사리원선(사리원~해주) 운행 중단
1945. 9. 2 　① 연합국 최고사령부 명령 제1호 발표. 38선 획정
　　　　　　　첨부서 일반명령 제1호(1945. 9. 2) 한국에 관한 요지
　　　　　　　　• 만주, 38°선 이북의 한국, 화태(樺太-가라후도)에 있는 일본군 선임 지휘관과 육상·해상·항공 부대는 소련 극동군사령관에게 항복하라.

	• 38°선 이남의 한국에 있는 일본군 선임 지휘관과 육상·해상·항공 부대는 미 합중국 태평양육군최고사령관에게 항복하라.
	② 맥아더 원수 미주리 함상에서 일본 항복 조인식 거행
1945. 9. 6	건국준비위원회 인민공화국 수립을 선포
1945. 9. 8	하지(John R. Hodge) 중장이 지휘하는 미군 제7수륙함대 함정 25척이 인천항에 입항하여 월미도에 상륙 개시
1945. 9. 9	① 미군 선견대 장갑차 11대를 앞세우고 서울에 진주. 이어서 오후에 5~6백 명이 중앙청 광장에 진출하여 야영에 들어 갔다.
	② 하오 3시 45분 조선총독부 회의실에서 남조선 진주군 사령관(제24 군단장) 하지 중장은 일본 고쓰키(上月良夫) 제17방면군사령관, 야 마쿠치(山口儀三) 진해경비부사령관, 아베(阿部信行) 총독으로부터 항복 문서에 서명을 받고 군정에 들어가다.
1945. 9. 11	군정장관에 미 제7사단장 아놀드(Archibald V. Arnold) 소장 취임
	미 제7사단은 제일 먼저 한국에 진주했다.
1945. 10. 10	① 김일성이 소련군과 함께 평양에 온 것으로 알려졌다.
	② 아놀드 군정장관 인민공화국 부인 성명
1945. 10. 13	김일성 환영대회가 평양에서 열렸다.
1945. 10. 14	평양공설운동장에서 평양시 민중대회가 열렸다.
	김성주(金聖柱)가 김일성으로 둔갑하여 그 모습을 나타냈다. 군중은 가짜 김일성에 허탈해 했고, 이후 가짜 김일성 소문이 퍼졌다.
1945. 10. 16	이승만 박사 귀국
1945. 10. 21	북한 새로운 군사 조직으로 2,000명 규모의 보안대 조직하고 자위대와 적위대, 치안대를 해산했다.
1945. 10. 24	국제연합(UN-United Nations) 창설
1945. 10. 25	북한 항공대 창설(북한 공군의 모체)
1945. 11. 초순	북한 각 도 인민위원회에 보안부와 대대 규모의 보안대 편성
	시·군 단위에 보안서와 중대 규모의 보안대 편성

1945. 11. 13 군정 법령 제28호 공포
미 군정청에 군사 업무와 경찰 업무를 통할하는 국방사령부 설치
국방사령부에 군사국과 경무국을, 군사국에 육군부와 해군부를 두게 하여 군대 창설 근거 마련

1945. 11. 19 ① 북한, 북조선행정국 설치. 평안남도인민위원장 조만식이 위원장 겸임
② 북한 보안기관을 총괄하는 보안국을 설치
국장에 김일성 그룹의 장로격 존재인 최용건(崔庸健) 취임
보안국에 총무, 보안, 경비, 감찰부를 두었다.
보안부는 각 도 인민위원회 보안부와 시도의 보안서를 관장하여 민간 치안을 담당한다.
경비부는 각종 보안대, 철도경비대, 수상보안대와 보안국 산하의 무장 세력을 총괄하는 사령부 기능을 수행
1950년 5월 현재 보안대 병력 5만 여 명

1945. 12. 5 군사영어학교 설치(서울 냉천동 감리교 신학교 건물)
미군 지휘관의 통역관 양성을 목적으로 정원 60명 책정

1945. 12. 16 미국 번즈 국무부장관, 영국 베반 외무상, 소련 모로토프 외무상이 모스크바에서 3상회의 개최

1945. 12. 27 모스크바 3상회의 한국에 대한 5개년 간 신탁통치안 발표
전국 각지에서 신탁통치반대운동이 요원의 불길처럼 일어났다.

1945. 12. 28 임시정부를 중심으로 '신탁통치반대 국민총동원위원회' 결성
위원장에 권동진, 부위원장에 안재홍, 김준연 선출
거족적인 신탁통치반대운동 전개

1945. 12. 29 임시정부 주석 명의 신탁통치 절대반대 서한 4개 연합국에 발송

1945. 12. 30 좌익계 단체 소위 '반파쇼(fascio) 공동투쟁위원회' 조직
위원장 홍명희, 부위원장 홍남표, 김태준 선임
반파쇼 투쟁으로 반탁투쟁 전개. 신탁통치 절대 반대 표명

1945. 12. 31 임시정부와 인민공화국 행동 통일을 모색하기 위한 교섭

1946. 1. 2 조선공산당중앙위원회 찬탁성명서 발표
"이번 모스크바 결정은 금일 조선을 위하여는 가장 정당한 것이라고 우리는 인정한다. 3국의 우의적 원조와 협력(신탁)을 흡사 제국주의적 위임통치제라고 왜곡하는 소위 반신탁통치운동은 조선을 위하여 극히 위험천만한 결과를 나타낼 것은 필연이다."는 궤변을 늘어 놓으며 하루 아침에 반탁에서 찬탁으로 돌변했다.

1946. 1. 3 이날 서울운동장에서 좌·우 공동으로 반탁시민총궐기대회를 열기로 계획되어 있었으나 공산당은 찬탁시민대회를 개최하고, 반탁 철시 시위를 방해하였으며 연합국에 찬탁 전문 발송 등 행동 개시

1946. 1. 4 ① 조선인민공화국 중앙인민위원회 명의로 모스크바 3상회담 결정 지지 결의 발표
② 제2대 군정장관 러치 소장 취임
아놀드 소장은 미·소공동위원회 미국 측 수석대표로 전임

1946. 1. 5 북한 조만식 선생 고려호텔에 감금

1946. 1. 6 북한 신탁통치지지 평양시민대회 개최

1946. 1. 7 '반탁학생 총연맹' 결성
위원장에 고려대학교 학생회장 이철승(李哲承) 선출
'신탁통치배격', '적구소탕(赤狗掃蕩)'의 기치를 내걸고 조직적이고 대대적인 반탁운동 전개

1946. 1. 10 제1회 UN총회 런던에서 개최

1946. 1. 11 북한 각 도 단위로 철도보안대 창설. 본부를 평양에 두다.
명목상으로는 철도시설 경비가 그 임무이나 실상은 정규군으로 발전시킬 계획하에 편성하였다.

1946. 1. 14 국방경비대 창설. 정원 25,000명 규모의 경찰예비대

		임시사무소 중구 예장동 구 일본군헌병사령부 자리
1946.	1. 15	① 제1연대 창설. 주둔지 태릉. 현 육군사관학교 자리
		② 박헌영 한국 신탁통치 후 소비에트연방 편입 주장(뉴욕타임즈 보도)
1946.	2. 7	제1연대 구내에 남조선국방경비대총사령부 설치
		초대 사령관 미군 마샬(Marshall) 중령 취임
1946.	2. 8	북한 진남포 동쪽에 있는 도학리(島鶴里)에 평양학원을 설치하고 정치, 군사간부를 양성하기 시작. 제2군관학교의 전신이다.
1946.	2. 9	북한 당과 행정의 2원 체제를 통합한 북조선임시인민위원회를 설치하고 김일성이 위원장에 취임. 1인 지배체제가 구축되었다.
1946.	2. 14	대의기관으로 민주의원 결성. 군정자문기구로 국회 기능 수행
		의장에 이승만, 부의장 김규식(金奎植)과 김구(金九) 선출
1946.	2. 22	남조선국방경비대 한국인 사령관에 원용덕 참령(소령) 임명
		미군과 한국군이 복수사령관으로 임명되었다.
1946.	3. 1	3·1절 기념행사 좌·우 분리 개최. 우익 서울운동장, 좌익 남산
1946.	3. 20	제1차 미·소공동위원회 개최
		모스크바 3상회담에서 결정한 한국에 대한 신탁통치안을 처리하기 위하여 덕수궁 석조전에서 미·소공동위원회가 시작되었다.
		미국 수석대표 아놀드 소장, 소련 수석대표 스티코프 중장
1946.	3. 29	미군정청 국방사령부를 국방부로 개칭
1946.	3. 30	군사영어학교 폐교. 수료생 110명 장교 임관
1946.	4.	남조선국방경비대 제2대 사령관 미군 바로스(Barros) 중령 부임
1946.	5. 1	국방경비사관학교 창설. 초대교장 이형근 참령 보임
		제1기생 50명 입교
1946.	5. 3	북한 점령 소련군 주민 38선 왕래 금지
		북한 주민의 월남이 늘어나자 소련군은 38°선 요소요소에 진지를 구축하고 경비병을 배치하여 남북으로 왕래하는 주민들을 통제하기 시작

1946. 5. 6 　미·소공동위원회 결렬. 다음 날 소련 대표 평양으로 철수
1946. 5. 15 　미 군정청 조선정판사 위패 사건 발표

　　　　　　조선정판사 사장 박낙종(朴洛鍾)은 1945년 10월부터 이듬해 4월까지 수차례에 걸쳐 조선은행권 100원 권 지폐 1천 200백만 원을 위조하여 조선공산당 재정부장 이관술(李觀述)에게 제공했다.

1946. 5. 23 　① 미군정 38°선 월경(越境) 금지

　　　　　　② 제1연대 제1대대 소요 사건 발생

　　　　　　영등포에 있는 보급중대에서 보급품(양말 20만 족)을 부정 처분한 사건이 일어났다. 사병들은 연병장에 모여 주모 장교를 찾아내라는 것과 사이비 장교는 물러가라고 요구했다.

　　　　　　㉮일부 장교들은 고급하사관을 인격적으로 대해 주지 않고, 구 일본식의 야만적인 지휘를 하였고,

　　　　　　㉯일부 좌익계 중대장은 신상을 파악한다는 이유로 밤중에 취침중인 대원을 하나씩 불러 좌익 사상을 고취하였다.

　　　　　　이러한 요인이 축적되어 벌어진 하극상(下剋上) 사건이다.

　　　　　　미군이 출동하여 사태를 수습하고 주동자를 체포하여 군정재판에 회부했다. 보급품을 부정 처분한 두 장교를 파면하였고, 대대장 채병덕 참령은 특별부대사령관으로, 주번사령 겸 선임중대장 정일권 정위는 제4연대 대대장으로 전임했다.

1946. 6. 14 　남조선국방경비사관학교를 조선경비사관학교로 개칭
1946. 6. 15 　군정법령 제86호 공포. 군정법령 제28호에 규정된 국방사령부를 국내경비부로 개칭하고 군사국(육군부·해군부) 폐지

　　　　　　국내경비부에 조선경비국과 조선해안경비국 설치

　　　　　　법령상 명칭 국내경비부를 구한말 군사기구인 통위부로 호칭하고, 남조선국방경비대를 조선경비대, 해방병단을 조선해안경비대로 개칭

　　　　　　조선경비대 총사령관 원용덕 참령 연임

1946. 6. 22 　광복군 이범석 장군 일행이 환국

1946. 7. 8 북한 평안남도 강서군 성암면(城岩面) 대안리(大安里) 구 조선철강 자리에 중앙보안간부학교 설치(제1군관학교 전신)

평양학원은 정치·군사간부 양성기관으로 설립하였다가 군사간부 양성기관으로 중앙보안 간부학교가 설립되면서 정치간부 양성기관으로 변신

1946. 7. 13 ① 철도보안대를 북조선철도경비사령부로 개칭하고, 예하에 4개 대대(13개 중대 3,000명 규모) 규모로 확대 개편

장차 정규군 편성에 대비하여 나남(羅南)과 개천(价川)에 철도 경비대 훈련소를 설치하고 대규모 대원을 모집하여 훈련 실시하였다.

② 38선 경비 임무를 맡을 38경비보안대(대대급)를 사리원에 창설

1946. 7. 31 '전국학생총연맹(약칭 학련)' 결성. 위원장에 이철승을 선출

학련의 눈부신 활동으로 반탁운동은 요원의 불길처럼 전국으로 번져 열화같은 시위가 하루도 그치지 않았다.

1946. 8. 15 북한 보안간부훈련대대부를 창설하고 철도경비사령부를 흡수하여 훈련 제3소로 개편한 후 신병 양성에 주력

보안간부훈련대대부는 1947년 5월 17일까지 존속하면서 9개월 동안 막대한 병력을 증강시키고 군사시설을 확장했다.

1946. 8. 24 남조선과도 입법의원(立法議院) 창설

입법의원은 통일정부가 수립될 때까지 입법 기능을 수행했다.

1946. 9. 6 미 군정청, 공산당을 대변하여 온갖 선동을 일삼는 서울의 조선인민보, 현대일보, 중앙신문과 지방의 호남일보, 동광(東光)신문, 남선(南鮮)신문 정간 처분

1946. 9. 7 서울시내에 비상경계령과 함께 박헌영(朴憲永), 이주하(李舟河), 이강국(李康國) 등 공산당 간부에 대한 체포령을 내리고 시내 경찰을 총동원하여 체포에 나섰다.

이 체포령으로 공산당의 활동은 금지되었고, 공산당의 선동과 파괴행위를 제재할 수 있는 계기가 마련되었다.

1946. 9. 21 통위부장에 임시정부참모총장 류동열(柳東悅) 취임

1946. 9. 28　조선경비대 한국인 사령관대리 이형근 참령 임명
1946. 10. 1　대구 폭동 사건 발생

대구역전 광장에서 철도노동자의 파업 시위가 있었다. 시간이 흐르면서 동정 파업하는 사업체가 늘어나 13시 현재 시위 군중은 약 1만 5천여 명에 이르렀고, 시위가 과격해지자 남로당이 개입하여 분위기를 험악하게 끌고 갔다. 위압적인 분위기에 위기를 느낀 경찰관이 군중을 해산하는 과정에서 공포를 발사했고, 군중은 해산하였으나 밤사이에 경찰관이 발포하여 사람이 죽었다는 말이 퍼져 나갔다.

다음 날 대구의과대학생이 실습용으로 보관하고 있는 시체를 들것에 실고 나와 어제 경찰관이 사살한 근로자라고 선동하면서 소위 시체 데모를 벌였고, 흥분한 군중을 선동하여 대구경찰서를 접수했다. 이후 시내는 며칠 동안 무법천지가 되어 약탈, 파괴, 살인이 거침없이 자행되었다.

대구 폭동 사건의 여파는 대구 주변 지역으로 확산되어 갔다. 영천, 칠곡, 성주, 고령, 선산, 군위, 의성경찰서가 점령당하여 많은 화를 입었고, 상주, 문경, 예천, 안동, 봉화, 영주, 영양, 청송, 영일, 영덕 등 경찰서가 습격당했으며 많은 경찰지서가 폭도들에게 점령되었다.

예외 없이 건물 파괴, 무기탈취, 인명살상 등의 만행이 자행되었다.

1946. 10.　제3연대장 배척 사건 발생

1946년 10월 제3연대장 김백일 정위가 연대주둔지 이리에서 결혼식을 올렸는데 결혼비용으로 150만원을 썼다는 유언비어가 돌았다. 고급하사관이 중심이 되어 연대장 배척 사건이 일어났다. 연대 사병들이 연병장에 모여 '레이션을 처분하여 결혼식 비용에 썼다.', '예산을 횡령했다.'고 항의하면서 소란을 일으켰다. 사실이 아님이 밝혀졌지만 지휘책임을 물어 김백일 연대장은 부연대장으로 강임되었다.

군 내에 침투한 남로당 조종에 의하여 일어난 사건임이 밝혀졌다.

1946. 12. 12　남조선과도입법의원 개원. 의장에 김규식 선출
1946. 12. 23　조선경비대 총사령관 송호성 중령 취임

송호성은 광복군 참모총장 출신이다. 재임 중 대령 진급 한국군 단독사령관으로 전임(專任)했고, 미군사령관 바로스 중령은 조선경비대총사령부 고문관으로 전임(轉任)했다.

1947. 1. 1 북한군 일제 무기를 소련제로 교체
1947. 2. 5 민정장관에 안재홍(安在鴻) 임명
1947. 2. 29 제2연대장 부정·불은 사건 발생
군내 남로당 거물 세포 연대장 김종석(金鍾碩) 중령이 같은 남로당계인 군수참모 이상진(李尙振) 소령과 결탁하여 군수품을 부정 처분하였다. 확인된 횡령 금액이 2천만 원이었고, 그 중 5백만 원을 남로당에 제공한 것으로 경찰에서 확인했다.　　　　　　　　　　▶ 오동기 소령 프로필 참조
1947. 3. 20 각 도 1개 연대씩 총 9개 연대 창설 완료　▶ 다음 연대 창설 상황 참조
1947. 4. 5 ① 북한 주둔 소련군사령관 치스챠코프 대장 해임. 후임에 코로토프 중장 부임
② 제8연대 제3대대장 구타 사건 발생
▶ 본 책 제2장 제3절 「4. 채병덕 육군총참모장」, '남로당세포의 대대장 폭행을 두둔' 참조
1947. 5. 17 ① 북한 보안간부훈련대대를 인민집단군으로 개편하고 총사령관 최용건 임명.
② 철도보안대대를 창설하여 철도경비 담당
③ 평양학원 항공중대를 비행연대로 승격 개편
1947. 5. 　 북한 진주 소련군 제25군예하 제10기계화사단이 평양 사동(寺洞)에 주둔하여 북한군 각 부대에서 선발한 400명에게 전차 승무원 훈련을 실시하였다.
1947. 5. 21 제2차 미·소공동위원회 재개
1947. 6. 1 제4연대 영암 군경충돌사건 발생
일요일 외출한 사병과 신북지서 주임 간에 사소한 말다툼이 일어났다. 말

다툼을 한 사병을 경찰관이 수갑을 채워 경찰서로 연행하였고, 이 사실을 목격한 외출 사병이 귀대하여 대대에 알렸다. 제1대대 사병 300여 명이 7대의 트럭을 타고 경찰서로 진출하였고, 이를 저지하기 위한 경찰과 대치한 상태에서 간헐적인 총격전이 벌어졌다. 후속한 연대장(이한림 소령)이 경비대의 사격을 중지시키고, 영암군수의 협조를 얻어 함께 경찰서로 들어가는데 경찰관이 연대장을 조준 사격하여 연대장 호위병 1명이 전사하고, 1명이 부상하였다.

전라남도경찰국에서 정내혁(丁來赫) 경감이 지휘하는 기동대가 영암경찰서를 지원하기 위하여 출동하는 사태로 확대되었다. 그러나 정내혁 경감과 이한림 연대장은 같은 학병 출신인데다가 군사영어학교를 같이 나온 지기이어서 사태가 확대되지 않았다.

연대장 및 경찰서장과 양측 고문관이 회합하여 사태를 수습했다.

경찰은 연대장을 체포하겠다고 만용을 부린 경비대 출신 모 경사를 경위로 특진시켰고, 많은 경찰관을 진급시켜 경비대의 빈축을 샀다.

1947. 6. 16	북한 해안경비간부학교 창설
1947. 7. 1	북한 38° 선 경비를 강화하기 위하여 38경비보안대를 기간으로 사리원에 2,000명 규모의 38경비대를 조직

1946년 중반 38선경비임무를 위하여 김창봉(金昌鳳)을 대대장으로 하고, 38경비보안대를 사리원에서 창설했었다.

1947. 7. 10	제2차 미・소공동위원회의 사실상 결렬
1947. 9.	북한 철도보안대대를 보강하여 철도보안여단으로 확대 개편
1947. 9. 17	마샬 미 국무부장관 한국 문제를 UN총회에 정식 상정 제의
1947. 9. 23	① UN총회 한국 문제 상정을 가결
	② 마샬 국무부장관 한국정부 수립 후 90일내에 미군 철수 발표
1947. 10. 20	미・소공동위원회 사무 정지
1947. 10. 30	① 미 군정장관 러치 소장 경질. 후임에 윌리엄 딘 소장 임명
	② UN총회 한국에 UN한국위원단 파견 가결

1947. 11. 14 UN총회 UN한국위원단설치안 및 한국정부 수립 후 미·소 양군 철수안 등 결의안 채택
1947. 12. 1 조선경비대 제1, 2, 3여단을 서울, 대전, 부산에 각각 창설
제1여단장 경비대 총사령관 송호성 대령 겸임
제2여단장 원용덕 대령
제3여단장 이응준 대령
1947. 12. 18 소련 외상 그로미코 UN한국위원단 파견을 거부
1947. 12. 북한군 최초의 전차부대 제203독립교육전차연대를 창설하고 전차병 교육 실시

1948. 1. 북한 각 지역에 분산되어 있는 38경비대를 통합하여 38보안여단을 편성하고 사리원(沙里院)에 본부를 두다.
1948. 1. 7 서울 용산에서 제7여단 창설. 여단장 이준식 대령
1948. 1. 8 UN한국위원단 서울 도착
1948. 1. 9 소련군정 UN한국위원단 입북 거부
1948. 2. 8 북한 인민군 창설 선포. 인민집단군을 인민군으로 확대 개편
인민군총사령관에 인민집단군총사령관 최용건 임명
정규 전투사단 4개 사단 보유 ➡ 사단연혁 참조
1948. 2. 26 UN총회 한국 선거 가능한 지역에서만 실시하겠다는 결의안 채택
1948. 3. 1 한국점령군 사령관 하지 중장, 남한 총선거 실시 발표
1948. 3. 12 UN한국위원단 선거가능지역 선거안 가결
1948. 4. 3 제주도반란사건 발생
남로당 제주도지구총책 김달삼(金達三)이 인민유격대(인민해방군이라고도 한다) 총사령관이 되고, 일본군 학병 출신 이덕구(李德九, 32세)가 특별경비대장이 되어 정예무장병력 500여 명과 이에 부화뇌동(附和雷同)한 1,000여 명을 규합하여 총 1,500여 명의 병력으로 반란을 일으켰다.

제주도에는 일본군 제17방면군 예하 제58군 소속 제96, 제111, 제121 3개 사단과 독립혼성 제108여단 등 병력 총 60,000여 명이 본토 결전 태세를 갖추고 있다가 패전과 더불어 무기를 매몰하고 철수하였다. 이들 공산반란군은 일본군이 매몰한 무기를 수집하여 무장하고 팔로군 출신이 훈련을 담당하여 오랜 기간 유격전 채비를 해 온 정규군 수준을 능가하는 무장조직이었다.

제주도 반란사건 일지

- **4. 5** 경찰 제주도 비상경비사령부 설치
  사령관 경무부 공안국장 김정호(金正晧) 경무관 임명
  각 도에서 1개 중대씩 계 8개 중대 1,700명 투입
  이후 본토에서 경찰병력 증원. 제주경찰서 관하 대정(大靜), 성산(城山) 지서를 경찰서로 승격시켜 기존의 제주, 서귀포와 함께 4개 경찰서가 반란군 진압작전 실시
- **4. 17** 제주도 주둔 국방경비대 제9연대 투입. 연대장 김익렬 중령
- **5. 3** 연대장 김익렬 중령, 김달삼과 협상한 책임을 물어 해임
  김익렬 연대장은 같은 학병 출신인 김달삼을 귀순시키기 위하여 협상하였다고 한다. 그러나 아무런 성과가 없었고 오히려 진압작전에 미온적이라는 비난을 받았다. 후임에 박진경 중령 임명
- **5. 15** 제11연대 진압작전 투입
  제9연대를 제11연대에 폐합하고 박진경 중령을 제11연대장에 임명. 연대장 박진경 중령. 대령 진급
- **6. 18** 연대장 박진경 대령이 제3중대장 문상길(文相吉)의 지령을 받은 사병에 의하여 피살. 후임에 최경록(崔慶祿) 중령 임명
- **7. 23** 제9연대를 재편성. 연대장 제11연대 부연대장 송요찬(宋堯讚) 중령 임명. 제9연대 12월 29일까지 진압 작전을 폈다.
- **12. 29** 제2연대 토벌 작전. 연대장 함병선 대령
- **1949. 3. 2** 제주도지구전투사령부 설치. 토벌 작전전개. 사령관 유재흥(劉載興) 대령
- **5. 15** 토벌 작전 종결
- **5. 18** 제주도지구전투사령부 해체
- **8. 13** 독립 제1대대 투입 12. 28까지 잔적 소탕 및 민심 수습
- **12. 28** 해병대사령부 투입. 1950. 6. 25까지 잔적 소탕 및 민심 수습

1948. 4. 19~26　평양에서 전조선 정당사회단체대표자연석회의 개최
　　　　　　　소위 남북협상이다. 남쪽에서 김구, 김규식 등 참석
1948. 4. 27~30　남·북조선 제정당사회단체지도자협의회 개최
　　　　　　　지도자협의회 참석자
　　　　　　　　　남쪽 김구, 김규식, 조소앙(趙素昻), 조완구(趙琬九), 홍명희(洪命憙),
　　　　　　　　　　이극로(李克魯), 엄항섭(嚴恒燮) 이상 우익.
　　　　　　　　　　허헌(許憲), 박헌영(朴憲永), 백남운(白南雲) 이상 좌익.
　　　　　　　　북쪽 김일성, 김두봉(金枓奉), 최용건(崔庸健), 주영하(朱寧河)
　　　　　　　　협의회 기간 중에 김구, 김규식과 북쪽의 김일성, 김두봉의 4자회담을 가
　　　　　　　　졌으나 별다른 정치적인 결정은 얻어내지 못했다.
　　　　　　　남쪽 참석자는 ① 남한에 대한 송전 계속
　　　　　　　② 연백수리조합 개방
　　　　　　　③ 조만식 선생 월남 허용 등을 김일성에게 요청
　　　　　　　①, ②는 수락하고 ③은 합의를 얻지 못했다.
1948. 4. 29　제4여단과 제5여단을 경기도 수색 제1여단 구내에서 창설
　　　　　　제4여단장 채병덕 대령. 제5여단장 김상겸 대령 임명.
1948. 5. 1　제10~제12연대 창설
　　　　　　제10연대 강원도 강릉. 연대장 백남권(白南權) 소령
　　　　　　제11연대 경기도 수원. 연대장 박진경(朴珍景) 중령
　　　　　　제12연대 전라북도 군산. 연대장 백인기(白仁基) 중령
1948. 5. 4　제13~제15연대 창설
　　　　　　제13연대 충청남도 온양. 연대장 이치업(李致業) 중령
　　　　　　제14연대 전라남도 여수. 연대장 이영순(李永純) 소령
　　　　　　제15연대 경상남도 마산. 연대장 조암(趙岩) 중령
1948. 5. 5　남북협상 남쪽 대표단 서울로 돌아오다.
　　　　　　　홍명희는 북에 남아있다가 북한정권이 수립되었을 때 부수상이 되었다.
1948. 5. 10　UN한국위원단 감시하에 남한 총선거 실시

		인구 10만 명당 1명의 비율로 재헌국회의원 200명을 선출
		당시 한국의 인구는 약 3천만 명이었다. 남한 의석 200석을 선출하고 북한 몫 100석은 통일된 후에 선출하기로 하고 유보했다.
1948.	5.	북한군 전차부대 창설. 제105전차대대로 보인다.
1948.	5. 14	북한 남한에 송전 중단
		남한 모든 공장 가동 중단. 암흑세계가 되었다.
1948.	5. 31	제헌국회 개원
		의장 이승만, 부의장 신익희(申翼熙), 김동원(金東元) 선출
1948.	6. 초순	북측 제2차 남북협상 제의
		6월 29일부터 7월 5일까지 평양에서 제2차 남북 제정당 사회단체 지도자협의회를 개최한다고 발표.
		김일성, 김두봉은 김구, 김규식에게 서신을 보내 '해주에서 급속한 회담을 가지고자 하니 해주까지 월북할 것을 요망' 통보
		김구, 김규식은 '현재 여건이 4월 입북 때와는 변화가 많아 입북이 불가능하고, 서신만으로는 이해가 잘 안 되니 북한에 남아 있는 홍명희 동지를 보내서 요건을 상의하도록 해주기를 바란다.'고 회신.
		홍명희는 오지 않았고, 북측은 '선거를 실시하여 정부를 수립하게 되었으니 이에 호응해 달라.'는 요지의 회신을 했다.
1948.	6. 7	북한 진주 소련군사령관 경질. 미크로프 소장 신임
1948.	7. 1	국회에서 국호를 대한민국으로 결정
1948.	7. 17	헌법과 정부조직법 공포. 정부 조직 12부 4처 66국으로 결정
		통위부가 국방부로 개칭되었다.
1948.	7. 20	국회에서 정·부통령 선거
		대통령에 이승만 박사, 부통령에 이시영 선생 당선
1948.	7. 24	북한 새 국기 제정 발표. 소위 인공기로 불리는 인민공화국기다.
1948.	8. 2	대한민국 정부 조각 발표. 각료 임명은 3일까지 이어졌다.
		국무총리 이범석(李範奭) 내무부장관 윤치영(尹致暎)

외무부장과	장택상(張澤相)	국방부장관	이범석(겸임)
재무부장관	김도연(金度演)	법무부장관	이 인(李仁)
문교부장관	안호상(安浩相)	농림부장관	조봉암(曺奉岩)
상공부장관	임영신(任永信)	사회부장관	전진한(錢鎭漢)
보건부장관	구영숙(具永淑)	교통부장관	민희석(閔熙錫)
무임소장관	이윤영(李允榮)	무임소장관	지청천(池靑天)
총무처장	김병연(金炳淵)	공보처장	김동성(金東成)
법제처장	유진오(兪鎭午)	기획처장	이순택(李順澤)
심계원장	명제세(明濟世)		
고시위원장	배은희(裵恩希)	감찰위원장	정인보(鄭寅普)

국방부장관 이범석은 광복군 참모장, 참장 출신이다.

- 1948. 8. 5 대법원장 김병로(金炳魯) 국회 인준
- 1948. 8. 15 대한민국 정부수립 선포. 하지 중장 미군정 종식 선언
- 1948. 8. 16 통위부 참모총장에 채병덕 제6여단장 임명

    국군조직법이 제정되지 아니하여 그 전 명칭을 그대로 사용

- 1948. 8. 19 최용덕(광복군 총무처장, 참장출신. 공군창설간부, 국군 중위) 국방부 차관 취임
- 1948. 8. 24 주한 미군사령관에 콜터 소장 임명
- 1948. 8. 25 북한 최고인민회의 대의원 선거 실시

    대의원의 총 수는 인구 5만 명당 1명의 비율로 전국에 572명을 책정하고 북한에 212명, 남한에 360명의 의석을 배정

    북한은 212개 선거구에서 공산주의 방식에 의한 선거를 실시하여 등록된 유권자 452만 6,065명의 99.97%가 투표를 했고, 투표자의 98.49%가 민주주의민족통일전선이 추천한 단일 후보자에게 찬성표를 던졌다고 발표하였다. 흑과 백의 투표함 두 개를 놓고, 찬성은 백함(白函), 반대는 흑함(黑函)에 투입하는 소위 흑백 투표다.

    '남조선인민대표자회의주석단' 보고에 의하면 남조선유권자 총 수 868

만 1,746명 중 77.5%에 해당하는 676만 2,407명이 비밀지하투표에 참가하여 1,080명을 대표자로 선출하여 선거인단을 구성하였고, 그 중 1,002명이 북한에 위치한 38선 접경도시 해주에 집결하여 8월 21일부터 26일까지 사이에 '남조선인민대표자대회'를 열고 남한을 대표하는 최고인민회의 대의원 360명을 선출하였다고 했다. 여기에 제주도 반란주동자 김달삼이 참석했다.

1948. 8. 26 대한민국 대통령과 주한미군사령관 간 '과도기에 시행될 잠정적 군사안정에 관한 행정 협정'을 체결하고, 대한민국헌법에 의하여 대통령에게 국군통수권을 이양하였다.(8월 24일 효력 발생)

1948. 9. 1 조선경비대와 조선해안경비대 대한민국 국군으로 편입

1948. 9. 5 조선경비대는 육군으로, 조선경비대총사령부는 육군총사령부
조선해안경비대는 해군으로 그 총사령부는 해군총사령부로 개칭
육군총사령관에 조선경비대총사령관 송호성 대령 연임
해군총사령관에 조선해안경비대총사령관 손원일 대령 연임
조선경비사관학교를 육군사관학교로 개칭

1948. 9. 9 북한 '조선민주주의인민공화국' 수립 선포

수 상	김일성(金日成)		
부수상	박헌영(朴憲永), 김책(金策), 홍명희(洪命憙)		
국가계획위원장	정준택(鄭準澤)		
민족보위상	최용건(崔庸健)	국가검열상	김원봉(金元鳳)
외무상	박헌영(겸임)	내무상	박일우(朴一禹)
산업상	김 책(겸임)	농업상	박문규(朴文圭)
교통상	주영하(朱寧河)	재정상	최창익(崔昌益)
교육상	백남운(白南雲)	체신상	김정주(金廷柱)
사법상	이승엽(李承燁)	문화선전상	허정숙(許貞淑)
노동상	허성택(許成澤)	보건상	이병남(李炳南)
도시경영상	이 용(李鏞)	무임소상	이극로(李克魯)

1948. 9. 진남포에 있는 보안대대를 강원도 철원으로 이동하여 2개 대대를 추가 편성하고, 합계 3개 대대로 강원 지역 38선 경비 담당

1948. 10. 19 여수·순천 반란사건 발생

제주도 반란사건 진압차 출동하는 여수 주둔 제14연대에서 반란이 일어났다. 연대 인사계 지창수(池昌壽) 상사가 총지휘하고, 김지회(金智會), 홍순석(洪淳錫) 두 중위가 동조하여 반란을 일으켰다.

전 연대가 반란에 가담했고, 지역공산당이 가세하여 순식간에 여수와 순천 일대가 반란군에 점령되는 초유의 비상사태가 발생했다. 여수를 석권한 1개 대대는 광양, 구례, 곡성, 남원을 거쳐 전주로 지향했고, 순천을 석권한 1개 대대는 벌교, 보성, 화순, 광주, 이리로 진출을 기도했다.

여수·순천반란사건 일지

10. 21 호남방면전투사령부 설치. 사령관 육군총사령관 송호성 준장 임명
제2여단(원용덕 대령), 제5여단(김백일 대령), 비행대(김정렬 대위, 연락기 10대), 수색대(姜珌遠 대위) 배속

10. 22 여수·순천 지역에 계엄령 선포

10. 27 진압군 여수 탈환

10. 30 호남방면전투사령부를 남부와 북부로 구분하여
남부 지구는 순천에 두고 제5여단장 김백일 대령이,
북부 지구는 남원에 두고 제2여단장 원용덕 대령이 각각 지휘

1949. 3. 1 호남방면전투사령부 분할
호남지구전투사령부 광주에 위치, 사령관 원용덕 준장
지리산지구전투사령부 남원에 위치, 사령관 정일권 준장

4. 9 제3연대 제3대대 남원군 산내면 반선부락에서 여수·순천 반란사건 주동자 홍순석 등 17명 사살

4. 13 제3연대 정보과 선임하사관 김갑순(金甲順) 일등상사 여수·순천반란사건 주동자 김지회 사살 확인

1950. 1. 25 여수·순천 반란군 잔당 섬멸. 지리산지구전투사령부 해체
호남지구전투사령부의 해체 기록은 확인되지 않는다.

1948. 10. 28 ① 제16연대 마산에서 창설. 연대장 박시창(朴始昌) 중령
② 여수·순천반란을 일으킨 제14연대 해체

1948. 10.　　　공군 L-4기 2대 월북(일자 미상)

1948. 11. 2　　대구 제6연대 제1차 반란사건
　　　　　　　남로당 특별공작 책임자 이재복(李在福)의 지령을 받은 연대 세포조직책 곽종진(郭鍾振) 특무상사와 세포인 정보과 선임하사관 이정택(李正澤) 일등상사가 주동하여 반란을 일으켰다.

1948. 11. 3　　충주 주둔 제7연대 제2대대가 출동하여 제6연대를 장악함으로써 반란 진압. 이 사건으로 조장필 소위 등 장교 4명, 사병 4명이 피살. 사병 5명과 경찰관 4명이 중경상. 주민 10여 명 부상.
　　　　　　　반란군은 팔공산으로 도주했다. 이재복(李在福, 1949년 1월 19일 체포, 46세)은 평양신학교 출신으로 남한 전반에 걸친 폭동 및 군부 반란의 총책임자이고, 군내 적화 최고책임자이다. 여수·순천반란사건을 지령했고, 실패하자 대구반란을 획책했다.

1948. 11. 14　북한군 인민유격대 제1차 약 180명이 오대산에 침투
　　　　　　　북한은 평양 근교에 강동정치학원을 설립하고 월북한 남로당 출신 전원을 수용하여 남한 적화를 위한 정치 공작과 유격전 훈련을 3~6개월간 실시하고 순차적으로 남한에 침투시켰다.

1948. 11. 20　① 육군총사령관에 이응준 대령(미군정청 군사고문) 취임
　　　　　　　② 제17~제19연대 창설
　　　　　　　제17연대 경기도 시흥. 연대장 백인엽(白仁燁) 중령
　　　　　　　제18연대 경상북도 포항. 연대장 최석(崔錫) 중령
　　　　　　　제19연대 전라남도 광주. 연대장 민병권(閔丙權) 소령
　　　　　　　③ 제4연대 제20연대로 개칭. 연대장 이성가(李成佳) 중령 유임
　　　　　　　제4여단을 제6여단으로 개칭. 여단장 유재흥 대령 유임

1948. 11. 30　국군조직법 제정 공포
　　　　　　　국방부에 참모총장과 참모차장, 육군본부와 해군본부를 둔다.
　　　　　　　육군본부와 해군본부에 각각 총참모장을 둔다.
　　　　　　　육군총사령부는 육군본부로, 해군총사령부는 해군본부로 개칭

국군참모총장에 채병덕 대령 유임

1948. 12. 3 북한군 제105전차대대를 제115전차연대로 확대 개편

1949년 초 소련 제10기계화사단이 철수하면서 북한에 1개 전차연대를 잔류시켰다. T-34전차 150대, 병력 300명. 연대장 한인 2세 뽀돌(崔表德) 중좌. 이것이 북한군 전차부대 양성의 모체다.

소련군이 마지막으로 철수할 때 뽀돌 전차연대는 전차 60대, 자주포(소련명 싸마호트) 76.2mm 30대, 사이드카 60대, 자동차 40여 대와 소련군 고문관 15명을 남겨 놓고 철수했다.

이들 장비를 인수하여 제115전차연대로 증강 개편했다.

1948. 12. 6 대구 제6연대 제2차 반란사건

제1대대 인사계 이동백(李東伯) 상사가 주동. 42명이 가담하여 장교 9명 사살. 자체에서 수습. 반란군은 팔공산으로 도주

1948. 12. 7 국방부직제령 제정 공포

육군본부와 해군본부에 참모부장을 둔다.

1948. 12. 9 모스크바에서 소련의 군 수뇌와 중공 및 북한 대표들이 모여 남한 침략을 위한 전략회의를 가졌다.

소련 국방상 불가닌(N. A. Bulganin)을 의장으로 하고, 소련 극동군사령관 말리노프스키(Malinovsky) 등 3군 수뇌, 제1부수상 마렌코프(G. M. Malenkov), 북한·중공 대표 참석

(1) 소련은 특별군사사절단을 북한에 보내어 1948년 12월 말부터 18개월 이내에 어떠한 일이 있더라도 북한의 군사력을 남한 침략에 충분하도록 육성할 것을 결정

병력 규모는 6개 사단을 돌격사단으로 편성하고, 따로 8개 전투사단과 8개 예비사단을 편성하여 총 22개 사단으로 할 것

(2) 중공은 북만주에 주둔하고 있는 한국계 중공군(동북의용군) 약 20,000~25,000명을 북한에 보내어 북한군의 기간으로 삼게 할 것과 소련은 전차 약 500대를 제공하여 2개 전차사단을 편성하게

한다.

1948. 12. 10 ① 서울 서빙고에 기갑연대 창설. 연대장 이용문(李龍文) 중령
② 육군 이응준, 해병덕, 송호성 대령과 해군 손원일 대령이 준장으로 진급, 정부 수립 후 귀국한 중국군 및 광복군 참장(소장) 출신 김홍일을 준장으로 특별 임관

1948. 12. 12 UN총회 한국 정부를 유일한 합법적 정부로 승인

1948. 12. 15 육군총참모장에 육군총사령관 이응준 준장 유임
해군총참모장에 해군총사령관 손원일 준장 유임

1948. 12. 22 준장으로 진급한 5명에 대한 장군 진급식이 중앙청 광장에서 이승만 대통령 주관하에 성대하게 거행되었다.

1948. 12. 26 소련 북한에서 철군을 완료했다고 발표

1948. 12. 말경 소련은 북한 주재 소련대사로 임명된 스티코프(Shtykov) 대장 인솔 하에 크바노프(Kubanov) 중장, 차토코프(Chatokov), 카라체프(Garazev), 치자로프(Chazarov) 소장 등 40명의 특별 군사사절단을 파견. 이들은 귀임 도중에 하얼빈에서 중공과 북한 대표를 만나 동북의용군의 실태를 파악하고 1949년 1월에 평양에 도착했다.

1949. 1. 1 미국, 대한민국 정부 승인

1949. 1. 10 북한 평양학원을 제2군관학교로 개편

1949. 1. 철도보안여단을 철도경비 제5여단으로 개칭. 전국 철도경비 담당 4개 대대, 1개 대대는 4개 중대로 편성했다.

1949. 1. 14 육군 항공사관학교 창설. 교장 김정렬 중령 임명

1949. 1. 15 해군대학을 해군사관학교로 개편
  1946년 1월 17일 해군병학교 창설
       6월 15일 해안경비사관학교로 개칭
       8월 10일 해안경비대학으로 개칭

1947년 8월 14일		대학령에 의한 해사(海士)대학으로 개편
1948년 11월 16일		해군대학으로 개칭
5월 5일		해군사관학교령 공포

1949. 1. 30 ① 대구 제6연대 제3차 반란사건 발생

포항비행장 경비임무를 맡고 있는 제4중대는 숙군을 위하여 제3중대와 교대하기로 되어 있었다. 이에 불안을 느낀 남로당세포 재무대 선임하사관은 제1차 반란 때 도주하여 입산한 곽종진, 이정택 일당과 긴밀한 협조 하에 중대장 이영삼(李永三) 중위를 유인하여 만취시킨 후 세포들을 규합하여 재무관 겸 소대장인 백달현(白達鉉) 소위와 하사관 1명을 사살하고 지방세포와 제1차 반란분자들을 부대로 끌어들여 무기고를 점령하는 동시에 전 중대원에게 동조할 것을 선동 회유했다. 중대원의 호응을 얻지 못하자 동조한 일당 20명을 데리고 도주했다.

② 모택동이 지휘하는 중국 공산군 북경 점령

1949. 2. 1 전남 광주에 제21연대 창설. 연대장 박기병(朴基丙) 중령

1949. 12. 24 이응준, 채병덕, 김홍일, 손원일 준장이 소장으로 진급

정일권, 이형근, 원용덕 등 3명의 육군 대령이 준장으로 진급

1949. 2. 하순 기토문리(基土門里) 포격 사건

북한 38경비 제1여단 1개 중대 병력이 기토문리에서 동해안으로 침투하여 천교리(淺橋里)를 침공하고 무고한 주민을 학살하고 납치해 갔다. 제10연대가 출동하여 이를 격퇴했다.

제10연대장 백남권(白南權) 중령은 연대에 배속된 105mm곡사포 2문을 38선으로 진출시킨 후 남침기지 역할을 하고 있는 38선 북방 기토문리에 있는 북한군 해군 파견대를 목표로 조준경 없이 직접 조준으로 5발을 발사하여 건물을 파괴하였다. 조준경은 사격을 통제하기 위하여 미 고문관이 가지고 있었다.

이 사실을 감지한 미 고문단에서 문제를 제기하여 육군본부 참모회의에 회부하였다. 포병단장 장은산(張銀山) 중령이 정당방위임을 강력히 주장하

여 별 탈없이 일단락되었다.

1949. 3. 5 　조·소 경제문화 협정을 체결하고 군사원조협약을 맺었다.
　　　　　　김일성이 스탈린을 방문하여 남침 계획을 협의하고 지지를 요청하였다.
　　　　　　스탈린은 이에 동의하면서 모택동과 협의하라고 조언했다.

1949. 3. 18 　조·중 상호방위 협정 체결(5월 5일 국민당 기관지 보도)
　　　　　　'양측은 어떠한 성질의 침략에 대하여도 공동방위한다.' 와 '중국공산당은
　　　　　　1949년 7월 1일부터 8월 31일까지의 기간 중 만주에서 무기 및 병력을
　　　　　　북한에 제공한다.' 는 것이 핵심적인 내용이다.

1949. 3. 20 　국방부장관 경질. 이범석 후임에 신성모(申性模) 임명

1949. 4. 5 　해병대 창설. 해병대령(대통령령) 공포(창설일을 4월 15일로 개정)
　　　　　　병력 380명. 사령관 신현준 중령

1949. 4. 15 　제6연대를 제22연대로 개칭. 연대장 오덕준 중령 유임

1949. 4. 21 　자유중국 국민정부 광동으로 이동

1949. 5. 1 　① 북한 철원에 있는 보안대대를 4개 대대로 증강하여 38경비 제1
　　　　　　여단을 창설. 본부를 간성(杆城-강원도 고성군 간성면)에 두고 철원
　　　　　　에서 동해안까지의 38선 경비 담당
　　　　　　② 사리원에 있는 38보안여단은 38경비 제3여단으로 개편하고,
　　　　　　본부를 죽천(竹川-황해도 碧城郡 壯谷面)으로 옮겨 해주 이서 지역의
　　　　　　38선 경비를 맡게 하였고,
　　　　　　③ 시변리(市邊里-황해도 金川郡 西泉面)에 38경비 제7여단을 창설하
　　　　　　여 철원에서 해주까지의 38선 경비를 맡게 하였다.
　　　　　　38선 경비병력은 3개 여단 규모로 늘어났다.
　　　　　　1개 여단 편제상 병력은 약 8,000명, 실제 병력은 약 4,000명

1949. 5. 4 　송악산 5·4 전투 발발
　　　　　　북한군 제1사단 제3연대 병력 약 1,000여 명이 공격하여 송악산 남방
　　　　　　292고지(38선 남쪽 100m)를 점령. 김석원 장군이 지휘하는 제1사단 제11연
　　　　　　대가 반격하여 5월 8일 원상을 회복했다.

이 전투에서 우리 전사에 길이 빛날 육탄10용사 탄생

1949. 5. 5 강릉 주둔 제8연대 2개 대대 월북

제1대대장 표무원(表武源) 소령, 제2대대장 강태무(姜太武) 소령이 야간 훈련을 빙자하여 각기 대대를 지휘하여 월북하는 사건이 발생.

수상하게 생각한 일부 중대장이 부하를 지휘하여 탈출함으로써 일부 병력만 월북하였다. 월북 병력은 제1대대 장교 4명과 사병 213명, 제2대대 장교 1명과 사병 150명 계 368명.

1949. 5. 9 국방부기구 간소화. 국군 참모총장제와 연합참모회의 폐지

이응준 육군총참모장 2개 대대 월북사건에 책임을 지고 사임. 후임에 채병덕 소장 임명. 이응준 소장 제3사단장으로 전임(6. 30)

1949. 5. 11 해군 특무정대 기함 508정 월북. 이른바 5·11사건이다.

주문진 근해 경비임무를 띠고 10일 16시 부산항을 출항한 508정이 이 날 02시경 포항 해상에 이르렀을 때 좌익계 해사 2기생 이송학(李松鶴) 소위가 지휘하는 일당 7명이 특무정대 사령관 황운서(黃雲瑞) 중령과 정장 이기종(李基宗) 소령을 사살하고 월북했다.

1949. 5. 12 제1~제7여단 사단으로 승격. 제7여단은 수도사단으로 개칭

1949. 5. 13 김일성, 박헌영이 모택동을 방문하고 남침 지원 요청

지난 3월 5일 스탈린과의 회담에서 남침 계획에 동의를 받으면서 모택동과 협의하라는 스탈린의 조언에 따라 방문한 것이다. 모택동은 직접 스탈린의 의중을 확인하고 미국이 참전할 경우 전투부대를 파견하여 북한을 돕겠다고 약속했다.

1949. 5. 16 북한군 제115전차연대를 제105기갑여단으로 증강 개편

1949. 5. 21 북한 38경비 제3여단 1개 중대 옹진에 있는 국사봉(國師峰) 정찰 공격

1949. 5. 26 북한 38경비 제3여단 주력 1,300여 명이 국사봉에서 비파리(琵琶里)까지 38선 남쪽 8km 침공

제12연대(姜英勳 대령) 반격전 개시

옹진 지구 전투일지

6. 5	옹진지구전투사령부 설치. 사령관 김백일 대령 임명
	제12연대, 제13연대 제2대대, 제18연대 제1대대, 38부대 배속
	38부대는 김용주(金龍周) 소령이 지휘하는 독립제1대대로 서울유격대
	라는 별명을 쓰다가 38유격대로 개칭했다.
6. 27	제18연대 제2, 제3대대 옹진 지구에 도착. 제12연대와 교대
	연대장 최석(崔錫) 중령 옹진지구전투사령관 겸임
6. 30	제18연대 제2대대(金玟—대위) 38선 북쪽 은파산(銀波山) 점령
7. 초순	옹진 지구 원상회복
8. 4	북한 38경비여단 2개 대대 자동(紫洞), 음동(陰洞) 침공(제2차 침공)
	제18연대 반격. 제2연대 1개 대대 증원
8. 5	옹진지구전투사령관에 김백일 대령 임명
8. 8	원진지 회복
9. 5	제2연대주력 옹진에 도착. 제18연대와 진지 교대
	이 무렵 옹진지구전투사령관 이형석(李炯錫) 대령(임명일자 불명)
10. 14	북한 38경비여단 2개 대대와 1개 포병대대 은파산 공격(제3차 침공)
11. 15	제2연대 은파산을 탈환하지 못한 채 제17연대와 교대
	제17연대장 백인엽(白仁燁) 대령 옹진지구전투사령관 겸임
	충돌의 불씨만을 안고 있는 38선 북쪽고지를 굳이 확보할 필요가 없
	어 탈환하지 않은 상태에서 6·25남침을 맞았다.

1949. 5. 27 북한 조국 통일 민주주의 전선(祖統) 결성

1949. 5. 28 조통 10개 항의 투쟁 목표를 결의. 핵심내용은

통일 전선은 소련계 한인에 의하여 지도되고 실천되어야 한다.

이승만 정부의 전복은 남로당의 계획 사항이 아니라 조선인민에 의한 전쟁 방식에 의하여 수행된다.

1949. 6. 1 북한 인민유격대 약 400명이 오대산에 침투(제2차)

1949. 6. 20 제23연대 경남 마산에 창설. 연대장 김종평(金宗平) 대령

제25연대 충남 대전에 창설. 연대장 유해준(兪海濬) 중령

제8사단 강원도 강릉에 창설. 사단장 이형근 준장

수도경비사령부 서울 용산에 창설. 사령관 권준 대령

	수도사단 제7사단으로 개칭
	8개 사단편성 완료(수도경비사령부 포함)
1949. 6. 26	백범 김구 선생 피습으로 사망
1949. 6. 29	주한 미군 철수 완료

1949년 4월 2일 주한 미군은 그해 6월 30일까지 철수를 완료하라는 명령을 받고, 마지막으로 남아있던 제5연대전투단이 그해 5월 28일부터 6월 29일까지 4차례로 나누어 인천항을 떠났다.

1949. 6. 30	북한 조통 '조국의 민주적 방법에 의한 평화통일 방안' 제시

(1) 조선의 평화적 통일은 조선인민 자체로서 결정되어야 한다.

(2) 미군은 즉시 철퇴하여야 한다. UN한국위원단도 조선에서 떠나라.

(3) 1949년 9월 15일에 남북을 통한 총선거로서 통일입법기관을 만든다. 이 입법기관이 조선공화국의 헌법의 기초를 전담하고, 정부는 이 헌법에 의하여 조직된다. 정부가 정상적인 기능을 발휘하면 남조선과 북조선에 존재하는 정권은 해체한다.

(4) 남조선과 북조선의 군대는 조선공화국정부의 지시에 따라 민주적 원칙으로 통합시킨다.

우리 정부는 이 제안을 기만적인 선전으로 보고 일축했다.

1949. 7. 1	주한 미군사령부 철수. 주한 미군사고문단(The United States Military Advisory Group of Republic of Korea-KMAG) 설치

군정 당시 조선경비대, 해안경비대, 경찰대의 조직과 훈련을 담당하기 위하여 미군 고문관을 두었었다.

1948년 8월 24일 체결한 '과도기에 시행될 잠정적 군사안전에 관한 행정협정'에 의하여 주한 미국대사 무초(John J. Muccio)는 그해 8월 26일 그 휘하에 주한 미군고문사절단을 설치하고, 그 산하에 임시고문단(Provisional Military Advisory Group-PMAG)을 두어 군정청 소속 고문관을 흡수했다.

임시고문단장에 로버츠(William L. Roberts) 준장을 임명했다.
미군사고문단(KMAG)은 임시고문단(PMAG)을 개편한 것이다.

1949. 7. 5   김구 선생 국민장 거행

1949. 7. 6   북한 인민유격대 약 200명이 오대산 방향으로 침투(제3차)

1949. 7. 25   ① 송악산 7·25 전투 발발

               북한군 침공. 김석원 장군의 제1사단이 반격하여 8월 3일 종결

               ② 중공군 한인계 의용군 제166사단(方虎山 지휘) 약 10,000명이 신의주에 입북하여 북한군 제4사단 창설(사단장 방호산 소장)

1949. 8. 4   북한 인민유격대 제4차 침투

              김달삼(제주도 4·3반란사건 주동자) 부대 경상북도 영양군에 있는 일월산(日月山)에 침투. 저들은 다량의 무기를 해상으로 반입하고, 지방공비를 규합하여 무장시킨 후 보현산(普賢山-경북 영일군)에서 동해연단(東海聯團)을 창설하여 유격전을 전개하였다.

1949. 8. 6   ① 자유중국 장개석(蔣介石) 총통 방한. 이승만 대통령과 진해에서 회담

              ② 북한 38경비 제1여단 1개 대대가 신남(新南) 지구 침공

              제7연대 제1대대(金龍培 대위)와 제8연대(李春景 중령)가 반격하여 8월 20일 원진지 회복

1949. 8. 12   북한 인민유격대 선발대 15명, 양주군 용문산에 침투(제5차 침투)

1949. 8. 15   북한 인민유격대 주력 약 40명, 용문산에 침투(제6차 침투)

1949. 8. 중순   북한 인민유격대 제1군단 약 360명이 태백산맥으로 침투하여 김달삼 부대와 합류. 경북 일원에서 활동(제7차 침투)

1949. 8. 23   중공군 한인계 의용군 제164사단(金昌德 지휘) 약 10,000명이 나남에 도착하여 북한군 제5사단 창설(사단장 김창덕 소장)

1949. 9. 28   북한 인민유격대 약 50명이 양양군 현북면(懸北面) 금옥치리(錦玉峙里)에 침투(제8차 침투)

1949. 10. 1   ① 공군 독립. 공군 총참모장 김정렬 대령 임명

육군항공사관학교를 공군사관학교로 개칭

② 중국인민공화국 수립. 모택동이 지휘하는 중국 공산당이 전 중국을 장악하였다.

1949. 10. 10　육군 총참모장 채병덕 소장 경질. 대리에 신태영 소장 임명

채병덕 소장은 제1사단장 김석원 준장과 함께 남북교역사건(소위 북어 사건) 책임 공방을 벌이다가 함께 해임되어 군을 떠났다.

제1사단장 후임 전 제2사단장 유승렬 대령 임명

1949. 10. 19　공산주의 단체 불법화. 남로당 등 133개 단체 등록 취소

1949. 11. 6　북한 인민유격대 약 100명 경상북도 영일군 송라면(松羅面) 지경리(地湮里) 해상으로 침투, 보현산 김달삼부대(동해연단)에 합류(제9차 침투)

1949. 11. 7　장개석 국민당 정부 대만으로 망명. 대북을 수도로 결정

1949. 12. 27　북한군 비행연대를 항공사단으로 증강 개편. 전폭기 122대 보유

1950. 1. 1　김일성 신년사 '전군은 통일을 위하여 전투태세를 갖춰라.'

1950. 1. 12　애치슨 미국무부장관 워싱턴 전국기자협회(National Press Club) 연설에서 한국과 대만이 미 극동방위권에서 제외되었다고 선언

1950. 1. 15　3개 사단장 교체

제2사단장 송호성 준장에서 유재홍 준장으로

제3사단장 이응준 소장에서 김백일 대령으로

제6사단장 유재홍 준장에서 신상철 대령으로

1950. 1. 16　한·미 상호방위원조협정체결(한국에 무기 공여-협정문 참조)

1950. 1. 26　주한 미국대사와 한국정부 간에 '주한 미군사고문단 설치에 관한 협정' 조인. 1949년 7월 1일부터 소급 효력을 가짐(협정문 참조)

1950. 2. 27　① 남로당 거물 김삼룡(金三龍), 이주하(李舟河) 검거

② 3월 28일 김상호(金尙昊), 김무현(金武顯)이 지휘하는 인민유격

　　　　　　　대 약 700명이 오대산으로 침투(제10차 침투)

1950. 4. 1　국무총리 서리에 신성모 국방부장관 임명
1950. 4. 10　해군 주력함인 구잠함(驅潛艦) PC-701함 도입
1950. 4. 22　사단장 인사 이동
　　　　　　　제1사단장 유승렬 대령에서 백선엽 대령으로
　　　　　　　제3사단장 김백일 대령에서 유승렬 대령으로
　　　　　　　제5사단장 백선엽 대령에서 이응준 소장으로
1950. 4. 28　북한 공군 이건순(李建淳) 중위 YAK-9를 조종하여 귀순
1950. 5. 9　육군 총참모장 채병덕 소장 임명
　　　　　　　채병덕 소장은 1949년 12월에 복직하여 병기 행정본부장으로 있다가 총
　　　　　　　참모장으로 복귀했다.
1950. 5. 10　신성모 국방부장관 북한군 38선 일대에 병력 집중 발표
1950. 5. 12　육군 참모부장 김백일 대령 북한군이 38선에 병력을 집결하고 있
　　　　　　　다고 UN한국위원단에 보고
1950. 5.　　김정렬 공군 총참모장 준장으로 진급
1950. 5. 14　공군 여의도기지에서 건국기 명명식 거행. 이승만 대통령 참석
　　　　　　　국민 성금 3억 5천만 원을 모금하여 캐나다제 AT–6형 고등연습기 10대
　　　　　　　를 구입. 0.5인치 기관총을 장착. 건국 제1호부터 제10호까지 명명
1950. 5. 17　북한 남침 준비 최종 점검
　　　　　　　① 낮에 모란봉극장회의에서 사단장급 군지휘관들을 모아놓고
　　　　　　　무력수단에 의한 통일을 위하여 모든 준비를 갖추라고 명령
　　　　　　　② 밤 9시. 만수대의 수상청회의에서 남침 시기와 준비 상황 토의
　　　　　　　　　　　　　　　　　▶ 제2장 제2절 「3. 남침시기가 성숙했다」 참조
1950. 5. 30　북한 동북의용군 제20사단 내 한인의용군 및 중국 각지에 산재한
　　　　　　　중공군 내 한인의용군 10,000명을 전우(全宇)가 지휘하여 원산에
　　　　　　　입항. 북한군 제7사단창설(사단장 전우 소장)
1950. 6. 3　북한방송, 소위 '조국평화통일호소문'에 530만 인민이 서명하였다

고 선전. 당시 북한 인구 약 900만 명. 사실이라면 경이적인 수다.

1950. 6. 8　북한의 소위 조국통일민주주의전선 중앙위원회는 대남방송을 통하여 조국의 평화적 통일안을 제시

▶ 제2장 「제1절 평화적으로 남북을 통일하자」 참조

1950. 6. 10　① 정부는 북한이 제의한 평화통일 방안은 일고의 가치도 없다고 묵살하고 대신 조국통일을 위하여 유엔 감시하에 북한에서 선거가 실시되어야 한다고 경고

UN한국위원단 사무국장대리 게일라드가 16시에 여현에 가서 북한 대표를 만나 호소문을 받아가지고 왔다.

북한이 파견한 3인은 호소문을 전달한 후 월남했다.

② 채병덕 총참모장 군 수뇌부에 대한 대대적인 인사 단행

김홍일 소장 – 육군사관학교 교장에서 육군참모학교 교장으로

이준식 준장 – 제7사단장에서 육군사관학교 교장으로

이형근 준장 – 제8사단장에서 제2사단장으로

유재흥 준장 – 제2사단장에서 제7사단장으로

김종오 대령 – 제1연대장에서 제6사단장으로

신상철 대령 – 제6사단장에서 육군본부 인사국장으로

이성가 대령 – 제16연대장에서 제8사단장으로

이종찬 대령 – 국방부 제1국장에서 수도경비사령관으로

장창국 대령 – 육군참모학교 부교장에서 육군본부 작전국장으로

강문봉 대령 – 육군본부 작전국장에서 도미유학 대기

1950. 6. 10　평양방송 민족지도자 조만식(曺晩植) 선생과 우리가 체포한 남로당 지하공작 거물지도자 김삼룡(金三龍), 이주하(李舟河)를 38선상에서 교환하자고 제안

조만식 선생과 김삼룡, 이주하의 교환 제의 일지

6. 5   옹진지구전투사령부 설치. 사령관 김백일 대령 임명

6. 16   정부는 밤에 중앙방송을 통하여 1주일 내에 조만식 선생 부자를 개성까지 보내주면 건강 상태를 진단한 뒤 김삼룡 이주하를 북으로 보내주겠다고 회신. 6월 22일까지 회답을 요구

6. 18   북한은 대남방송을 통하여 조만식 선생 교환 장소를 38선 북방 여현으로 지정, 6월 20일 정오에서 오후 4시 사이에 교환하자고 수정 제의

6. 19   정부는 이날 밤 대북방송을 통하여 북한은 조만식 선생 부자를 개성 시내까지 안전하게 안내해 오면 김삼룡과 이주하를 현지에서 북한 측에 인도하겠다고 통보.
저들이 제의한 20일이 지나도 아무런 반응이 없었다.

6. 22   밤 정부는 대북방송을 통하여 24일 여현에서 조만식 선생과 김삼룡, 이주하를 교환할 용의가 있음을 다시 통고

6. 24   정부는 앞 22일자 통고에 반응이 없자 다시 26일 14시부터 16시 사이에 38선 남방 1km 지점 경의선 철도선(여현역 남쪽 3km 지점)에서 교환하자고 다시 제의

6. 25   새벽에 조만식 선생 대신에 T-34전차가 38선을 넘어왔다.

1950. 6. 17   덜레스(John F. Dulles) 미 국무부고문 한국 방문

미국주재 장면 대사는 한국 방문이 예정된 덜레스 국무부 고문을 만찬에 초청하여 한국의 방위실정을 알리고 한국을 방문하면 우선적으로 38선을 시찰해 주고, 국회 개원식에 참석하여

"유사시에는 미국이 한국을 즉각 지원하겠다."

는 언약을 해 달라고 부탁했었다. 덜레스는

"전쟁이 금방 일어나는 것도 아닌데 왜 그렇게 서두르냐?"

"내가 미국 정부를 대표하는 공식 직위에 있지 않는데 어떻게 그렇게 책임있는 말을 할 수 있느냐?" 는 반응을 보였었다.

1950. 6. 18   덜레스 미 국무성 고문 38선 시찰

1950. 6. 19   덜레스 고문 국회에서 '미국은 한국이 어떤 외부에서의 침략을 받을 때에는 물심양면으로 원조하겠다.' 는 요지의 연설을 했다.

북한군 남침 명령 발령(정찰명령 제1호, 전투명령 No.1)

1950. 6. 24 저녁에 장교구락부 개관 파티를 열었다.

육군본부 내 참모학교 건물을 개수하여 육군 장교구락부를 만들고, 개관을 기념하는 파티를 열었다. 국방부 및 육군본부 수뇌부와 재경 및 가까운 일선 지역 지휘관이 대거 참석하여 주말 밤을 화려한 주연으로 즐겁게 보냈다. 다음날 북한군이 침공했을 때는 모두 단잠에 빠져 있었다.

1950. 6. 25 **새벽 4시 전후하여 북한군 38선 전역에서 침공**

덜레스 미 국무부고문이 전선을 시찰하고 돌아간 지 꼭 1주일되는 날이고, 그가 돌아간지 3일 만이다. 그는 장면 대사에게 "전쟁이 금방 일어나는 것도 아닌데 왜 그렇게 서두느냐?"고 대수롭지 않게 넘겼었다.

1950. 6. **북한 강동정치학원 해체**

강동정치학원은 남파할 인민유격대 4~6천 명을 양성하였고, 따로 약 3,000명을 양성하여 유격부대 제766부대를 편성하고 6 · 25남침 때 동해안으로 상륙시켰다.

1950. 6. 25 14시(뉴욕시간) UN안전보장이사회 긴급 소집(제1차 회의)
'공산침략행위 정지 명령에 관한 결의안' 채택(결의안 참조)

1950. 6. 25 19시(워싱턴시간) 제1차 블레어하우스 회의

트루먼 대통령은 주요 정책입안자 및 결정자들과 대책 협의
(1) 한국에 체류하고 있는 미국인 철수
(2) 한국군에게 탄약과 물자를 공급하도록 맥아더에게 지시

회의참석자

애치슨(Dean G. Acheson) 국무, 존슨(Louis Johnson) 국방,

페이스 육군, 마티우스(Francis P. Matthews) 해군,

핀레터(Tomas K. Finletter) 공군, 제섭(Jessup) 무임소 등 장관,

브래들리(Omar N. Bradley) 합참의장, 콜린스(J. Lawton Collins) 육군, 셔먼(Forrest P. Sherman) 해군, 반덴버그(Hoyt S. Vandenberg) 공군

등 각 군 참모총장,

국무부차관 웹(James E. Webb),

국무부차관보 힉커슨(John D.Hickerson) 및 러스크(Dean Rusk)

1950. 6. 26 ① 밤 9시(워싱턴시간) 제2차 블레어하우스 회의
    ㉮ 맥아더 사령관 휘하의 해·공군을 한국군 지원에 사용하라. 38도선 이남지역에 국한한다.
    ㉯ 제7함대를 대만해협으로 파견하여 동 해협을 봉쇄하라.
    ㉰ 한국민의 사기를 고무하기 위하여 미국은 한국을 지원할 준비를 갖추고 있음을 홍보하라.
② 해군 제701, 제518함 동남해안에서 북한군 1,000톤급 수송선 격침. 6·25전쟁 최초 해전에서 대승리

1950. 6. 27 ① UN안전보장이사회 '대한민국에 대한 군사원조결의안' 채택
전 UN 회원국은 한국이 싸우는데 필요한 모든 원조를 제공
② 미 합동참모본부 맥아더에게 주한 미군 지휘권 부여
미 극동군총사령부 전방지휘소(ADCOM-General Headquarters Advance Command and Liaison Group) 수원에 설치
전방지휘소장 처치 준장 임명
③ 북한군 강릉, 춘천 점령
④ 정부 대전으로, 육군본부는 시흥으로 이동

1950. 6. 28 ① 02시 30분 한강교 폭파
② 새벽 북한군 전차 서울 진입. 서울 북한군이 완전히 점령
③ 혼성수도사단, 혼성제2사단, 혼성제3사단, 혼성제7사단으로 한강 방어선 편성(제1, 제6, 제8사단을 제외한 나머지 사단으로 혼성 편성)
④ 육군본부 수원으로 이동

1950. 6. 29 미 극동군사령관 맥아더 원수 한국전선 시찰
06시 맥아더 원수는 5명의 참모와 4명의 기자를 포함한 수행원 15명을 대동하고 전용기 바탄호(Bataan) 편으로 하네다 공항을 출발했다. 수행원은 참모장 아몬드(Edward M. Almond) 소장, 정보참모 윌로비(Charles A.

Willoughby) 소장, 정치부장 코트니 휘트니 준장, 극동공군사령관 스트레이트 매이어(George E. Stratemeyer) 중장 등이었다.

비행기에서 작전회의를 열고 극동공군사령관 스트레이트 매이어 중장에게 북한을 폭격하도록 명령했다.

11시경 한강전선을 시찰하였다.

미 지상군 투입을 결심하고, 인천상륙작전을 구상하였다.

맥아더 '2개 사단 한국에 투입하겠다.' 고 워싱턴에 허가 요청

1950. 6. 29 오후(워싱턴시간) 트루먼 대통령 새로운 지령

북한에 있는 군사목표에 해·공군을 사용하라. 그러나 소련이나 중공의 국경선을 넘지 말 것(맥아더의 북한 폭격 명령을 추인한 것이다)

1950. 6. 30 ① 트루먼 대통령 2개 보병사단을 일본에서 한국으로 보내겠다는 맥아더의 요구 승인

② 미 해군 북한 해군 봉쇄 명령

③ 채병덕 육군 총참모장 경질. 후임에 정일권 소장(진급) 임명

1950. 7. 1 ① 미 지상군 스미스특수임무부대 부산 수영비행장에 도착

② 미 제24사단장 딘 소장 주한미군사령관에 임명

맥아더의 증원 요청 일지

7. 2 맥아더는 합동참모본부에 전술지원용 해병항공부대를 동반한 1개 해병연대전투단을 긴급 파견해 줄 것을 요청.

7. 3 미 합동참모본부 1개 해병연대전투단의 파견 승인

7. 5 맥아더 더 큰 증원요구서를 합참에 제출

제2보병사단, 제2특수공병여단, 제11공정사단의 1개 연대를 7월 20일과 8월 10일 사이에 사용할 수 있도록 증원 요청

7. 6 합참 증원이 곤란하다는 의사를 표시하는 한편 맥아더 사령부에 총군사력소요판단서를 제출하도록 지시

맥아더의 소요 판단 전문 7일 워싱턴에 도착

(1) 4~5개 상당의 완전편성된 보병사단, 공수능력을 완전 구비한 1개 공정연대전투단, 3개의 중(中)전차대대로 구성된 기갑연대, 증원포병과 이들 부대를 지원할 근무부대가 필요하다고 요청

		(2) 해·공군은 장래 계획을 위해서 고속항공모함, 특수임무부대, 전투기, 전폭기의 추가소요 예상

- 7. 7   합참은 맥아더가 요청한 증원부대 파견 승인
- 7. 9   맥아더 스미스특수임무부대가 대패한 전선보고를 기초로 추가 증원 요청. 증원이 결정된 부대 외에 4개 사단과 해당근무부대를 갖춘 1개 군을 지체 없이 증원해 줄 것을 요청
- 7. 10   증원이 결정된 1개 해병연대전투단을 1개 사단으로 증가 요청
- 7. 13   미 합동참모본부는 육군참모총장 콜린스와 공군참모총장 반덴버그 두 대장을 도쿄로 파견하여 맥아더와 증원 협의
  콜린스 장군은 극동군에 소속된 4개 사단 외에 미 본토에서 제2보병사단, 제1해병사단, 하와이에서 제5연대전투단과 제11공수사단 1개 연대, 오키나와에서 제29연대를 증원할 수 있다고 협의

1950. 7. 2   일본의 이타쓰케(板付)기지에서 F-51전폭기 10대 인수하여 우리 조종사가 직접 조종하고 대구기지(K-2)에 도착

          6월 26일 공군 이근석 대령이 지휘하는 조종사 10명이 수원비행장에서 미 공군 C-47수송기를 타고 일본 이타쓰케기지로 가서 1주일간 비행 훈련을 받고, 비행기를 인수하여 몰고 왔다.

1950. 7. 3   ① F-51전폭기를 우리 조종사가 조종하여 본격적인 출격 작전 실시
         ② 새벽에 북한군 전차 한강철교를 통하여 노량진으로 진출
         한강 방어선이 붕궤되고, 육군본부는 평택으로 이동

1950. 7. 4   ① 북한군 인천, 수원 점령

         평양방송은 김일성이 북한군 총사령관에 취임했다고 보도

         ② 미 제7함대 동해안에서 적 함정 7척 격침
         ③ 육군본부 대전으로 이동
         ④ 미 제24사단 전 병력 한국에 도착

         미 제24사단은 한국에 가장 가까이 주둔하고 있었던 인연으로 제1차로 제21연대 재1대대(스미스특수임무부대)가 7월 1일 한국에 도착한 것을 비롯하여 7월 2일 제34연대의 잔여 병력이, 7월 4일 제19연대와 제 21연대가

부산에 상륙함으로써 사단 전 병력이 한국에 도착.

제34연대는 평택~안성선에 배치하여 제2전선을 편성하였고, 제21연대는 대전에, 제19연대는 사단 예비로 대구에 주둔하였다.

1950. 7. 5 ① 미 지상군 스미스특수임무부대 오산 북방 죽미령에서 최초로 북한군과 접전. 스미스부대 대패

② 국군 사단 개편. 제1, 제2, 제3, 제5, 제7사단과 수도경비사령부를 제1사단, 제2사단, 수도사단으로 개편

③ 제1군단 창설. 군단장 김홍일 소장

1950. 7. 7 ① UN안전보장이사회 '한국을 지원하는 미국을 포함한 모든 UN 회원국 군대의 법적 지위와 한국에서의 UN의 목적을 규정한 새로운 결의안' 의결

한국에 대한 모든 경제적 군사적인 지원을 한다. 한국에 대한 지원은 미 합중국 주도하의 통합사령부(A Unified Command)로 하여금 효용하도록 미국에 건의

한국에서의 연합군작전에 관한 지휘체계에서 미국을 UN의 임무 대행국으로 위촉

② 트루먼 대통령은 미국 합동참모본부(U. S. Joint Chiefs of Staff, JCS)를 그 임무 수행기관으로 지명하였고, UN군총사령관은 미국 합동참모본부의 작전통제를 받게 하였다.

미국은 도쿄의 미 극동군사령부를 UN군총사령부로 지명했다.

③ 국군 제3, 제5, 제7의 3개 사단을 재편성하고 제9사단 창설

제3사단(대구) 사단장 유승렬 대령. 제23연대(대구) 제22연대(포항)

제5사단(광주) 사단장 이형석 대령. 제26연대(광주) 제15연대(여수)

제7사단(전주) 사단장 민기식 대령. 제3연대(전주) 제9연대(남원)

제9사단(부산) 사단장 이종찬 대령. 제25연대(부산) 제27연대(마산)

④ 수도사단장 김석원 준장 임명. 이준식 준장 제3사단장으로 전임(7월 10일)

1950. 7. 8 　① 편성관구 설치와 제3군단 창설

전라북도에 전북편성관구, 전라남도에 전남편성관구를 설치하고 그 지역에 창설한 사단을 지휘하여 신병모집 훈련과 함께 작전 수행

전북편성관구사령관에 신태영 소장,

전남편성관구사령관에 이응준 소장을 각각 임명

부산에 제3군단을 창설하고 채병덕 소장을 군단장에 임명(10일)

② 트루먼 대통령 미 극동군총사령관 맥아더 원수를 UN군총사령관에 임명

맥아더 원수 미 제8군사령관 워커 중장을 주한 미 제8군사령관 겸 주한 미지상군사령관에 임명

③ 미 제24사단장 딘 소장은 '파도처럼 쇄도하는 북한의 보병과 전차를 저지하기 위해서는 전차와 중(重)포로 장비된 강력한 전투 준비를 갖춘 증원부대가 필요하다.'는 서한을 맥아더에게 보냈다.

1950. 7. 10 　① 맥아더 원수는 블루하트(Blue heart) 계획을 취소하고 크로마이트(Chromite) 작전 계획에 들어갔다.

맥아더 원수는 한강전선을 시찰하고 돌아온 얼마 후에 극동사령부 참모장 아몬드 소장에게 인천상륙작전을 구상하라고 지시.

아몬드 참모장은 극동군사령부내의 전문가들로 합동전략기획 및 작전단(Joint Strategic Plans and Operations Group-JSPOG)을 구성하고 인천상륙작전계획을 수립. 이것이 블루하트 작전으로 7월 22일 제1기 병사단과 1개 해병연대가 인천에 상륙하는 안이다.

합동전략기획작전단은 맥아더 원수의 구상을 더 크게 발전시켜 인천상륙작전계획에 들어갔다. 이것이 크로마이트(Chromite) 작전이다.

② 이날부터 15일 사이에 미 제25사단이 부산에 도착했다.

③ 제3사단장 경질. 유승렬 대령 후임에 이준식 준장 임명

유승렬 대령 영남편성관구부사령관으로 전임

1950. 7. 12   ① 경북 함창(咸昌-상주시 함창읍)에서 제2군단 창설
제6사단과 제8사단 예속. 군단장에 참모부장 김백일 대령을 같은 날 준장으로 진급시켜 임명
② 제3군단을 영남편성관구사령부로 개칭했다.
③ 미 국무부장관 UN한국지원결의안 지지국 53개국이라고 언명

1950. 7. 14   ① 육군본부 대구로 이동
② 도쿄 방문 콜린스 미 육국참모총장 맥아더 원수에게 UN기전달 콜린스 육군, 반덴버그 공군 참모총장 대구의 미 제8군사령부 및 대전에 있는 미 제24사단 방문
③ 미 제8군사령부 대구로 이동
워커 미 제8군사령관은 한국전에 참전하는 UN군 지상부대를 통합 지휘하는 UN지상군사령관 겸임
미 지상군사령관 딘 소장은 미 제24사단장의 기본 임무에 복귀
④ 한국군 작전지휘권 UN군총사령관에게 위임

1950. 7. 15   ① 백성욱 내무부장관 경질. 후임에 조병옥 박사 임명
② 이날을 전후하여 대구에서 학도병 2,000여 명 지원. 대구농림중학교, 동도국민학교에 학도병훈련소를 설치하고 훈련 실시
7, 8월 중에 학도병지원이 줄을 이었다. 6·25전쟁 중에 지원 입대한 학도병(정규군)이 약 2만 7천명으로 추정하고, 이 틈에 섞여 지원한 소년병(17세 이하) 입대자가 1만 명을 넘는다.

1950. 7. 15   미 극동공군 대구기지에서 F-51 전투기 작전 개시
6월 27일 이타쓰케기지에서 제8전폭비행단 제36전폭대대 일부 병력을 30일 대구기지로 이동하여 한국 공군의 F-51 전투기와 함께 'Bout-one' 편성
7월 6일 사세보기지에서 제6002기지대대 편성. 대구기지로 진출
10일 필리핀 클라크기지에서 편성한 '달라스(Dallas)' 대대 일본 존슨(John son) 기지로 이동 F-51 전투기로 무장한 뒤 대구기지로

진출하여 '보트 원'과 '달라스'의 2개 대대를 묶어 제51전투비행대대 편성.

1950. 7. 16 ① 금강 방어선 붕괴. 북한군 문경 점령
② 정부 대전에서 대구로 이동
③ 해군 총참모장 손원일 제독이 미국에서 구입한 함정 PC형 구잠함 702, 703, 704함 3척을 운항하여 진해항에 도착했다.
이 함정은 해군 장병의 헌금과 해군 부인회가 아르바이트를 하여 번 돈으로 구입한 것이다.

1950. 7. 17 ① 제17연대 화령장 북방 상곡동에서 북한군 제15사단 제48연대의 1개개 대대 완전 섬멸
② 북한군 논산, 강경 진입
③ 서해안지구전투사령부를 설치하고 사령관에 신태영 소장 임명 제5, 제7사단을 각각 전남과 전북편성관구사령부에 폐합하여 서해안지구전투사령부에 예속. 예하 연대는 교육대로 개편
④ 정부 대구에서 부산으로 이동

1950. 7. 18 미 제1기병사단 제5, 제8연대 포항에 상륙

1950. 7. 19 북한군 영덕, 이리 점령

1950. 7. 20 ① 북한군 대전에 진입. 사단장 딘 소장 밤중에 실종
② 제2군단장에 제1군단부군단장 유재홍 준장 임명. 김백일 준장은 작전참모부장으로 전임

1950. 7. 21 ① 미 제24사단 대전에서 철수
② 제17연대 화령장 북방 동관동에서 북한군 제15사단 제48연대 완전 섬멸. 17일의 쾌거와 함께 북한군 제15사단 제48연대는 치명타를 입어 재기 불능 상태
③ 제3차 군 개편
제2사단을 대구방위사령부로 개편하고 제2사단장 이한림 대령을 사령관에 임명

사단개편 내용과 개편 후 병력 현황

제1사단 병력 7,660명
- 제11연대-제2사단 제5연대 편입
- 제12연대-제2사단 제20연대 편입
- 제13연대

제3사단 병력 8,325명
- 제22연대
- 제23연대-제1, 제2독립대대 편입
- 기갑연대 편입-영등포학원 흡수

제6사단 병력 6,570명
- 제2연대 제7연대 제19연대

제8사단 병력 8,154명
- 제10연대
- 제16연대-제2사단에서 편입
- 제21연대-제25연대 제2대대 편입

수도사단 병력 6,709명
- 제1연대
- 제18연대-같은 사단 제8연대 편입
- 제17연대-배속

전투사단 총 병력 37,418명

1950. 7. 22 미 제1기병사단 제7연대 포항에 상륙
1950. 7. 23 북한군 광주에 진입
이날 현재 아군 전선은 동해안으로부터 영덕~옹천~예천~함창~상주~김천선 정면 160km 구간에 국군 5개 사단, 미군 3개 사단이 전개
1950. 7. 24 미 공군 제51전투비행대대 주한 미 제5공군으로 개편
1950. 7. 25 채병덕 소장에게 영남 서부 지구의 방어임무 부여
민 부대와 이응준 소장의 전남편성관구사령부 예하의 부대 지휘
1950. 7. 27 채병덕 소장 하동전선에서 전사
1950. 7. 29 워커 사령관은 제25사단사령부(상주)에서 '전선사수 훈령' 시달
'이제 우리들의 후방에는 진지를 편성할 선이 없다.'
'부산으로 철수한다는 것은 사상 최대의 살육을 의미한다. 우리는 최후까지 싸워야 한다.'

1950. 7. 31	① 서부지구전투사령부 설치. 사령관 이응준 소장 채병덕 소장이 지휘하던 부대 지휘 ② 미 제2사단 제9연대 부산에 상륙
1950. 8. 1	워커 미 제8군사령관 한·미 연합군 낙동강 방어선으로 철수 명령 미 제25사단 상주에서 마산 서쪽으로 대장정(본문 참조)
1950. 8. 3	① 낙동강 방어선 확정 낙동강 방어선은 북쪽의 동서 약 80km, 서쪽의 남북 약 160km의 직사각형의 모양. 2/3에 해당하는 서쪽전선이 낙동강이라는 천연적인 장애물로 형성되어 방어에 절대 유리한 조건. 경상북도의 1/3, 경상남도의 1/3 정도로 전 국토의 8%만 남았다. ② 대구에서 훈련받은 학도병 전선사단에 배치 완료 안강 전투 500명, 제1사단 500명, 기타 약 1,000명 ③ 미 제5해병여단 부산에 상륙
1950. 8. 4	① 제8사단장 이성가 대령이 제1군단 참모장으로, 제1군단 참모장 최덕신 대령이 제8사단장으로 전임 ② 미 임시제1해병여단본부와 제5해병연대 부산에 도착하여 8월 6일 마산 서쪽 함안전선에 진출
1950. 8. 5	미 제2사단 제23연대 부산에 상륙
1950. 8. 9	① 수도사단 기계·안강 지구에서 격전. 적 제12사단 기계 돌입 ② 미 제24사단 영산 낙동강 돌출부에서 사투
1950. 8. 10	포항지구전투사령부 설치. 이성가 대령을 사령관에 임명 제3사단과 협동하여 안강과 포항 지구에 침투하는 적 대비
1950. 8. 12	① UN한국위원단 인도 대표 나얄 대령 해평에서 순직 제1사단 제11연대가 파괴한 북한군 전차를 관찰하기 위하여 전선으로 가던 중 지뢰 폭발 사고로 순직했다. 제11연대는 해평 전투에서 적 전차 7~9대를 파괴하여 단일 전투에서 가

		장 많은 전차를 파괴했다.
		② 제1사단 다부동전선으로 철수. 최후의 보루에서 결전 채비
1950. 8. 13		제1사단 북한군 3개 사단을 맞아 다부동 전투 서막이 올랐다.

1950. 8. 13 제1사단 북한군 3개 사단을 맞아 다부동 전투 서막이 올랐다.
국가 존망을 가름한 이 전투는 8월 30일까지 이어진다.

1950. 8. 15 제8사단 자천(玆川) 진격

1950. 8. 16 미 극동공군폭격사령부 B-29중폭격기 98대 제1사단 정면(왜관 서북쪽) 낙동강 대안에 융단폭격

1950. 8. 17 제3사단 포항 북방 장사동(長沙洞)에서 구룡포로 해상 철수
06시경에 제3사단 병력 약 9,000명, 경찰대 1,200명, 공무원과 노무자 및 피난민 약 1,000명 등 빠짐없이 LST에 승선. 차량과 장비는 물론 피난민 송아지까지도 실었다고 전사는 기록했다.
워커 미 제8군사령관이 극찬한 성공적인 해상철수작전이다.

1950. 8. 18 ① 제1사단 다부동 지구에서 최악의 고전. 미 제27연대 증원
② 해병 김성은부대 통영상륙작전 성공. 적 섬멸
③ 정부, 대구에서 부산으로 이동

1950. 8. 19 ① 제3사단 포항 탈환
② 미 제2사단 제38연대(George B. Peploe 대령) 밀양에 도착
미 제2사단은 전 사단이 8월 24일 낙동강전선에 투입된다.
이로써 미지상군 4개 사단과 1개 해병여단이 낙동강전선에 투입

1950. 8. 20 제7사단을 다시 편성
포항지구전투사령부를 기간으로 창설. 제3연대를 재편성하였고, 민 부대를 기간으로 제5연대를, 독립유격 제1, 제2대대 흡수하여 제8연대를 각각 편성하였다.

1950. 8. 22 제1사단 제12연대 유학산 완전 점령
북한군 제13사단 포병연대장 정봉욱(鄭鳳旭) 중좌 귀순

1950. 8. 23 ① 17시 30분 도쿄에 있는 UN군총사령부에서 인천상륙작전을 검토하는 도쿄회담 개최

참석자

워싱턴 3군 대표 육군참모총장 콜린스 대장, 해군참모총장 셔먼 대장, 공군 에드원드 중장,

UN군총사령부 맥아더 원수, 참모장 아몬드 소장, 참모부장 힉키 소장, 작전부장 라이트 준장,

합동전략기획작전단(JSPOG) 대표자 극동해군사령관 조이 중장, 상륙공격함대사령관 도일 소장 등.

맥아더는 45분 동안 워싱턴측 대표들을 설득하는 연설을 했다.
'10만 명을 구한 연설' 이라고 자평했다.

② 제7함대사령관 스트러불(Arthur D. Struble) 해군중장,
부사령관(상륙공격함대 사령관) 도일(James H. Doyle) 해군소장,
제1해병사단장 스미스(Oliver P. Smith) 해병소장이
크로마이트계획 수립과 작전 실행 책임을 맡았다.

1950. 8. 25 제1사단 제11연대 신주막 진출. Y선 회복

북한군 제3, 제13사단 궤멸, 제15사단 영천 방면으로 이동
제13연대 단대명 제15연대로 개칭

1950. 8. 26 ① 미 제27연대 마산에 있는 제25사단으로 원대 복귀
② 인천상륙작전을 지휘할 미 제10군단장에 아몬드 소장 임명

1950. 8. 27 ① 미 극동해군 및 공군 UN군총사령부에 통합
② 제11사단 창설
③ 미 육군부 중공군 2개 사단 한·만 국경선으로 이동 발표

1950. 8. 28 ① 제1사단 제12연대 수암산 완전 탈환. 다부동 전투 종식
② UN군총사령부 인천상륙부대 미 제10군단 편성

미 제1해병사단, 미 제7사단 예속. 국군 제17연대, 국군 해병대 배속

1950. 8. 29 합동참모본부 인천상륙작전 조건부 승인

북한군의 방어가 미약하다고 판단될 경우에만 실시하고, 가능하면 그 남쪽(군산)으로 변경하는 것을 권유

1950. 8. 30   ① 맥아더 원수는 인천상륙에 관한 UN군총사령부 명령 하달
　　　　　　　상륙일을 9월 15일로 결정
　　　　　　　상륙지점을 확실히 동의하지 않는 워싱턴에 쐐기를 박는 결정
　　　　　　　② 제1사단 다부동전선 미 제1기병사단에 인계하고 팔공산과 신
　　　　　　　령 지구로 이동
1950. 9. 1   ① 군 수뇌 인사 이동
　　　　　　　제1군단장에 김백일 준장(제1군단 부군단장)
　　　　　　　제3사단장에 이종찬 대령(육군중앙훈련소 본부장)
　　　　　　　수도사단장 송요찬 대령(헌병사령관, 대구방위사령관 겸임)
　　　　　　　김백일 준장은 제2군단장에서 작전참모부장으로 전임하였다가 며칠 후
　　　　　　　제1군단 부군단장으로 와 있었다.
　　　　　　　제군단장 김홍일 소장의 거취는 불명하고, 제3사단장 김석원 준장은 전
　　　　　　　시특별검열관이라는 한직으로 물러났다. 수도사단장 백인엽 대령은 다시
　　　　　　　제17연대장이 되어 인천상륙작전에 참가했다.
　　　　　　　② 트루먼 대통령 '우리는 한국에서 왜 싸우고 있는가?' 담화 발표
　　　　　　　　　　　　　　　　　　　　　　　　　　▶ 다음 담화문 참조
1950. 9. 2   팽덕회(彭德懷) 휘하의 중공군 15만 명이 만주로 이동 포착
1950. 9. 4   북한군의 소위 9월 공세로 연합군 전 전선에서 고전
　　　　　　　제6사단 영천에서 격전
1950. 9. 5   ① 북한군 제8사단 방어진지 돌파. 영천이 위기에 몰렸다.
　　　　　　　제1사단 제11연대와 제6사단 제19연대 증원 결정
　　　　　　　② 제1사단 팔공산에서, 제6사단 화산(華山)에서, 수도사단 호명동
　　　　　　　(虎鳴洞)에서 격전
　　　　　　　③ 육군본부 미 제8군사령부와 함께 부산으로 이동
1950. 9. 6   북한군 제15사단 영천 점령
1950. 9. 7   미 합동참모본부 인천상륙작전 재고 지시
　　　　　　　'모든 문제를 다시 한번 생각하는 동시에 유리한 결과를 가져올 가능성이

얼마나 되는지 최후적으로 검토해 달라.'고 요구했다.

1950. 9. 8 ① 맥아더 인천상륙작전 성공을 확신하는 회답 발송
② 북한군 총참모장 강건(姜鍵) 폭사(평양방송 보도)

1950. 9. 9 미 합동참모본부 인천상륙작전 승인
'우리는 귀하의 계획을 승인하며 대통령에게도 그렇게 보고되었다.'

1950. 9. 10 제7사단과 제8사단 영천에서 반격 개시

1950. 9. 11 트루먼 대통령 '중공과 소련이 개입할 염려가 없는 경우에 한하여 지상작전을 북한으로 확대한다.'는 합동참모본부 방침 승인
홍콩 서방측 소식통이 '대만 대안에서 중공군 90만 명이 한·만 국경선으로 이동 중이다.'라는 정보 입수

1950. 9. 13 UN주재 한국대표부 수석대표 임병직(林炳稷) 외무부장관 임명

1950. 9. 14 명부대, 장사동 상륙작전 성공
인천상륙작전을 은폐하기 위하여 실시한 양동 작전. 명부대는 이명흠(李明欽) 대위가 지휘하는 학도유격 제1대대다. 대원 772명 모두 학생이었고, 그 80%는 19세 이하의 소년이었으며, 교육은 2주일 밖에 받지 못하였다. 현역군인은 대대장, 연락관과 통신병 등 3명 뿐이었다.

1950. 9. 14 미 극동군총사령부 정보참모부에서 파견한 클라크 대위가 이날 밤 팔미도 등대에 점화

1950. 9. 15 인천상륙작전 개시. 상륙 성공

1950. 9. 16 ① 06시를 기하여 한·미연합군 낙동강 방어선에서 총반격 개시
② 인천시내 정상 회복

1950. 9. 17 ① 미 제25사단 고성 탈환
② 미 제1해병사단 김포비행장 점령

1950. 9. 18 수도사단 안강 탈환

1950. 9. 19 제3사단 포항 탈환
이승만 대통령, 국군 한·만 국경선까지 진격을 천명

1950. 9. 20 ① 미 제5해병연대 행주나루에서 도하. 수색으로 진격 개시
             ② 마샬 미 국무부장관 중공군이 북한으로 이동하였다고 언명
1950. 9. 21 ① 한강교 폭파책임자 공병감 최창식 대령 총살형 집행
             ② 소련 비신스키, 38선에서 정전하자는 내용의 평화 제의
1950. 9. 22 ① 미 제7사단 제31연대 수원비행장 탈환
             ② 육군본부 대구로 이동
1950. 9. 23 ① 미 제7사단 오산 진입
             ② 공군 비행단 진해에서 해상으로 이동하여 김포에 복귀
             ③ 미 제8군 예하의 제1군단과 제9군단 지휘기능 발휘

미 육군은 맥아더의 요청에 따라 8월 2일 제1군단사령부를 다시 창설하고 군단장에 콜터 소장을 임명. 제1군단사령부가 도쿄를 거쳐 13일 대구로 이동하였으나 당시 낙동강전선의 전황이 급박하여 군단을 편성할 여유가 없었고, 또 군단을 편성할 필요도 없어 콜터 소장을 제8군 부사령관으로 임명하고 동해안 지구작전을 지휘하게 하였다.

미 제9군단사령부는 8월 10일 창설하였으나 참모진과 통신부대를 편성하는데 시일이 걸려 군단지휘부가 대구에 도착한 것은 9월 8일이다. 참모진은 9월말부터 10월에 걸쳐 부임했다.

미 제8군사령관은 제9군단장 밀번 소장을 제1군단장으로, 제1군단장 콜터 소장을 제9군단장으로 맞 바꾸어 임명하였다.

미군의 지휘체계
미 제1군단, 군단장 밀번(Frank W. Milburn) 소장
        미 제1기병사단, 미 제24사단, 국군 제1사단 예속
미 제9군단, 군단장 콜터(John B. Coulter) 소장
        미 제2사단, 미 제25사단 예속

1950. 9. 24 한 · 미 해병대 서울 진입
1950. 9. 25 ① 미 제7사단 남쪽에서 한강 도하, 서빙고로 진출
             수도사단 청송, 제6사단 함창, 제1사단 선산, 미 제25사단 김천 탈환

② 중공군 총참모장 섭영진(聶榮臻) 인도대사에게 '미국이 38선을 넘는 것을 묵과하지 않는다.'고 언명

1950. 9. 27 ① 국군 해병대 중앙청에 태극기 게양

② 망치와 모루가 오산에서 만났다.

08시 26분에 오산 북방 작은 교량에서 낙동강전선에서 진격한 제7기병연대 L중대 맨씰(Edward C. Mancil) 상사는 인천에서 수원을 거쳐 진격한 미 제31연대 H중대와 감격적인 악수를 하였다.

1950. 9. 27 맥아더 원수 워싱턴에 북진 계획을 제출하고 다음과 같이 건의

"나의 투항권고에 북한군이 응하지 않을 경우 나의 판단에 따라 38선을 넘어도 좋다는 권한을 나에게 부여해 주기 바란다."

1950. 9. 28 ① 서울 완전 수복

국군 제17연대는 서울 동남쪽에서, 국군해병대는 서쪽에서 각각 서울 중심지로 진출하여 12시경 중앙우체국 앞에서 제17연대장 백인엽 대령과 해병대사령관 신현준 대령이 감격적인 회우(會遇)를 했다.

② 미 제24사단 대전 진격. 수도사단 영월, 제8사단 영주, 제6사단 충주, 미 제2사단 전주, 미 제25사단 남원을 각각 탈환

1950. 9. 29 ① 중앙청에서 서울 환도 및 수도반환식 거행

이승만 대통령, 맥아더 원수 인천상륙작전지휘관 참석

② 제3사단 강릉, 제6사단 원주, 미 제2사단 금강선, 미 제25사단 군산 진격

③ UN군총사령관 미 제8군사령관에게 '모든 휘하 부대는 38선에서 전진을 중지하라.'고 명령

④ 마샬 국방부장관으로부터 회신

'개인적인 견해지만 38선 이북의 작전은 전술적·전략적인 필요에 따라 자유로이 작전을 해도 좋다고 생각한다.'

워싱턴으로부터 '트루먼 대통령이 승인했다.'는 추가 전문 접수

⑤ 이승만 대통령은 평소에 이렇게 주장했다.

"38선이 어디에 있다는 것인가? 김일성 일파가 벌써 걷어차지 않았던가? 이 있지도 않은 것을 이러쿵저러쿵 신경 쓸 필요가 어디 있겠는가? UN의 여하한 불가론도 개의치 말고 총반격의 눈부신 전과를 압록강까지 확대해 나가야 한다."

1950. 9. 30   맥아더 원수 북한군 총사령관 김일성에게 항복 권고

1950. 10. 1   ① 제3사단 제23연대 제3대대 38선 북쪽 12km 지점까지 진출
                ② 제6사단 원주, 제8사단 양평 진격

1950. 10. 1   ① 정일권 육해공군총사령관 북진명령을 내리다.
"제1군단은 1950년 10월 1일 11시 30분을 기해 38선을 돌파, 북진을 개시하라."
② 중공수상 주은래(周恩來) 중공 건국1주년기념 축하연에서 '북조선의 최후 승리를 확신한다. 중공은 인접 국가가 강대국의 무력에 의해서 파괴되는 것을 수수방관할 수는 없다.'고 언명

1950. 10. 2   맥아더 원수 38선을 돌파하여 북진하라는 명령을 내렸다.

국방 관련 법령 및 규정

군정 법령
제28호. 1945. 11. 13

제1조 조선의 종국(終局)의 독립을 준비하며, 세계 국가에 오(伍)하야 조선의 주권과 대권의 보호, 안전에 필요한 병력을 신속히 준비하며, 민간 안녕의 유지와 민간의 무질서에 대하여 민권을 옹호하는 민간경찰기관의 보조 및 종교, 언론의 자유, 재산권을 유지하며, 필요한 육·해군의 소집·조직·훈련·준비를 시작하며, 국민의 정부 혁명을 보호키 위하여 자에 조선군정청 국방사령부를 설치함.

제2조 조선 정부 군무국을 정부의 국으로써 창설함. 군무국 내에 육군부와 해군부를 설치함. 현존 경무국과 군무국은 국방사령부의 지휘 감독하에 놓음.

제3조 여하한 자와 단체라도 여하한 종류의 경찰, 육·해군 군사 활동을 위한 소집·훈련·조직·준비 및 경무·군무국의 관할에 속하는 행동을 행사치 못함.

제4조 본 령의 조규(條規)에 위반한 자는 군정 재판에 의하여 처벌함.

제5조 본 령은 1945년 11월 13일 오전 영시부터 유효함.

1945년 11월 13일

조선군정장관 미육군소장 A. V. Arnold

군정법령
제86호. 1946. 6. 15

제1조 국방부 개칭, 군무국의 폐지

조선 정부의 국방부는 자(玆)에 국내경비부로 개칭함. 조선 정부의 국내경비부의 군사국은 자(玆)에 폐지한다. 1945년 11월 13일부 법령 제28호 제2조는 자에 폐지함.

제2조 조선경비대

조선경비대는 자(玆)에 창설되고 1946년 1월 14일부로 국내 치안을 유지하기 위해 조선 정부 예비경찰대를 준비할 목적으로 국가 대행기관으로서 활동함. 조선경비대는 국내경비부의 조선경비국 관리하에 속한다.

제3조 조선해안경비대

조선해안경비대가 자에 창설되고 1946년 1월 14일부터 조선 해안 해상의 근(近)해안 및 도서 순찰을 유지하기 위한 조선정부 해병단으로서 활동함. 조선해안경비대는 국내경비부의 조선해안경비국 관할에 속함.

제4조 조선경비청에 관한 규정

조선경비청에 대한 규정이 자에 제정되며, 이에 따라 상시 도처에서 조선경비대를 관리하에 속함.

제5조 조선해안경비청에 관한 규정

조선해안경비청에 대한 규정이 자에 제정되고 이에 따라 조선해안경비대를 관리함.

제6조 유효기일

본 령은 발포일로부터 효력을 발생함.

1946년 6월 15일

조선군정장관 미국 육군소장 A. L. Lerch

국군조직법

법률 제9호, 단기 4281년(1948) 11월 30일

제1장 총 칙

제1조 본 법은 육해군을 포함한 국방기관의 설치조직과 편성의 대강을 정하여 군정·군령의 유기적이고 체계 있는 국방기능의 수행을 목적으로 한다.

제2조　국군은 육군과 해군으로써 조직한다.

　　대한민국의 국적을 가진 자는 법률의 정하는 바에 의하여 국군에 복무할 의무가 있다.

제3조　대통령은 국군의 최고통수자이며 대한민국 헌법과 법률에 의하여 국군통수상 필요한 령을 발할 권한이 있다.

제4조　대통령의 유악(帷幄) 하에 하의기관을 두며 그 직제는 따로 법률로 정한다.

　　가. 최고국방위원회와 그 소속 중앙정보국

　　나. 국방자원관리위원회

　　다. 군사참의원

제2장　국 방 부

제5조　국방부장관은 군정을 장리(掌理)하는 외에 군령에 관하여 대통령이 부여하는 직무를 수행한다.

제6조　국방부차관은 국방부장관을 보좌하며 국방부장관이 사고가 있을 때에는 그 직무를 대리한다.

제7조　국방부에 참모총장과 참모차장을 두고 그 밑에 육군본부와 해군본부를 두며 필요에 의하여 기타의 보조 또는 자문기관을 둘 수 있다.

　　육군본부와 해군본부의 직제와 기타 필요한 기관의 설치 및 사무 범위는 정부조직법 제3조의 규정과 관계없이 따로 대통령령으로 정한다.

제8조　참모총장과 참모차장은 국군 현역장교 중에서 국무회의의 의결을 거쳐서 대통령이 임명한다.

　　참모총장은 국군의 현역 최고 장교이다.

제9조　참모총장은 대통령 또는 국방부장관의 지시를 받아 국방 및 용병 등에 관하여 육·해군을 지휘 통할하며 일절 군정에 관하여 국방부장관을 보좌한다.

　　참모차장은 참모총장을 보좌하여 참모총장이 사고가 있을 때에는 그 직무를 대리한다.

제10조　육군본부에 육군총참모장, 해군본부에 해군총참모장을 두며 이는 참모총장의 건의에 의하여 국무회의를 거쳐서 대통령이 임명한다.

제11조 육군총참모장은 참모총장의 명을 받아 육군본부를 통리(統理)하며 예하 육군관아학교와 부대를 지휘 감독한다.

해군총참모장은 참모총장의 명을 받아 해군본부를 통리하며 예하 해군관아학교, 함대와 부대를 지휘 감독한다.

제3장 육 군

제12조 육군은 정규군과 호국군으로 조직한다.

육군 정규군이라 함은 평시 전시를 막론하고 법률에 의하여 항상 존재하는 상비군을 말한다. 육군의 병종은 보병, 기병, 포병, 공병, 기갑병, 항공병, 방공병, 통신병과 헌병으로서 구성한다.

육군에 참모, 부관, 감찰, 법무, 병참, 경리, 군의와 병기 기타의 부문을 둔다.

호국군이라 함은 법률에 의하여 일정한 군사훈련을 받은 자와 기타로써 조직하는 예비군을 말한다.

육군의 조직의 세칙은 대통령령으로 정한다.

제13조 육군에는 평시에 사단과 국방상 대통령이 필요하다고 인정하는 기타 부대를 둔다.

육군은 사단 단위로 편성하며 군사행정과 전략상 목적으로 대한민국을 수개 사단관구로 나눈다. 사단관구의 설치와 사단 및 기타 필요한 부대의 배치 편성은 대통령령으로 정한다. 육군 호국군의 병력은 육군 정규군의 현역 병력에 준한다.

제14조 사단장과 대통령령이 정하는 기타 부대장은 참모총장의 건의에 의하여 대통령이 임명하며 소관부대를 통솔한다.

제4장 해 군

제15조 해군은 정규군과 호국군으로써 조직한다.

해군 정규군이라 함은 평시 전시를 막론하고 법률에 의하여 항상 존재하는 상비군을 말한다. 해군은 본과와 각 부문으로써 구성한다.

각 부문에는 기술, 군의 경리와 법무 기타를 둔다.

해군 호국군이라 함은 법률의 정하는 바에 의하여 상선(商船), 일정한 군사훈련을 받은 자와 기타로써 조직하는 예비군을 말한다.

해군의 조직의 세칙은 대통령령으로 정한다.

제16조 해군에는 평시에 함대, 기타와 국방상 대통령이 필요하다고 인정하는 기타 부대를 둔다.

군사행정과 전략상 목적으로 대한민국 해역을 수개 해군관구로 나눈다.

해군관구의 설치와 함대 기타 필요한 부대의 배치 편성은 대통령령으로 정한다.

해군 호국군의 병력은 해군 정규군의 현역 병력에 준한다.

제17조 함대사령관과 대통령령의 정하는 기타 부대장은 참모총장의 건의에 의하여 대통령이 임명하며 소관함대 또는 부대를 통솔한다.

제5장 군인의 신분

제18조 국군장교는 대통령이 임면한다.

단, 장관급 장교의 임면은 국방회의의 의결을 요한다.

장교의 복무연한 기타 신분에 관한 사항 및 사병의 임면 기타 신분에 관한 사항은 대통령령으로 정한다.

제19조 국군에 복무하는 자로서 군인 이외에 군속을 둔다.

군속이라 함은 군에 복무하는 문관을 말하며 그 임면 기타 신분에 관한 사항은 대통령령으로 정한다.

제20조 군 현역과 소집을 당한 군인 및 군속은 군사법령의 적용을 받는다.

군인, 군속에 대한 심판은 원칙적으로 군법회의에서 행하며 죄와 심판의 수속은 따로 법률로 정한다.

제6장 기 타

제21조 교육, 예식, 복제, 급여 기타 군사행정상 필요한 사항은 대통령령으로 정한다.

제7장 부 칙

제22조 본 법에 의하여 제정하는 대통령령으로서 군 기밀상 필요하다고 인정하는 것은 공포하지 아니할 수 있다.

제23조 본 법에 의하여 육군에 속한 항공병은 필요한 때에는 독립한 공군으로 조직할 수 있다.

제24조 본 법은 공포한 날부터 효력을 발생한다.

국방부직제
대통령령 제37호 - 단기 4281년(1948) 12월 7일
개정. 대통령령 제816호 - 단기 4286년(1953) 7월 28일

제1조 국방부에 국방부본부와 육군본부 및 해군본부를 둔다.

제2조 국방부본부에 총무과, 보도과, 회계감사과, 제1국, 제2국, 제3국, 제4국 및 제5국을 둔다.

제3조 총무과는 기밀사항, 관인관수, 문서 기타 부내 서무에 관한 사항을 분장한다.

제4조 보도과는 작전에 관한 보도선전, 군인정신 함양과 사상선도에 관한 사항을 분장한다.

제5조 회계감사과는 육, 해, 공군의 예산 결산의 감사에 관한 사항을 분장한다.

제6조 제1국은 육군에 관한 인사, 상훈, 법제, 법무, 예산, 군수 및 육군 군사정책에 관한 사항을 분장한다.

제7조 제2국은 해군에 관한 인사, 상훈, 법제, 법무, 예산, 군수 및 해군 군사정책에 관한 사항을 분장한다.

제8조 제3국은 공군에 관한 인사, 상훈, 법제, 법무, 예산, 군수 및 공군 군사정책에 관한 사항을 분장한다.

제8조의 2 제4국은 징집, 소집 기타 병역동원, 군사경찰, 군사교육 재향군인의 지도감독, 병사구사령부와 소속단체의 지휘감독 및 타 부처에 속하지 않은 군사원조에 관한 사항을 분장한다.

제8조의 3 제5국은 총포, 포약, 함포, 항공기 기타 병기와 의량(衣糧) 등의 군수물자의 수급 및 생산 계획과 확보에 관한 사항을 분장한다.

제9조　육군본부에 육군참모부장을 둔다.
　　　참모부장은 총참모장을 보좌하며 총참모장이 사고가 있을 때에는 그 직무를 대리한다.
제10조　육군본부에 인사국, 정보국, 작전교육국, 군수국, 호군국 및 좌(左)*의 각 실을 둔다.
　　　고급부관실　　감찰감실　　법무감실　헌병감실　재무감실　포병감실
　　　공병감실　　　통신감실　　병기감실　의무감실　병참감실
제11조　인사국은 육군 군인 군속의 보좌, 상훈 기타 인사에 관한 사항을 분장한다.
제12조　정보국은 군사정보, 역정보 및 정찰에 관한 사항을 분장한다.
제13조　작전교육국은 육군의 운용 작전교육, 편제, 장비 및 동원에 관한 사항을 분장한다.
제14조　군수국은 육군군수품의 조달, 보급의 기획, 통제와 감독 및 재산관리에 관한 사항을 분장한다.
제15조　호군국은 육군 호국군에 관한 사항을 분장한다.
제16조　고급부관실에 고급부관을 둔다.
　　　고급부관실은 육군본부내의 서무, 인사, 문서 기타 행정에 관한 사항을 분장한다.
제17조　감찰실에 감찰감을 둔다.
　　　감찰감실은 육군부대의 검열 및 특수사항 조사에 관한 사항을 분장한다.
제18조　법무감실에 법무감을 둔다.
　　　법무감실은 육군의 법무에 관한 사항을 분장한다.
제19조　헌병감실에 헌병감을 둔다.
　　　헌병감실은 군사경찰 및 군기 풍기의 유지에 관한 사항을 분장한다.
제20조　재무감실에 재무감을 둔다.
　　　재무감실은 육군의 예산 결산 기타 재정에 관한 사항을 분장한다.
제21조　포병감실에 포병감을 둔다.

포병감실은 포병에 관한 운용, 교육, 전기 및 기재에 관한 사항을 분장한다.

제22조 공병감실에 공병감을 둔다.

공병감실은 공병에 관한 운용, 교육, 자재와 측량 및 축성에 관한 사항을 분장한다.

제23조 통신감실에 통신감을 둔다.

통신감실은 육군통신에 관한 운용, 교육, 감사 및 보급에 관한 사항을 분장한다.

제24조 병기감실에 병기감을 둔다.

병기감실은 육군병기에 관한 행정, 보급 및 기술에 관한 사항을 분장한다.

제25조 의무감실에 의무감을 둔다.

의무감실은 육군에 의사, 위생, 약사 및 수의무에 관한 사항을 분장한다.

제26조 병참감실에 병참감을 둔다.

병참감실은 육군의 의량(衣糧), 기재, 장구 기타 군수품의 보급에 관한 사항을 분장한다.

제27조 해군본부에 해군참모부장을 둔다.

참모부장은 총참모장을 보좌하며 총참모장이 사고가 있을 때는 기 직무를 대리한다.

제28조 해군본부에 인사교육국, 작전국, 경리국, 함정국, 호군국 좌의 각 실을 둔다.

감찰감실 법무감실 헌병감실 의무감실 병기감실

제29조 인사교육국은 해군 군인, 군속의 보좌(補佐), 상훈 기타 인사 및 교육에 관한 사항을 분장한다.

제30조 작전국은 해군의 작전, 정보, 통신, 수로, 보도 기타 해군행정에 관한 사항을 분장한다.

제31조 경리국은 해군의 재정, 군수의량, 재산관리 기타 경리에 관한 사항을 분장한다.

제32조 함정국은 해군 소속의 함정 선박과 항만시설에 관한 기획과 운영에 관

한 사항을 분장한다.

제33조　호군국은 해군 호국군에 관한 사항을 분장한다.

제34조　감찰감실에 감찰감을 둔다.

감찰감실은 해군 부대의 검열 및 특수 사건의 조사에 관한 사항을 분장한다.

제35조　법무감실에 법무감을 둔다.

법무감실에 해군의 법무에 관한 사항을 분장한다.

제36조　헌병감실에 헌병감을 두며 군사경찰 및 군기풍기의 유지에 관한 사항을 분장한다.

제37조　의무감실에 의무감을 둔다.

의무감실은 해군의 의사, 위생, 약사에 관한 사항을 분장한다.

제38조　병기감실에 병기감을 둔다.

병기감실은 해군의 병기에 관한 정비 및 기술에 관한 사항을 분장한다.

제39조　육·해군의 협조와 연계(連繫)의 원활을 기하기 위하여 국방부에 연합참모회의를 둔다.

연합참모회의는 참모총장에 예속하여 육해군의 작전, 용병과 훈련에 관한 중요한 사항을 심의한다.

제40조　연합참모회의는 참모총장을 의장으로 하며 좌의 인원으로써 구성한다.

참모차장, 육·해군총참모장 급 참모부장,

항공국장, 제1국장, 제3국장,

국방부장관이 지명하는 육해군 장교

제41조　연합참모회의의 업무 수행의 요령에 관하여는 국방부 장관이 정한다.

제42조　국방부의 각 국실에는 과를 둘 수 있다.

과의 설치 및 사무범위에 관하여는 국방부령으로 정한다.

제43조　국방부 공무원의 종류와 정원은 별도 대통령령으로 정한다.

제44조　제6조 내지 제8조의 규정에 의한 분장사항을 조정 통할하기 위하여 필요한 각종 위원회를 둔다.

전항의 위원회에 관하여는 따로 대통령령으로 정한다.

부 칙

본 령은 공포한 날로부터 시행한다.

> * 좌(左) 또는 좌기(左記)는 문장을 종서(縱書)할 때 다음에 기술하는 문장이나 표 같은 것을 지칭하는 표현방식이었다. 횡서(橫書)할 때는 하기(下記) 또는 '아래'라는 표현을 썼다. '다음'은 종서할 때는 왼쪽을, 횡서할 때는 아래를 가리킨다. 이하 모두 같다.

군인복무령
대통령령 제282호, 1950. 2. 28

제1조 본 령은 군인의 복무에 관한 근본 기준을 명시하여 군기를 확립하며 헌신보국의 군인 정신을 앙양케 함을 목적으로 한다.

제2조 본 령에 있어서 군인이라 함은 현역군, 군 교육기관의 생도 및 소집 중의 호국병역, 보충병역과 국민병역의 군인을 말한다.

제3조 군인은 대한민국에 대하여 충성을 다하며, 그 직책을 완수하여야 한다.

제4조 군인은 군기를 엄수하고 상관의 명령에 절대 복종하여 성실히 법령을 준수하여야 한다.

제5조 군인은 상관을 존경하고, 부하를 애호하며, 화목, 단결하여야 한다.

제6조 군인은 청렴검박(淸廉儉朴)하고, 무용(武勇)을 숭상하여야 한다.

제7조 군인은 낭비하여 가산을 탕진하고, 또 그 분에 넘치는 부채를 하여서는 안 된다.

제8조 군인은 신의를 고수하며, 명예와 품위를 유지하여야 한다.

제9조 군인은 직무의 내외를 불구하고, 권력을 남용하여서는 아니 된다.

제10조 군인은 복장을 단정히 하며, 언동을 삼가야 한다.

제11조 군인은 그 직에 있고 없고를 불문하고, 군의 비밀을 엄수하여야 한다.

제12조 군인은 직접 간접을 불문하고, 본무 이외의 다른 업무에 종사하지 못한다.

제13조 군인은 상관의 허가 없이 그 직장 및 근무지를 떠나지 못한다.

제14조 군인은 정치운동에 참가하거나 군무 이외의 일을 위한 집단적 행동을 하지 못한다.

제15조 군인은 직무에 관하여 위로(慰勞), 사례(謝禮) 기타 명의의 여하를 불문하고, 금품 또는 향응을 받지 못한다.

제16조 군인은 그 소속 부하로부터 증여를 받지 못한다.

제17조 군인은 대통령의 허가없이 외국정부로부터 영예 또는 증여를 받지 못한다.

제18조 본령은 군에 복무하는 군속에 준용한다.

부 칙

본령은 공포한 날로부터 시행한다.

사 병 훈

우리는 대한민국의 진정한 군인이 되자. 진정한 군인이 되자면

1. 군기가 엄정하여 상관의 명령에 충심으로 복종할 것이고,
2. 상관을 존경하고 부하를 사랑하며 화목 단결할 것이며,
3. 각자 맡은 책임에 성심성의 사력을 다하여 이것을 완수할 것이며,
4. 나라와 백성을 사랑하며 그들로부터 신애(信愛)를 받을 것이며,
5. 공전(公戰)에 용감하고 사투(私鬪)에 겁내며, 특히 음주 폭행을 엄금할 것이며,
6. 정직 결백하여 부정행위가 절무(絶無)할 것이며,
7. 극렬 파괴분자를 단호 배격하며, 그들의 모략선동에 엄연 동(動)하지 말 것이다.

이러한 군인이라야 비로소 우리 대한민국의 간성이 될 수 있는 것이며, 우리 동포의 옹호자가 될 수 있는 것이다.

사병훈은 1948년 11월 20일 제1여단장 이응준 대령이 여수·순천반란사건에 충격을 받고, 사병훈을 지어서 여단 전 장병에게 조석으로 낭독케 하여 군인의 신조로 삼았었다.

그해 12월 5일 이응준 대령이 준장으로 진급하여 육군총참모장에 취임한 것을 계기로 사병훈을 전 육군 장병에게 조석으로 낭독하고 실천케 하여 국군 3대 선서와 함께 육군의 복무신조로 삼게 하였다.

국군 3대 선서

1. 우리는 선열의 혈적(血蹟)을 따라 죽음으로서 민족과 국가를 지키자.
2. 우리의 상관, 우리의 전우를 공산당이 죽인 것을 명기(銘記)하자.
3. 우리 군인은 강철같이 단결하여 군기를 엄수하고 국군의 사명을 다하자.

국군 3대 선서는 1948.12.1 이범석 국방부장관이 여수·순천반란사건 토벌작전에서 전몰한 장병합동위령제에서 실천 구호로 선포하여 전 군의 복무신조로 삼았다.

국군의 맹서

1. 우리는 대한민국 국군이다. 죽음으로써 나라를 지키자.
2. 우리는 강철같이 단결하여 공산침략자를 쳐부수자.
3. 우리는 백두산 영봉에 태극기 날리고 두만강수에 전승의 칼을 씻자.

설명 : 국방부『한국전쟁사』제1권(p389)는 1949년에 국군 3대 선서를 국군의 맹서로 개정하여 국군의 복무신조로 삼았다고 기술하였다. 그러나 저자는 입대(1950. 8. 21) 후에 국군 3대 선서를 제창한 기억이 분명하다.

사병훈 이하 자료 : 국방부『한국전쟁사』제1권 p388~390

각군 계급과 육군 군번

각군 계급

		초 기	개 정(46.12.1 개정)	현재(62.4. 27개정)
육군 및 공군	장교	참 위(參尉) 부 위(副尉) 정 위(正尉) 참 령(參領) 부 령(副領) 정 령(正領)	현재와 같다. (이하 같다)	소 위 중 위 대 위 소 령 중 령 대 령 준 장 소 장 중 장 대 장
	병사	이등병사(二等兵士) 일등병사(一等兵士) (참 교) (부 교)	이 등 병 일 등 병 (하 사) (이등중사)	이 등 병 일 등 병 상 등 병 병 장
	하사관	참 교(參校) 부 교(副校) 특무부교(特務副校) 정 교(正校) 특무정교(特務正校) 대특무정교	하 사 이등중사 일등중사 이등상사 일등상사 특무상사	(상등병) (병 장) 하 사 중 사 상 사 원 사
	준사관	준 위(准尉)	준 위	준 위
해군	장교	육군과 같다		
	준사관	이등준위 일등준위	초기와 같다. (이하 같다)	준 위 (54.5.15개정)
	병사	견습수병 이등수병 일등수병 이등병조 일등병조 상등병조 병조장		이 등 병 일 등 병 상 등 병 병 장 하 사 중 사 상 사

해병대는 수병을 해병. 즉, 일등수병은 일등해병이다.

참고

1. 초기 계급은 1895년 갑오경장을 계기로 그해 3월 26일 군부관제를 개정하여 병조(兵曹)를 군부(軍部)로 고치고 군 계급을 장교, 하사관, 병졸의 3단계로 구분하여 새로 제정했다. 그러나 장교는 영관까지만 제정하고 장관(將官)은 고려하지 않았다. 남조선국방경비대를 창설할 때 구한국 계급을 그대로 따랐다가 1946년 12월 1일 개정하여 6·25전쟁 기간 동안 그대로 사용하였다.(개정 계급. 해군도 같다)
2. 장관급의 경우 우리 나라 군제에는 없는 계급이지만 중국군과 광복군에서 사용한 계급이었으므로 우리에게도 그렇게 인식되어 있어 표시했다.
3. 북한군 계급은 위관의 경우 소위, 중위, 상위(上尉), 대위, 총위.
   영관의 경우 소좌(少佐), 중좌(中佐), 상좌(上佐), 대좌(大佐), 총좌(總佐).
   장관의 경우 소장, 중장, 상장(上將),
   대장 위에 차수(次帥)와 원수(元帥)가 있다. 원수는 김일성 한 사람이다.
   총위와 총좌는 지금은 없어진 계급이다.

   자료 : 국방부 『한국전쟁사』 제1권 p384, 385, 555, 631

육군 연대별 군번

6·25남침 이전의 군번은 연대별로 부여했다. 다음과 같이 앞 3자리 수를 연대의 기본 번호로 하고, 다음 1,000단위 숫자를 개인 군번으로 부여했다.

제1연대 110	제2연대 120	제3연대 130	제4연대 140*	제5연대 150
제6연대 160	제7연대 170	제8연대 180	제9연대 190	제10연대 220
제11연대 230	제12연대 520	제13연대 250	제15연대 270	제16연대 260
제17연대 280	제19연대 510	제20연대 530	제21연대 660	제22연대 680
제23연대 810	제25연대 820	기갑연대 550	특별부대 210	호림부대 850

* 제4연대는 여·순반란사건에 가담하여 제20연대로 개편되면서 제4연대 군번은 제20연대 군번으로 바뀌었다. 제14연대는 여·순반란사건을 일으킨 연대로 해체되었다.

외에 독립해서 신병을 모집한 교육기관은 따로 독립된 군번을 부여하였다.
예를 들면 포병학교 570, 헌병학교 710이었다.

자료 : 50동우회 편 『국군의 뿌리』(삼우사)

6·25전쟁 때 계급장

장교 및 준사관

	육군	해군	공군
대장	★★★★		
중장	★★★		
소장	★★		
준장	★ (장군은 3군이 같다)		
대령	☯☯☯		
중령	☯☯		
소령	☯		
대위	▭▭▭		
중위	▭▭		
소위	▭		
준위	* 세로로 되었다.	일등준위 이등준위	

70 낙동강 _ 제8권

하사관 및 병

육군	해군	공군
특무상사		
일등상사	병조장	
이등상사	상등병조	
일등중사	일등병조	
이등중사	이등병조	
하사	일등수(해)병	
일등병	이등수(해)병	
	견습수병	

* 공군 계급은 육군과 같다.

※ 자료 : 국방부 『한국전쟁사』 제1권 p385, 631
해군은 저자 확인

본문 관련 협정 및 선언

1. 대한민국 대통령과 주한 미군사령관간에 체결된 과도기에 시행될 잠정적 군사안전에 관한 행정 협정

단기 4281년(1948) 8월 24일 서울에서 서명. 단기 4281년(1948) 8월 24일에 효력 발생

전 문

대한민국 대통령과 주한 미군사령관은 1948년 8월 9일과 1948년 8월 11일부로 각기 미군 한국 철병과 한국 점령 종결을 목적으로 하여 주한 미군사령관으로부터 대한민국 정부에 정권 이양을 점진적으로 질서있게 한다는데 관한 각서가 교환되었다.

대한민국 대통령과 주한 미군사령관은 대표들을 임명하여 정권 이양을 점진적으로 질서있게 하도록 편의를 도모하며 주한 미군사령관 하에 있는 군대 철퇴 절차를 도모하기 위하여 협의를 하도록 한 것이다.

대한민국 대통령과 주한 미군사령관의 대표들이 회담한 결과 미군 철퇴가 완료될 때까지 한국의 안전을 유지하며 현재 편성 중에 있는 대한민국 국군의 조직, 훈련 및 무장을 계속함이 대한민국 정부와 주한 미군사령관 간의 공동 관심이라는 것이 표명되었다.

대한민국 대통령과 주한 미군사령관의 대표단 협의에서 표현된 공동 군사, 안전의 요구를 달성할 기준적 협정 성립이 필요하게 되었다.

대한민국 헌법 제61조에는 대통령은 국군을 통수한다. 국군의 조직과 편성은 법률로써 정한다고 규정되었다. 그러므로 대한민국 대통령은 대한민국의 최고행정관으로 국군의 통수의 양자격(兩資格)을 주한 미군사령관과 더불어 주한 미군 철퇴가 완료할 때까지 유효할 좌기(左記) 안전책에 관한 협정을 체결한다.

기(記)

제1조　주한 미군사령관은 본국 정부의 지시에 준하며 자기 직권 내에서 현재 편성 중에 있는 대한민국 국군을 계속하여 조직 훈련 급 무장할 것을 동의함.
　　　단 동 사령관의 이에 대한 책임은 미군의 한국 주둔 철퇴 완료시 종결함.
제2조　주한 미군사령관은 공동 안전이 허(許)한다고 생각할 때에 점진적으로 가급

적 속히 전 경찰·해안경비대 급 현재 편성 중인 국군으로 된 대한민국 국방군의 지휘권을 대한민국 정부에 이양하기를 동의하면 대한민국 대통령이 국방군 지휘 책임을 인수하기로 동의함.

또한 주한 미군사령관은 1947년 11월 14일 국제연합총회 결의문 제2호 제4절에 표시된 미군 철병이 완료할 때까지 공동의 안전과 대한민국 국군의 조직훈련 급 무장에 필요하다고 할 때에는 대한민국 국방군(육군·해안경비대 급 위험지대에 배치된 국립경찰의 일부로 됨)의 운용에 전권을 보류함. 이 조문은 대한민국 국군행정이나 대한민국의 적을 배제하는 인사전형(詮衡)이나 현재 또는 미래의 편대의 인선이나 또는 대한민국 헌법 제61조에 의하여 국방군을 증설하는 등의 대한민국 정부의 주권에 간섭하는 바가 아님.

제3조   대한민국 대통령이 1948년 8월 9일부 주한 미군사령관에게 교부한 각서 내용에 준하여 국제연합총회의 한국에 관한 결의문에 있는 한국 점령 미군 철퇴 이행과 대한민국 정부에 행정권 이양 완성에 필요하다고 생각되어 대한민국 대통령은 주한 미군사령관에게 긴요한 지점(예 : 항구, 진지, 철도, 통신, 비행장 등)과 시설에 대한 지배권을 보유하도록 동의함.

주한 미군사령관은 위에 말한 미군이 사용하는 지점과 시설의 목록을 작성하여 대한민국 정부에 통지하며 또한 변경이 있을 때는 가급적 속히 통지할 것을 동의함.

또한 주한 미군사령관 지도하에 있는 군인, 평인급 그들의 가족은 대한민국의 적절한 법칙을 인적 행동에 있어 지킬 것이며 그들에 대한 전 관할권은 동 사령관이 보유함에 동의함.

또한 동 사령관 관할하에 있는 위에 말한 개인으로서 대한민국 정부 사법기관에 검속될 시는 즉시 사령관에게 회부하여 처단할 것이며 동 사령관 관하에 있지 아니한 사람으로서 동 사령관 관하에 있는 사람이나 재산의 안전에 불리한 행동을 하다가 검거된 자는 즉시 대한민국 정부에 회부하여 처단하기를 동의함.

제4조   대한민국 대통령과 주한 미군사령관은 이 잠정적 협정에 표시된 원칙에 의하여 대한민국 정부에게 국방군에 대한 책임을 점진적으로 질서있게 이양하는 상세한 것은 쌍방에서 적당히 임명된 자 간에 결정할 것을 동의하며 또한 대한

민국 정부에 국방군 책임이양은 가급적 단시일 내에 할 것을 동의함.

제5조 1948년 8월 24일 서울에서 이 협정을 영한양문(英韓兩文)을 작성하여 미합중국 정부와 대한민국 정부에 각기 보관하기로 함.

영한문이 동일한 효력이 유하나 상위(相違)가 생기는 경우에는 영문을 준함.

1948년 8월 26일

자료 : 국방부 『한국전쟁사』 제1권 p340

2. 조·중 상호방위협정
1949. 3. 18

1. 양측은 여하한 성질의 침략에 대하여도 공동방위를 한다. 또 어떠한 제국주의 협력이던 북한 또는 중공의 일방을 공격하는 경우 양국은 그 제국주의 세력에 대한 공동전쟁에 있어 공동행동을 취한다.

2. 중국공산당은 1949. 7. 1부터 8. 31까지의 기간 중 만주에서 무기 및 병력을 북한에 제공한다.

3. 북한은 만주에 있는 일본기술자 및 고용원, 만주에 있는 일본군수품 사용에 관하여 최우선권을 보유한다.

4. 북한과 중국공산당은 양측이 경제적 필요에 의거하여 물물교환을 한다.

자료 : 국방부 『한국전쟁사』 제1권 p711

3. 미국의 대 '아시아' 대책(抄錄)
애치슨 국무부장관 연설문 - 1950. 1. 12 발표

[전략] 군사적 안전보장의 입장에서는 태평양 지역의 정세 및 이 지역에 대한 미국의 정책은 어떤 것인가?

첫째로, 일본의 패배와 무장해제에 의해 미국은 미국, 전 태평양 지역 및 일본의 안전 보장을 위해 필요한 기간 동안 일본의 군사적 방위를 담당하게 됐다. 일본에는

현재 미군과 오스트레일리아 군이 진주하고 있다. 나는 오스트레일리아 군을 대신하여 발언할 입장은 아니다. 그러나 나는 일본의 방위를 포기하거나 약체화할 어떤 의도도 없다는 것 그리고 영구적 해결 또는 기타의 방법을 통하여 어떤 협정이 맺어지더라도 방위는 유지하지 않으면 안 되며 또한 반드시 유지할 결의임을 보증할 수 있다.

이 방위선은 얼류션 열도에서 일본을 거쳐 유구(오키나와)에 이르고 있다. 우리들은 방위선의 요점을 차지하고 있으며 이를 계속 유지할 것이다.

유구 주민의 이익을 위하여 우리들은 적당한 시기에 유구열도를 유엔의 신탁통치 아래 둘 것을 제안할 것이다. 그러나 유구열도는 태평양 방위선의 일부이며 우리들은 이를 보존치 않으면 된다.

방위선은 유구에서 필리핀 군도에 이어진다. 우리들의 대비 관계, 대비 방위 관계는 양국간의 협정에 정해져 있다.

이 제협정은 종래 충실히 지켜져 왔는데 금후에도 충실히 수행될 것이다. 양국민은 쓰디쓴 경험에 따라 양국은 당연한 국방상의 필요가 강하게 결합돼 있음을 배웠다. 우리들은 이 점에 관해 아무런 의문도 갖지 않고 있다. 미국은 필리핀에 공격이 가해지는 것을 용인할 수 없으며, 용인할 의사가 없음을 말할 필요조차 없다. 이러한 공격이 다가오고 있다고는 아무도 생각지 않고 있음을 부언해 둔다.

기타 태평양 지역의 군사적 안전보장에 관해서 말하자면 누구라 할지라도 이 지역을 군사적 공격으로부터 보증할 수 없다는 사실을 명백히 해 두지 않으면 안 된다. 그러나 동시에 그와 같은 보증은 실제적인 면에서는 거의 필요가 없다는 사실도 명백히 해두지 않으면 안 된다. 공격이 있을 경우, 첫째로 의지해야 할 것은 공격을 받은 국민의 저항이며, 다음으로 의지해야 할 것은 전 문명세계가 유엔 헌장 아래서 맺은 약속이다. 유엔 헌장은 외부로부터의 침략에 대해 자기의 독립을 지키려는 결의를 굳게 하고 있는 국민에게는 무력한 신조가 아님을 보여 왔다. 그러나 태평양 내지 극동 문제를 고려함에 있어서 군사적 고려에 사로잡히는 것은 잘못이라고 나는 생각한다. 이것은 중요한 사실임에 틀림이 없으나 이밖에도 절박한 문제가 있으니 이러한 문제는 군사적 수단에 의해 해결되지는 않는다. 이러한 문제는 태평양 지역에 있는 다수의 지역, 다수의 나라가 파괴 행동 및 침투 행동을 당하기 쉬운데서 생기는 것이며, 이는 군사적 수단으로서는 저지될 수 없다.

침투 행동을 당하기 쉽다는 것은 다수의 지역에 새로운 정부가 수립되어 이들 정부가 행정 경험이 적고 또한 아마도 국민들로부터 환영받지 못한다는데 기인한다. 또한 일부에서는 경제적 곤란에서 기인한다. 경제적 곤란의 일부는 전쟁에서 직접 기인됐고, 일부는 이번 대전의 간접적 결과로서, 즉 외부세계와의 무역중단에 장기간에 걸쳐 이들 지역에 신용거래 및 경영기술을 공급해 온 협정의 중단 때문에 발생했다. 그 결과는 경제적 노력의 혼란과 민중의 곤궁은 일본군의 점령 및 전후에는 소비에트 쪽에서 행하는 선전 때문에 크게 고무되고 있다.

이것이 태평양 지역에서 우리들이 당면한 문제이나 여기서 두 개의 사실을 지적하고, 이이서 이들 지역의 일부에 관해 더욱 상세하게 검토하려 한다. 제일의 사실은 북태평양 지역에 대한 우리들의 책임과 기회는 남태평양 지역에 관한 것과 크게 다르다는 것이다. 북태평양의 일본에 있어서는 우리들은 직접의 책임을 지며 직접적인 행동의 기회를 지닌다. 이 사실은 정도는 낮지만 한국에 관해서도 진실이다. 한국에서는 우리는 과거 직접적 책임을 졌고 또한 행동했다. 현재 보다 많은 성과를 올릴 큰 기회를 지니고 있다. [중략]

한국에 있어서 우리들은 큰 전진을 보며 군사 점령을 끝내고 독립주권국가를 수립시켰다. 그리하여 이 나라는 세계의 거의 모든 국가들로부터 승인됐다. 우리들은 이 나라를 수립시키기 위해 원조를 공여했다. 우리들은 현재 이 나라가 확고한 기초를 쌓을 때까지 원조를 계속 하도록 의회에 요청하고 있다. 그 입법화 조처가 의회의 결정을 기다리고 있다. 이런 원조를 중지해 버리라는 의견이나 이 나라의 건설을 중도에 그만두자는 의견은 완전한 패배주의이며, 아시아에서의 우리들의 이해로 볼 때 말이 안 되는 것으로 생각된다. 한국에 있어서 우리들의 책임은 직접적이며, 우리의 기회는 명백하다. 이와는 반대로 남쪽에서는 필리핀을 빼면 우리의 기회는 적고 우리의 책임은 아주 적다. [후략]

4. 주한미국 군사고문단 설치에 관한 한·미 협정

1950. 1. 26

　미국 정부에 대한 대한민국 정부의 요청에 의하여 미국 대통령은 다음에 규정한 조항 하에 미국 군사고문단(이하 단이라 칭함) 설치를 인가한다.

제1조　단의 목적은 육군, 해군과 국립경찰을 포함한 대한민국 국방조직 및 훈련에 있어서 대한민국 정부를 조언 및 원조하며, 또한 국방군이 미국의 군사 원조를 유효하게 이용하도록 보장함으로써 대한민국의 국방군을 한국경제력 범위 내에서 발전시키는데 있다. 해 단은 양국 정부가 합의하는 미국 정부군 및 민간 인원으로써 구성한다. 단, 해 단의 국방성 인원수는 양 정부의 상호합의가 없는 한 장교 및 사병 도합 500명을 초과하지 못한다. 한국 국방군 장교 사병의 선택은 대한민국 정부가 이를 행한다.

제2조　본 협정은 하기(下記)한 경우에는 하시(何時)라도 종결한다.

① 일방의 정부에서 타방정부에 사전 6개월 전에 서면으로 통고할 때

② 일방의 정부에서 해 단의 철회가 동 정부의 공익상 필요하다고 인정하고 타방정부에게 이 철회를 통보하여 해 단이 철회될 때, 그러나 이때에는 본조 1항 규정을 준수함을 불요한다. 단, 철회로서 본 협정을 종결할 시에는 동 단이 직무를 종료하고 실제적으로 한국을 출발함에 합리적으로 필요한 3개월 이내의 기간 중에도 한국 정부는 본 협정에서 발생하는 동 정부의 책임을 면치 못한다.

제3조　해 단의 직무는 군사 및 기타 이에 관련한 사항에 대하여 본 협정 제1조에 표시된 목적을 달성하는데 필요한 조언과 원조를 대한민국 정부에 공여하는데 있다. 해 단은 일국 정부가 합의하는 한국 국방군 부대에 대하여 조언과 원조를 공여한다.

제4조　해 단과 소속원은 주한미대사관 및 해 단 계급의 동 관원에게 부여한 제 특권과 면제를 향유하는 목적을 위하여 동 대사관의 일부로 인정한다.

제5조　해국(該國) 단원은 결과적으로 대한민국 정부에 대하여 책임을 부하게 되는 의무를 인수할 수 없으며 또는 인수케 할 수도 없다.

제6조　해 단의 전 단원은 현실로 직무에 종사하여야 하며 미국 정부로부터 일정한 보수와 수당을 정기적으로 받는 동시에 이에 부가하여 앙등한 생산비를 보상하

기 위한 특별수당을 받는다. 이 특별수당을 위한 여하한 보상은 한국 정부가 한국통화로서 지불한다. 특별수당은 한국 정부와 미국정부간에 합의하는 기준에 의하여 결정될 것이며 이를 정기적으로 수정하여 해 단 각 단원이 단의 직무를 띠고 한국에 거주하는 전 기간에 선하여 적용한다.

제7조   대한민국 정부는 해 단의 공용으로 또는 해 단, 또는 동 가족의 사용으로 수입되는 물질, 비품, 공급품 및 기타 물품에 한하여 관세를 면제한다. 이러한 물자, 비품, 공급품 및 그밖에 물품은 한국 국산세, 소비세 및 기타 관세, 부과금 또는 한국에서 미국으로 재 반출시의 수출세 등을 부과하지 않는다.

제8조   ㉮ 대한민국 정부는 해 단, 단원 및 그 가족을 유지하는데 필요한 현지 공급품(식료품 제외) 비품 및 역무 등을 위하여 주한미대사관의 지정된 대표에게 임시로 충분한 한국통화를 공급한다. 동 통화 중에는 해 단 및 그 가족의 주거와 해 단의 공용을 위한 건물 및 사무소의 수리 및 유지에 필요한 통화 및 본 협정 제8조 ㉯와 제9조에 규정된 한국인 고용비 및 교통비를 포함하나 이에만 한정되는 것은 아니다.

㉯ 대한민국 정부는 해 단원이 대한민국 내에서 해 단의 사무를 위한 여행을 함으로써 소용하는 비용을 한국통화로 지불한다.

㉰ 대한민국 정부는 해 단원이 해단 또는 미국 정부에게 경비를 부담시키지 않고 해 단원과 동 가족에게 적당한 주거와 해 단이 공무수행에 사용할 적당한 건물 및 사무소를 제공한다. 이러한 주거, 건물 및 사무소의 유지에 필요한 공용시설과 연료를 미국정부에게 경비를 부담시키지 않고 해 단의 사용을 위하여 공급한다.

   모든 주거와 사무소는 가능한 한 미군 군사처에서 동양의 주거 또는 사무소에 대하여 규정한 표준에 부합하도록 한다. 대한민국 정부는 대한민국 국방장관이 여사한 비용 발생에 대한 사전 동의가 없이는 건물의 신축 비용에 대하여 지불할 책임을 지지 않을 것을 양해된다.

제9조   해 단에 소요되는 한국인 고용비는 대한민국 정부가 이를 부담한다. 동 비용에는 대한민국 대표 및 주한 미국대사관 대표에 의하여 때때로 결정되는 보수율에 의하여 현지 고용된 통역, 서기, 노동자 및 사고용인을 제외한 기타 직원에

대한 보수와 해 단 및 단원에 의하여 소요되는 한국 내에서의 공급품 및 비품의 운송비가 포함된다.

제10조 대한민국 정부는 미국 의무원과 동 의무시설이 없는 곳에서는 해 단원과 그 가족에 대하여 적당한 의료를 제공한다. 대한민국 정부는 요청이 있을 때에는 해 단원 또는 그 가족 중 위중한 환자를 한국 내의 미국의료시설이 있는 지방으로 이송한다.

제11조 대한민국 정부 및 해 단원 간의 정책에 관한 모든 연락은 주한 미국대사관을 통하여 이를 행한다. 해 단은 동 사단이 승인하는 단순히 군사적인 성질을 가진 사항에 관하여 대한민국 정부 공무원과 직접 교섭할 수 있다.

제12조 대한민국 정부 및 미국 정부 또는 양 정부간의 분류된 군사사정의 교환 또는 발표는 그 정보를 제공하는 정부에서 제정한 군사보안분류규정에 따라서 동 정보를 보전하며 동 정보를 접수한 정부는 그 제공 정부의 특정한 승낙이 없는 한 제삼국 정부 혹은 수취 권한이 없는 자에게 이를 재발표할 수 없다는 상호 양해하에서만 행할 수 있다.

제13조 본 규정은 UN헌장 제102조 규정에 의하여 UN사무국에 등록케 한다.

제14조 본 규정은 서명과 동시에 효력을 발생하며 그 효력은 1949년 7월 1일에 소급하는 것으로 이해된다. 또한 본 규정은 비준을 위하여 대한민국 국회에 제출될 것으로 양해된다.

본 규정은 1950년 1월 26일 한국 서울에서 한국어와 영어로 2통을 작성하였다. 한국어 본문은 동일한 효력을 유하나 상이(相異)가 유할 시에는 영어 본문에 의한다.

이상의 증거로서 양국 정부의 목적을 위하여 정식 대표자가 본 규정에 조인하였다.

미국 대표 존·J·무초
대한민국 대표 신성모·김도연

5. 한미상호방위원조협정문

1950. 1. 26

　　대한민국 정부와 미합중국 정부는 UN헌장의 범주 내에서 그 헌장의 목적과 원칙에 충실한 각국으로 하여금 그 목적과 원칙을 지지함에 유효적절한 자위책을 발전시킬 능력을 증진케 함으로써 국제 평화와 안전을 조성하기를 원하며, 또한 그 헌장에 규정된 바와 UN에 무력을 비치함과 또한 헌장 침범을 방지할 수 있는 적절하고도 신뢰할만한 보장하에 보편적으로 군비를 축소하고 조정함에 대하여 각 가맹국의 합의를 얻는데 공명정대하게 최대의 노력을 계속하기를 원하며, 침략에 대한 공포에서 기인되는 불안을 제거하는 대책이 경제 발전을 향상시킬 것을 인정하며, 이 원칙을 추진시키려고 미국 정부는 미국이 대한민국에 군사 원조를 제공하기 위하여 1949년의 상호방위원조법을 제정한 것을 고려하여 1949년의 상호방위원조법에 의하여 미국 정부가 원조를 제공하는 것과 대한민국이 이를 인수할 것을 규정하고 상호 간의 양해 사항을 명시하기를 원하며 다음과 같이 협정을 체결한다.

제1조　① 경제 부흥이 국제 평화와 안전에 절대 필요하므로 우선 관행하여야 된다는 원칙에 순응하여 각 정부는 원조공여 정부가 허락하고 기구, 물자, 노력, 기타 군사원조를 해 정부가 동의하는 약정 및 조건하에 상대방의 정부 혹은 기타 정부에게 제공 혹은 계속 제공한다. 협정국 중 한쪽이 정당하다고 인정하여 상대방에게 제공하는 원조는 UN헌장에 순응하여야 한다. 본 협정에 의하여 미국이 제공하는 원조는 1949년의 상호방위원조법의 각 규정, 조건, 약정 및 종료 규정과 금후 시행될 기타 미국법령에 의거한다. 양국 정부는 수시로 본항의 규정을 관행함에 필요한 상세한 조정에 관하여 협의한다.

② 대한민국 정부는 본조 제1항에 의하여 수취한 원조를 그 공여 목적을 위하여 유효하게 사용할 것과 미국 정부의 사전 승인 없이는 원조공여 목적 이외의 타 목적을 위하여 유용하지 않을 것을 공약한다.

③ 대한민국 정부는 미국 정부의 사전승인 없이는 제1항에 규정한 설비·물자 내지 노력의 소유권 또는 점유권을 한국 정부의 관원이나 대표자가 아닌 개인이나 기타 국가에 이양하지 않을 것을 공약한다.

제2조　한국 서울에서 1948년 12월 10일 대한민국 정부와 미국정부 간에 날인된 경

제협조협정 제8조가 본 협정 완료 전에 실효될 시에는 대한민국은 본 협정에 유효한 기간 내에는 합의한 조건과 약정에 의하여 미국이 자원 결핍 또는 결핍 가능으로 인하여 요구하며 한국 내에서 구득할 수 있는 원료품 및 반제품을 소정 기간 중에 소정량을 생산하여 미국 정부에게 이를 이양하도록 편의를 도모한다. 이러한 양도의 조정에 있어서는 한국의 국내 사용과 상업 수출용에 필요한 적당한 양을 고려한다.

제3조 ① 각 정부는 보안상 지장이 없는 한 본 협정에 의하여 운영되는 사업을 공표하도록 적당한 조치를 취한다.

② 각 정부는 본 협정에 의하여 상대방 정부가 제공한 군용품, 기술 또는 정보의 비밀이 발로되거나 누설됨을 방지하기 위하여 양 정부 협의하에 안전보장방도를 취한다.

제4조 양국 정부는 일방이 요청할 시에는 본 협정하에 제공된 기구, 물자 또는 기술에 관한 발명·가공·기술·정보 및 기타 법률이 보호하는 재산의 전매특허권과 유사한 청구권에 대하여 적당한 조정을 협의한다. 이러한 협의에 있어서 각 정부는 각 국민의 전기 요구와 그 관할구역 내에서 발생하는 바 본 협정국이 아닌 외국 국민의 청구권에 대하여서도 책임을 진다는 공약을 협의 사항에 포함할 것을 고려한다.

제5조 대한민국 정부는 다른 협정이 없는 한 본 협정에 관련하여 국내로 수입하는 제품·재산·자재 및 기구의 수입 또는 수출에 관세와 국내과세를 면제한다.

제6조 ① 양국정부는 일방 정부의 요청이 있을 때에는 본 협정의 적용 및 본 협정에 의하여 행한 운영 또는 조정에 관한 사항에 대하여 상의한다.

② 대한민국 정부는 정식 미국 대표에게 본 협정에 의하여 제공된 원조의 이용 상태를 자유로 또 충분히 시찰할 수 있는 편의를 제공한다.

제7조 양국 정부는 상호 안전과 부흥 목적을 위하여 전력자재기구 및 가능한 범위 내의 기술 자료 등의 수출에 관하여 유효한 통제를 행함에 상호관심이 있음을 인정하며 양국 정부는 이러한 목적을 달성함에 필요한 대책을 수립하기 위하여 협의한다.

제8조 ① 본 협정은 쌍방 대표의 서명과 동시에 효력을 발생하며 일방 정부가 상

대방으로부터 본 협정을 종료하려는 의사의 서면 통지를 수취한 후 3개월까지 유효하다. 본 협정은 대한민국국회의 인준을 요한다.

② 본 협정은 UN헌장 제102조 규정에 의하여 UN사무총장에게 제출 등록한다. 본 협정은 1950년 1월 26일, 한국 서울에서 한글과 영문, 2통을 작성한다. 한국본문과 영문본은 동일한 효력을 가지나 상이가 있을 때에는 영문본법에 의한다.

이를 입증하기 위하여 양국 정부의 정식 대표자가 본 협정에 조각한다.

미국 대표 존 · J · 무초

대한민국 대표 신성모 · 김도연

3, 4, 5 자료 : 국방부 『6 · 25전쟁사』 1 p727, 729, 731

6. 7 · 4 남북공동성명

최근 평양과 서울에서 남북관계를 개선하며 갈라진 조국을 통일하는 문제를 협의하기 위한 회담이 있었다.

서울의 이후락 중앙정보부장이 1972년 5월 2일부터 5월 5일까지 평양을 방문하여 평양의 김영주 조직지도부장과 회담을 진행하였으며, 김영주 부장을 대신한 박성철 제2부수상이 1972년 5월 29일부터 6월 1일까지 서울을 방문하여 이후락 부장과 회담을 진행하였다.

이 회담들에서 쌍방은 조국의 평화적 통일을 하루빨리 가져와야 한다는 공통된 염원을 안고 허심탄회하게 의견을 교환하였으며 서로의 이해를 증진시키는데서 큰 성과를 거두었다.

이 과정에서 쌍방은 오랫동안 서로 만나보지 못한 결과로 생긴 남북사이의 오해와 불신을 풀고 긴장의 고조를 완화시키며 나아가서 조국통일을 촉진시키기 위하여 다음과 같은 문제들에 완전한 견해의 일치를 보았다.

1. 쌍방은 다음과 같은 조국통일원칙들에 합의를 보았다.

첫째, 통일은 외세에 의존하거나 외세의 간섭을 받음이 없이 자주적으로 해결하여야 한다.

둘째, 통일은 서로 상대방을 반대하는 무력행사에 의거하지 않고 평화적 방법으로 실현하여야 한다.

셋째, 사상과 이념·제도의 차이를 초월하여 우선 하나의 민족으로서 민족적 대단결을 도모하여야 한다.

2. 쌍방은 남북사이의 긴장상태를 완화하고 신뢰의 분위기를 조성하기 위하여 서로 상대방을 중상 비방하지 않으며 크고 작은 것을 막론하고 무장도발을 하지 않으며 불의의 군사적 충돌사건을 방지하기 위한 적극적인 조치를 취하기로 합의하였다.

3. 쌍방은 끊어졌던 민족적 연계를 회복하며 서로의 이해를 증진시키고 자주적 평화통일을 촉진시키기 위하여 남북사이에 다방면적인 제반교류를 실시하기로 합의하였다.

4. 쌍방은 지금 온 민족의 거대한 기대속에 진행되고 있는 남북적십자회담이 하루빨리 성사되도록 적극 협조하는데 합의하였다.

5. 쌍방은 돌발적 군사사고를 방지하고 남북사이에 제기되는 문제들을 직접, 신속 정확히 처리하기 위하여 서울과 평양 사이에 상설 직통전화를 놓기로 합의하였다.

6. 쌍방은 이러한 합의사항을 추진시킴과 함께 남북사이의 제반문제를 개선 해결하며 또 합의된 조국통일원칙에 기초하여 나라의 통일문제를 해결할 목적으로 이후락 부장과 김영주 부장을 공동위원장으로 하는 남북조절위원회를 구성·운영하기로 합의하였다.

7. 쌍방은 이상의 합의사항이 조국통일을 일일천추로 갈망하는 온 겨레의 한결같은 염원에 부합된다고 확신하면서 이 합의사항을 성실히 이행할 것을 온 민족 앞에 엄숙히 약속한다.

서로 상부의 뜻을 받들어

     이후락   김영주

    1972년 7월 4일

7. 남북공동선언문

조국의 평화적 통일을 염원하는 온 겨레의 숭고한 뜻에 따라 대한민국 김대중 대통령과 조선민주주의인민공화국 김정일 국방위원장은 2000년 6월 13일부터 6월 15일까지 평양에서 역사적인 상봉을 하였으며 정상 회담을 했다.

남북 정상들은 분단 역사상 처음으로 열린 이번 상봉과 회담이 서로 이해를 증진시키고 남북관계를 발전시키며 평화통일을 실현하는 데 중 대한 의의를 가진다고 평가하고 다음과 같이 선언한다.

1. 남과 북은 나라의 통일문제를 그 주인인 우리 민족끼리 서로 힘을 합쳐 자주적으로 해결해 나가기로 하였다.

2. 남과 북은 나라의 통일을 위한 남측의 연합제안과 북측의 낮은 단계의 연방제안이 서로 공통성이 있다고 인정하고 앞으로 이 방향에서 통일을 지향시켜 나가기로 하였다.

3. 남과 북은 올해 8·15에 즈음하여 흩어진 가족, 친척방문단을 교환하며 비전향 장기수 문제를 해결하는 등 인도적 문제를 조속히 풀어 나가기로 하였다.

4. 남과 북은 경제협력을 통하여 민족경제를 균형적으로 발전시키고 사회·문화·체육·보건·환경 등 제반 분야의 협력과 교류를 활성화하여 서로의 신뢰를 다져 나가기로 하였다.

5. 남과 북은 이상과 같은 합의사항을 조속히 실천에 옮기기 위하여 이른 시일 안에 당국 사이의 대화를 개최하기로 하였다.

김대중 대통령은 김정일 국방위원장이 서울을 방문하도록 정중히 초청 하였으며 김정일 국방위원장은 앞으로 적절한 시기에 서울을 방문하기로 하였다.

2000년 6월 15일

대한민국 대통령 김대중. 조선민주주의인민공화국 국방위원장 김정일.

북한군 남침에 따른 미국 및 UN의 대책

1. 주한 미국대사가 미 국무부장관에게 보낸 전문보고
(1950. 6. 25. 서울)

한국 군사고문단 현지 보좌관 보고가 부분적으로 확인한 한국군 보고에 의하면 북괴군이 오늘 아침 여러 지역에서 대한민국 영토를 침범하였다.

침범 행위는 상오 4시경에 개시되었다. 옹진(甕津)이 북괴의 포격을 받았다. 상오 6시경에 북괴군 보병이 옹진, 개성, 춘천 지역에서 38°선을 넘기 시작하였으며 동해안 강릉(江陵) 남쪽에 북괴 육해군이 상륙하였다고 보도되었다.

개성은 상오 9시에 점령되었으며, 약 10대의 북괴군 전차가 작전에 참가하고 있다고 보도되었다. 전차를 앞세운 북괴군은 춘천을 포위하고 있는 것으로 보도되었다.

강릉 지역에서의 전투상보는 불분명하나 북괴군은 국도를 차단한 것으로 보인다. 나는 오늘 아침 한국 군사고문단 보좌관들 및 한국 관리들과 사태를 협의하였다. 침공의 성격이나 침공이 개시된 방식으로 보아 이 침공은 대한민국에 대한 전면적인 공격인 것으로 보인다.

Telegram from the American Ambassador in Korea, John J. Muccio, to Secretary of State Dean G. Acheson (Seoul, June 25, 1950)

According to Korean Army reports which are partly confirmed by Korean Military Advisory Group field advisory reports. North Korean forces invaded Republic of Korea territory at several points in this morning.

Action was initiated about 4 a.m. Ongjin was blasted by North Korean artillery fire. About 6 a.m. North Korean infantry commenced crossing the (38th) parallel in the Ongjin area, Kaesong area, and Chunchon area, and an amphibious landing was reportedly made south of Kangnung on the east coast. Kaesong was reportedly captured at 9 a.m., with some ten North Korean tanks participating in the operation. North Korean forces, spearheaded by tanks, are reportedly closing in on Chunchon. Details of the fighting in the Kangnung area are unclear, although it seems that North Korean forces cut the highway. I am conferring with Korean Military Advisory Group advisers and Korean officials this morning concerning the situation.

It would appear from the nature of the attack and the manner in which it was launched that it constitutes an all-out offensive against the Republic of Korea.

2. 주 UN 미국부대표가 UN사무총장에게 보낸 서한
(1950. 6. 25. 뉴욕)

UN사무총장 귀하

본인은 1950년 6월 25일 오늘 아침 3시 전화로 귀하에게 본인이 읽어 준 「메시지」의 원문을 여기에 전한다. 이 「메시지」에 UN안전보장이사회 의장이 즉각 주의를 기울이도록 힘써 주기 바란다.

ERNEST A. GROSS

첨부(Enclosure)

주한 미국대사는 북괴군이 한국 시간 6월 25일 새벽에 여러 곳에서 대한민국을 침범하였다고 국무성에 통고하여 왔다.

북괴 정권의 관장하에 있는 평양방송은 6월 24일 21:00('뉴욕' 시간)부터 발효된 대한민국에 대한 선전포고를 방송한 것으로 보도되고 있다.

앞에서 언급한 상황에서 감행된 북괴군의 공격은 평화 침해이며 침략 행위이다. 본국 정부의 긴급 요청에 따라 본인은 귀하에게 UN안보리의 회의를 즉각 소집할 것을 요청한다.

The Deputy Representative of the United States to the United Nations(Gross) to the Secretary-General (New York, June 25, 1950)

DEAR MR. SECRETARY-GENERAL:

I have the honour to transmit herewith the text of the message which I read to you on the telephone at three o'clock this morning, June 25, 1950.

Will you be good enough to bring the message to the immediate attention of the President of the United Nations Security Council?

    Faithfully yours. ERNEST A. GROSS

(Enclosure)

The American Ambassador to the Republic of Korea has informed the Department of State that North Korean forces invaded the territory of the Republic of Korea at several points in the early morning hours of June 25(Korean time).

Pyongyang Radio under the control of the North Korean regime, it is reported, has broadcast a declaration of war against the Republic of Korea effective 9 p.m. June 24(New York Time).

An attack of the forces of the North Korean regime under the circumstances referred to above constitutes a breach of the peace and an act of aggression.

Upon the urgent request of the Government, I ask you to call an immediate meeting of the Security Council of the United Nations.

---

3. UN한국위원단이 UN사무총장에게 보낸 전문보고
(1950. 6. 25. 서울)

대한민국 정부는 6월 25일 상오 4시경 북괴군이 38°선 전역에서 대거 공격을 개시하였다고 보도하였다.

공격의 주요 지역은 옹진반도, 개성, 춘천 지역 그리고 동해안이며 동해안에서는 강릉 북쪽과 남쪽에서 해안으로 북괴군이 상륙하였다고 보도되었다.

또다른 해안으로의 상륙이 동남해안의 포항 지역에서 공중 엄호하에 임박한 것으로 보도되었다. 이러한 공격들은 최근에 서울 바로 북쪽의 38°선에서 가장 짧은 접근로를 따라 일어났다.

대한민국이 밤 사이 38°선 넘어 침입하였다는 13시 35분 평양방송의 주장은 위원단원과 사무국장과의 회의에서 대한민국 대통령과 외무장관에 의해 전적으로 허위라고 선언되었다.

북괴는 또한 인민군이 침입군을 결정적인 반격으로 격퇴하라는 명령을 하달받았고 이에 대한 결과는 남한측에 책임이 있다고 주장하였다.

대한민국 대통령의 사태에 대한 '브리핑'에는 36대의 전차와 기갑차량들이 북괴군에 의한 4개 지역의 공격에 가담하고 있다는 성명도 들어 있다.

긴급 각의(閣議)에 이어 대한민국 외무장관은 국민들에게 북괴의 야만적인 공격에 저항할 것을 고무하는 방송을 하고 있다.

대한민국 대통령은 위원단이 방송으로 전투 중지를 촉구하고 UN에 사태의 심각성을 알리는 통신 문제에 전적으로 협조할 것을 표명하였다.

북괴가 상오 11시 평양방송으로 선전 포고를 하였다는 소문이 떠돌고 있으나 이는 어디서도 확인되지 않고 있다.

대한민국 대통령은 그러한 방송을 공식 통고로 보고 있지 않다. 위원단에 출두한 미국대사는 한국 측이 상황을 상세히 보고할 것이라고 설명하였다.

하오 5시 15분 4대의 YAK형 전투기가 서울 교외의 민간 및 군용비행장을 폭격하여 비행기를 파괴하고 연료 '탱크'에 불을 지르고 차량들을 공격하였다.

교외에 있는 영등포역이 또한 폭격을 받았다. 위원단은 UN사무총장이 사태가 심각하게 발전하고 있는 전면전의 성격을 띠고 있을 뿐 아니라 국제 평화와 안보유지를 위태롭게 할지도 모른다는데 주목하여 주기를 바란다.

위원단은 사무총장이 문제를 안전보장이사회에 통보하여야 할 가능성을 검토하도록 권고한다. 위원단은 보다 충분히 검토된 권고를 후에 보내겠다.

The United Nations Commission on Korea to the Secretary-General
(Seoul, June 25, 1950)

Government of the Republic of Korea states that about 04:00 hrs., 25 June attacks were launched in strength by North Korean forces all along the 38th parallel. Major points of attack have included Ongjin Peninsula, Kaesong area and Chunchon and east coast where seaborne landings have been reported north and south of Kangnung. Another seaborne landing reported imminent under air cover in Pohang area in southeast coast. The latest attacks have occurred along the parallel directly north of Seoul along shortest avenue of approach.

Pyongyang Radio allegation at 13:35 hrs. of South Korean invasion across parallel during night declared entirely false by President and Foreign Minister in course of Conferences with Commission members and principal secretary. Allegations also state People's Army instructed to repulse invading forces by decisive counterattack and placed responsibility for consequences on South Korea. Briefing on situation by President included statement thirty-six tanks and armoured cars used in northern attacks in four points. Following emergency Cabinet meeting Fereign Minister issued broadcast to people of South Korea encouraging resistance against dastardly attack. President expressed complete willingness for Commission broadcast urging cease-fire and for communication to United Nations to inform of gravity of situation. Although North Korean declaration of war rumoured at 11:00 hrs. over Pyongyang Radio, no confirmation available from any source. President not treating broadcast as official notice. United States Ambassador, appearing before Commission, stated his expectation Republican Army would give good account of itself.

At 17:15 hrs. four Yak-type aircraft strafed civillian and military air fields outside Seoul destroying planes, firing gas tanks and attacking jeeps. Yongdungpo railroad station on outskirts also strafed.

Commission wishes to draw attention of Secretary-General to serious situation developing which is assuming character of full-scale war and may endanger the maintenance of international peace and security. It suggests that he consider possibility of bringing matter to notice of Security Council. Commission will communicate more fully considered recommendation later.

4. UN안전보장이사회의의 공산침략행위 정지 명령에 관한 결의문

(1950. 6. 25. 뉴욕)

안전보장이사회는 1949년 10월 21일자 총회 결의안의 조사 보고한 바와 같이 대한민국 정부가 UN임시한국위원단이 조사 협의할 수 있었던 대다수의 한국 주민들이 거주하는 한반도의 지역에서 유효한 지배 및 법적 관할권을 가진 합법적으로 수립된 정부라는 것과 이 정부가 한반도의 해당 지역의 선거민들의 자유의사의 정당한 표현이며 한국위원단이 감시한 선거에 근거하고 있다는 것과 이 정부가 한반도의 합법정부라는 것을 상기하면서 또한 총회가 1948년 12월 12일자 및 1949년 10월 21일자 결의안에서 표명한 대로 UN이 한국의 완전한 독립과 통일을 가져오기 위하여 추구하는 성과에 해로운 조치를 회원국들이 삼가하지 않을 경우 초래될 결과에 대한 우려와 UN한국위원단이 그 보고에서 진술한 사태가 대한민국 및 한국 국민들의 안전과 안녕을 위협하며 한반도에서 군사분쟁을 야기할지도 모른다는 우려를 유의하면서, 또한 북괴군의 대한민국에 대한 무력 공격을 심각한 우려로 주목하면서, 이러한 행동이 평화를 파괴하는 것이라고 결정하며

1. 적대 행위의 즉각 중지를 요구하고 북한 당국이 그들의 군대를 즉각 38°선으로 철수시킬 것을 촉구하고
2. UN한국위원단이
  가. 충분히 검토된 사태에 대한 보고를 가능한 한 지체없이 보낼 것과
  나. 북괴군의 38°선으로의 철수를 감시할 것과
  다. UN안전보장이사회에 이 결의안의 집행에 대하여 계속 보고할 것을 요청하고
3. 모든 회원국들은 UN이 이 결의안을 집행하는데 지원을 아끼지 말며 북한당국을 지원하는 것을 삼가하도록 촉구한다.

The Requestment of the Cessation of Hostillitment in Korea

(June 25, 1950)

The Security Council

Recalling the finding of the General Assembly in its resolution of 21 October, 1949 that the Government of the Republic of Korea is a lawfully established government "having effective control and jurisdiction over that part of Korea where the United Nations Temporary Commission on Korea was able to observe and consult and in which the great majority of the people of Korea reside;and that this Government is based on elecions which were a valid expression of the free will of the electorate of that part of Korea and which were observed by the Temporary Commission; and that this is the only such Government in Korea";

"Mindful of the concern expressed by the General Assembly in its resolutions of 12 December, 1948 and 21 October, 1949 of the consequences which might follow unless Member States refrained from acts derogatory to the results sought to be achieved by the United Nations in bringing about the complete independence and unity of Korea; and the concern expressed that the situation described by the United Nations Commission on Korea in its report menaces the safety and well-being of the Republic of Korea and of the people of Korea and might lead to open military conflict there";

"Noting with grave concern the armed attack upon the Republic of Korea by forces from North Korea,

Determines that this actions constitutes a breach of the peace,

I. Calls for the immediate cessation of hostilities; and calls upon the authorities of North Korea to withdraw forthwith their armed forces to the thirty-eighth parallel;

II. Requests the United Nations Commission of Korea

(a) To communicate its fully considered recommendations on the situation with the least possible delay;

(b) To observe the withdrawal of the North Korean forces to the thirty-eight parallel; and

(c) To Keep the Security Council informed on the execution of this resolution;

III. Calls upon all Members to render every assistance to the United Nations in the execution of this resolution and to refrain from giving assistance to the North Korean authorities."

---

5. 대한민국 국회가 미국 대통령 및 의회에 보낸 서한
(1950. 6. 25. 서울)

6월 25일 조기(早期)를 기하여 북한공산당 군대는 남한에 대한 무력 침략을 개시하였다. 귀하 및 미 합중국 하원은 우리 국민이 오늘과 같은 사건을 예기하여 동방에서 민주주의의 보루를 확보하고 세계 평화에 공헌하기 위하여 강력한 국방군을 창설한 사실을 이미 인식하고 있는 것이다. 우리들은 다시 한번 귀하에게 우리들을 해방하고 우리 공화국의 수립을 위하여 귀하가 준 요긴한 원조에 대하여 사의를 표하는 바이다.

용감한 전투를 전개하여 가며 이러한 국가적 위기에 당면하여 우리들은 귀하의 가일층의 지지를 호소하는 동시에 이러한 세계 평화 파괴 행위를 저지하기 위하여 동시에 유효하고 적시적인 원조를 제공하여 줄 것을 요구한다.

Message from the Korean National Assembly
to the President and the Congress of the United States (June 25, 1950)

Beginning in the early morning of 25 June, the North Korean Communist Army began armed aggression against the South. Your Excellency and the Congress of the United States are already aware of the fact that our people anticipating an incident such as today's established a strong national defense force in order to secure a bulwark of democracy in the east and to render service to world peace. We again thank you for your indispensable aid in liberating us and in establishing our Republic. As we face this national crisis, putting up a brave fight, we appeal for your increasing support and ask that you at the same time extend effectively and timely aid in order to prevent this act of destruction of world peace.

---

6. UN한국위원단이 UN사무총장에게 보낸 보고

(1950. 6. 26. 서울)

북괴군의 진격은 위험한 사태를 야기하고 있으며 사태는 급격히 악화될 가능성을 보이고 있다. 내일 서울에서 일어날 사태를 평가하는 것도 불가능한 상태에 있다.

위원단은 과거의 경험과 지금의 사태에 비추어 보아 북괴가 안보리의 결의안에 유의하거나 UN한국위원단의 업무 수행을 받아들이지 않을 것으로 위원단은 확신한다.

위원단은 안보리가 남북 양 당사자가 동의하는 중립적 중재자를 초청하여 평화를 협상하도록 하거나 회원국 정부들이 즉각 중재 조처를 취하도록 요청하는 것을 고려하도록 권고한다.

위원단은 서울에서 대기하기로 결정하였다. 현재 진행되고 있는 위태로운 작전들이 수일 내에 끝나고 안보리 결의안이 권고한 휴전과 북괴군의 철수 문제는 비현실적인 것으로 나타날 위험이 있다.

The United Nations Commission on Korea to the Secretary-General
(Seoul, June 26, 1950)

North Korean advances have created dangerous situation with possibilities of rapid deterioration. Impossible to estimate situation which will exist tomorrow in Seoul. In view of Communist's past experience and existing situation Commission convinced North Korea will not heed Council resolution nor accept UNCOK good offices. Suggest have Council give consideration either invitation both parties agree on neutral mediator either to negotiate peace or requesting Member governments undertake immediate mediation.

Commission decided stand by in Seoul. Danger is that critical operations now in progress may end in matter of days and question of cease-fire and withdrawal North Korean forces suggested Council resolution prove academic.

---

7. 미국 대통령 성명
(1950. 6. 26. 워싱턴)

나는 일요일 저녁 국무, 국방 양장관의 고위 보좌관 그리고 합참의장과 대한민국에 대한 정당한 이유 없는 침략으로 야기된 극동의 사태를 협의하였다.

미국 정부는 UN안전보장이사회가 신속히 그리고 결연히 침입군의 38°선 이북으로의 철수를 명령한데 만족한다.

안전보장이사회 결의에 따라 미국은 이러한 심각한 평화의 침범을 중지시키려는 안보리의 노력을 열렬히 지원할 것이다. 북괴군이 취하고 있는 그러한 불법적인 행동에 대한 미국의 우려와 이러한 사태에서 한국 국민들에 대한 미국의 동정과 지지는 한국에 있는 미국인들의 협조적인 치동(治動)과 상호방위 원조 계획 아래에서 제공되고 있는 형태의 원조를 촉진하고 증가시키기 위하여 취하여진 조치들에서 시현하고 있다.

이러한 침략 행위에 책임이 있는 당사자들은 미국 정부가 세계평화에 대한 그와 같은 위협을 얼마나 심각하게 바라보고 있는가를 깨달아야 한다.

평화를 지켜야 할 의무를 고의적으로 도외시하는 것은 UN헌장을 지지하는 국가들로부터 묵인될 수 없다.

Statement by U.S. President Truman, Concerning North Korean Aggression
(June 26, 1950)

I conferred sunday evening with the Secretaries of State and Defense, their senior advisers, and the Joint Chiefs of Staff about the situation in the Far East created by unprovoked aggression against the Republic of Korea. The Government of the United States is pleased with the speed and determination with which the United Nations Security Council acted to order a withdrawal of the invading forces to portions north of the 38th parallel. In accordance with the resolution of the Security Council, the United States will vigorously support the effort of the Council to terminate this serious breach of the peace.

Our concern over the lawless action taken by the forces from North Korea, and our sympathy and support for the people of Korea in this situation, are being demonstrated by the cooperative action of American personnel in Korea, as well as by steps taken to expedite and augment assistance of the type being furnished under the Mutual Defense Assistance Program. Those responsible for this act of aggression must realize how seriously the Government of the United States views such threats to the peace of the world. Willful disregard of the obligation to keep the peace cannot be tolerated by nations that support the United Nations Charter.

---

8. UN주재 미국대사가 UN안전보장이사회에서 행한 발언
(1950. 6. 27. 뉴욕)

오늘 UN창립 이후 가장 심각한 위기에 직면하고 있다. UN안전보장이사회는 48시간 전에 소집된 긴급회의에서 북괴군에 의한 대한민국에의 무력 침략이 평화를 파괴한 것이라고 결의하였다.

이에 따라 안전보장이사회는 북한 당국에게 전투를 즉각 중지할 것과 그들의 군대를 38°선으로 철수시킬 것을 촉구하였다. 안전보장이사회는 또한 UN한국위원단으로 하여금 북괴군의 철수를 감시하고 그를 보고할 것을 지시하였다.

안전보장이사회는 끝으로 UN이 그 결의사항을 집행함에 있어 가능한 모든 원조를 제공하여 줄 것과 북괴 당국을 원조하는 것을 금지하여 줄 것을 전 회원국에 호소하였다.

안전보장이사회의 결의는 북괴 당국에 방송되었으며 그들에게 알려졌다.

우리는 지금 UN한국위원단으로부터 우리의 우려를 더욱 심각하게 하여 주는 보고를 받았다. 북괴 당국은 안전보장이사회의 결정을 완전히 무시하고 조롱하였음이 명백하다. 대한민국에 대한 무력침공이 계속되고 있다. 이것은 실로 국제연합 자체에 대한 공격인 것이다.

　북괴 당국은 대한민국 정부에 항복할 것을 요구하였다.

　UN과 우리들이 받드는 원칙을 이 이상 더 무참히 짓밟을 수는 없을 것이다. UN헌장의 가장 중요한 조항은 침략전쟁을 규탄하는 것이다. 바로 이러한 조항을 북괴 당국이 위반한 것이다.

　국제 평화를 회복시키기 위하여 안보이사회는 준엄한 제재를 발동할 자명한 의무를 지니고 있다.

　대한민국은 UN에 보호를 호소하여 왔다. 본인은 UN의 충실한 회원국인 미국이 대한민국에 대하여 원조를 제공할 용의가 있음을 기쁜 마음으로 또한 자랑스럽게 보고드리는 바이다.

　본인은 세계 평화를 회복시키기 위한 다른 조처로서 또 하나의 결의안 초안을 이 사회에 제출하였다. 초안 내용은 다음과 같다.

　"안보이사회는 북괴의 대한민국에 대한 무력공격이 평화를 침범하였다고 결의하였으며 전투를 즉각 중지할 것을 촉구하였으며 북괴 당국에게 그들의 군대를 즉각 38° 선으로 철수시킬 것을 촉구하였으며 UN한국위원단으로 부터 북괴 당국이 전투를 중지하지 않고 그들의 군대를 38° 선으로 철수시키지 않고 있다는 사실을 보고받았으며, 또한 국제 평화와 안전을 회복시키기 위하여 군사적 조처가 시급하게 요청되고 있다는 보고를 받았으며 대한민국이 평화와 안전을 보장할 효과적인 조처를 즉각 취하여 줄 것을 UN에 호소하였음을 감안하여 대한민국이 무력 침략을 격퇴하고 해당 지역에서 국제 평화와 안전을 회복하는데 필요한 원조를 제공하여 줄 것을 모든 UN회원국에게 권고하는 바이다."

　본 결의안 초안은 1950. 6. 25에 개최된 제473차 안전보장이사회에서 채택한 북괴의 대한민국 침략에 대한 고발에 관한 결의안과 본 결의안 서두에서 언급한 그 이후에 발생한 사태에서 귀결되는 필연적인 것이다.

　6월 25일에 채택한 결의안은 전 회원국에게 "UN이 이 결의안을 집행함에 필요한 가능한 모든 원조를 제공하여 줄 것"과 "북괴당국에 대한 원조를 삼가하여 줄 것"을 요청하였다.

새 결의안 초안은 필연적인 그 다음 조치이다. 앞서의 결의가 유린되고 침략이 계속되고 있으며 군사적 조처가 긴급히 요청되고 있기 때문에 본 결의안 초안이 중요시 되는 것이다.

본인은 이제 이 위급한 상황에 대하여 미국 대통령이 발표한 성명을 읽어 드리겠다.

(중략)

결의안 초안과 본인의 발언요지와 미 대통령이 취한 조처의 중요한 골자는 UN의 목적과 원칙의 지지이다. 한 마디로 말하여 '평화' 이다.

Statement to the Security Council by the Representative of the United States to the United Nations (Austin, June 27, 1950)

The United Nations finds itself confronted today with the gravest crisis in its existence. Forty-eight hours ago the Security Council, in emergency meeting, determined that the armed invasion of the Republic of Korea by armed forces from North Korea constituted a breach of the peace. Accordingly, the Security Council called for a cessation of hostilities forthwith and the withdrawal by the North Korean authorities of their armed forces to the 38th parallel. The Security Council also requested the United Nations Comission on Korea to observe the withdrawal and to report. Finally, the Security Council called upon all Members to render every assistance to the United Nations in the execution of the resolution, and to refrain from giving assistance to the North Korean authorities.

The decision of the Security Council has been broadcast to the Korean authorities and is known to them. We now have before us the report of the United Nations Commission for Korea, which confirms our fears. It is clear that the authorities in North Korea have completely disregarded and flitted the division of the Security Council. The armed invasion of the Republic of Korea continues. This is, in fact, an attack on the United Nations itself. The North Korean authorities have called upon the established Government of the Republic to surrender.

It is difficult to imagine a more glaring example of disregard for the United Nations and for all the principles which it represents. The most important provisions of the Charter are those outlawing aggressive war. It is precisely these provisions which the North Korean authorities have violated.

It is the plain duty of the Security Council to invoke stringent sanctions to restore international peace. The Republic of Korea has appealed to the United Nations for protection. I am happy and proud to report that the United States is prepared as a loyal Member of the United Nations to furnish assistance to the Republic of Korea.

I have submitted a draft resolution (S/150S/Rev. 1) which I ask the Council to consider favorably as the next step to restore world peace. Its text is as follows:

The Security Council

"Having determined that the armed attack upon the Republic of Korea by forces form North Korea constitutes a breach of peace;

"Having called for an immediate creation of hostilities; and

"Having called upon the authorities of North Korea to withdraw forthwith their armed forces to the 38th parallel; and

"Having noted from the report to the United Nations Commission for Korea that the authorities in North Korea have neither ceased hostilities nor withdrawn their armed forces to the 38th parallel, and that urgent military measures are required to restore international peace and security; and

"Having noted the appeal from the Republic of Korea to the United Nations for immediate and effective steps to secure peace and security.

"Recommends that the Members of the United Nations furnish such assistance to the Republic of Korea as may be necessary to repel the armed attack and to restore international peace and security in the area."

This is the logical consequences of the resolution concerning the complaint of aggression upon the Republic of Korea adopted at the 473rd meeting of the Security Council on 25 June, 1950 and the subsequent events recited in the preamble of this resolution. That resolution of 25 June called upon all Members "to render every assistance to the United Nations," and "to refrain from giving assistance to the North Korean authorities."

This new draft resolution is the logical next step Its significance is affected by the violation of the former resolution, the continuation of aggression, and the urgent miltitary measures required.

I wish now to read the statement which the President of the United States made today on this critical situation.

(At this point in his statement Mr. Austin quoted verbatim the President's statement printed here as document 9.)

The keynote to the draft resolution and of my statement, and the significant, characteristics of the action taken by the President, is support of the United Nations purposes and principles - in a word: "Peace".

9. 한국군 군사지원에 관한 미국 대통령 성명

(1950. 6. 27. 워싱턴)

한국 내의 국경 분쟁을 방지하고 국내의 치안 유지를 위하여 무장한 한국군이 북괴 침략군의 공격을 받았다.

UN안전보장이사회는 침략군에게 즉각 전쟁 행위를 중지하고 38°선으로 철수할 것을 요청하였음에도 불구하고 공산 침략군은 계속 공격을 자행하였다.

UN안전보장이사회는 이 결의를 집행하기 위하여 UN 전 회원국에 모든 가능한 원조를 하도록 요청하였다. 이와 같은 상황에서 본인은 미국의 공군 및 해군으로 하여금 한국군에게 엄호와 지원을 하도록 명령하였다.

금반 북괴군의 한국 공격은 공산주의가 독립국가를 정복하기 위하여 그 정부를 전복시키려는 사실을 명백히 증명하고 있다.

공산주의는 국제 평화와 안전을 보존하기 위하여 결의한 UN안전보장이사회의 명령에 도전하였다. 이와 같은 상황에서 공산군이 대만 정부를 점령하게 된다면 그것은 태평양 지역의 안보와 그 지역에서 합법적이며 긴요한 임무를 수행하고 있는 미군에 대한 직접적인 위협이 되는 것이다.

따라서 본인은 대만에 대한 어떠한 공격이라도 이를 저지토록 미 제7함대에 명령하였다. 이 조치에 따르는 당연한 일로 본인은 대만 정부도 중국 본토에 대한 공중 또는 해상 작전을 일절 중지하도록 요청하였으며 제7함대가 이를 지켜볼 것이다.

장차 대만의 지위 결정 여부는 태평양 지역에서 불안이 걷히고 일본과의 평화해결이 이루어지고, 또한 국제연합이 고려할 때까지 기대하여야 한다.

본인은 또한 필리핀에 주둔하고 있는 미군이 증강되고 필리핀 정부에 대한 원조가 가속화 되도록 명령하였다.

본인은 인도지나(印度支那)의 불란서군과 연방주(聯邦州)에 대한 군사원조의 제공을 촉진시키고 군사 사절단을 파견하여 상호 긴밀한 협조를 유지하도록 명령하였다.

본인은 국제연합의 헌장을 무시한 금반 북괴군 침략 행위에 중대성을 UN의 모든 회원국은 주의 깊게 검토할 것을 믿고 있다.

국제 관계 문제에 있어서 폭력의 통치로 돌아간다는 것은 절대 성공하지 못할 것이다. 미국은 계속 법의 통치를 지지할 것이다.

본인은 미국 대표로 안전보장이사회에 나가 있는 Austin대사에게 이와 같은 조치를 안전보장이사회에 보고하도록 지시하였다.

Statement by U.S.President Truman, Regarding U.S. Military Support to the Republic of Korea Forces (June 27, 1950)

In Korea, the Government forces, which were armed to prevent border raids and to preserve internal security, were attacked by invading forces from North Korea. The Security Council of the United Nations called upon the invading troops to cease hostilities and to withdraw to the 38th Parallel. This they have not done but, on the contrary, have pressed the attack. The Security Council called upon all members of the United Nations to render every assistance to the United Nations in the execution of this resolution. In these circumstances, I have ordered United States air and sea forces to give the Korean Government troops cover and support,

The attack upon Korea makes it plain beyond all doubt that communism has passed beyond the use of subversion to conquer independent nations and will now use armed invasion and war. It has defied the orders of the Security Council of the United Nations issued to preserve international peace and security. In these circumstances, the occupation of Formosa by Communist forces would be a direct threat to the security of the Pacific area and to United States forces performing their lawful and necessary functions in that area.

Accordingly, I have ordered the Seventh Fleet to prevent any attack on Formosa. As a corollary of this action, I am calling upon the Chinese Government on Formosa to cease all air and sea operations against the mainland. The Seventh Fleet will see that this is done. The determination of the future status of Formosa must await the restoration of security in the Pacific, a peace settlement with Japan, or consideration by the United Nations.

I have also directed that United States forces in the Philippines be strengthened and that military assistance to the Philippine Government be accelerated.

I have similarly directed acceleration in the furnishing of military assistance to the forces of France and the Associated States in Indochina and the dispatch of a military mission to provide close working relations with those forces.

I know that all members of the United Nations will consider carefully the consequences of this latest aggression in Korea in defiance of the Charter of the United Nations. A return to the rule of force in international affairs would have far-reaching effects. The United States will continue to uphold the rule of law.

I have instructed Ambassador Austin, as the representative of the United States to the Security Council, to report these steps to the Council.

10. UN안전보장이사회의 한국 군사원조에 관한 결의문

(1950. 6. 27. 뉴욕)

UN안전보장이사회는 북괴 군대의 대한민국에 대한 무력 공격을 평화의 파괴 행위로 규정하였으며, 북괴 당국에게 전투를 즉각 중지하고 그들의 군대를 즉시 38°선으로 철수시킬 것을 촉구하였으며,

UN한국위원단으로 부터 북괴 당국이 전투를 중지하지 않고 있다는 사실과 국제 평화와 안전을 회복시키기 위하여 군사적 조처가 시급히 요청되고 있다는 사실을 보고받고,

대한민국이 평화와 안전을 보장할 효과적인 조처를 즉각 취하여 줄 것을 UN에 호소하였음을 감안하여,

대한민국이 무력 침략을 격퇴하고 그 지역에서 국제 평화와 안전을 회복하는데 필요한 원조를 제공하여 줄 것을 UN회원국에게 권고하는 바이다.

The Military Assistance to the Republic of Korea (June 27, 1950)

The Security Council,

Having determined that the armed attack upon the Republic of Korea by forces from North Korea constitutes a breach of the peace;

Having called for an immediate cessation of hostilities; and

Having called upon the authorities of North Korea to withdraw forth with their armed forces to the 38th parallel; and

Having noted from the report of the United Nations Commission for Korea that the authorities in North Korea have neither ceased hostilities nor withdrawn their armed forces to the thirty-eigth parallel and that urgent military measures are required to restore international peace and security; and

Having noted the appeal from the Republic of Korea to the United Nations for immediated and effective steps to secure peace and security.

Recommends that the Members of the United Nations furnish such assistance to the Republic of Korea as may be necessary to repel the armed attack and to restore international peace and security in the area.

11. UN사무총장이 미 국무부장관에게 보낸 전문
(1950. 6. 29)

본인은 1950년 6월 27일에 개최된 제474차 안보이사회에서 채택한 결의안을 귀 정부에게 환기시키고자 하는 바이다. 동 결의안은 대한민국이 무력 침략을 격퇴하고 그 지역에서 국제 평화와 안전을 회복하는데 필요한 원조를 제공하여 줄 것을 국제 연합 회원국에게 권고하고 있다.

귀 정부에서 원조를 제공할 계획이면 원조의 종류에 관하여 본인에게 조속히 회신하여 준다면 결의안을 집행함에 큰 도움이 되겠다.

본인은 귀 정부의 회신을 안보이사회와 대한민국 정부에 전달하겠다.

The Secretarty-General to the U.S. Secretary of State (Lake Success, June 29, 1950)

I have the honour to call the attention of your government to the resolution adopted by the Security Council at its 474th meeting on 27 June, 1950 which recommends that the Members of the United Nations furnish such assistance to the Republic of Korea as may be necessary to repel the armed attack and to restore international peace and security in the area. In the event that your government is in a position to provide assistance it would facilitate the implementation of the resolution if you were to be so good as to provide me with an early reply as to type of assistance.

I shall transmit the reply to the Ssecurity Council and to the Government of the Republic of Korea.

1~11 자료 : 국방부 『한국전쟁사』 개정판 제1권 「UN결의 및 성명문」(p935)

12. 맥아더가 한강전선을 시찰하고 워싱턴에 보낸 메시지

(1950. 6. 29. 도쿄)

「한국군은 혼란 상태에 빠져 있다. 겨우 국내의 치안 유지를 담당할 수 있을 정도의 적은 병력으로 편성되고 장비된 한국군은 기계화 부대와 공군에 의한 적의 공격에 맞설만한 준비는 갖추고 있지 않다. 또 북한 괴뢰군과 같은 강력한 부대에 대하여 주도권을 장악할 만한 능력도 가지고 있지 않다. 한국군은 깊이가 넓은 방어진지나 체계적인 보급기구나 보급망도 없으며 후퇴 작전을 할 때 보급품 또는 그 밖의 군수물자를 파괴하는 계획도 없다. 또 있다고 가정하더라도 그대로 실천하지 못한다. 그 결과 한국군은 보급 물자 및 주요 장비를 상실하였거나 유기하였으며 군대 간의 통신망은 완전히 두절된 상태에 있다. 한국군은 남쪽으로 후퇴할 때에 대부분 M1소총 또는 카빈총만을 가지고 있었을 뿐이다. 본관이 파견한 선발대의 장교들이 차근차근 이들을 집결시키고 있다. 한국군 병사들은 대포도, 박격포도 대잔차포도 없기 때문에 적을 저지하기 위해서는 자연의 장애물을 충분히 이용하거나 고도의 지휘능력에 의존하는 도리 밖에 없다.

한편 일반 민간인들은 침착하고 질서 정연하며 각자의 생활 정도에 따라 생계를 유지하고 있다. 시민들은 매우 높은 수준의 국가 의식을 가지고 있으며 여전히 미국에 대한 신뢰감을 가지고 있다. 서울에서 남으로 향하는 도로는 공산당의 지배를 거부하는 피난민들로 가득 차 있다.

공산군의 전진을 저지하는 것이 절대로 필요하며 그렇지 못한다면 현재의 정세로는 한국 전체를 석권당할 우려가 있다. 이미 한국군은 반격할 힘을 가지고 있지 못하며 적이 아군의 진지를 돌파할 수 있는 위험은 매우 크다. 적의 전진이 더 이상 계속되면 한국군의 존립 자체가 위태롭게 된다. 현재의 전선을 유지하고 장차 실지를 회복하려면 미국의 지상군을 한국의 전투지역에 출동시키는 도리밖에 없다. 강력한 지상부대 없이는 공군과 해군 부대만으로는 결정적인 효과를 거둘 수 없다. 큰 타격을 받은 한국 전선에서 육해공군을 한 덩어리로 하는 팀을 최고도로 이용하는 강력한 태세를 갖추어야겠다. 그렇지 못할 경우 우리의 임무는 최선의 경우에도 인명과 비용과 미국의 위신을 필요 없이 낭비하게 될 것이고 최악의 경우에는 완전한 실패로 돌아갈 우려가 있다.」

자료 : 구범모 역 『맥아더 회고록』 p400

13. UN통합군사령부 설치에 관한 UN안전보장이사회 결의문
(1950. 7. 7)

안전보장이사회는 북한군의 대한민국에 대한 무력 공격이 평화의 파괴를 조성한다는 것을 결의하였으며, UN회원국은 이 무력 침공을 격퇴하고 이 지역에 있어서의 국제 평화와 안전을 회복하는데 필요한 원조를 대한민국에 제공할 것을 건의하였으므로

1. UN회원 각 국 정부 및 국민이 1950년 6월 25일과 27일자 결의에 따라서 무력 공격에 대하여 자위하고 있는 대한민국을 원조함으로써 이 지역에 국제 평화와 안전을 회복함에 신속 강력한 지지를 환영하며,

2. UN회원국이 대한민국에 대한 원조 제공을 UN에 전달하여 왔음을 유의하고,

3. 안전보장이사회의 모든 결의에 의거하여 군사 및 기타의 원조를 제공하는 전 회원국은 이러한 군사, 기타 원조를 미 합중국 주도하의 통합사령부(A Unified Command)로 하여금 효용하도록 건의하며,

4. 이러한 모든 군대의 사령관을 임명할 것을 미 합중국에게 요청하고,

5. 북한군에 대한 작전 중에 있어서 참전 각 국의 국기와 함께 UN기를 임의로 사용할 권한을 통합사령부에 부여하고,

6. 미 합중국은 UN안전보장이사회에 대하여 통합사령부 지휘하에 행하여지는 작전 단계에 관하여 보고서를 제공할 것을 요청한다.

The Creation and Operation of the Unified Command (S/1588) (July 7, 1950)

The Security Council,

Having determined that the armed attack upon the Republic of Korea by forces from North Korea constitutes a breach of the peace, Having recommended that Members of the United Nations furnish such assistance to the Republic of

Korea as may be necessary to repel the armed attack and to restore international peace and security in the area,

1. Welcomes the prompt and vigorous support which governments and peoples of the United Nations have given to its Resolutions of 25 and 27 June 1950 to assist the Republic of Korea in defending itself against armed attack and thus to restore international peace and security in the area;

2. Notes that Members of the United Nations have transmitted to the United Nations offers of assistance for the Republic of Korea;

3. Recommends that all Members providing military forces and other assistance pursuant to the aforesaid Security Council resolutions make such forces and other assistance available to a unified command under the United States;

4. Requests the United States to designate the commander of such forces;

5. Authorizes the unified command at its discretion to use the United Nations flag in the coures of operations against North Korean forces concurrently with the flags of the various nations participating;

6. Requests the United States to provide the Security Council with reports as appropriate on the course of action taken under the unified command.

14. 한국군 작전지휘권 이양에 관하여
이 대통령과 맥아더 장군 간에 교환된 공한 (국제연합문서 S/1627)

(1) UN 미국 대표 오스틴이 사무총장에게 전달한 공한(1950. 7. 25)

UN 미국 대표는 UN사무총장에게 경의를 표하오며 아울러 대한민국 이승만 대통령과 MacArthur 장군 간에 교환된 하기공한에 관하여 안전보장이사회의 주의를 환기하도록 요청하는 바입니다.

(2) 이 대통령이 맥아더 장군에게 보낸 공한(1950. 7. 15)

대한민국을 위한 UN의 공동군사 노력에 있어 한국내 또는 한국 근해에서 작전 중인 UN의 육해공군 모든 부대는 귀하의 통솔하에 있으며 또한 귀하는 그 최고사령관으로 임명되어 있음에 감하여 본인은 현 작전 상태가 계속되는 동안 일절의 지휘권을 이양하게 된 것을 기쁘게 여기는 바이며 여사(如斯)한 지휘권을 귀하가 직접행사하거나 귀하가 한국내 또는 한국 근해에서 작전하도록 임명한 기타 지휘관으로 하여금 대행케 할 수도 있습니다.

한국군은 귀하의 휘하에서 복무하는 것을 영광으로 생각할 것이며 또한 한국 국민과 정부도 고명하고 훌륭한 군인으로서 우리들의 사랑하는 국토의 독립과 보전에 대한 비열한 공산 침략을 대항하기 위하여 힘을 합친 UN의 모든 군사권을 받고 있는 귀하의 전체적인 지휘를 받게 된 것을 영광으로 생각하며 격려되는 바입니다.

귀하에게 심후하고도 따뜻한 개인적인 경의를 표합니다.

⑶ 주한 미국대사를 통하여 맥아더 장군이 이 대통령에게 보낸 회신(1950. 7. 18)

7월 15일자 공한(公翰)에 의하여 이 대통령이 취하신 조치에 대하여 본관의 사의와 애심(哀心)으로 찬의를 그에게 표하여 주시기 바랍니다. 한국 내에서 작전 중인 UN군의 통솔력은 반드시 증강될 것입니다. 용감무쌍한 대한민국 군을 본관 지휘하에 두게 된 것을 영광으로 생각합니다. 이 대통령의 본관에 대한 과도한 개인적 찬사에 대한 사의와 그에 대하여 본관이 가지고 있는 존경의 뜻도 아울러 전달하여 주시기 바랍니다.

우리들의 장래가 고난하고 요원할지도 모르겠으나 종국적인 결과는 반드시 승리할 것이므로 실망하시지 마시도록 그에게 전언하여 주시기 바랍니다.

Letters Between President Syngman Rhee and General MacArthur
(UN Doc.S/1627)

Note from the Representative of the United States to the United Nations (Mr. Austin) to the Secretary-General (July 25, 1950)

The Representative of the United States to the United Nations presents his complements to the Secretary-General of the United Nations and has the honour to request that there be brought to the attention of the Security Council the following exchange of letters between President Syngman Rhee of the Republic of Korea and General Douglas MacArthur:

Latter from President Rhee to General MacArthur (July 15, 1950)

In view of the joint military effort of the United Nations on behalf of the Republic of Korean which all military forces, land, sea, and air, of all the United Nations fighting in or near Korea have been placed under your operational command, and in which you have been designated Supreme Commander of United Nations Forces, I am happy to assign to you command authority over all land, sea, and air forces of the Republic of Korea during the period of the continuation of the present state of hostilities; such command to be exercised either by you personally of by such military commander or commanders to whom you may delegate the exercise of this authority within Korea or in adjacent seas.

The Korean Army will be proud to serve under your command, and the Korean people and Government will be equally proud and encouraged to have the over-all direction of our combined combat effort in the hands of so famous and distinguished a soldier, who also in his person posses the delegated military authority of all the United Nations who have joined together to resist the infamous Communist assault on the independence and integrity of our beloved land. With continued highest and warmest feelings of personal regard.

Syngman Rhee

Reply of General MacArthur to President Rhee through American Ambassador John J. Muccio in Korea (July 18, 1950)

Please express to President Rhee my thanks and deepest appreciation for the action taken in his letter of 15 July. It cannot fail to increase the co-ordinated power of the United Nations forces operating in Korea. I am proud indeed to have the gallant Republic of Korea forces under my command. Tell him I am grateful for his generous references to me personally and how sincerely I reciprocate his sentiments of regard. Tell him also not to lose heart, that the way be long and hard, but ultimated result cannot fail to be victory.

MacArthur

13, 14자료 : 국방부 『한국전쟁사』 개정판 제2권 p990~992

15. 트루먼 대통령 "우리는 왜 한국에서 싸우고 있는가?"
(1950. 9. 1)

오늘밤 나는 여러분에게 한국에 관하여 왜 우리는 거기 가 있는가 그리고 우리의 목적은 무엇인가에 대하여 말하고자 합니다. 내가 이야기하는 이 시간에도 우리 나라 수많은 가정의 아들, 형제, 남편들이 한국에서 싸우고 있습니다.

나는 여러분의 생각과 희망이 언제나 그들과 함께 있다는 것을 알고 있으며 나 자신도 그렇습니다. 우리 병사들은 인류의 자유를 위한 연구(年久)한 투쟁에 종사하고 있습니다. 우리 병사들과 기타 자유국가 병사들은 생명을 내걸고 자유세계의 대의를 수호하고 있는 것입니다. 그들은 평화는 지구상의 법칙이 되어야 한다는 명제를 위하여 싸우고 있는 것입니다.

우리는 전력을 다하고 전심을 경주(傾注)하여 그들을 원조하여야 하며 원조할 것입니다. 우리는 지상 의무를 위하여 다른 일을 제쳐 놓아야 할 것입니다. 이보다 더 정당하고 중요한 목적은 없었습니다. 다수 국가의 병사들이 전 세계에 법의 지배를 유지하기 위하여 한 깃발 아래서 싸우는 것은 유사 이래 처음 일입니다. 이는 감격할 사실입니다.

만일 법의 지배가 유지되지 않는다면 우리는 앞으로 또 하나의 세계대전에 대한 공포와 극도의 혼란을 예기할 수밖에 없을 것입니다. 우리들로서는 이러한 일이 일어나지 않도록 하여야 할 것입니다.

두 달 전에 공산제국주의는 지하 공작과 전복의 상투적 전술로부터 작은 대한민국에 대하여 무참한 공격으로 옮겼습니다. 이 일이 생기자 세계의 자유, 평화애호국가들은 두 가지 가능한 진로에 직면하였습니다. 한 길은 공산주의침략자가 진격하여 희생자를 병탄(倂呑)하는 동안 우리의 행동은 외교적 항의에 그치는 것이었습니다. 그것은 유화책이었을 것입니다. 만일 1930년도의 역사가 우리에게 무엇이나 가르치는 바가 있다면 그것은 독재자의 유화는 세계대전으로 가는 확실한 길이라는 것입니다. 만일 한국에 있어서의 침략의 성공이 허용될 것 같으면 타처에서 새로운 침략 행위를 공공연하게 초래하게 될 것입니다.

또 하나의 길은 자유 세계가 취한 것입니다. 국제연합은 무력 침략에는 무장군대로 대한다는 역사적 결정을 한 것입니다. 이 결정의 효과는 한국뿐만 아니라 모든 지역에도 미쳤을 것입니다. 국제연합이 취한 이러한 단호한 행동은 세계평화 달성에 대한 우리의 최대의 희망입니다.

위협을 받고 있는 것은 여러분의 자유와 나의 자유입니다. 위태롭게 되어 있는 것은 신앙의 자유, 의사표시의 자유, 우리 자녀교육의 자유, 취업선택의 자유, 우리들 자신의 장래에 대한 계획수립의 권리 그리고 공포 없이 생활하는 자유를 향유하는 자유로운 생활 방식입니다. 이러한 모든 것은 한국에서 침략을 진압하는 국제연합의 현재 활동에 연결되어 있습니다. 만일 어느 한 곳에서라도 자유가 말살된다면 우리 자신의 자유도 유지할 것을 기대할 수 없을 것입니다. 그런고로 이 과업에 있어서 우리의 역할을 하는데 미국인이 단결한 것입니다.

과거 5년간 자나깨나 공정하고 항구적인 평화를 달성하려고, 노력해 왔습니다. 우리는 다른 모든 나라와 평화롭게 살자는 우리의 희망을 모든 가능한 방법으로 입증하여 왔습니다. 우리는 전 세계 인민의 자유와 독립을 위하여 노력해 왔습니다. 대부분의 국가는 이 우리의 노력에 합력하였으나 소련과 그 위성국가는 공정한 평화를 달성하자는 모든 노력을 부단히 방해해 왔던 것입니다.

소연방(聯邦)은 국제 협조 정책을 반복 위반하여 왔습니다. 그는 인접국가의 독립을 유린하였습니다. 그는 제가 통치할 수 없는 국가는 와해시킬 기도를 해 왔습니다. 그는 자국 방위의 소요를 훨씬 초과한 방대한 군대를 건설하였습니다. 공산제국주의는 평화를 말하면서 침략을 실천하고 있습니다. 이러한 정세하에 자유국가들은 공산주의자들의 침략적 계획에 대항하여 부득이 자신을 보호할 방법을 취하지 않으면 안 되게 되었습니다. 자유국가들이 제2차 세계대전이 끝난 후 수년 동안에 평화와 자유를 위하여 공동노력하자는 공통된 결의를 하였으므로 미국은 한국에서와 같이 행동할 수 있는 것입니다. 미국인은 누구든지 우리 나라가 이를 재래(齎來)하는데 행한 역할에 대하여 만족한 마음을 가질 수 있습니다. 우리는 보일보(步一步) 자유국가 간의 조화와 역량을 창조하는데 주도적 역할을 해 왔습니다. 우리의 지나온 단계의 기록은 인상 깊은 것이었습니다. 그 중 몇 가지를 여러분께 말하고자 합니다. 1945년에는 미국은 국제연합을 '샌프란시스코'에서 창립시키는데 협력하였습니다. 1946년에는 미국은 공산주의 침략에 대하여 이란을 보호하고자 국제연합이 취한 유효한 행동에 전폭적 원조를 하였던 것입니다. 1947년에는 그리스와 터키에 대하여 이들 2개국이 공산주의 공격과 위협으로부터 그들의 독립 유지에 도움이 된 군사적, 경제적 원조를 시작했습니다.

역시 1947년에는 리오 데 자네이로 조약에 의하여 우리는 미 대륙의 다른 국가와 더불어 서반구의 안전을 보장하기 위하여 참가하였습니다.

1948년에는 마샬 안으로 구라파의 공산주의로 말미암은 멸망을 저지하였으며 이로 인하여 그 후 강력한 경제적 체제를 세워서 자유국가들로 하여금 일층 단결하게 하였습니다.

1948년과 1949년의 독일(베를린 공수-伯林空輸)은 자유국가들을 서독(서부 베를린(西部伯林))의 민주주의 전초 지점에서 축출하려는 소련의 노력을 패배시켰습니다. 1949년의 북대서양 조약으로 북대서양 국가들은 그들의 자유를 수호하는데 협력하여 대항하겠다는 것을 약정하였습니다.

오늘, 1950년에는 우리는 자유국가의 공동방위 강화를 위한 일층 강력한 군사원조계획을 가지고 전진하고 있습니다. 자유와 공산제국주의와의 투쟁에서 이루어진 이러한 업적은 자유국가들을 일층 단결시켰습니다.

공산주의 운동이 한국에서 공공연한 무장 침략으로 전환하였을 때 자유국가들의 응답은 신속하였습니다. 국제연합의 59개국 중 53개국은 이 도전에 응하는데 참가하였습니다. 30개국은 이 침략을 진압하기 위하여 국제연합적 원조를 약속하였습니다.

지금까지는 전투의 선봉을 대한민국 국군과 미군이 담당하고 있습니다. 이에 호주, 캐나다, 프랑스, 영국, 네덜란드 그리고 터키가 해군을 파견하였으며 지금 국제연합군 사령관 지휘 하에 활동하고 있습니다. 호주, 캐나다, 영국에서 파견된 항공기는 지금 작전에 참가하고 있습니다. 지상부대는 태국, 필리핀, 터키, 호주, 프랑스,

기타 제국에서 제공키로 되었습니다. 영국군의 일부는 한국에 상륙하였으며 그보다 다수의 군대가 지금 내한 도중에 있습니다. 이러한 전 군대는 국제연합 깃발 아래에서 국제연합군사령관 맥아더장군의 지휘 하에 활약할 것입니다.

우리 병사들은 용맹한 한국 전우들과 함께 난국을 담당하고 있습니다. 8주 이내의 시일에 미군 5개 사단이 전투에 참가하였으며 그 중에는 6,000마일(哩) 이상 되는 기지에서 간 사람도 있습니다. 더 많은 병사가 한국을 향하고 있습니다. 여러 가지 곤란한 조건 하에 전투하는 미국군은 압도적으로 다수인 공산침략군을 저지하였습니다.

우리 해군과 공군은 침략군의 군사기지와 보급선에 공격을 가하여 왔습니다. 그들은 진실로 용감하게 싸워 왔습니다. 우리들 특히 우리들 중의 노병들은 우리 나라를 위하여 자유를 창조하고 그를 수호해 나온 그들의 장구하고 명예로운 역할을 한 용사들이 얼마나 훌륭한가를 알고 있습니다.

대한민국의 군인들은 자유를 위하여 맹렬히 싸워 왔습니다. 독립을 유지하려는 남한인의 결의는 전선에서 싸우는 병사들의 용맹에 의하여 구현되었을 뿐만 아니라 전 국민의 무수한 원조 행사로도 잘 표시되었습니다. 그들은 국제연합군에 대하여 가능한 모든 원조를 부여하고 있습니다.

국제연합군은 아직 그 수가 부족합니다. 그러나 그들의 용맹한 투쟁은 전과를 올리고 있습니다. 수주일간 적은 이 지점 저 지점에서, 때로는 여러 지역에서 공격해 왔습니다. 적은 어느 때나 막대한 손해를 입고 격퇴되었습니다. 적은 무망(無望)한 공격에서 병력을 무모하게 소모하고 있습니다. 그들의 이번 공격이 그 절정에 도달한 줄로 믿습니다. 우리 병사들도 자신만만하고 국제연합군 사령부도 자신만만하니 침략은 분쇄될 것입니다. 처부술 세력이 한국에 집결되고 있습니다.

오늘의 한국의 전투는 자유와 전제 간의 투쟁의 전선입니다. 그러나 그 전투는 공정하고 항구적인 평화를 유지할 수 있는 세계를 건설하기 위한 대규모 전투의 일부인 것입니다.

이것이야말로 우리 미국이 한국에서 필요한 병력 이상으로 우리 자신의 방위력을 증강시켜야 할 이유입니다. 또 결합된 노력을 증강시키기 위하여 우리가 다시 자유 국가들과의 협조를 계속해야 한다는 이유도 여기에 있는 것입니다.

국회는 지금 다시 자유 국가에 대한 군사 원조의 계획을 증가하자는 나의 요청을 심의하고 있습니다.

이러한 국민들은 그들의 노력을 대폭 증가하고 있습니다. 우리 원조는 그들의 할 일을 대신해 주는 것이 아니고 그들 자신의 증강 노력을 도와주는 것입니다. 서구라파에만 2억 이상의 인구가 있습니다. 공업은 우리 다음 가는 세계 최대의 것입니다. 그들은 상호방위 그들의 방위와 동시에 우리의 방위를 위한 집단 병력의 진보를 위하여 우리와 보조를 같이하고 있습니다.

미국의 무장 군대는 자유 세력 중의 관건적 요소입니다. 지금 우리가 직면하고 있는 침략의 위협에 감하여 우리는 병력을 증강하여야 할 것이며 장래에도 장기간에 대비하여 보다 더 거대한 병력을 유지해야 할 것입니다.

우리는 육해공군에 약 150만 명의 남녀 현역 군인을 가졌습니다. 우리의 현재 계획은 이 숫자를 3백만으로 증가할 것을 요청하고 있으며 그 이상의 증가가 필요할 수도 있을 것입니다. 우리 군대의 병원증강(兵員增强)과 동시에 우리는 총포, 전차, 비행기, 기타 무기 생산을 급속히 촉진해야 할 것입니다. 우리는 또한 필수물자의 저장과 군수품 생산을 위한 공업 능력을 확장하여야 할 것입니다. 10년 전 히틀러와 일본 군벌은 우리가 우리 경제력을 침략을 패배시키는데 효과적으로 이용하지 못할 것이라고 생각하여 큰 오산을 하였던 것입니다. 장차 있을 침략자는 이러한 과오를 범하지 않을 것입니다.

우리는 지난 과거 어느 때에도 보지 못했던 1,200만 이상의 남녀 취업자를 가지고 있습니다.

우리의 농부들은 1940년의 그것보다 20% 이상을 더 생산하고 있습니다. 우리 생산 공업의 생산 능력은 10년 전 추축국(樞軸國) 독재자들이 세계를 위협하던 때의 그것보다 60%나 더합니다. 우리는 이제 방위 목적을 위하여 이 생산력의 대부분을 전용(轉用)해야 합니다. 이 일을 위해서는 우리들 전부의 신고(辛苦)와 희생을 요할 것입니다. 나는 우리들 전부가 평화와 자유의 대의를 위하여서는 필요한 것이라면 무엇이든지 간에 할 수 있는 준비가 다 되어 있다는 것을 알고 있습니다. 우리는 아직 그 대의를 위하여 필요한 모든 것을 부여하는데 실패한 일이 없으며 앞으로도 절대로 실패하지 않을 것입니다. 우리가 당면한 위험에 직면하는데 충분한 우리의 방위 노력을 급속히 증가하기 위하여 우리는 우리의 생산 양식이나 국내에서 일하는데 있어 많은 개선을 하여야 할 것입니다.

우리는 많은 향락을 단념해야 할 것입니다. 우리는 일을 더해야 할 것이며 장시간 일해야 할 것입니다. '인플레이션'과 등귀(騰貴)하는 물가를 조절하기 위하여 우리는 어느 정도의 구속을 받아야 할 것입니다. 국회는 오늘 우리가 생산 능력을 증가시키고 '인플레이션'을 억압하기 위한 방위 생산에 필요한 노력을 타개할 수 있도록 하는 법안을 완료하였습니다.

이 법안이 서명된 후 나는 또다시 여러분에게 여러분의 정부가 무엇을 하려는 것과 이 국가적 노력에 있어서 국민 여러분은 어떻게 자기의 역할을 할 수 있을까에 대하여 말씀드릴 생각입니다.

우리가 앞날에 있어서 보다 급속히 우리 자신을 무장하기 위하여 전진하고 있는 이때 그리고 우리가 한국에서의 승리를 위하여 국제연합과 함께 노력하고 있는 이때 우리는 우리의 믿는 바와 하려고 하는 바를 분명히 알아야 할 것입니다. 우리는 또한 온 세계가 우리의 목적과 희망을 명백히 이해해 주기를 바라는 바입니다.

첫째, 우리는 국제연합을 신임합니다. 우리가 그 헌장을 비준할 때 우리는 이 세계적 기구를 통하여 평화와 안전을 추구할 것을 서약했습니다. 우리는 2개월 전 한국 문제에 있어서 국제연합을 지지함으로써 우리의 약속을 준수하였습니다. 우리는 절대로 이 서약을 배반하지 않을 것입니다.

둘째, 우리는 한국인이 원하는 바와 같이 한국인은 자유롭고 독립하고 통일할 권리가 있다고 확신합니다. 우리들은 타 국민들과 함께 국제연합의 지시와 지도하에 한국민이 그 권리를 향수(享受)할 수 있도록 원조하는 우리의 역할을 할 것입니다.

셋째, 우리는 한국의 전쟁이 전반적 전쟁으로 확대되는 것을 원치 않습니다. 공산제국주의가 타국 군대와 타국을 국제연합에 대항하는 침략자의 전쟁에 개입시키지 않는 한 전쟁은 확대되지 않을 것입니다.

넷째, 우리는 특히 중국인민들이 국제연합에 대항하여 어느 때나 그리고 오늘도 그들의 친구인 미국민에 대항하는 전쟁에 개입하도록 오도되거나 강요되지 않기를 원하는 바입니다. 벌써 중국 분할을 시작한 공산제국주의만이 중국의 전쟁개입에서 어부의 이(利)를 얻을 것입니다.

다섯째, 우리는 대만 혹은 '아시아'의 어느 부분도 점유하고자 하지 않습니다. 우리는 다만 어떠한 지역과 마찬가지로 대만의 장래가 평화적으로 안정되어야 할 것을 믿는 바입니다. 우리는 그것이 국제적 행동으로 안정되어야 할 것이며 미국이나 또는 기타 어떠한 일개 국가의 단독 결정에 의하여서는 안 된다고 확신합니다. 제7함대의 사명은 대만을 전란에서 격리시키기 위한 것입니다.

여섯째, 우리는 극동제국에 대한 자유를 확신합니다. 이것이 바로 우리가 국제연합 하에서 한국의 자유를 위하여 전투하고 있는 이유의 하나입니다. 우리는 필리핀이 독립국가가 되도록 원조하였으며 기타 아시아 제국의 독립에 대한 희망을 지지하였습니다.

소련은 극동에서 획득한 어떠한 지위도 절대로 자발적으로 포기한 일이 없습니다. 그는 그의 지배하에 들어간 어떠한 인민에게도 독립을 부여한 일이 없습니다. 우리는 '아시아' 인민의 자유만을 위하는 것이 아니라 또한 그들을 위하여 보다 나은 건강, 더 많은 식량, 보다 나은 의복과 주택 그리고 평화롭게 그들 각자의 생활을 할 수 있는 기회를 확보하도록 그들을 돕고자 합니다. 우리가 '아시아' 인민을 위하여 원하는 것은 우리가 온 세계의 인민을 위하여 원하는 것과 같은 것입니다.

일곱째, 우리는 침략적 또는 예방적 전쟁의 존재를 믿지 않습니다. 그러한 전쟁은 독재자의 무기인 것이지 미국과 같은 자유주의적 국가의 그것은 아닙니다. 우리는 다만 침략에 대항하는 방위를 위하여 무장하는 것입니다. 공산제국주의가 평화라는 것을 믿지 않는다 할지라도 만일 우리와 기타 자유 인민들이 강력하고 단호하게 단결되어 있다면 그는 새로운 침략을 하려하지 못할 것입니다.

여덟째, 우리는 평화를 원하며 그것을 달성하고야 말 것입니다. 우리 병사들은 오늘 한국에서 평화를 위하여 싸우고 있습니다. 우리는 국제연합에서와 세계 모든 수도에서 평화를 위하여 부단히 노력하고 있습니다. 우리의 노무자, 농부, 사업가 그리고 우리의 모든 광대한 자원은 지금 평화를 확고히 할 힘을 만들어 내는 것을 돕고 있습니다. 우리가 평화를 원하는 것은 그 자체를 위함이 아니라 우리들 자신을 포함한 전 세계인민들이 그 생활을 보다 부(富)하고 행복하게 만들기 위하여 전 정력(精力)을 자유롭게 경주할 수 있도록 되기를 원하는 까닭입니다. 우리는 이러한 전 세계 인류의 염원을 실현시킬 수 있는 모든 원조를 부여할 것입니다.

우리는 이 위대한 과업에 우리와 같이 참가하도록 예외 없이 세계 모든 국가를 청하는 바입니다. 한국 사건은 우리에게 다시 한번 전쟁의 비참함과 공포를 보여줍니다. 북한인들도 공산독재주의의 도구로 사용되고 있는 그들 위에 무력투쟁의 벌이 지금 그 희생자에게 그들이 행하고 있는 바와 같이 중하게 내린다는 것을 알았을 것입니다. 암흑(暗黑)하고 피비린내 나는 길로 공산독재주의를 따라 내려가는 어떠한 인민에게도 평화는 없는 것입니다. 독재주의의 장래와 비극적 진로에 대비하여 우리는 모든 인민들을 위하여 자유의 길, 상호간과 국제적 평화의 길을 확고히 견지(堅持)합니다. 우리는 인류 평화의 길을 따름으로써 발전과 전진을 발견할 수 있다는 것을 강조합니다. 세계 역사에 있어서의 이 위기에 제(際)하여 우리 나라는 세계의 평화와 정의를 유지하기 위하여 지도권과 노력 그리고 모든 자원을 부여하도록 요청받았습니다. 우리는 그 요청에 응답하였습니다. 우리는 절대로 실패하지 않을 것입니다. 우리의 사랑하는 조국에 부하(負荷)된 이 과업은 위대한 것입니다. 이를 완수하기 위하여 우리는 하나님께 모든 이기심과 야비한 생각을 우리에게서 일소(一掃)해 주시고 우리에게 앞날을 위하여 힘과 용기를 부여해 주십사고 비는 바입니다.

자료 : 안용현 『한국전쟁비사』 5 p234

16. 38선 돌파에 관한 UN총회 결의문

1950. 10. 7

총회는 1947년 11월 14일, 1948년 10월 21일, 1948년 12월 12일부 총회의 제 결의에 관심을 가지고 있으며, UN한국위원단의 보고를 입수하고 심의하였다.

총회는 결의안에 표시되고 있는 목포는 상금 완수되지 않았으며 북한은 한국 정부를 힘으로써 전복하기 위하여 공격을 시작했다는 사실에 많은 관심을 집중하고 있다. 그리고 총회는 1948년 12월 12일부의 동 총회의 선언을 다시 상기하면서 한국에는 대한민국 정부란 합법적인 정부가 수립되었으며, 또 동 정부는 UN한국임시위원단이 감시하고 또 토의할 수 있었던 지역 전체에 걸쳐서 효과적인 통할과 관리를 할 수 있는 정부라는 사실을 재확인하였다. 그리고 동 지역 내에는 한국 국민의 대다수가 거주하고 있었으며 동 정부는 동 지역에 시행된 선거에 의해서 수립되었으며,

동 선거에 있어서는 UN임시위원단이 동 선거를 감사했던 것이다. 즉 동 정부는 이러한 방도로서 수립된 한국에 있어서의 유일한 정부이다. 그리고 UN군은 현재 1950년 6월 27일부의 안전보장이사회의 제의에 따라 한국에서 작전하고 있는데 동 제의는 UN회원국가들을 한국의 안전과 국제 평화를 회복하기 위하여 무력 침략을 물리칠 필요가 발생할 때는 한국에 대해서 이러한 부문의 원조를 부여하자는 1950년 6월 25일부의 안전보장이사회의 결의에 뒤이어 제안된 것이다.

총회에 의하여 이미 언급된 바와 같이 총회 결의의 중요한 목적은 즉 통일된 독립적이고 민주적인 한국 정부를 수립하는 것이다.

1. 총회는 다음과 같이 결의한다.

가. 전 한국에 안전한 상태를 보증할 수 있는 모든 행동을 취할 것.

나. UN주최 하에서 통일적이고 독립적이며 민주적 정부인 독립국을 수립하기 위하여 선거를 포함한 모든 합법적인 행동을 취할 것.

다. 남북한의 전 정당 및 사회 단체는 평화 회복, 선거 시행과 통일 정부 수립을 목적으로 한 UN기구와 협조할 수 있게 초빙할 것.

라. 위의 가. 나. 다에서 명시한 목적 달성을 위하여 필요한 외에는 한국의 어느 부분에도 UN군을 잔류시키지 말 것.

마. 한국 경제 재건을 위하여 모든 필요한 방도를 취할 것

2. 또한 다음과 같이 결의한다.

가. 오스트레일리아, 칠레, 네덜란드, 파키스탄, 필리핀, 터키, 및 타일랜드로써 UN한국통일재건위원단을 구성할 것.

(1) 구성될 위원단은 지금까지 현 UN한국위원단이 수행하여 온 것과 같은 기능을 가진다.

(2) 동 위원단은 전 한국의 통일독립된 민주주의적인 정부 수립을 실현함에 있어서 UN을 대표한다.

(3) 그리고 동 위원단은 경제사회이사회의 추천을 받은 후 총회에서 결정된 한국의 구제 및 재건 안을 실행할 수 있는 기능을 가져야 한다. 즉 UN한국통일재건위원단은 가능한 한 급속히 동 기능을 발휘할 수 있으며, 또 동 업무를 추진할 수 있어야 한다.

나. UN한국통일재건위원단이 한국에 도착할 때까지 동 위원단을 대표하는 각 국

가들은 상기 건의안에 비추어 UN군과 협의하며, 자문의 역할을 할 수 있도록 동 국가들의 UN영구대표로서 구성하는 임시위원단을 구성할 것.

다. 동 위원단은 총회의 차기 정기 회기에 보고를 제출하여야 하며. 또 현재의 결의안에 관한 문제를 심의하기 위하여 총회 전에 소집될 모든 특별회기에 보고를 제출하여야 한다.

그리고 또 동 위원단은 임시 보고를 제출하여야 하며, 이 보고는 UN사무총장에 의해서 회원 국가들에게 회람될 것이다.

UN총회는 또 현 전투의 종말과 함께 한국경제 재건에 많은 관심을 가지고 있다.

3. UN경제 및 사회이사회가 UN특별분과기구와의 협의 하에서 한국전쟁의 종결 후 구제 및 재건안을 발전시키며, 또 동시에 총회에서 승인된 후 3주일 이내에 총회에 보고함을 요청한다.

4. 총회는 또 경제 및 사회이사회가 한국의 경제 발전을 위한 장기간에 걸친 동 분야의 안을 신속히 연구함을 권고하며 또 동 이사회는 한국에 있어서 긴급하고 필요한 기술 원조 요청을 결정하는 당국에 주의를 환기하여야 한다.

5. 총회는 중요하고도 곤란한 그들의 과업을 완수한 UN한국위원단의 회원들의 공적에 감사를 표하는 바이다.

6. 총회는 끝으로 UN사무총장이 필요한 기술 부문을 포함한 적당한 직원과 편의를 동 위원단에 부여할 것을 요청하며, 도 사무총장에게 동 위원단의 각국대표 및 초대 대표에 대한 비용과 기타 비용을 지불하여 주기를 요청한다.

자료 : 국방부 『한국전쟁사』 제4권 p281, 282

17. 맥아더 원수의 북한군 총사령관에 대한 항복권고문

1950. 10. 1

북한군 총사령관에게

그대의 군대와 잠재적 전투 능력이 불원간 전면적으로 패배되고 완전히 파괴되는 것은 불가피할 것이다. 유엔의 결의가 최소한의 인명 손실과 파괴를 요구하고 있으므로 본관은 유엔군 최고사령관으로서 그대와 그대의 지휘 하에 있는 군대가 한국의 어느 지점에서든지 본관이 지휘할 군사적 감독 하에 무장을 버리고 적대 행위를 중지할 것을 요청하며 또한 그대의 지휘 하에 있는 유엔군 포로 전부 및 비전투원 억류자를 즉시 석방하여 보호와 가료와 급양을 가해서 본관이 지시하는 곳으로 즉시 수송할 것을 요구한다. 유엔군사령부의 수중에 있는 포로를 포함한 북한군은 문명적인 습관에 의한 보호를 계속적으로 받을 것이며 가능한 한 조속히 그네들의 집으로 귀환하도록 허가할 것이다.

본관은 그대가 이 기회를 타서 다시 장래의 불필요한 유혈과 재산파괴를 방지할 결심을 조속히 행할 것을 기대한다.

유엔군총사령관 더글러스 맥아더

자료 : 국방부 『한국전쟁사』 제4권 p286

18. 맥아더 원수의 두번째 항복권고문

1950. 10. 9

본관은 유엔군총사령관으로서 금후 최소한도의 인명 손실과 재산 파괴로서 유엔 결정을 실시할 수 있도록 그대와 그대의 지휘 하에 있는 군대에 대하여 한국의 어느 지역에 있음을 불문하고 무기를 버리고 적대 행위를 중지할 것을 최후적으로 요구한다.

본관은 또한 모든 북한인에 대하여 통일 독립된 민주주의 한국 정부를 수립함에 있어 유엔에 전적으로 협력할 것을 요구하는 바이며 그대들을 정당히 대우하리라는 것과 그리고 유엔은 통일된 한국의 전 지역을 구제하고 재건하기 위하여 행동할 것이라는 것을 보증한 바 있었다. 북한정부의 이름으로 그대로부터 즉시 회답이 없는 경우에는 본관은 유엔의 명령을 실시함에 필요한 군사행동을 곧 개시할 것이다.

유엔군총사령관 더글러스 맥아더

자료 : 국방부 『한국전쟁사』 제4권 p330

남북한 대치전력 비교

1950. 6. 24 현재 전력

38선 대치 전력

▌옹진 지구 　　　　　　　　③ p462, 466. ③에 없는 것은 우단 표시 ① p771, ⑤ p139

국 군		북 한 군	
독립 보병제17연대	(2,719명)	제6사단 보병 1개 연대, 포병 일부	
포병 1개 대대, 지원부대	(881명)	제38경비 제3여단⑤	(약 8,000명)
병 력	3,600명	병 력	약 15,000명*
105mm곡사포	15문	122mm곡사포	12문
81mm박격포	12문	76mm곡사포	36문
60mm박격포	18문	82mm박격포	81문①
57mm대전차포	6문	45mm대전차포	48문①
2.36인치 로켓포	60문	장갑차	8대
		자주포	8대⑤
		기타 포	11문

* 북한군 병력을 ①은 약 10,000명(p771), ⑤는 약 11,000명(p139)으로 기록

▌개성 방면 　　　　　　　　③ p393, 394. ③에 없는 것은 우단 표시 ① p772, ⑥ p481

국 군		북 한 군	
제1사단	보병 3개 연대	제1사단 보병 3개 연대 포병 1개 연대	
	포병 1개 대대	제6사단 보병 2개 연대 포병연대 주력	
		제105기갑여단 1개 전차연대(약 2,000명)	
		제206기계화보병연대	(3,000명)⑥
병 력	9,715명	병 력	약 26,000명*
105mm곡사포	15문	122mm곡사포	24문
81mm박격포	36문	76mm곡사포	72문
60mm박격포	54문	120mm박격포	18문①
		82mm박격포	162문①
57mm대전차포	18문	45mm대전차포	168문
2.36인치로켓포	192문①	전 차	40대
		자주포	32대

* 북한군 병력은 보병 2개 사단 21,000명(③ p393), 제206기계화보병연대 3,000명(② p37, ④ p590), 제203전차연대 2,000명 계 26,000명. 전차연대는 2개 전차연대가 4,000명(③ p318)이므로 1개 전차연대 병력 2,000명으로 계산

▍의정부(포천·동두천) 방면   ③ p318. ③에 없는 것은 우단 표시 ① p772. ( )안은 ⑤ p289

제7사단보병 2개 연대 포병 1개 대대		제3사단 보병 3개 연대 포병 1개 연대 제4사단 보병 3개 연대 포병 1개 연대 제105기갑여단 2개 전차연대(4,000명)	
병 력	7,211명	병 력	약 28,000명*
105mm곡사포	15문	122mm곡사포	48문
81mm박격포	36문	76mm곡사포	72문(84)
60mm박격포	54문	120mm박격포	52문(36)
		82mm박격포	162문
57mm대전차포	12문	45mm대전차포	96문(120)
2.36인치로켓포	128문	전차	80대
위 장비 자료①		자주포	62문(32)

* 병력 적 제3, 제4사단 각 12,000명, 제105기갑여단 병력 4,000명(③ p318)

▍춘천 방면   ③ p245, 247. ③에 없는 것은 우단 표시 ① p772, ⑤ p420 ( )안은 ⑤

제6사단 보병 3개 연대 포병 1개 대대		제2사단 보병 3개 연대 포병 1개 연대 제7사단 보병 3개 연대 포병 1개 연대 독립전차연대 (1,100명) 제603모터사이클연대⑤ (3,500명)	
병 력	9,439명②	병 력	약 27,600명*
105mm곡사포	15문	122mm곡사포	24문①
81mm박격포	54문①	76mm곡사포	72문(36)①
60mm박격포	59문①	120mm박격포	36문(42)①
		82mm박격포	162문(144)①
57mm대전차포	12문	45mm대전차포	96문(91)①
2.36인치로켓포	276문	전 차	30대
		장갑차	54대⑤
		모터사이클	540대⑤
		자주포	32문⑤

*1 ③은 제15사단을 춘천 방면에 전개된 것으로 기술하였다. 전선에 투입되지 않고 예비사단으로 후속하였으므로 제외하였다.
북한군병력 제2사단 11,000명, 제7사단 12,000명, 전차연대 1,100명(이상 ③ p245), 모터사이클연대 3,500명(② p37, ④ p590) 계 27,600명.
⑤는 모터사이클연대 병력을 2,000명(p428)으로 기술.
모터사이클연대는 적 제12사단(제7사단)을 따라 홍천 방면으로 진출하였다.

강릉 방면

③ p193,195,196 ③에 없는 것은 우단 표시 ② p37 ⑤p556(38경비 제1여단). ( )안은 ⑤

제8사단 보병 2개 연대 포병 1개 대대		제5사단 보병 3개 연대*1 포병 1개 연대 제766부대, 제549부대 38경비 제1여단⑤	(약 9,000명) (약 8,000명)
병 력	약 6,866명②	병 력	약 28,000명*2
105mm곡사포	15문	122mm곡사포	12문
81mm박격포	24문	76mm곡사포	36문(48)
60mm박격포	38문	120mm박격포	18문(26)
		82mm박격포	81문(36)
57mm대전차포	12문	45mm대전차포	48문(56)
2.36인치로켓포	128문	자주포	16문

*1 북한군 병력 제5사단과 제766부대 및 제549부대 20,000명, 38경비 제1여단 8,000명. 38경비 제1여단병력계산은 다음 후방지구 전투사단 *2 참조.
*2 ⑤는 적 제5사단 주력(2개 연대)이 춘천 방면에, 제5사단 제10연대와 제1경비여단이 강릉 방면에 전개한 것으로 기술하였다.(p414, 427, 558, 572)

38선 대치 병력과 장비 합계

병력		36,831명		약 124,600명
장비	105mm곡사포	75문	122mm곡사포	120문(112)
	81mm박격포	162문	76mm곡사포	289문(312)
	60mm박격포	223문	120mm박격포	124문(140)
			82mm박격포	648문(585)
	57mm대전차포	60문	45mm대전차포	456문(450)
	2.36인치로켓포	784문	T-34형 전차	150대
			BA-64형 장갑차	62대
			자주포	166문(136)

후방지구 전투사단

국군 병력자료: ② p37

국 군		북 한 군	
서울 수도경비사령부	9,221명	신의주 제13사단	약 11,000명
대전 제2사단	7,910명	숙천 제10사단	약 11,000명[*1]
대구 제3사단	7,059명	회령 제15사단	약 11,000명
광주 제5사단	7,276명	38경비 제7여단	약 8,000명[*2]
계	31,466명	계	약 41,000명

*1 북한군 제10사단 병력은 제15사단 11,000명(③ p245), 제13사단 및 제15사단 각 11,000명(⑤ p296)을 기준으로 3개 사단 모두 11,000명으로 계산하였다.

*2 38경비 제7여단은 본부를 시변리에 두고 서쪽 해주에서 중부 철원까지(제1, 제7사단 정면)의 38선 경비를 맡고 있었다. 초기 전투에 가세하였을 것이나 기록이 확인되지 않으므로 지역별 전개 병력에서 제외하고, 후방에 8,000명을 가산했다.

38경비 3개여단 병력을 22,600명(② p37), 24,00명(① p751)으로 기술하였으므로 이를 기준으로 1/3을 계산하여 각 여단 같이 8.000명으로 계산했다.

38경비 제7여단은 남침 후 대전에서 제7사단으로 개편하여 전선에 투입되었다.

전투병력 계

8개 사단	68,297명[*1]	10개 보병사단 1개 기갑여단 3개 경비여단 독립전차연대 모터사이클연대 특수부대	약 165,600명[*2]

*1 국군전투병력 계 68,297명은 뒤의 총전투력에 표시된 8개 사단병력 67,416명보다 881명이 많다. 이는 옹진 지구 제17연대(병력 2,719명)의 지원 병력이다. 옹진 지구 대치 전력에 제17연대 병력 외에 881명을 포함하여 3,600명으로 기록한 때문에 나타는 차이다.

*2 북한군 지상군 전투 병력 약 165,600명은 남침 당시에 보유한 지상군 총 병력 중 남침초기 38선에 전개된 124,600명과 후에 전선에 투입된 전투사단병력 약 41,000명을 합한 병력이다.

총 전투력 비교

구분	국 군		북 한 군	
지상군	8개 사단(22개 연대)	67,416명	10개 사단(30개 연대)	120,880명
	특수부대·지원병력	27,558명	내무성 38경비여단(22,600명)	61,800명
	총 계	94,974명		182,680명
해 군		7,715명(6,956)		4,700명(15,570)
공 군		1,897명		2,000명(2,800)
해병대		1,166명(0)	육전대	9,000명(0)
병력 총계		105,752명(103,827)		198,380명(201,050)
장 비	105mm곡사포	91문	122mm곡사포	172문(172)
			76mm곡사포	380문(464)
	81mm박격포	384문	120mm박격포	226문(244)
	60mm박격포	576문	82mm박격포	1,142문(1,223)
			61mm박격포	360문
			SU-76자주포	176문(176)
	57mm대전차포	140문	45mm대전차포	550문(586)
	2.36인치로켓포	1,900문	85mm고사포	12문(12)
			37mm고사포	24문(24)
	장갑차	27대	장갑차	54대(54)
			전차(T34)	242대(242)
	YMS(소해정)	28척	PT(어뢰정)	30척(30)
	LST(수송함)	2척		
	AKL(소형수송함)	19척		
	유조선	21척		
	L-4·L-5연락기	14대	YAK 전투기 등	211대(211)
	T-6훈련기	10대		

자료 : ② p37, 38 ③ p109, 110 ④ p591(장비) ⑤ p46(병력) ⑥ p510 ① p360, 413
( )안은 ⑤. 최근 문헌이므로 비교를 위하여 표시했다.
국군사단 병력은 전 사단의 병력이 표시된 ② p37에 따랐다.
총병력 수에서 ③(p109)과 일치한다.
자료 문헌은 다음 쪽 참조.

사단 전력 비교 (1950년 6월 25일 기준)

국 군		북 한 군	
병력	10,989명		12,092명
보병 3개 연대		3개 연대	
×3개 대대 ×12개 중대		×3개 대대 ×12개 중대	
		박격포중대	120mm 6문
		포병중대	76mm 4문
		대전차포중대	45mm 4문
보병대대 중화기중대(3)		보병대대 중화기중대(3)	
박격포	81mm 6문	박격포	82mm 9문
중기관총	8문	대전차포	45mm 2문
보병중대 화기소대(3×3)		보병중대 화기소대(3×3)	
박격포	60mm 3문	박격포	61mm 4문
경기관총	2문	경기관총	2문
포병대대	105mm 15문	포병연대 76mm 1개 대대	12문
		122mm 1개 대대	12문
		자주포대대	76mm 12문
대전차포중대	57mm 6문	대전차포대대	45mm 12문
		중기관총대대	14.5mm 36문
의무대대		공병, 통신, 위생, 수송, 교도대대	
공병, 통신, 병기, 병참중대		정찰중대, 정치보위부	

자료 : ③ p110, 111 ④ p374, p592(이상 각 도표)

③은 국군 사단 병력을 10,989명, 북한군 사단 정찰 중대로, ④는 국군 사단 병력을 10,561명으로, 북한군 사단의 정찰중대를 정찰대대로 다르게 표시하였다.

자료문헌(남북한 군사력 비교 모두 같다)

국방부 『한국전쟁사』 제1권-①, 제2권-②, 개정판 제1권-③, 개정판 제2권-⑨

국방부 『6·25전쟁사』 1-④, 2-⑤

전쟁기념사업회 『한국전쟁사』 제2권-⑥, 제3권-⑦

일본 육전사연구보급회 『한국전쟁』 1-⑧

이원복 『한국동란』 1-⑩

안용현 『한국전쟁비사』 1-⑪

③을 기본으로 하고 ③에 없는 것은 ①을, ①에도 없는 것은 ⑤를 따랐다.

남북한 대치전력 비교

▌국군 사단 전력 현황

후방 3개 사단은 포병이 없고, 제3사단은 2개 연대, 제5사단은 2개 연대와 1개 독립대대로 편성되었다.

수도경비사령부는 3개 보병연대에 기갑연대를 포함했다. 기갑연대는 장갑수색대대(장갑차 27대), 기마수색대대(기마 300필), 도보수색대대(경보병 2개 중대)로 편성되었다.

기갑연대는 독립연대이나 문헌 ①에 따라 수도경비사령부에 포함시켰다.

제7사단은 제3연대가 수도경비사령부로 예속이 변경되어 6월 15일 이동해 갔고, 그 대신 온양 주둔 제2사단 제25연대가 6월 13일부로 제7사단에 예속되어 6월 20까지 의정부 방면으로 이동하도록 명령이 났으나 이동하기 전에 남침을 당하여 2개 연대로 전투를 치렀다. 제25연대는 제2사단소속으로 정리했다.

제8사단은 2개 연대밖에 없었다. 1개 연대 병력이 오대산 지구에서 인민유격대토벌작전 중에 있었다.

위 38선 배치 병력 36,831명은 38선에 배치된 사단(11개 연대) 보유 병력이다. 실제 38선에 배치된 연대는 8개 연대였고, 모든 부대가 예외 없이 농번기 휴가와 주말 외출·외박으로 6·25 당일 1/3 정도의 병력이 38선을 경계하고 있었다.

▌작전지역 구분

작전지역을 다음과 같이 정리했다.(북한군은 주력부대만 표시한다.)

작전지역	국군 방어부대	북한군 침공부대
옹진 방면	제17연대 정면	북한군 제6사단 제14연대 침공지역
개성 방면	제1사단 정면	북한군 제1, 제6사단(주력) 침공지역
의정부 방면	제7사단 정면	북한군 제3, 제4사단 침공지역
춘천 방면	제6사단 정면	북한군 제2, 제7사단 침공지역
강릉 방면	제8사단 정면	북한군 제5사단, 제766부대, 제549부대 침공지역

참고 문헌의 기록이 서로 다른 것

병력, 선박, 항공기

국군사단병력	문헌	제1사단	제6사단	제7사단	제7사단	제8사단
	①	10,161명	9,388명	7,500명		6,900명
	②	9,715명	9,439명	7,211명		6,866명
	③	10,100명(394)	9,300명(246)	6,788명(318)		7,000명(195)
	④	9,715명	9,112명	7,211명		6,866명
	⑤	10,100명(129)	9,338명(437)	7,211명(296)	6,788명(297)	6,866명(565)

① p771~773, ② p37, ③과 ⑤ 각 지역 전투 기록, ( )안은 쪽수, ④ p680

해군 병력	해군	6,956명(해병대 1,241명 포함)	① p584 ⑤ p46 ⑦ p360
	해군	7,715명, 해병대 1,166명	② p37, 38 ③ p40, 109 ⑥ p510
함정과 항공기 수	유조선	21척 총 함정 70척	③ p109
		22척 총 함정 71척	① p584, ② p38 ⑦ p360
	연락기	14대 총 항공기 24대	③ p110, 803
		12대 총 항공기 22대	① p627 ② p38 ④ p388 ⑥ p510
북한공군 병력	병력	2,000명	① p699 ② p38 ③ p109 ⑥ p510
		2,200명	⑦ p409
		2,800명	⑤ p46
		5,000명	③ p801
북한군 전투기 대수	항공기	198대	⑦ p409
		200대	① p699 ③ p801
		210대	⑥ p510
		211대	② p38 ③ p110

왼쪽은 각기 다른 인원과 수량. 오른쪽은 근거 문헌.

가장 최근에 발간된 ④(국방부 『6·25전쟁사』 ①)는 "북한 공군은 1950년 6월 25일 현재 IL-10 62대, Yak-3 Yak-7B 70여 대, 전투기 132대, 수송기 30여 대를 보유하고 있었다.(총 294대 규모) 북한군 공군의 전투기 총수를 보면 YAK형 100대 중 60대는 훈련기(물론 전투기로도 사용 가능하다)이고 40대가 전투기이다. 그리고 전폭기(IL형) 70대와 정찰기 10대를 합하면 실 전투기 총수는 120~180대 정도의 규모이다."(p295, 296)라고 기술하였다.

북한군 장비

(1) 122mm야포와 76mm야포는 ①, ②, ③에 따라 곡사포로 통일하였다.

(2) 전선에 전개된 SU-76 자주포 기록이 다음과 같이 다르다.

지역별로 전개된 자주포

구분	옹진	개성	의정부	춘천	강릉	계
①	5	32	32	32	16	117
③	8	32	62		16	118
⑤	5	17	32	36	20	110

SU-76 자주포의 총 수에 대한 기록도 다르다.

① 154문(p694)
② 176문(p37)
③ 176문(p109)
④ 176문(p591)   154문(p284)   142문(p286)
⑥ 176문(p510)

(3) 옹진 방면에 진출한 전차와 자주포의 기록이 다르다.

③은 전차와 장갑차 각 8대(p466), ⑤는 자주포와 장갑차 각 8대(p139)

(4) 총 전력 비교에서 장갑차는 54대인데 38선에 전개된 장갑차는 62대다.

옹진 방면에 8대(③ p466, ⑤ p139), 춘천 방면에 54대(⑤ p418)

북한군 사단 전개

(1) 의정부 방면의 경우 ①, ③은 제3, 제4사단이, ⑤는 앞의 두 사단 외에 제13, 제15사단이 제2제대로 전개된 것으로 기술하였다. 뒤의 두 사단은 군 예비사단이므로 본 책에서는 38선 전개 병력에서 제외했다. 제13사단은 제1군단 예비로, 제15사단은 제2군단 예비로 지정된 사단이다.

(2) 춘천 방면에 전개된 부대를 ①은 제2, 제7사단, ③은 제2, 제7, 제15사단(p244), ⑤는 제2, 제12, 제5사단(p418)으로 서로 다르게 기술하였다.

다수의 문헌은 제7사단이 춘천에서 패전한 책임을 물어 사단장 교체와 함께 7월 3일 제12사단으로 개칭된 것으로 기술하였는데 ⑤는 처음부터 제12사단으로 기술하였다. 본 책에서는 제7사단으로 표기했다.

제7사단으로 된 기록 : ① p690, 772 ② p48, 152 ③ p244, 307 ⑥ p474
제7사단이 제12사단으로 개칭 : ③ p307, ⑨ p206
제12사단으로된 기록 : ④ p276, 279, ⑦ p31, 83   ▶ 다음 '집단군소속 사단' 참조

(3) 제5사단 진출선에 대하여 ⑤(p499 상황도 5-7)는 춘천(현리) 방면(제6사단 정면)에 2개 연대, 강릉 방면에 1개 연대가 진출한 것으로 기술하였다. 이 책은 다수의 기술에 따라 강릉 방면(양양)에 진출한 것으로 정리했다.

(4) 제15사단은 예비사단으로 회령에 존치하고 있는 것으로 다수의 문헌이 기술하였는데 ③은 제2군단 예비사단으로 후속하여 화천에 전개된 것으로 되어 있다. 이 책은 ③을 따랐다.

(5) 개성 방면에 전개된 북한군 제206기계화보병연대는 제105기갑여단 예하연대다. 문헌마다 그 명칭이 여러 개로 달리 기록되어 있다. 이 책에서는 제206기계화보병연대로 통일한다.   ▶ 다음 명칭 참조

▌북한군 전차 부대 전개

38선에 전개된 전차 대수

구분	옹진	개성	의정부	춘천	강릉	계
본문 정리		40대	80대	30대		150대
①	8대	40대	150대	40대	10대	248대
③	8대	40대	156대	30대		234대
⑤		27대	93대	30대		150대
⑧		40대	(80대)	30대		(150대)

(1) ①의 경우 248대의 전차가 38선에 전개된 것으로 되어 있다.

제105기갑여단의 전차는 모두 150대다. 개성 방면에 40대(1개 전차연대)가 배치되었으므로 의정부 방면에는 2개 연대 즉 80대가 배치되어야 하는데 150대가 배치된 것으로 되었다. 결국 제105기갑여단이 보유한 전차 전부(150대)가 이곳 의정부 방면

에 배치된 것으로 보았고, 따로 옹진에 8대가 더 배치되었다. 제105기갑여단이 보유한 전차는 158대가 된다.

(2) 제2군단 지역에 독립전차연대가 지원하였으므로 춘천 방면에 30대여야 한다. 춘천 방면에 40대, 강릉 방면에 10대가 배치된 것으로 되어 있다.

(3) ⑤의 경우 서부 지역 작전(개성 방면)에서는 개성 방면에 40대(p172)로 기록해 놓고 중서부 지역 작전(의정부 방면)에서는 "제203전차연대(-1)가 적 제1보병사단(개성 방면)에서 운용되고", "제203전차연대의 제2대대가 제4사단 지역(동두천)에서, 제107, 제109전차연대가 제3보병사단의 포천~일동 지역에서 군단장 통제하에 운용되도록 편성되었다."(p288)고 기술하여 차이를 보이고 있다.

(4) 제203, 제107, 제109전차연대는 모두 제105기갑여단 예하 연대다. 총 전차 보유 대수는 150대다. 제208교도연대는 전투에 참가하지 않았다.

(3)의 경우 개성 방면에 40대가 배치되었으면 의정부 방면에는 80대가 되어야 하고 반면에 뒤의 경우 개성 방면에 제203전차연대의 2개 대대(40대-13대=27대)가 배치되었으면 의정부 방면에는 제203전차연대의 1개 대대(13대)와 제107, 제109 2개 연대(80대)가 전개되어 93대가 되어야 한다.

전차 연대는 40대 보유. 연대장 전차 1대를 빼면 대대당 13대다.

전개된 전차는 개성 방면 제105기갑여단 제203전차연대(40대)

의정부 방면 제105기갑여단 제107, 제109전차연대(각 40대)

춘천 방면 독립기갑연대(30대), 총 전차 대수 150대

(5) ①, ③의 옹진 방면 전차 8대와 ① 강릉에 전개된 10대는 착오로 보인다. ⑤는 옹진 방면 전차 8대를 자주포로 기술하였고, 강릉 방면에는 전차가 전개되지 않은 것으로 기술하였다. 본문은 이를 따랐다.

(6) ⑧은 의정부 방면에 전개된 80대를 누락한 것으로 보인다.

전차부대 전개에 대한 기록

(1) "제1군단에는 제105탱크여단의 3개 탱크 연대가 각각 제1, 4, 3사단을 지원하도록 되어 있었고, 제6사단에는 제206기계화보병연대가 배속되었다.", "제2군단에는 1개 독립기갑연대가 배속되었다."(⑥ p481)

(2) "1군단에는 서부로부터 동부로 각각 제6, 제1, 제4, 제3사단을 배치하고 105탱크 여단을 각각 연대 단위로 분산, 이들 보병사단을 선도하도록……", "2군단에는 각각 제2, 제7의 2개 사단과 독립전차 연대를 배비하고……" (⑦ p17)

(3) "제1군단 예하의 제3 및 제4의 2개 사단과 제105기갑여단(제107, 제109연대)을 전곡~동두천~의정부~서울선으로 투입하고, 제1 및 제6의 2개 사단과 1개 기갑연대*1를 개성~문산~서울선으로 그리고 제2 및 제7의 2개 사단과 1개 전차연대*2를 화천~춘천~홍천선으로 각각 성세(聲勢)키로 하였다." (③ p178)

"고랑포 정면을 방어하고 있는 한국군 제13연대(제1사단)는 …… 북한군 제203전차연대(T-34 40대)의 지원을 받고 있는 북한군 제1사단의 기습을 받았다." (⑧ p74)

"제7사단(북한군-춘천 방면)의 공격력을 증강시키기 위해 청진에서 증원된 기갑연대(T-34 전차 30대)를 배속시키고……" (⑧ p81)*1

*1 1개 기갑연대는 제105기갑여단 제203전차연대
*2 1개 전차연대는 독립전차연대다.

(4) "최강부대로 알려진 제105기갑여단은 이미 제109전차연대가 평양에서 남천으로, 제203전차연대는 철원으로 각각 이동하여 동 6월 22일에는 38선 깊숙이 진출하고 있었다." (④ p613)

철원은 전곡~동두천선이고, 남천은 제1사단 정면 개성선이다. (3)에 따를 경우 (4)의 제109전차연대와 제203전차연대의 진출선이 바뀌어야 한다.

전차부대 전개 지역이 다르게 기록된 것   ( )안은 전투 방면

전차연대	전개 지역	근 거 문 헌
제107전차연대	연천(의정부)	③ p178, ⑦ p31 ④ p614(표), p599(상황도)
제109전차연대	철원(의정부)	③ p178, ④ p614 표, p599 상황도, ⑦ p31
	남천(개 성)	① p693, p730, ④ p613
제203전차연대	남천(개 성)	④ p614 표, p599 상황도 ⑦ p31, ⑧ p74
	철원(의정부)	① p693, p730, ④ p613

④는 본문은 제109전차연대가 남천에, 제203전차연대가 철원에 진출한 것으로 기술하였고 표와 상황도는 제109전차연대가 철원에, 제203전차연대가 남천에 진출

한 것으로 표시했다. 상황도에는 철원과 연천에 전개한 전차연대를 모두 제109전차연대로 표시했다. 하나는 제107전차연대라야 한다.

▎전차부대 창설에 관한 기록

가. 국방부 『한국전쟁사』

(1) "동년(1949년) 5월 16일에는 제115전차연대*는 인민군 제105기갑여단으로 되었다. …… 예하에는 제107연대, 제204연대, 제203연대, 제208교도연대 등의 4개 전차연대로 편성하고 1개 연대에 36대의 전차를 장비하게 되었다. 또한 64대의 자주포로 장비한 싸마호트대대, 모터화한 제206보병연대, …… 모터찌크 200대를 장비하고 있는 제303기동정찰대, …… 등이 속해 있었다."(① p692)

* '다' (4)는 제105탱크연대라고 했다.

(2) "1949년 5월 16일에 제105기갑여단으로 개편하고 그 예하에 제107, 제109, 제203의 3개 연대 및 제108(208의 착오?) 교도연대 등을 편성하고 1개 연대에 전차 36대씩을 장비케 하였다." (③ p95, 96)

(3) "1950년 4월말까지의 제105기갑여단은 병력 8,800명, T-34형 전차 242대, 싸마호트 154대, 모터찌크 560대, 트럭 380대 등의 막강한 병력과 장비로 증강되었다." (① p693, 694, ③p96)

나. 국방부 『6·25전쟁사』

(1) "1949년 5월 16일에 전차연대를 북한군 제105기갑여단으로 증편하게 되어 3개의 전차연대, 1개의 기동화연대, 1개의 자주포대대를 주축으로 편성하고 …… 여단의 편성표에서 보는 바와 같이 T-34전차 40대씩을 보유하는 3개 전차연대(제107, 제109, 제203연대)와 2,500명의 병력과 차량으로 구성되는 제603차량화연대, 76.2mm 자주포(SU-76) 64대로 구성되는 자주포대대, 200대의 모터사이클로 구성되는 모터사이클대대(49.5.16 창설) …… 가 추가적으로 창설되어" (④ p282)

(2) "제105기갑여단은 편제상 전차 대수는 120대로 1개 전차중대 편제상 4대의 전차를 보유하고 있었고, 1개 전차대대는 3개 전차 중대로 편성되어 있으므로 3개 중

대 전차 12대(3개 중대×4대)와 대대장 전차 1대로 총 13대의 전차를 보유하고 있었다. 1개 전차연대는 3개 전차대대로 편성되어 있으므로 3개 전차대대 39대(3개 대대×13대)와 연대장 전차 1대로 총 40대의 전차를 보유하고 있었다. …… 전차여단은 3개 전차연대로 편성되어 있으므로 3개 연대의 총 전차 대수는 120대(3개 연대×40대)가 된다. …… 새로 편성된 제208교도연대는 전차교육연대로 잔여 30대의 전차를 교육용으로 보유하고 있었고, ……"(④ p283) 보유 전차 대수 150대

(3) "1950년 4월 말까지 제105기갑여단은 8,800명의 병력과 T-34형 전차 258대, 싸마호트 154대, 모터찌크 560대, 트럭 380대 등의 막강한 병력과 장비로 증원되었다." (④ p284)

(4) "동년 5월 장갑차량 및 모터사이클 등으로 장비된 제603경기계화(모터사이클)연대가 창설되었다.(50. 5. 창설)(④ p284, 285)

(5) "1950년 6월 초 나남에서 T-34전차 30대로 독립전차연대를 창설하였고 이후 약 90대의 전차로 제16, 제17전차여단을 창설하게 된다."(④ p285)

(6) "전쟁 개시 전까지 북한은 T-34전차 총 258대를 비롯하여 자주포 142대……의 기동화 장비를 보유하게 되어 제105기갑여단에 추가하여 새로운 전차부대를 창설할 능력을 보유하였다."(④ p286)

(7) 북한군 전차여단 편성표(④ p285)

107전차연대, 109전차연대, 203전차연대, 206(기계화보병연대), 208교도연대, 자주포대대

다. 전쟁기념사업회 『한국전쟁사』

(1) "…… 6·25 당시 인민군은 약 250대의 탱크로 구성된 기갑부대(1개 땅끄사단＋1개 독립땅끄연대)를 보유하게 되었다."(⑥ p469)

(2) "제105여단은 …… 동년(1949년) 8월 말 현재 150대의 탱크와 8,800명의 병력을 보유, 실질적인 기갑사단의 면모를 갖추게 되었다."(⑥ p469, 470)

(3) "병력 증강과 더불어 1950년 4월 중순경 막대한 규모의 장비와 전쟁 물자가 소련으로부터 북한에 도착하였다. 장비와 물자는 100여 대의 탱크, 60문의 자주포……"

"100대의 탱크 중 30대는 중동부 전선에 투입될 독립전차연대를 장비하기 위한 것이고, 나머지 70대는 전쟁 중 손실을 보충하기 위한 것이었다." (⑥ p474)

(4) "제105여단은 제105탱크연대*1를 모체로 하여 증강된 것으로 예하에 3개 탱크연대를 두었는데 제1탱크연대는 암호로서 제107군부대 …… 제2탱크연대는 제109군부대, 제3탱크연대는 제203군부대 …… 1개 탱크교도연대, 즉 제208군부대로 차량화보병연대인 제206군부대,*2 1개 모터찌크연대(기갑수색부대), 64대의 SU-76으로 장비된 1개 포병연대, …… 지원부대로 편성……"

"동년 8월에는 만주에서 입북한 병사들을 중심으로 제603모터찌크 교도연대가 편성되어……" (⑥ p469, 470)

* 1 앞 '가' (1)은 제115전차연대라고 했다.
* 2 제208군부대로 불리는 탱크교도연대가 마치 차량화보병연대인 제206군부대인 것처럼, 즉 두 부대가 같은 부대처럼 인식되게 기술했다. 제105기갑여단 소속 제208교도연대와 제206차량화보병연대(본책 기계화보병연대)가 따로 편성되었다.

(5) "제1군단에는 제105탱크여단의 3개 탱크연대가 …… 지원하도록 되어있었고, 제6사단에는 제206기계화보병연대가 배속되었다." (⑥ p481)

(6) 1949년 8월 "이와 함께 약 2,000명의 한인 부대원들이 추가로 도착하여 인민군 제603모터찌크연대로 편성되었다." (⑥ p470)

북한군이 보유한 전차 대수		( ) 안은 문헌 및 쪽수
가	나	다
242대(① p693 ③ p96)	258대(④ p284, 286) 약 270대(④ p285)	250대(⑥ p469)

'가'의 242대와 '나'의 258대의 근거는 확인되지 않는다.

①, ③은 제105기갑여단이 보유한 전차가 242대인 것으로 기술해 놓고,

③은 다시 "1개 연대에 전차 36대씩을 장비케 하였다."라고 하여 제105기갑여단의 전차(4개 연대)를 144대로 계산되게 하였다.

1개 연대의 전차를 36대로 본 근거는 다음과 같이 이해된다.

1개 중대 4대×3개 대대=12대×3개 대대=36대. 이렇게 단순하게 산술했다.

그래서 제105기갑연단이 보유한 전차는 36대×4개 연대=144대가 된다.

이 계산에는 대대장 전차 9대(3개 전차연대×3개 대대)와 연대장 전차 3대 계 12대가 빠졌고, 교도연대전차는 30대인데 전차연대의 전차와 같은 36대로 계산하여 6대가 더 계산되게 하였다.

곧 대대전차 13대×3개 대대=39대+연대장 전차1대=40대(연대 보유전차)

×3개 연대=120대+교도연대 전차 30대=150대로 계산된다.

'나' 약 270대의 근거

제105기갑사단 전차 150대(④ p283, ⑥ p469, 470)

독립전차연대 30대, 약 90대의 전차로 제16, 제17전차여단 창설.(④ p285)

'다' 250대의 근거

제105기갑여단 전차 150대

추가로 도입한 전차 100대(독립전차연대 30대 예비 70대 - ⑥ p474)

전선에 투입된 것으로 확인된 전차는 265대다

초기에 투입된 전차는 150대(제105기갑여단 전차 120대+독립전차연대 30대)다.

낙동강전선에 추가로 보내진 전차는 교도연대전차 32대와 9월 공세 때 제16기갑여단(43대)과 제17기갑여단(40대) 전차 83대로 모두 115대이고 총 투입된 전차는 265대가 된다.

전차연대 명칭

제105기갑여단의 예하 전차연대를 다음과같이 다르게 기술.

107, 203, 204, 208연대

107, 109, 203, 208연대

107, 109, 203, 208(206)연대

본 책에서는 제107, 제109, 제203전차연대와 제208교도연대를 따랐다.

기계화보병연대 명칭

기갑여단 창설 문헌에 나타난 명칭

(1) 모터화된 제206보병연대(① p692)

(2) 기동화연대, 제603차량화연대(④ p282) 206(기동화)(④ p285-편제표)

(3) 차량화보병연대인 제206군부대(⑥ p469)로 각기 달리 표기되어 있다.

전선에 전개된 부대의 명칭

제83차량화연대(국방부 『한국전쟁사』 제3권 p28)

제83기계화연대(일본 육전사연구보급회 『한국전쟁』 ② p58, 126, 158)

제26기계화연대(앞 같은 p237)

제206기계화보병연대(⑥ p481)

(1) '다' (4)에서 "1개 탱크교도연대, 즉 제208군부대로 차량화보병연대인 제206군부대"라는 표현은 탱크교도연대인 제208군부대가 제206군부대라고 설명하여 탱크교도연대와 기계화보병연대를 같은 부대인 것처럼 기술했다. 제208군부대는 제208전차교도연대, 제206군부대는 기계화보병연대다.

'다' (5)는 "제6사단에는 제206기계화보병연대가 배속되었다."라고 기술하였다.

(2) 단대호에 제206과 제603, 제83과 제26의 4가지가 나와 혼동되는데 제603은 다음에 보는 모터사이클연대의 단대호를 혼동한 것이고, 제83과 제26은 창설문헌에서 근거를 확인할 수가 없어 모두 배제했다.

(3) 연대 명칭은 '모터화한 보병연대', '기동화연대', '차량화연대', '차량화보병연대' 등 여러 가지로 혼란스럽게 표현하였으나 가장 정확하게 표시한 ③ "제6사단에는 제206기계화보병연대가 배속되었다."를 따라서 '제206기계화보병연대'를 채택했다.

모터사이클부대 명칭

(1) "모터찌크 200대를 장비하고 있는 제303기동정찰대" [가 (1)]

(2) "200대의 모터사이클로 구성되는 모터사이클대대" [나 (1)], "장갑차량 및 모터사이클 등으로 장비된 제603경기계화(모터사이클)연대" [나 (4)]

(3) 모터찌크연대(기갑수색대), 제603모터찌크교도연대[이상 다 (4)], 제603모터찌크연대[다 (6)] 등 많은 부대이름이 등장한다.

(2)의 '제603경기계화(모터사이클)연대'는 앞 기계화보병연대명칭 (2) '제603차량화연대'와 혼동하게 하였으나 '경기계화(모터사이클)연대'라고 하였으므로 앞의 '차량화연대'와 구분한 것으로 보고 '모터사이클연대'로 분류하였다.

부대 명칭은 제603모터사이클연대로 정리했다.

모터사이클연대는 전투부대가 아니고 기갑수색대로서 기동정찰이 주임무다. 그래서 독자적으로 작전을 할 수가 없고, 각 사단에 소 단위로 배속하여 수색정찰업무를 도운 것으로 보인다.

▍자주포 부대 명칭과 자주포 문수

싸마호트대대, 포병연대, 자주포대대로 기록이 다르다. 그러나 별 문제는 없다.

자주포의 문수는 제105기갑여단으로 개편 때 64문이었고, 그 1년 후인 1950년 4월 말에 154문으로 늘어난 것으로 대부분의 문헌이 일치한다. 다만 ④는 1950년 4월 말 제105기갑여단이 보유한 싸마호트가 154대[나 (3)]라고 기술하였다가 "전쟁개시 직전까지 자주포 142대[나 (6)]를 보유하였다."라고 기술하였다. 12대가 줄었다.

1950년 4월 말에 소련으로부터 들어온 싸마호트 60대는 보병사단에 배치한 것으로 되어있다.

위의 154대 또는 142대에 이 60대가 포함되어 있는가?

154대(142대)가 북한군이 보유한 총 수이면 포함되어 있다고 보아야 하고 제105기갑여단의 것이면 이를 더하여 북한군이 보유한 자주포는 214대가 되어야 한다.

남침시 38선에 전개된 자주포는 117문(① p771, 772), 176문(② p37 ④ p591)으로 다르게 기술하였다. 전투상보에 나온 지역별로 전개된 수는 150문이다.

북한군 집단군 소속 사단

제1군단	제2군단	근 거 문 헌
1, 3, 4, 6, 10, 13사단	2, 5, 7, 15사단	(① p738 ⑩ p231)
1, 3, 4, 6, 10, 13사단	2, 5, 12, 15사단	(④ p298)
1, 3, 4, 6, 13사단	2, 7, 15사단	(⑥ p481 ⑦ p17, 22, 30, 31)
1, 3, 4, 6, 13사단	2, 5, 7, 15사단	(⑪ p131)
민족보위성 직할	제5사단*1	(⑥ p481 ⑦ p17, 22)
후방예비(총예비)	10사단	(⑥ p481 ⑪ p131)
	10, 13, 15사단*2	(① p773)

*1 제5사단을 제2군단 소속으로 본 경우와 민족보위성 직할 사단으로 본 경우가 있고, 제12사단을 제7사단의 개칭으로 보고 남침 당시에는 제7사단으로 기술한 것과 처음부터 제12사단으로 기록한 차이가 있다.

*2 민청훈련소를 개편한 3개 사단 곧 제10사단은 총예비로, 제13사단을 제1군단예비로, 제15사단을 제2군단예비로 각각 기술하였다. 다만 3개 사단을 최고사령부 직접 통제하에 두고 군단소속에서 제외하여 기술한 경우와 군단예비사단을 그 군단소속으로 기술한 차이가 있다.

낙동강 방어선에 전개된 피아 전력(8월 4일 현재)

대치 전력

국 군	부대장	병력	북한군	부대장	병력
영덕, 강구 방면 16km구간					
제3사단	김석원 준장	6,469명④	제5사단	마상철 소장	약 7,500명④
제22연대	김웅조 중령		제10연대	박병수 대좌	6,000명⑧
제23연대	김종순 대령		제11연대	김봉문 대좌	
독립대대	임익순 중령		제12연대	미 상	
			포병연대	미 상	
			제766부대	오진우 대좌	
청송~구미리 24km구간					
수도사단	백인엽 대령	5,778명④	제12사단	최충국 소장	약 6,000명④
제1연대	한 신 대령		제30연대	최 혁 대좌	
제18연대	임충식 대령		제31연대	김 철 대좌	
			제32연대	미 상	
			포병연대	박 영	
구미리~상하리 20km구간					
제8사단	최덕신 대령	8,154명④	제8사단	오백룡 소장	약 8,000명④
제10연대	고근홍 중령		제81연대	이학래 총좌	
제16연대	김동수 중령		제82연대	사 세 중좌	
제21연대	김용배 대령		제83연대	오윤섭 중좌	
			포병연대	김영항 중좌	
상하리~낙정리 26km구간					
제6사단	김종오 준장	6,570명④	제1사단	홍 림 소장	약 5,000명⑧
제2연대	함병선 대령		제1연대	이창권 대좌	
제7연대	임부택 대령		제2연대	황 석 대좌	
제19연대	민병권 대령		제3연대	김양춘 대좌	
			포병연대	현학봉 대좌	
			제13사단		
			제21연대	이성준 대좌	(3,000명)
낙정리~왜관 42km구간					
제1사단	백선엽 준장	7,660명④	제13사단	최용진 소장	약 13,000명④

남북한 대치전력 비교 139

제11연대	김동빈 대령		제19연대	김병철 대좌	9,500명	
제12연대	김점곤 중령		제21연대	이준성 대좌	9,000명	
제13연대	최영희 대령		제23연대	태병렬 대좌		
			포병연대	정봉욱 중좌		
			제15사단	박성철 소장	약 6,000명	
			제48연대	김치구 대좌	5,500명	
			제49연대	미 상	5,000명	
			제50연대	이을선 총좌		
			포병연대	이연섭 대좌		
			제3사단	이영호 소장	약 6,000명	
			제7연대	김창봉 대좌		
			제8연대	김정동 대좌		
			제9연대	김만익 대좌		
			포병연대	안백성 대좌		
			제105기갑사단	류경수 소장	약 4,000명	
			전 차		40대	
왜관~현풍 35km구간						
미 제1기병사단		10,276명	제3사단	이영호 소장		
제5기병연대			제7연대	김창봉 대좌 (약 1,000명)		
제7기병연대			제10사단	이방남 소장	약 11,000명	
제8기병연대			제25연대	미 상		
포병사령관			제27연대	미 상		
			제29연대	미 상		
현풍~남지 40km구간						
미 제24사단		9,685명	제4사단	이권무 소장	약 7,000명④	
제19연대		5,000명	제16연대	최인덕 대좌		
제21연대			제17연대	김관대 대좌		
제34연대			제18연대	미 상		
포병사령관			포병연대	미 상		
한국 제17연대 김희준 대령		1,762명 0명				
남지~진동리 37km구간						
미 제25사단		16,928명	제6사단	방호산 소장	약 7,500명	
제24연대			제13연대	김후진 대좌	3,600명	

제27연대			제14연대	한일래 대좌	5,000명
제35연대			제15연대	김현기 대좌	
제89전차대대			포병연대	미 상	
제5연대전투단		(3,793명)	제206기계화보병연대		(1,500명)
한국민 부대 민기식 대령			제203전차연대 전차		약 25대
한국해병대 김성은 중령					
전선배치 병력		계 73,282명			약 81,000명
예비 병력					약 29,500명
전투 병력 합계		73,282명			약 110,500명

참고사항 : 참고 문헌 기록 중 많은 병력을 실었다.
　　　　　병력란에 밑줄 친 부분은 병력이 다르게 기록된 것(다음 설명 참조).
　　　　　(   )안은 사단병력에 포함된 병력 수. 미군 지휘관은 다음에 따로 표시한다.

▎북한군 예비전력

제2사단　　최현(崔賢) 소장　　　　　병력 - 7,500명
　　　　　춘천, 진천에서 궤멸적인 타격을 받고 김천에서 재편성
　　　　　8. 30 창녕 대안에 진출

제7사단　　이익성(李益成) 소장　　　병력 - 약 11,000명 또는 10,000명
　　　　　38경비 제7여단이 승격한 사단. 대전에서 편성
　　　　　8. 1 대전 출발, 전주~남원~함양을 거쳐 8. 15 진주에 진출

제9사단　　박효삼(朴孝三) 소장　　　병력 - 약 11,000명
　　　　　38경비 제3여단이 승격한 사단. 후방에서 편성
　　　　　8. 25 낙동강돌출부 서안에 진출

▎미군 지휘관

제1기병사단장　　　　Hobart R. Gay 소장
　포병사령관　　　　Charles D. Palmer 준장
　제5기병연대장　　　Marcel B. Crombez 대령
　제7기병연대장　　　Cecil Nist 대령
　제8기병연대장　　　Raymond D. Palmer 대령

제24사단장		John H. Church 소장
	포병사령관	George B. Barth 준장
	제19연대장	Ned D. Moore 대령
	제21연대장	Dick Stephens 대령
	제34연대장	Charles Beauchamp 대령
제25사단장		William B. Kean 소장
	부사단장	Vennard Wilson 준장
	제24연대장	Horton V. White 대령
		Arthur S. Champney 대령(8월 6일부터)
	제27연대장	John H. Michaelis 대령
	제35연대장	Henry G. Fisher 대령
	제5연대전투단	Godwin L. Ordway 대령
		John L. Throckmorton 대령(8월 15일부터)
제2사단장		Lawrence B. Keiser 소장
	제9연대장	John G. Hill 대령
	제23연대장	Faul L. Freeman 대령
제1해병여단장		Edward A. Craig 준장
	제5해병연대장	Raymond L. Murray 대령

인용문헌 국방부 「한국전쟁사」 제2권-① 제3권-④ 제4권-⑤ 개정판 제1권-② 개정판 제2권-③
　　　　　국방부 「6·25전쟁사」 ①-⑥ ②-⑦, 전쟁기념사업회 「한국전쟁사」 제3권-⑧
　　　　　일본 육전사연구보급회 「한국전쟁」 ①-⑨ ②-⑩ 4-⑪
　　　　　「주한미군 30년」-⑫ (p86) 또는 (86) 등은 문헌 쪽수
지휘관　　국방부 「한국전쟁사」 제3권 '각 전투경과의 개요'
병　력　　북한군 제2, 제9, 제10사단, 제105전차사단 ⑩ p86
　　　　　북한군 제1사단 ⑩ p86, ④ p175
　　　　　북한군 제7사단 11,000명-⑩ p86, 10,000명-④ p282
　　　　　북한군 제15사단 6,000명-④ p126
　　　　　북한군 제13, 제6, 제1사단과 미 제24사단은 다음 참조
　　　　　미 제25사단 ⑩ p82, 나머지 사단은 ④ p28 및 각 지역 전투 「참전부대 및 주요 지휘관」

북한군 병력 및 전차 계산 기준

위 표는 낙동강 방어전 초전에 참가한 부대다. 국방부『한국전쟁사』제3권(④) 「피아지상군병력 배비상황표」(p27, 28. 이하 '병력배비상황표'라고 한다)를 기본으로 하고 각 문헌의 전투 기록을 참고하여 정리하였다.

적 제13사단은 제21연대가 제6사단 정면으로 낙동강을 도하한 후 제6사단과 제1사단의 경계지역을 거쳐서 사단 주력과 함께 제1사단 정면으로 진출했다.

적 제3사단 병력 6,000명과 제105기갑사단 병력 4,000명 계 10,000명을 제1사단 정면에 전개한 것으로 정리했다.

④는 「왜관·다부동 부근 전투」에서 적 제3사단과 제105기갑사단 병력 10,000명이 미 제1기병사단 정면에 진출한 것으로 기술했다.(p198)

적 제3사단은 8월 9일 왜관 남쪽 제1기병사단 정면에 제7연대 약 1,000명이 진출하였다가 하루만에 퇴각하여 제1사단 정면으로 진출한 사단주력에 합류하고, 새로 투입된 저들 제10사단이 10일 미 제1기병사단 정면에 진출하였다.

제105기갑사단 병력 4,000명은(⑩ p86) 전차 40대와 함께 기술하였으므로 전차연대 병력으로 보고 제1사단 정면에 가산했다.

적 제105기갑사단이 미 제1기병사단 정면에 진출한 기록은 보이지 않는다.

8월 3일 마산 정면 적 제6사단 전력에 '전차 25대로 추산' (④ p267, ⑩ p126은 20대) 이라고 기술하였다. 이 전차는 앞 제1사단 정면에 진출한 전차와 별도로 적 제6사단을 따라간 제203전차연대로 보고 적 제6사단 전력에 전차 25대를 가산했다. 그러나 병력은 표시가 없어 제외하였다.

지명 설명

九尾里	안동시 南先面.	안동~영천 간 35번 국도 안동기점 약 7km지점.
上阿里	안동시 南後面.	풍산 남쪽 약 15km지점. 낙동강 남안
洛井里	의성군 丹密面.	상주~대구 25번 국도 낙단교 남안. 洛東나루 남안
玄風	달성군 현풍면.	5번 국도 대구~창녕 중간지점. 낙동강 동안
南旨	창녕군 남지읍.	5번 국도 창녕~마산 중간지점. 낙동강 북안
鎭東	창원군 진동면.	2번 국도 마산 서쪽 17km지점. 진해만 북안

병력 차이가 많은 사단 ( )안은 쪽수 * 아래 표 병력 중 많은 것을 기준으로 이 책에 기술

	적 제5사단	적 제6사단	적 제13사단	적 제1사단	미 제24사단
③				12,000명(206, 381)	
				10,000명(665)	
④	7,500명(28)	5,000명(251)	13,000명(175)	5,000명(175, 199)	5,000명(28)
		7,500명(267)	9,500명(126, 162)		
		3,600명(28)	9,000명(28)		
⑧	7,500명(307)	3,600명(307)	9,000명(307)	5,500명(307)	5,000명(307)
⑨				3,000명(316)	
⑩	6,000명(86)	6,000명(126)	9,500명(86)	5,000명(86)	9,685명(82)
		3,600명(86)			

참고 문헌의 기록이 서로 다른 것

문헌 ④에서 병력을 다르게 기록한 것 ( )안은 쪽수

부대명		병력배비상황표	전투 경과 개요(쪽수 생략)	
북한군	제8사단	8,000명	8월 1일 의성 부근 전투	
	제12사단	6,000명		
		계 14,000명	제8사단, 제12사단	계 16,000명
	제13사단	9,000명	8월 13일 다부동 부근 전투	13,000명
			8월 2일 낙동강 연안 부근 전투	9,500명
			8월 13일 수암산 · 유학산 전투	9,500명
	제15사단	5,500명	8월 2일 낙동강 연안 부근 전투	6,000명
			8월 13일 수암산 · 유학산 전투	5,000명
	제6사단	3,600명	8월 2일 마산 서측방 전투	5,000명
미 제1기병사단		10,300명	8월 9일 왜관 · 다부동 전투	13,000명
미 제24사단		5,000명	8월 5일 창녕 · 영산 전투	8,000명
		(제17연대 포함)	(미 제5해병연대 및 제9연대전투단 포함)	

차이가 심한 북한군 사단과 미 제24사단 병력 판단

북한군 제13사단 − 국방부 『한국전쟁사』 제3권 ④

8월 13일 13,000명, 9,500명, 8월 4일 9,000명으로 다르게 기록했고,
수암산 · 유학산 부근 전투에서는 9,500명(8월 초 현재)이라고 표시했다.

북한군 제6사단 - 국방부 『한국전쟁사』

6,000명, 3,600명, 5,000명으로 기록되어 있다.

⑩은 '1.병력'에서 3,600명으로 기록하였고(p86),

'2. 킨 작전의 태동'에서는 "북한군 제6사단의 손실이 이외로 많아서 현 병력이 7,500명……(제6사단 병력 6,000명에 제105기갑사단 제206기계화보병연대* 병력 포함)"고 기술했다.(p126)

뒤의 기술에 따라 제6사단 병력을 7,500명으로 표시했다.

④ '병력배비상황표'에는 낙동강 방어선에 배치된 북한군 제6사단의 병력을 제105기갑사단 제206기계화보병연대 병력을 포함해서 3,600명으로 기록하였다. 기계화보병연대 병력 1,500명을 제하면 사단 병력은 2,000명이다.

믿기 어렵다.

* 제206기계화보병연대의 병력은 1,500명이다.(7,500명 - 6,000명)
⑩은 제105기갑사단 제83기계화연대, ④는 제83차량화연대라고 표기했으나 본문은 제206기계화보병연대로 정리했다.(앞 '기계화보병연대' 명칭 참조)

북한군 제1사단 - 국방부 『한국전쟁사』

(1) 충주~수안보 부근 전투(7월 7일부터 9일까지) 12,000명(③ p206)

(2) 문경 부근 전투(7월 13일부터 16일까지) 12,000명(③ p381)

(3) 점촌~유곡~은성 부근 전투(7월 19일부터 28일까지) 10,000명(③ p665)

(4) 함창 부근 전투(7월 26일부터 29일까지) 병력은 50%에 미달(③ p707)

(5) "적 제1사단은 도하 전에 함창에서 또 도하한 뒤에도 도합 2,500명의 보충병을 받았지만 총 병력은 약 5,000명에 지나지 않았다."(④ p199)

(6) 다부동 부근 전투(8월 13일부터 30일까지) 5,000명(④ p175)

7월 13일 12,000명, 7월 19일 10,000명으로 줄었다. (2)의 전투에서 2,000명의 병력 손실을 입을 정도의 타격은 없었다. 다시 7월 26일 그 10,000명이 반(5,000명)으로 줄었고, 더욱 2,500명을 보충하여 5,000명이 되었다고 했다.[(4), (5)]

7,500명(75%)의 손실이 있었다는 기술이다. 그만한 손실을 입은 전투는 없었다.

적 제1사단의 구체적인 손실 기록은 없다. 다만 (4)는 "개전 이래 계속 전선을 맡고 있었던 까닭에 병력은 50%에 미달하였고"(③ p707)라고만 했다.

(7) ⑨는 "적 제1사단: 3,000명, 함창에서 재편성 중"이라고 기술했고,(p316)

⑩은 8월 5일경 '1. 병력'에서 5,000명(p86)으로 기술했다.

미 제24사단

참전 당시 보유 병력은 15,965명이었다.(① p342, ⑨ p271, ⑫ p152)

8월 초 유엔군 현황에는 9,685명으로 기록했고,(⑩ p82)

"8월 4일까지 손실 : 전사 85명, 부상 895명, 실종 2,630명 계 3,610명"(⑩ p82)
이라고 했다.

손실 숫자를 합치면 총 병력은 13,295명이 된다.

참전 당시의 총병력 15,965명과 13,295명과는 2,670명의 차이가 있다.

"한국에 처음 도착했을 때 1만 5천 9백 65명의 병력과 차량 4천 7백 73대를 보유했던 미 제24사단은, 7월 5일의 오산 전투에서 21일의 옥천 전투에 이르기까지 17일간의 전투를 치르는 동안, 7천 3백 5명의 병력과 장비의 60%를 잃었으며 7월 22일 현재 인원은 8천 6백 60명이었다."(⑨ p271)
고 다르게 기술.

앞 8월 초의 병력 9,685명과 뒤 7월 22일 현재 병력 8,660명과에서도 1,000여 명의 차이를 보이고 있다.

앞의 8월 4일까지의 손실 3,610명과 뒤의 7월 21일까지의 손실 7,305명은 그 차이(3,695명)가 너무 많고, 7월 21일까지의 손실 병력이 2주일 후의 손실보다 많은 것은 초기 전투에서 행방불명자와 낙오자가 많이 있었기 때문인 것으로 보이고, 2주일 동안 실종 병력이 대부분 복귀하여 손실 병력이 줄어든 것으로 이해되나 그렇게 볼 경우에도 손실 병력의 차이가 실종 병력 2,630명보다 1,000여 명이 더 많다.

'피아지상군병력·배비상황표'에는 한국군 제17연대 병력 1,762명을 포함하여 5,000명으로 기록했다. 한국군을 빼면 3,200명에 불과하다.(④ p28)

결국 한국전에 투입된 사단 병력은 15,965명, 13,295명으로 다르고, 낙동강 방어선에 배치된 병력은 9,685명과 약 3,200명으로 큰 차이를 나타내고 있다.

▮ 북한군 사단 소속 연대

②, ③ 등은 인용문헌(앞 참조). 다음 숫자는 쪽수

제1사단	제1, 제2, 제3연대	- ②92, 93, 392 ③32, 204 ⑥269
	제2, 제3, 제14연대	- ④ 175, 531 ⑦ 16, 115
	제1, 제2, 제14연대	- ⑪ 39
제6사단	제13, 제14, 제15연대	- ②392 ③32 ④28 ⑥274, 279 ⑩24 ⑪38
	제1, 제13, 제15연대	- ④251, 265, 280, 512 ⑦16, 115
제2사단	제4, 제5, 제6연대	- ②93 ③274 ⑥269
	제4, 제6, 제17연대	- ③32 ④491 ⑦421 ⑪38
제4사단	제16, 제17, 제18연대	- ④218 ⑥279
	제5, 제16, 제18연대	- ②317, 501, 704 ③32, 36, 39 ⑦16, 290 ⑪38
제8사단	제1, 제2, 제3연대	- ④28
	제81, 제82, 제83연대	- 나머지 모든 기록
제15사단	제45, 제50, 제56연대	- ④556 ⑤100
	제48, 제49, 제50연대	- ③32, 234 ④125, 162 ⑥279
	제45, 제49, 제50연대	- ④62 ⑦16
제9사단	제85, 제86, 제87연대	- ③32 ④497
	제1, 제2, 제3연대	- ④505

본 책에서는 밑줄 친 것을 기준으로 삼았다.

북한군은 사단과 연대가 동시에 창설되었다. 그래서 사단과 연대의 단대호가 순서대로 부여되었음을 알 수가 있다. 예를 들면

제1사단 1, 2, 3연대
제2사단 4, 5, 6연대
제3사단 7, 8, 9연대

예외로 사단 순서와 연대 순서가 다르거나 연대명의 순서가 띄는 경우가 있다.

제4사단이 16, 17, 18연대로, 제5사단과 제6사단의 연대 다음 순서에 있는 것처럼 사단 순서와 연대 순서가 맞지 않는 것이 있고, 제13사단의 19, 21, 23연대처럼 한 숫자씩 건너서 연대 명칭을 붙인 경우가 있다.   다음 「북한군 창설개황」, 「보병사단 편성」 참조

| 사단 방어전선 길이　　　　　　　　　　　　　　( )안은 하천거리

부 대 명	④ p27~28 방어 정면	거 리	⑧ p500 방어 정면	거 리
제3사단	영 덕~강 구	16km	동 해 안	16km
제1군단	청 송~의 성		의 성 정 면	48km
수도사단	청 송~구 미	24km		
제8사단	구미동~상 하	20km		
제2군단	의 성~왜 관		대 구 북 방	48km
제6사단	상하동~낙 정	26km		
제1사단	낙정동~왜 관	42km		
미 제1기병사단	왜 관~현 풍	35km	대구 서측방	40km(56km)
미 제24사단	현 풍~남 지	40km	영산~창원*	34km(52km)
미 제25사단	마 산 서 쪽	37km	마 산 정 면	37km
총 길이		240km		223km

* 현풍~남지가 정확하고 영산~창원은 잘못이다.

　최대로 한국군 제2군단 정면에서 20km(④가 길다)의 차이가 나고 전체의 전선 길이도 17km(④가 길다)의 차이가 난다.

국방부 『한국전쟁사』 제3권(④ p22)

　남북 약 160km, 동서 약 80km, 계 240km, 전쟁기념사업회 한국전쟁사 제3권(⑧ p497)은 부산을 기점으로 남북으로 약 135 km, 동서로 약 90km, 계 225km라고 하여 15km의 차이가 있다.

『정일권회고록』

　작전 장교를 시켜 실측한 결과 낙동리~영덕까지의 북 정면은 약 96km, 진동리까지의 서 정면은 약 144km로 합쳐서 249km라고 했다.(p181)

　낙동강 방어선의 동서 정면은 제6사단 지역인 낙정에서 제3사단 지역인 강구까지 약 86km가 정확하다.

일본 육전사연구보급회 『한국전쟁』 ② (⑩ p76)

　부산 교두보는 부산을 기점으로 하는 남북 약 135킬로미터, 동서 약 90킬로미터의 구형(矩形)으로, 그 남부 정면의 대부분은 낙동강에 의해서 엄호되고 있다.

9월 1일 현재 한·미 연합군 지상군 병력 현황

한·미 연합군 병력

국 군		91,696명(76,842명)	
	육군본부	2,159명	
	제1군단 사령부	1,275명	
	수도사단	16,376명	안강정면
	제8사단	9,106명	영천정면
	제2군단 사령부	499명	
	제1사단	10,482명	팔공산
	제6사단	9,300명	신령 지구
	직할 제3사단	7,154명	포항 지구
	포항지구전투사령부	575명	포항 지구
	민기식부대	4,025명	포항 지구
	특수부대	14,641명	
	훈련소	1,250명	
	위 외에 가산된 병력	14,854명	(각 사단에 증가시켜야 할 병력. 다음 설명 참조)
미 제8군		84,630명	
	미 제2사단	17,498명	창녕,영산정면
	미 제24사단	14,739명	군단예비
	미 제25사단	15,007명	마산정면
	미 제1기병사단	14,703명	왜관,다부동 지구
	사령부 직할부대	16,815명	
	미 제1해병여단	4,290명	
	영연방 제27여단	1,578명	현풍 지구
합 계		176,326명	

자료 : 국방부 『한국전쟁사』 제3권(p311, 318)
일본 육전사연구보급회 『한국전쟁』 [2] p267, 268, 281)
국군병력을 집계하면 (74,842명)으로 14,854명의 차이가 난다.

병력 차이 14,854명

　자료문헌 앞은 8월 19일 현재 국군 병력을 부대별로 표시하고 총 병력을 76,842명으로 기록했고 뒤 문헌은 UN군 사령부가 9월 1일 집계한 것이라고 밝히고 부대별 표시하여 총 병력을 91,696명으로 기록하였다. 뒤도 부대별 병력 수를 집계하면 76,842명( )안으로 앞과 같은데 외에 14,854명을 더 가산했다.

　8월 20일 제7사단이, 8월 27일에 제11사단이 창설되었으므로 이들 사단 병력을 가산하면 그 만큼은 늘어났다고 보여진다.

　병력 증가면에서 보면 8월 14일 대구에 제1훈련소를, 다음날 구포에 제3훈련소를 설치하여 그 10일 후부터 매일 평균 1,500명의 신병을 양성하였으므로 이 숫자만으로도 9월 1일 현재 12,000여 명에 가까운 신병이 늘어났고, 각 사단이 현지 모병한 신병과 대구에서 양성하여 8월 초 각 사단에 배치한 학도병 2,000여 명을 비롯하여 학도의용군으로 참전한 학생들이 입대절차를 밟아 병적에 반영되면서 병력이 늘어날 요인이 있는 반면에 상대적으로 병력 손실이 비교적 적었던 기간임을 감안하면 그 정도의 수는 늘어났다고 보아야 한다.

　제1사단의 예를 보면 8월 3일 보충된 학도병 500명이 8월 20일 군번과 계급을 부여했다. 8월 19일 병적에는 없던 숫자이다.

　수도사단 병력이 16,376명으로 특히 많은 근거를 알 수 없다.

　기계 · 안강부근 전투(8월 9일부터 9월 4일까지)에서의 병력은 약 10,000명이다.

　여기에도 수도사단 3개 연대(제1, 제18, 기갑연대) 외에

　포항지구 전투사령부(제17, 제25, 제26연대, 해군육전대) 병력이 포함되어 있다.

　자료 문헌은 "당시의 정확한 병력의 증가 및 손실 현황은 상고할 수가 없으나 1950년 8월 19일부로 UN군총사령부에서 미 육군부에 보고된 한국군의 병력 현황은 다음과 같았다." 고 밝혔다.(자료문헌 앞 p310)

9월 중순 현재 피아 지상군 전력

피아 전력

연합군	병 력	157,000명	한국군 72,730명, 미 제8군 84,473명
	야 포	400문	
	전 차	500대	
	항 공 기	1,200대	
북한군	병 력	70,000명	
	야 포	100문	
	전 차	60대	
		(100대 이하)	

자료 : 국방부 『한국전쟁사』 제4권(p20)
일본 육전사연구보급회 『한국전쟁』 [4] (p36, 37)

주요 전력에 대한 기록 비교

유엔군	병 력	176,000명	9월 1일 (자료문헌 뒤 2 p281)
	전 차	600대	9월 중순 (자료문헌 앞)
		500대	9월 1일 (같은 앞 제3권 p316)
		500대	9월 중순 (같은 뒤 p36)
		600대	9월 1일 (같은 뒤 2 p281)
북한군	병 력	98,000명	9월 1일 (같은 뒤 2 p281)
	전 차	100대	9월 1일 (같은 뒤 2 p281)
		포약 250~300문	9월 1일 (같은 뒤 2 p281)
	전 차	100대 이하	9월 중순 (자료 문헌 뒤 p38, 39)

연합군은 9월 1일에 비하여 19,000명이, 북한군은 18,000명이 줄었다.

연합군 병력이 그렇게 줄 이유가 없다. 제대로 파악하지 못한 것으로 보인다.

북한군 병력 비교

사 단		A	B	C	적요
제1군단	제6사단	8,000명	4,500명 이하	10,000명	2개 연대 큰 타격
	제7사단	7,600명	4,000명 이하	9,000명	어떤 대대는 191명
	제9사단	8,000명	5,000명 이하	9,350명	
	제2사단	8,000명	7,000명 이하	6,000명	
	제4사단	7,400명	4,000명 이하	5,500명	전투력 상실
	제10사단	8,000명	9,000명 이하	7,500명	전투력 보유
	제104보안여단			2,000명	
	계	47,000명	33,500명 이하	49,350명	
제2군단	제3사단	8,000명	4,000명 이하	7,000명	
	제13사단	8,000명	2,300명*1	9,000명	
	제1사단	7,000명	6,000명 이하	5,000명	
	제8사단	7,000명		6,500명	공격력 상실
	제15사단	7,000명		7,000명	
	제12사단	8,000명		5,000명	
	제5사단	6,500명	5,500명 이하	7,000명	
	계	51,500명	39,800명 수준	46,500명	
병력 계		98,500명	73,300명 이하	95,850명	
제105기갑사단		전차 90대	60대 이하	1,000명	
제16전차여단		전차 30대	20대 이하	500명	43대
제17기갑여단		전차 30대	20대 이하	500명	40대
전 차 계		150대	100대 이하	2,000명	
병력 총계		98,500명	73,300명 이하	97,850명*2	

자료 : 일본 육전사연구보급회 『한국전쟁』 4 (p37~39)
A. UN군총사령부 판단 병력 B. 전후에 조사하여 추정한 실 병력
C. 국방부 『한국전쟁사』 제3권(p324, 325) 9월 1일 현재 병력

*1 제13사단 실 병력(B) 2,300명은 "이학구 참모장 진술"이라고 표시(자료문헌 p39). 같은 이학구 총좌의 진술이라고 하면서 자료문헌(p112)과 국방부 『한국전쟁사』 제4권(p209)은 1,500명, 전쟁기념사업회 『한국전쟁사』 제4권(p119)은 1,300명으로 기술했다.

*2 북한군 병력은 낙동강전선에 전개한 전투 사단 병력이다. 자료 문헌은 UN군 판단의 결론이라고 하여 A를 기준으로 총 병력을 101,417명이라고 오판을 했다.

9월 중순 피아군 공격 제대별 병력과 지휘관

연합군 공격 제대

국 군	총참모장 소장 정일권	병력 72,730명*
제1군단	군단장 준장 김백일	
수도사단	사단장 대령 송요찬	약 5,000명
제1연대	연대장 중령 한 신(韓 信)	(16,376)
제1기갑연대	연대장 대령 백남권(白南權)	
제18연대	연대장 대령 임충식(任忠植)	
제3사단	사단장 대령 이종찬	약 11,000명
제22연대	연대장 중령 김응조(金應祚)	(7,154)
제23연대	연대장 대령 김종순(金淙舜)	
제26연대	연대장 대령 이치업(李致業)	
제2군단	군단장 소장 유재흥	
제6사단	사단장 준장 김종오	8,730명
제2연대	연대장 대령 함병선(咸炳善)	(9,300)
제7연대	연대장 대령 임부택(林富澤)	
제19연대	연대장 대령 김익렬(金益烈)	
제8사단	사단장 준장 이성가	약 10,000명
제10연대	연대장 중령 고근홍(高根弘)	(9,106)
제16연대	연대장 중령 유의준(兪義濬)	
제21연대	연대장 대령 김용배(金容培)	
군 예비		
제7사단	사단장 대령 신상철	약 10,000명
제3연대	연대장 중령 이기건(李奇建)	(미편성)
제5연대	연대장 대령 최창언(崔昌彦)	
제8연대	연대장 중령 김용주(金龍周)	
미 제1군단 배속 (9월 13일 부)		
제1사단	사단장 준장 백선엽	약 10,000명
제11연대	연대장 대령 김동빈(金東斌)	(10,482)
제12연대	연대장 중령 김점곤(金點坤)	
제15연대	연대장 대령 최영희(崔榮喜)	

자료 : 국군 - 국방부 『한국전쟁사』 제4권 각 지역전투의 참가부대 및 주요지휘관
( ) 안은 9월 1일 현재 병력. 수도사단 병력이 많이 줄었고 제3사단 병력이 많이 늘어난 이유는 확인할 수가 없다.

사단병력을 집계하면 54,730명으로 육군 총병력 72,730명과는 차이가 있다. 육군본부, 군단 사령부, 제17연대 기타 지원부대가 빠져 있기 때문이다.
제8군 – 일본 육전사연구보급회 『한국전쟁』 [4] p37. ( ) 안은 한국인 병사(KATUSA).
제17연대(연대장 대령 백인엽)는 인천상륙부대로 미 제10군단 배속되어 제외하였다.

미 제8군사령부	사령관 중장 워 커	병력 84,478명(10,502명)
제1군단	군단장 소장 밀 번	7,475명 (1,110명)
제1기병사단	사단장 소장 게이	13,904명 (2,338명)
제5기병연대	연대장 대령 Marcel B. Crombez	
제7기병연대	연대장 대령 Cecil Nist	
제8기병연대	연대장 대령 Raymond D. Palmer	
포병사령부	사령관 준장 Chales D. Palmer	
제24사단	사단장 소장 처치	18,955명 (2,786명)
제19연대	연대장 대령 Guy S. Meroy	
제21연대	연대장 대령 Richard W. Stephens	
제34연대	연대장 대령 Charles E. Beauchamp	
포병사령부	사령관 준장 George B. Barth	
제5연대전투단	단장 대령 John L. Throckmorton	(2,599명)
영연방 제27여단	여단장 준장 Bacil A. Coad	1,693명
제2군단	군단장 소장 콜터	9월 23일 지휘권 발휘
제2사단	사단장 소장 케이져	15,191명 (1,821명)
제9연대	연대장 대령 John G. Hill	
제23연대	연대장 대령 Paul L. Freeman	
제38연대	연대장 대령 George B. Peploe	
제25사단	사단장 소장 킨	15,334명 (2,477명)
제24연대	연대장 대령 Arthur S. Champney	
제27연대	연대장 대령 John H. Michaelis	
제35연대	연대장 대령 Henry G. Fisher	
제10군단	군단장 소장 아몬드	
제1해병사단		
제7보병사단	인천상륙작전에 참가(인천상륙작전 참조)	

( )안의 숫자는 한국인 병사(KATUSA)의 숫자

북한군 공격 제대

전선총사령부	사령관 대장 김책(金策)	김천에 위치
제1군단	군단장 중장 김 웅(金 雄)	거창에 위치
제6사단	사단장 소장 방호산(方虎山)	병력 약 8,000명(4,500 이하)
제13연대	연대장 대좌 김후진(金厚進)	한일래 또는 한일동(韓日東)*1
제14연대	연대장 대좌 한일래(韓日來)*1	제1연대 김후진
제15연대	연대장 대좌 김현기(金顯基)	
포병연대	연대장 중좌 박해민(朴海民)	
제7사단	사단장 소장 이익성(李益成)	병력 약 7,600명(4,000 이하)
제51연대	연대장 대좌 강치복(姜致福)	
제52연대	연대장 대좌 한일해(韓日海)*1	
제53연대		전투경과에 보이지 않는 연대
제9사단	사단장 소장 박효삼(朴孝三)	병력 약 8,000명(5,000 이하)
제85, 86연대	연대장　　(미 상)	
제87연대	연대장　　(미 상)	경인 지역에 잔류
제2사단	사단장 소장 최 현(崔 賢)	병력 약 8,000명(7,000 이하)
제4연대	연대장 대좌 이승호(李勝虎)	
제5연대	연대장 대좌 김관대(金寬大)	제17연대 연대장 김관대
제6연대	연대장 대좌 김익현(金益顯)	
제4사단	사단장 소장 이권무(李權武)*2	병력 약 7,400명(4,000 이하)
제16연대	연대장 대좌 최인덕(崔仁德)	제16연대 박승희(朴勝熙)
제17연대	연대장 대좌 김관대(金寬大)	제5연대 최인덕
제18연대	연대장　　(미 상)	제18연대 김희준(金熙俊)
제10사단	사단장　　(미 상)	병력 약 8,000명(9,000)
제25, 27, 29연대	연대장　　(미 상)	
제104보안여단	여단장　　(미 상)	병력 약 2,000명
제16전차여단	여단장　　(미 상)	전차 약 30대(20대 이하)
제2군단	군단장 중장 김무정(金武亭)	
제3사단	사단장 소장 이영호(李英鎬)	병력 약 8,000명(4,000 이하)
제7연대	연대장 대좌 김창봉(金昌鳳)	
제8연대	연대장 대좌 김정동(金貞童)	
제9연대	연대장 대좌 김만익(金萬益)	
제13사단	사단장 소장 이익선(李益宣)	병력 약 8,000명(2,300)
제19연대	연대장 대좌 문제환(文濟煥)	

제21연대	연대장 대좌 이두찬(李斗燦)		
제23연대	연대장 대좌 이승준(李承俊)		
제1사단	사단장 소장 홍 림(洪 林)	병력 약 7,000명(6,000 이하)	
	최 광		
제1연대	연대장 대좌 황 석(黃 石)	제14연대 이창권	
제2연대	연대장 대좌 김양춘(金陽春)	제2연대 황석	
제3연대	연대장 대좌 이창권(李昌權)	제3연대 김양춘	
포병연대	연대장 대좌 현학봉(玄學奉)		
제8사단	사단장 소장 오백룡(吳白龍)	병력 약 7,000명	
제81연대	연대장 총좌 이영래(李永來)		
	이학래(李學來)		
제82연대	연대장 총좌 사 세(史 勢)		
제83연대	연대장 중좌 오윤섭(吳允燮)		
포병연대	연대장 중좌 김명항(金明恒)		
제15사단	사단장 소장 조광렬(趙光烈)	병력 약 7,000명	
제48연대	연대장 중좌 김치구(金致九)	제45연대 중좌 이철영	
제49연대	연대장 중좌 이철영(李鐵英)	제50연대 중좌 김치구	
제50연대	연대장 총좌 이을선(李乙善)	제56연대 미상	
포병연대	연대장 대좌 이연섭(李連燮)		
제12사단	사단장 소장 최 인(崔 仁)	병력 약 8,000명	
제30연대	연대장 대좌 최 혁(崔 赫)		
제31연대	연대장 대좌 김 철(金 鐵)		
제32연대	연대장 대좌 김 학(金 學)		
제5사단	사단장 소장 마상철(馬相喆)	병력 약 6,500명(5,500 이하)	
제10연대	연대장 대좌 박병수(朴炳秀)		
제11연대	연대장 대좌 김봉문(金奉文)		
제12연대	연대장 (미 상)		
전선전반 지원			
제105기갑사단	사단장 소장 류경수	전차 약 90대(60대 이하)	
제17기갑여단	여단장 (미 상)	전차 약 30대(20대 이하)	

자료 : 국방부 「한국전쟁사」 제3, 제4권 및 같은 개정판 제1, 제2권 「각 지역 전투기록」
　　　일본 육전사연구보급회 「한국전쟁」 [4] p37~39
　　　병력은 「UN군 판단병력」, (   ) 안은 「전후 조사 추정한 실 병력」
　　　제104보안여단은 국방부 「한국전쟁사」 제3권 p325

*1 국방부 『한국전쟁사』가 기술한 북한군 연대장
제6사단 제14연대장 한일래(韓日來) 개정판 제1권 및 같은 제2권
　　　　제13연대장 한일동(韓日東) 제3권 p251, 265, 280
　　　　　　　　　　　　　제4권 p243
　　　　　　한일래(韓日來) 제3권 p512
제7사단 제52연대장 한일해(韓日海) 제3권 p512
　　한일래는 제14, 13연대장으로 기술했는데 개정판 제1권과 제2권은 제13연대장을 김후진(金厚進)으로 기술하였다.
　　3인은 같은 사람으로 추정된다. 일래와 일동은 한문자 來, 東이 비슷하고, 일래, 일해는 한글음이 비슷하여 혼동할 수 있는 이름이다.
　　제3권은 같은 쪽(512)에서 함께 다른 연대장으로 기술한 것을 보면 다른 사람으로 볼 수 있겠으나 앞에서 일래와 일동을 혼동하고 있는 것으로 보아 소속연대의 착오가 아닌가 의문이 가기도 한다.
*2 제4사단장은 이건무(李健武)로 된 기록(앞 같은 제2권 p43)이 있으나 많은 기록에 따라 이권무로 정리했다.

공격 제대와 병력은 일본 육전사연구보급회 『한국전쟁』 ④에 따랐고, 공격제대와 지휘관은 자료문헌으로 제시한 국방부 『한국전쟁사』 각 권에 따랐다. 뒤의 경우 제3권은 8월에서 9월 초에 해당하고, 제4권은 9월 중순 이후에 해당한다. 제3권에 기록된 지휘관은 9월 중순에 변동이 있을 수가 있다.

북한군 사단장 성명이 다른 것

사 단	국방부 『한국전쟁사』	일본 육전사연구보급회 『한국전쟁』
제5사단	마상철 (3권 p387)	오백룡　　　④ p39
제12사단	최인두 (3권 p434, 4권 112)	최　인　　　④ p39
	최　인 (4권 p71, 306)	
제1사단	홍　림 (3권 p107, 175, 4권 p112)	최　광(崔光) ④ p39
제13사단	최용진 (3권 p175)	김태근　　　④ p39
	이익선 (4권 p146)	

피아군 조직

1950년 6월 25일 현재 국군 조직

국방부 조직표 (초기 - 1948. 11. 30 현재)

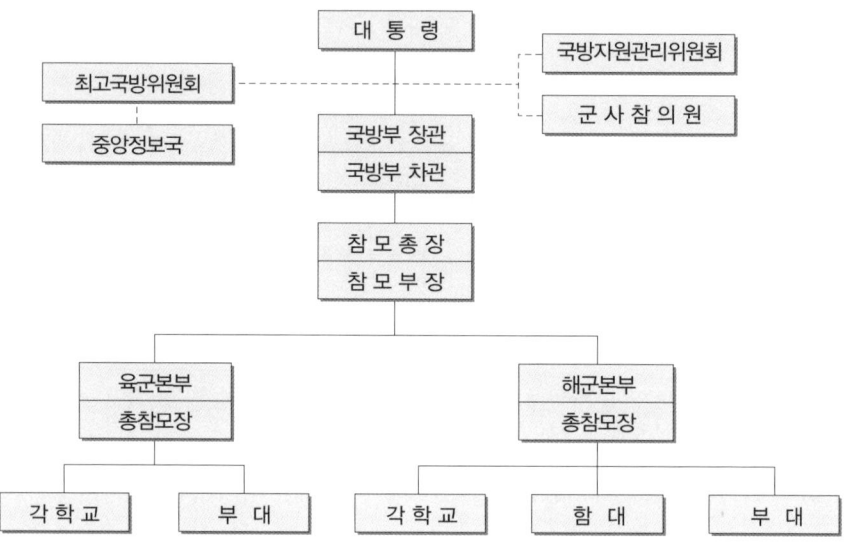

국방부 조직표 (1950. 6. 25 현재)

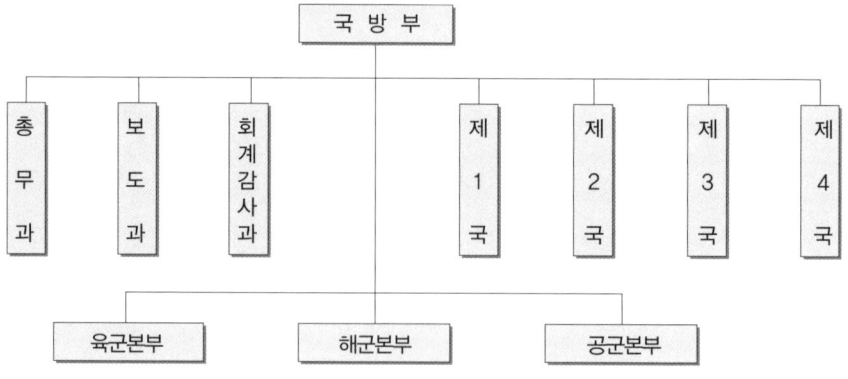

육군 조직표 (1950. 5. 25 현재)

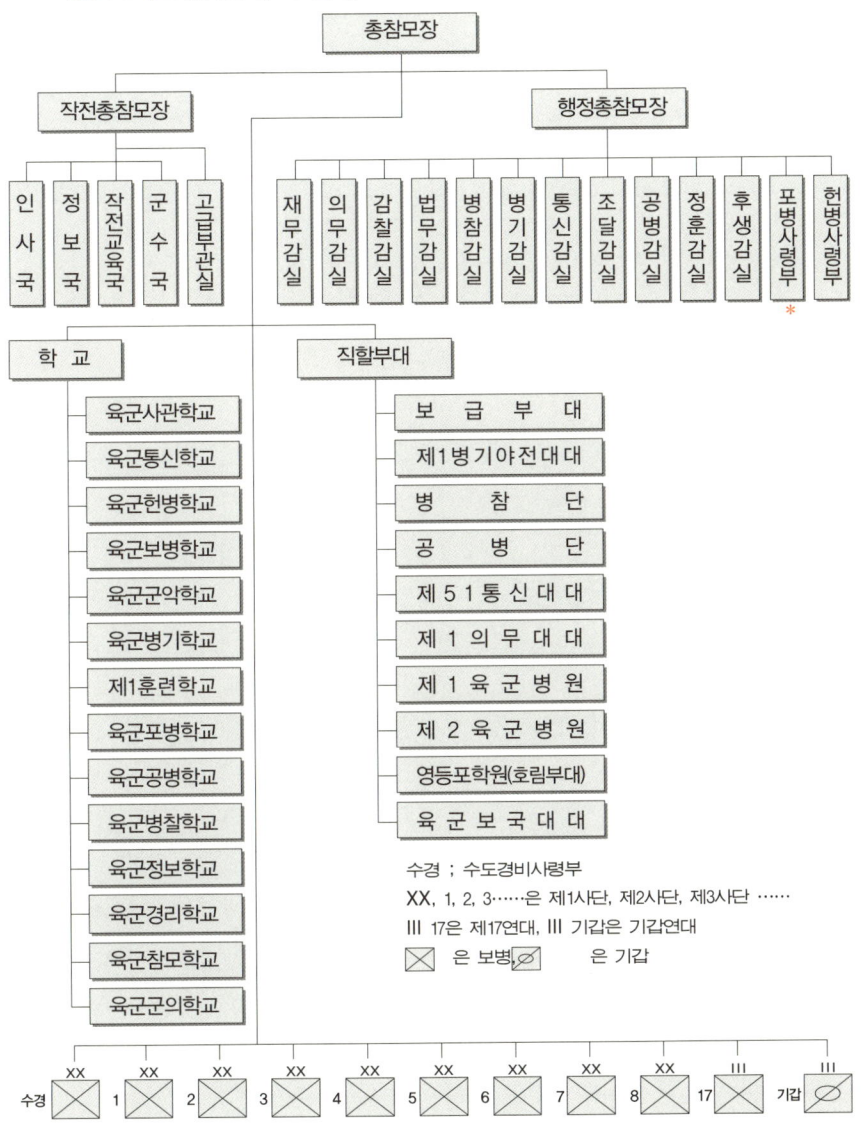

* 포병사령부는 국방부『6·25전쟁사』① 육군편성표(p371)에 따랐다. 같은『한국전쟁사』제1권 육군기구의 연혁 및 기구표(p272)에는 표병사령부 또는 포병감실에 대한 기록이 없고, 포병감이나 포병사령관이 누군지에 대한 기록이 없다. 국방부『한국

전쟁사』 제1권 '각 교육기관설치연혁' 중 육군포병학교(포병단) 연혁(p366)을 다음과 같이 기술하였다.

1948년 11월 20일 육군잠정포병단 설치, 같은 해 12월 20일 육군잠정포병사령부로, 1949년 6월 10일 육군포병연대로, 같은 해 10월 15일 육군포병학교로 각각 개칭하였고, 1950년 3월 15일 초대 표병학교 교장 신응균(申應均) 대령이 도일하여 해임하고 부교장 김계원 중령을 제2대 교장대리로 임명(같은 p366)하였다.

국방부 『한국전쟁사』 개정판 제1권 '제18포병대대의 상황'에 "포병감대리 김계원 중령"(p228)이라고 기술하였고, 같은 문헌 '의정부 부근 전황', '금오리의 파탄'에는 "포병학교 교장대리인 김계원 중령"(p373)이라고 기술했다.

이 기술들을 종합 판단해 보면 참모부서로 포병감 또는 포병사령관이 따로 설치되어 있지 않고 포병학교 교장이 포병감의 직무를 수행한 것으로 보인다.

해군 조직표

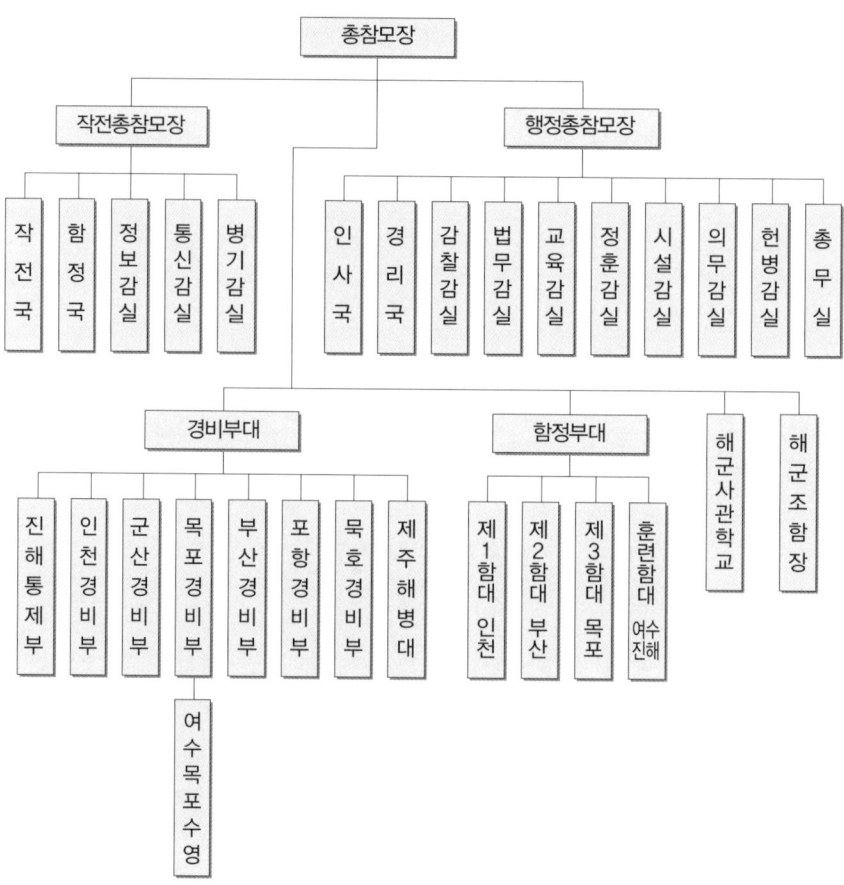

공군 조직표

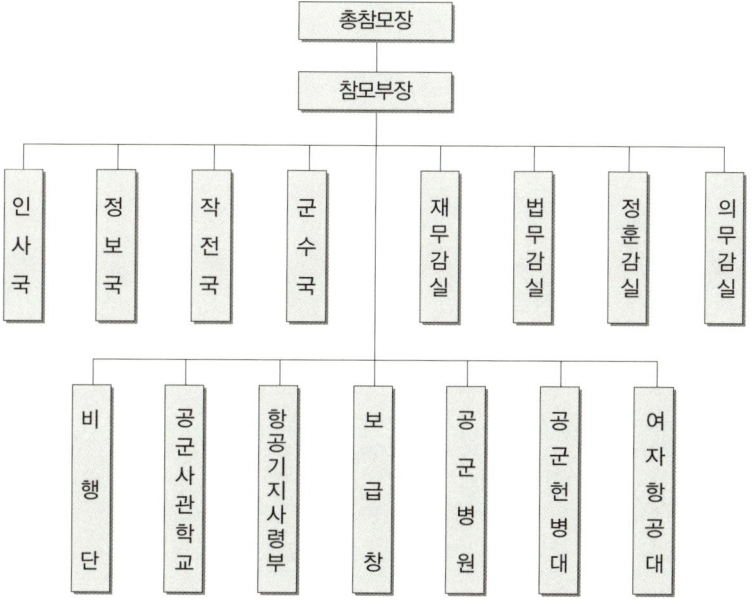

국군조직자료 : 국군조직법(1948.11.30. 법률제9호)
국방부직제(1948.12.7. 대통령령제37호, 개정령 1953.7.28. 같은 령제816호)
국방부 『한국전쟁사』 제1권 「제4장 대한민국국군의 창설」
같은 『6·25전쟁사』 Ⅰ 「육군편성표」(p371)
같은 『한국전쟁사』 제1권 「해군기구표」(p584)
같은 「공군편성표」(p626)
김홍 『한국의 군제사』
안용현 『한국전쟁비사』 「5. 전쟁간 피아부대 건제 및 지휘관」(p495)를 참고하여 정리하였다.

- 알림 -
다음 사단 편제에서 ☐위에
　XX은 사단, X은 여단, Ⅲ는 연대, Ⅱ는 대대, Ⅰ는 중대, •••는 소대, ••는 분대 국군, 미군, 북한군 모두 같다.
　XXX은 군단, XXXX은 국군은 육군본부, 미군은 8군이다.

국군사단편제

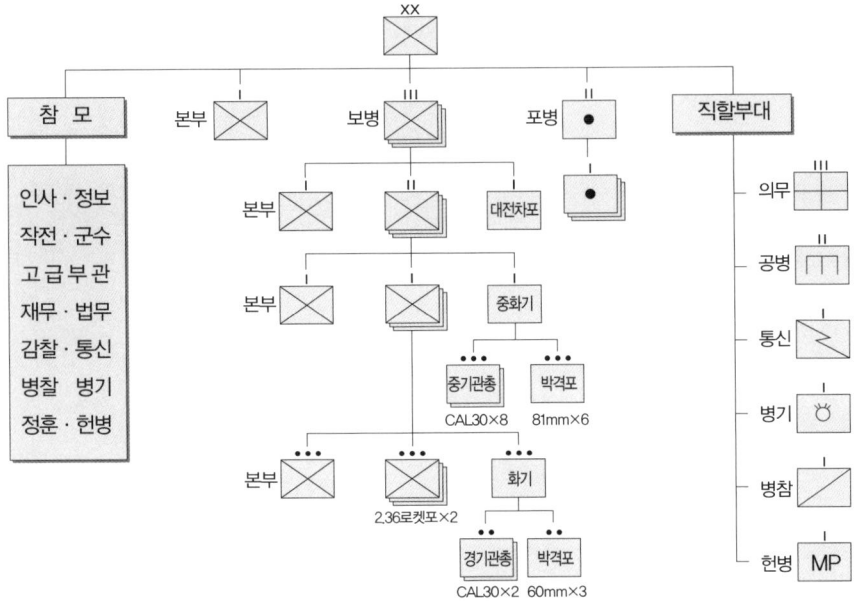

해설

사단 - 3×보병연대 - 3×3보병대대 - 3×3보병중대 - 3×3소총소대
  - 각 소대 2.36인치 로켓포 2문
  - 화기소대 - 60mm박격포 3문
    - CAL-30경기관총 2정
  - 3×1중화기중대 - 81mm박격포 6문
    - CAL-30 중기관총 8문*
  - 연대직할 - 3×1대전차포중대 - 57mm대전차포 5문
- 사단지원 - 포병대대 - 3×1포병중대 - 3×105mm곡사포 5문
- 사단직할 - 의무대대
  - 공병대대
  - 본부·통신·병기·병참중대, 헌병대, 수색대

자료 : 국방부 『한국전쟁사』 제2권 p39, 안용현 『한국전쟁비사』 5 p504
국방부 『6·25전쟁사』 [1] p374, 같은 [2] p436(제6사단)

* 중화기중대에 CAL-50 중기관총 4문 CAL-30 중기관총 4문이 있었다. 증언과 전투기록에서 확인

미군 조직

미 극동군총사령부 편성표 (1949. 10월 현재)

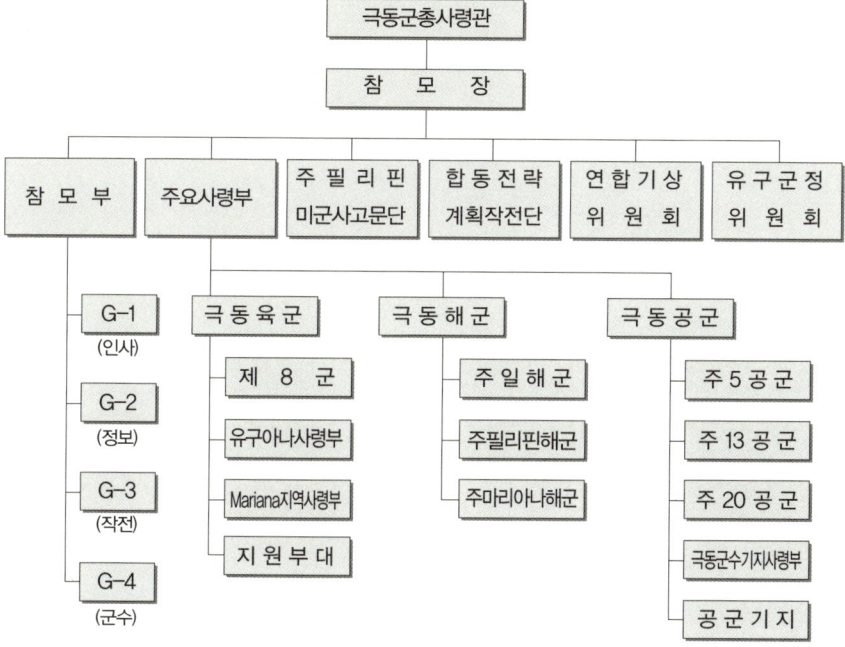

자료 : 국방부 『한국전쟁사』 개정판 제1권 「가. 미 극동군 배치상황」(p858), 개정판 제2권 p908

미군 사단 편제 (1950. 6월 현재)

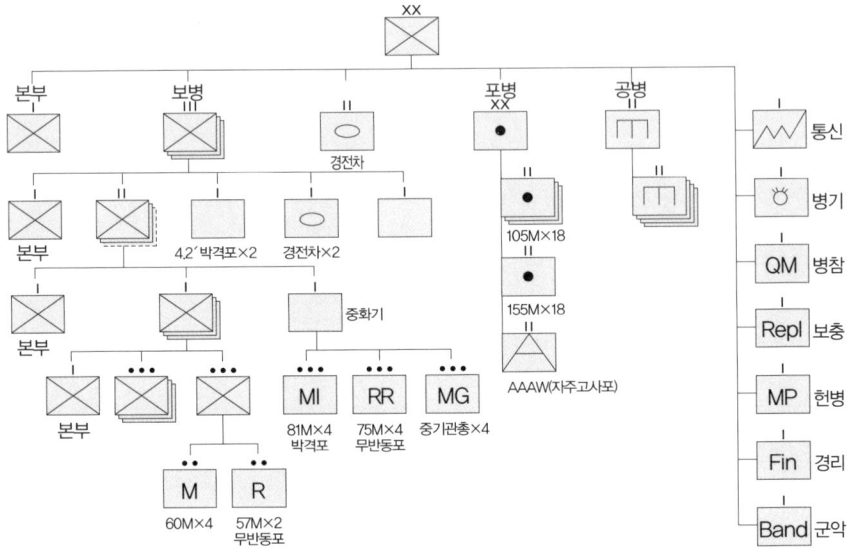

해설

- 사단 - 3×보병연대 - 3×3보병대대 - 3×3보병중대 - 3×3보병소대
  - 화기소대 - 60mm박격포 3문
  - 57mm무반동총 2문
  - 3×1중화기중대 - 81mm박격포 4문
  - 75mm무반동총 4문
  - 중기관총 4문
  - 연대직할 - 3×1박격포중대 - 4.2인치 박격포 12문
  - 3×1전차중대 - 경전차 22대
  - 3×1SV중대
- 포병여단 - 105mm포 - 3×1포병대대(54문)
  - 155mm포 - 1×1포병대대(18문)
  - 자주고사포대대(18문?)
- 사단직할 - 전차대대 - M-46 중(中)전차 63대
  - 공병대대 - 4개 공병중대 - 의무대대
- 사단직할 - 통신·병기·병참·헌병·보충·본부중대, 경리대, 군악대

자료 : 일본 육전사연구보급회 『한국전쟁』 [1] (p140)

북한군 조직

민족보위성 조직 (1950. 6. 24 현재)

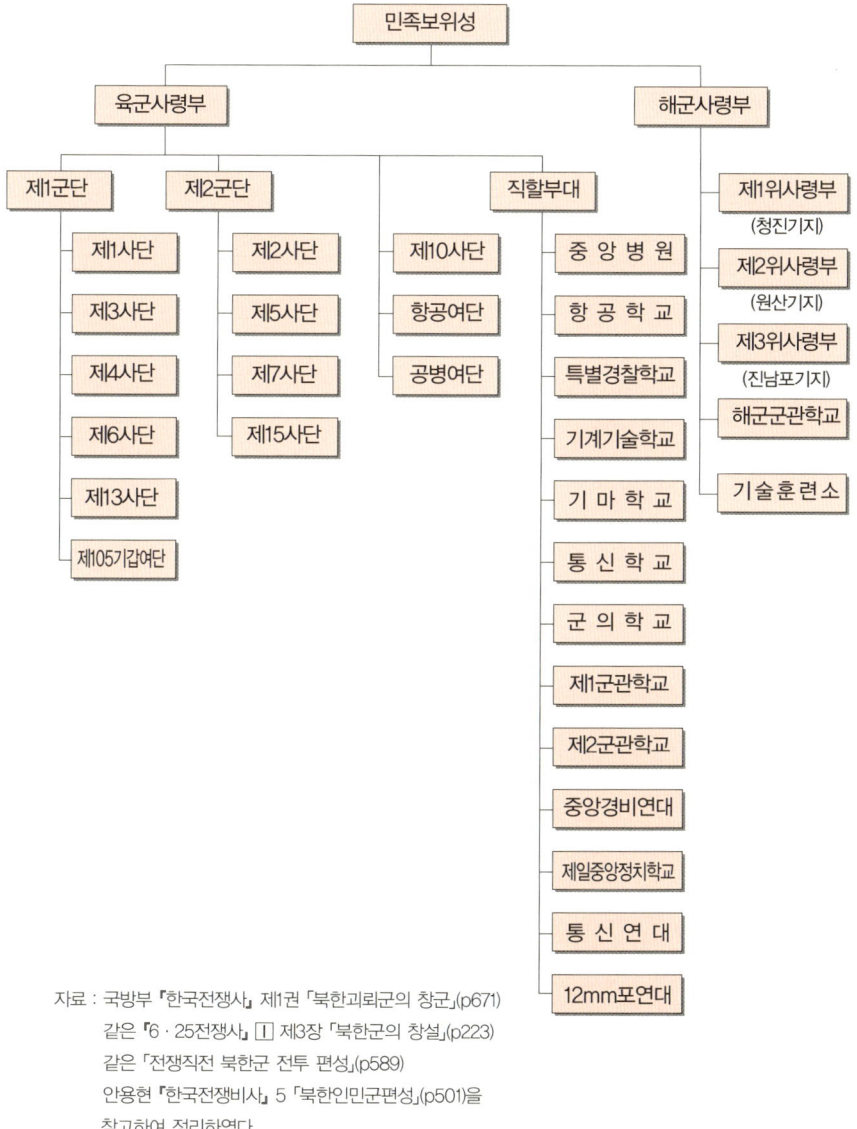

자료 : 국방부 『한국전쟁사』 제1권 「북한괴뢰군의 창군」(p671)
같은 『6·25전쟁사』 ① 제3장 「북한군의 창설」(p223)
같은 「전쟁직전 북한군 전투 편성」(p589)
안용현 『한국전쟁비사』 5 「북한인민군편성」(p501)을
참고하여 정리하였다.

보병사단 편제 (1950. 6. 25 현재)

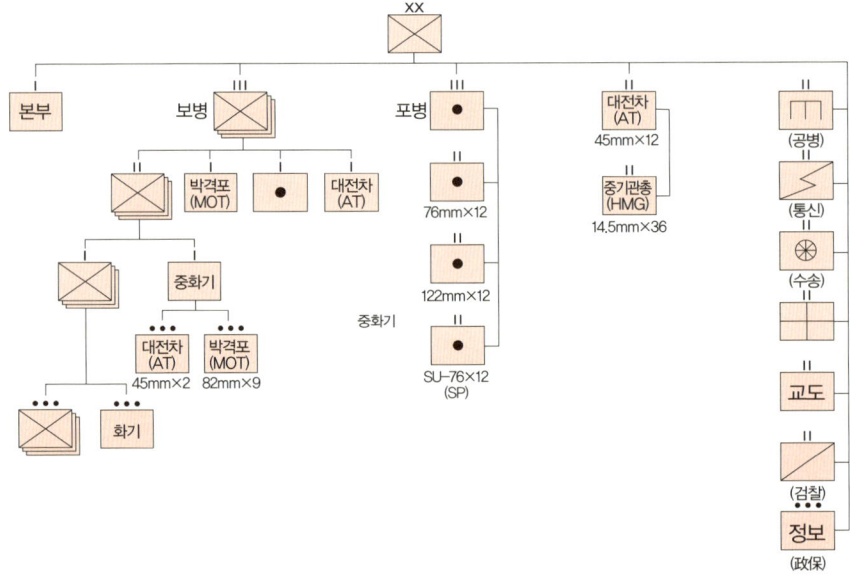

해설

사단	- 3×보병연대	- 3×3보병대대	- 3×3보병중대	- 3×3소총소대
				- 화기소대 - 61mm박격포 4문
				- 경기관총 2정
			- 3×1중화기중대	- 82mm박격포 9문
				- 45mm대전차포 2문
		- 연대직할	- 3×1박격포중대	- 120mm박격포 6문
			- 3×1포병중대	- 76mm곡사포 4문
			- 3×1대전차포중대	- 45mm대전차포 4문
	- 포병연대	- 3×1포병대대	- 포병중대	- 122mm곡사포 12문
			- 포병중대	- 76mm곡사포 12문
			- 자주포중대	- SU-76mm자주포 12문
	- 사단직할	- 공병, 통신, 수송, 의생, 교도, 대전차, 중기관총, 정찰대대		
		- 정치보위부중대		

자료 : 국방부 『한국전쟁사』 개정판 제1권 p111
같은 『6·25전쟁사』 [1] p592,
안용현 『한국전쟁비사』 5 p504

기갑여단 편제 (1950. 6. 25 현재)

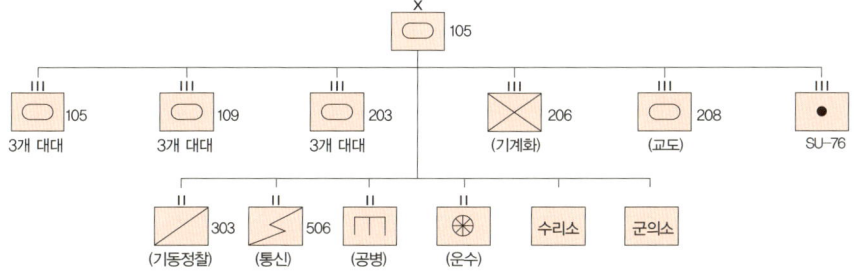

해설

기갑여단 - 병력 8,800명, 전차 150대 보유

제107전차연대 - 3개 대대 전차 40대

제109전차연대 - 3개 대대 전차 40대

제203전차연대 - 3개 대대 전차 40대

전차계산   1개 대대 13대 (3개 중대×4=12대＋대대장 전차1=13대)

　　　　　1개 연대 40대 (3개 대대×13=39대＋연대장 전차1=40대)

제208교도연대 - 전차 30대

제206기계화보병연대(각기 다른 이름이 여러 개 있다)

싸마호트대대 - SU-76 자주포 64대

제303기동정찰대대 - 모터사이클 200대

제506통신대대, 공병대대, 운수대대, 수리소와 군의소가 있다.

　　　　　　　　　자료 : 국방부 『한국전쟁사』 제1권 「전차부대창설」(p691),
　　　　　　　　　같은 『6·25전쟁사』 [1] 「전차부대의 창설과 확장」(p280)을 참고하여 정리하였다.

　제206기계화보병연대, 자주포부대, 싸마호트대대는 앞 1950. 6. 24 현재 38선 대치 전력 주:기계화보병연대와 자주포부대의 이름과 자주포문수 참조.

항공사단 편제 (1950. 6. 25 현재)

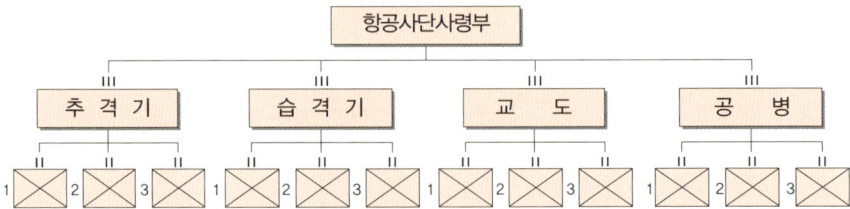

해설

항공사단보우 항공기

    추격기연대 - 3개 대대

    습격기연대 - 3개 대대

    교도연대 - 3개 대대

    공병대대 - 3개 중대

YAK형 전투기 40대, 훈련기 60대(전투기로도 사용 가능) 계 100대

IL형 전폭기 70대. 정찰기 10대. 계 180대(실 전투기 170대 규모)

연포비행장 - YAK-7B 10대, YAK-11 12대, IL-10 18대

신막비행장 - YAK-7B 10대, IL-10 2대

평양비행장 - YAK-7B 20대, YAK-11 2대, IL-10 48대. 총 122 배치

연습기연대는 연포비행장에, 추격기연대는 평양 및 신막비행장에 배치

훈련은 신의주와 평양비행장에서 훈련용 YAK형 비행기로 실시

자료 : 국방부 『한국전쟁사』 제1권 「북괴공군 창설경과」(p697),
같은 『6 · 25전쟁사』 [1] 「해공군의 창설과 확장」(p296)을 참고하여 정리하였다.

38경비여단 편제 (1950. 6월 현재)

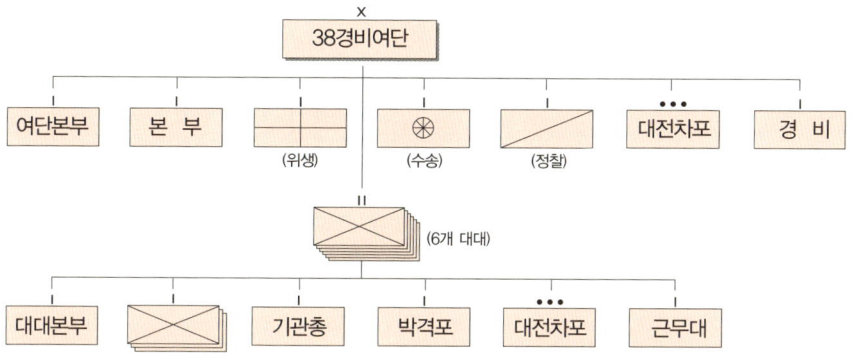

북한군 여단 창설현황

여 단	명 칭	사령부 위치	창설 시기	병력 규모
3 8 경 비	제1여단	강원도 고성군 간성	1949년 5월	약 5,000명
3 8 경 비	제3여단	황해도 벽성군 죽천	1948년 9월	약 4,000명
3 8 경 비	제7여단	황해도 금천군 시변리	1949년 1월	약 4,000명
철도경비	제5여단	평 양	1949년 1월	약 3,000명
국경경비	제2여단		1949년 9월	약 2,600명

38경비여단의 정원은 약 8,000명이었다.

6 · 25남침 직후 38경비 제1여단은 제8사단, 제3여단은 제9사단, 제7여단은 제7 사단으로 개편되었다.

자료 : 국방부 『한국전쟁사』 제1권 「보안대의 발전개요」(p703), 같은 『6 · 25전쟁사』 ① 「내무성 경비대」(p259)를 참고하여 정리하였다.

국군 사단 및 연대 창설

참고 문헌 : 국방부 전사편찬위원회 『한국전쟁사』 제1권
한용원 『창군』, 『남북한의 창군』

사단 창설 연혁

색 표시는 6 · 25남침을 당했을 때 사단 예속 연대와 사단장

제1사단

1947. 12. 1 서울 예장동(藝場洞) 조선경비대총사령부에서 창설
　　　　　　초대여단장 조선경비대총사령관 송호성(宋虎聲) 대령 겸임
　　　　　　예속 연대
　　　　　　　　제1연대 : 1956년 1월 15일 창설. 1946년 9월 18일 편성 완료
　　　　　　　　제7연대 : 1946년 2월 7일 창설. 1947년 1월 15일 편성 완료
　　　　　　　　제8연대 : 1946년 4월 1일 창설. 1946년 12월 7일 편성 완료
　　　12. 28 주둔지 경기도 고양군 수색(현 국방대학원 위치)으로 이동
1948. 2. 5 제2대 여단장 이응준(李應俊) 대령(제3여단장) 보임
　　　5. 4 제13연대 충청남도 온양에서 창설하고 편입 - 4개 연대 예속
　　　6. 14 제7, 제8연대 제4여단으로 예속 변경 - 2개 연대 예속
　　　7. 25 통위부 직할 제11연대 편입 - 3개 연대 예속
　　　　　　제11연대 1948년 5월 1일 수원에서 창설
　　　12. 5 수도여단(제7여단)에서 제17연대 편입 - 4개연대 예속
1949. 1. 7 제3대 여단장 김석원(金錫源) 대령 보임[1](신임)
　　　2. 1 제1, 제17연대 수도여단으로 예속 변경
　　　　　　제12연대 제2여단에서 편입[2] - 3개 연대 예속
　　　5. 12 사단으로 승격
　　　9. 1 야전공병대대 창설
　　　10. 1 제4대 사단장 유승렬(劉升烈)[3] 대령 보임
1950. 4. 22 제5대 사단장 백선엽(白善燁) 대령(제5사단장) 보임

*1 2대 이응준 대령은 1948년 11월 20일 육군총사령관으로 전임했고,(제1권 p272) 3대 사단장 김석원 대령이 1949년 1월 7일 부임했다. 48일간 공백이 생긴다.

*2 '제12연대' 창설 연혁(p326) 및 '제7사단' (p322) 창설 연혁에 따랐다.
'제1사단' 창설 연혁(p319)에는 1948년 12월 28일 제12연대가 제1여단에 편입된 것으로, 제12연대 창설 연혁(p326)는 1949년 2월 1일 제12여단에서 제1여단에 편입된 것으로 다르게 기술. '제2사단' 창설 연혁(p320)에는 제12연대의 왔다간 기록이 없다.

*3 앞 '제1사단' 창설 연혁에는 4대 사단장 유승렬 대령이 1949년 10월 1일 부임한 것으로 기술했고, 같은 '남북교역사건' (p427)에서는 3대 사단장 김석원 준장이 같은 해 10월 10일 해임된 것으로 기술했다. 10일동안 사단장 2명이 재임했다.

제2사단

1947. 12. 1   충청남도 대전에서 창설
              초대 여단장 원용덕(元容德) 대령(제8연대장) 보임
              예속 연대
                 제2연대 : 1946년 2월 28일 창설~1946년 12월 25일 편성 완료
                 제3연대 : 1946년 2월 26일 창설~1946년 12월 25일 편성 완료
                 제4연대 : 1946년 2월 15일 창설~1946년 12월 25일 편성 완료

1948. 5. 1   제3, 제4연대 제5여단으로 예속 변경(제5여단 창설 연대)
              제12연대 군산에서 편성하여 편입
      12. 15 제9연대 제5여단에서 편입 - 3개 연대 예속

1949. 1. 15   제2대 여단장 채원개(蔡元凱) 대령(제3여단장) 보임
      2. 1   제12연대 제1여단으로 예속 변경. 제9연대 수도여단으로 예속 변경
              제18연대 제3여단에서 편입. 제3연대, 제19연대 제5여단에서 편입
              4개 연대 예속(제2, 제18, 제3, 제19) - 6월 20일까지
      5. 12   사단으로 승격. 제3대 사단장 유승렬 대령 보임(호국군 제102여단장)
      6. 20   제2연대 수도경비사령부로 예속 변경 - 3개 연대 예속
              제3연대 제5사단으로 예속 변경.*1 제19연대 제7사단으로 예속 변경
              제16연대 제3사단에서 편입. 제25연대 대전에서 창설하여 편입
      7. 1   제18연대 수도경비사령부로 예속 변경 - 2개 연대 예속

	7. 10	제5연대 제3사단에서 편입 - 3개 연대 예속
	7. 30	제4대 사단장 송호성 준장(제5여단장)
	11. 15	경북 안동 지구로 이동하여 중부지구공비토벌작전 수행
1950.	1. 15	제5대 사단장 유재흥(劉載興) 준장 보임
	4. 14	공비토벌작전을 종료하고 대전으로 복귀
	6. 10	제6대 사단장 이형근(李亨根) 준장 보임
	6. 15	제25연대 제7사단으로 예속 변경.*² - 2개 연대 보유

*1 제2사단 창설 연혁(p320)에는 1950. 2. 1 제3연대가 제7사단에서 편입된 것으로 기술했으나, 제3연대 창설 연혁(p289)에는 1950. 1. 25 제7사단으로, 1950. 6. 15 수도경비사령부로 예속이 변경된 것으로 기술하였다.

*2 실제로는 제25연대가 이동하지 않은 상태에서 6·25남침을 당했으므로, 제2사단의 지휘를 받았다.

제3사단

1947. 12. 1		경상남도 부산에서 창설. 초대 여단장 이응준 대령 보임(통위부 감찰감) 예속 연대
		제5연대 : 1946년 1월 19일 창설~1947년 1월 25일 편성 완료
		제6연대 : 1946년 2월 18일 창설~1948년 6월 15일 편성 완료
		제9연대 : 1946년 11월 16일 창설~여단 예속 당시 2개 대대 편성
1948.	2. 5	제2대 여단장 채원개 중령 보임
	5. 4	제15연대 경상남도 마산에서 편성하여 편입 - 4개 연대 예속
	5. 15	제9연대 해체(제11연대에 편입 - 2개 대대) - 3개 연대 예속
	6. 1	제15연대 제4여단으로 예속 변경 - 2개 연대 예속
	10. 28	제16연대 마산에서 편성하여 편입 - 3개 연대 예속
	12. 5	제18연대 경상북도 포항에서 편성하여 편입 - 4개 연대 예속
1949.	1. 15	제3대 여단장 최덕신(崔德新) 대령(경비사관학교 교장) 보임
	2. 1	제18연대 제2여단으로 예속 변경 - 3개 연대 예속
	2. 25	주둔지 부산에서 대구로 이동

	4. 15	제6연대 반란사건을 계기로 제22연대로 개칭
	5. 12	사단으로 승격(제1, 제2사단과 함께)
	6. 20	제16연대 제2연단으로 예속 변경
		제23연대 마산에서 창설하여 편입 - 3개 연대 예속
		연대 주둔지 부산으로 이동
	6. 30	제4대 사단장 이응준 소장(육군총참모장)
	7. 10	제5연대 제2사단으로 예속 변경 - 2개 연대 예속
1950.	1. 15	제5대 사단장 김백일(金白一) 대령 보임
	4. 22	제6대 사단장 유승렬 대령(제1사단장) 보임
	6. 15	독립 제1대대 제5사단에서 편입 - 2개 연대 보유

제5사단

1948.	4. 29	수색에 있는 제1여단 구내에서 창설
		초대 여단장 김상겸(金相謙) 대령(전 조선경비대 총참모장) 보임
	5. 1	제3, 제4연대 제2여단에서 편입(창설 연대) - 2개 연대 예속
	5. 1	주둔지 전라남도 광주로 이동
	6. 15	여단 업무 개시. 여단 창설일로 설정
	7. 15	제9연대 재편성하여 편입 - 3개 연대 예속
	10. 23	제2 여단장대리 김백일 중령(특별부대사령관) 보임
	11. 20	여수・순천반란사건 가담 제4연대를 제20연대로 개칭
	11. 25	제15연대 제4여단에서 편입 - 4개 연대 예속
	12. 15	제9연대 제2여단으로 예속 변경
		제19연대 편입. 1948년 11월 20일 광주에서 편성 - 4개 연대 예속
1949.	1. 15	제2대 여단장 원용덕 대령(제2여단장) 보임
	2. 1	제21연대를 광주에서 창설하여 편입
		제3연대 제2사단으로 예속 변경
		제19연대 제2사단으로 예속 변경 - 3개 연대 예속
1949.	5. 12	사단으로 승격. 제3대 사단장 송호성 준장 보임

	6. 20	제3연대 제2사단에서 편입. 제21연대 제8사단으로 예속 변경
	7. 15	독립 제1대대 수도경비사령부에서 편입
	7. 30	제4대 사단장 백선엽 중령(정보국장) 보임
1950.	1. 25	제3연대 제7사단으로 예속 변경 - 2개 연대 예속
	4. 22	제5대 사단장 이응준 소장(제3사단장) 보임
	6. 15	독립 제1대대 제3사단으로 예속 변경

제6사단 (전 제4여단)

1948.	4. 29	수색 제1여단 구내에서 제4여단 창설
		초대여단장 채병덕(蔡秉德) 대령(특별부대사령관) 보임
	5. 1	제10연대*1 강원도 강릉에서 편성하여 편입 - 1개 연대 예속
	5. 15	주둔지 충청북도 충주로 이동
	6. 1	제15연대 제3여단에서 편입*2 - 2개 연대 예속
	6. 14	여단 업무 개시하고 여단 창설일로 설정*3
		제7연대, 제8연대 제1사단에서 편입*4 - 4개 연대 예속
	8. 16	여단장 채병덕 대령 통위부 참모총장으로 전출
		여단장대리 참모장 김종석(金鍾碩) 중령
	9. 17	주둔지 충주에서 충청북도 청주로 이동
	10. 11	제2대 여단장 유재홍 중령(제1여단 참모장) 보임
	11. 20	제6여단으로 개칭
	11. 25	제15연대 제5여단으로 예속 변경 - 3개 연대 예속
1949.	1. 15	제4대 여단장 김백일 대령(제5여단장) 보임
	2. 20	주둔지 청주에서 강원도 원주로 이동
	5. 12	사단으로 승격. 제5대 사단장 유재홍 대령(육군사관학교 부교장) 보임
	6. 20	제10연대 제8사단으로 예속 변경 - 2개 연대 예속
1950.	1. 15	제6대 사단장 신상철(申尙澈) 대령 보임
	5. 1	제19연대 제5사단에서 편입 - 3개 연대 예속
	6. 10	제7대 사단장 김종오(金鍾五) 대령(제1연대장) 보임

6. 20　　제8연대 수도경비사령부로 예속 변경

　　　　　제2연대 수도경비사령부에서 편입 - 3개 연대 예속

*1 제6사단(제4여단) 창설 연혁(p321)에 "제7, 제8, 제10연대로써 제4여단 창설"이라고 했다.
　　제15연대가 제7, 제8연대보다 먼저 편입하였는데 창설 연대로 기술하지 않았고, 또 '제6사단'(제4단) 창설 연혁에는 제15연대가 예속된 후 나간 기록이 없다.

*2 '제15연대' 창설 연혁(p327)에 따랐다.
　　'제3사단' 창설 연혁(p320)에 1948년 6월 1일 "제15연대 당 여단에 편입"이라고 했다.

*3 기록을 종합해 보면 1948년 4월 29일 여단을 창설하였고, 그해 5월 1일 제10연대가, 6월 1일 제15연대가 편입되었음에도 불구하고 6월 14일 여단 업무를 개시했다고 기술하여 결국 당일 2개 연대(제7, 제8연대)를 더 편입하여 4개 연대가 된 후에 업무를 개시한 것으로 되어 있다. 더구나 연대가 창설되거나 편입되지 않은 상태에서 "제7, 제8, 제10연대로써 여단을 창설"이라고 기술한 것도 사리에 맞지 않는다.

*4 '제1여단'(p319) '제7연대'(p298) '제8연대'(p301) 창설 연혁에 따랐다.
　　제6사단은 4개 연대(제10, 제15, 제7, 제8연대)로 창설한 것이 된다.

제7사단 (수도사단 개칭)

1948.　1.　7　　서울 용산에서 제7여단 창설.
　　　　　　　　초대 여단장 이준식(李俊植) 대령(신임) 보임
　　　 11. 20　　제17연대 편성하여 편입*1
　　　 12.　5　　제17연대 제1여단으로 예속 변경 (예속 연대가 없다 - 2월 1일까지)
1949.　2.　1　　수도여단으로 개칭
　　　　　　　　제1연대*2, 제17연대 제1여단에서, 제9연대 제2여단에서 편입
　　　　　　　　- 3개 연대 예속
　　　　5. 12　　수도사단으로 승격
　　　　6. 10　　포병연대(육군본부 잠정포병사령부 개칭) 예속 - 4개 연대 예속
　　　　6. 20　　제7사단으로 다시 개칭. 제17연대 수도경비사령부로 예속 변경
　　　　　　　　제19연대 제2사단에서 편입*3 - 3개 연대 예속
1950.　1.　3　　제19연대 제5사단으로 예속 변경 - 2개 연대 예속

	1. 25	제3연대 제5사단에서 편입 - 3개 연대 예속
	6. 10	제2대 사단장 유재흥 준장(제2사단장) 보임
	6. 15	제3연대 수도경비사령부로 예속 변경 - 2개 연대 예속
		제25연대 제2사단에서 편입 - 3개 연대 예속

*1 제17연대 예속사단은 '제17연대'(p328) 창설 연혁에 따랐다.

'제1사단'(p319) 창설 연혁에는 "1948. 12. 5 신설된 제17연대 당 사단에 편입"이라고 기술. 앞 '제17연대'에 따르면 이날 제17연대가 제7여단에서 제1여단으로 예속이 변경된 날이다. 제17연대는 1948년 11월 20일 창설하여 제7여단에 예속되었고, 제1사단으로 예속이 변경되었다가 1949년 12월 5일 다시 제7사단에 예속되었다.

*2 제1연대가 제7사단에 예속된 날은 '제1연대'(p282) 창설 연혁에 따랐다.

'제1사단'(p319) 창설 연혁에는 1948년 12월 28일 제7여단으로 예속변경, '제7사단'(p322)과 '제1연대' 창설 연혁에는 1949년 2월 1일 편입한 것으로 기술.

'제7사단'에는 이날 제1, 제9, 제17, 제19연대가 함께 편입한 것으로 기술.

*3 제19연대는 1948년 12월 5일 제5여단에 예속, 1949년 2월 1일 제5여단에서 제2여단으로, 같은 해 6월 20일 제2사단에서 제7사단으로 예속 변경되었고, 1950년 1월 3일 다시 제5사단에 예속되었다가 1950년 5월 1일 제6사단으로 예속이 변경된 것으로 '제19연대' 창설 연혁에서 기술(같은 p329)하였다.

'제2사단'(p320)과 '제5사단'(p321) 창설 연혁에는 제19연대가 왔다간 기록이 없고, '제7사단' 창설 연혁에는 1950년 1월 15일 "제5사단 예속"이라고 기술했다.

기록한 대로라면 제7여단은 1948년 1월 7일 여단을 창설하고 11월 20일까지 11개월이 넘도록 예하 연대 없이 허송했고, 11월 20일 1개 연대를 편입하여 15일간 유지하다가 12월 5일부터 다음 해 2월 1일까지 예하연대 없이 25일을 보냈다. 결국 여단은 1년 넘게 제구실을 못했다는 기록이 된다.

제8사단

1949.	6. 20	강원도 강릉에서 창설. 사단장 이형근 준장
		제5사단 제21연대와 제6사단 제10연대 편입 - 2개 연대 예속
	7. 2	태백산 지구 공비 및 북한군유격대 토벌작전 전개
1950.	3. 16	북한 인민유격대 이호제(李昊濟) 부대 토벌작전 개시
	4. 5	제2사단 제16연대 배속
	5. 5	제16연대 제2사단으로 복귀
	6. 10	제2대 사단장 이성가(李成佳) 대령(제16연대장) 보임

6. 20   이호제 사살. 토벌작전 종료

수도경비사령부

1949. 6. 20   서울 용산에 수도경비사령부 창설
　　　　　　　사령관 권준(權畯) 대령(호국군 제106여단장) 보임
　　　　　　　제2, 제17, 기갑연대와 포병단 및 독립 제1대대 예속
　　　　　　　기갑연대와 포병단, 독립 제1대대는 다음 설명 참조
　　　　　　　제2연대 제2사단에서, 제17연대 제7사단에서 편입
　　　 7. 1   제18연대 제2사단에서 편입 - 4개 연대 예속
　　　 7. 15   독립 제1대대 제5사단으로 예속 변경
　　　 8. 15   야전공병대대 창설
　　　 9. 5   제2연대 옹진 지구 출동. 옹진지구전투사령부 배속
　　　10. 14   제2연대 복귀
　　　11. 15   기갑연대 및 포병단 예속 해제*1 - 3개 연대 예속
　　　　　　　기갑연대 독립. 포병단은 포병학교에 흡수
1950. 3. 1   제17연대 예속 해제. 육군본부 직할연대로 - 2개 연대 예속
　　　 4. 1   야전공병대대 제1공병단에 편입
　　　 6. 10   제2대 사령관 이종찬(李鍾贊) 대령(국방부 제1국장) 보임
　　　 6. 15   제3연대 제7사단에서 편입
　　　 6. 20   제8연대 제6사단에서 편입 - 3개 연대 예속
　　　　　　　제2연대 제6사단으로 예속 변경*2

*1 '수도경비사령부'(p318) 창설 연혁에 따랐다.
　　'육군포병학교(포병단)' 창설 연혁은 "1949. 10. 15 포병연대를 육군포병학교로 개
　칭하고 육군본부 직할로 예속"이라고 기술했고, '기갑연대' 창설 연혁(p324)은 예속
　관계의 기술이 없다.(다음 독립기갑연대와 포병학교 참조)
*2 '제2연대'(p286) 창설 연혁에 따랐다. '수도경비사령부' 창설 연혁에는 "1949. 10.
　14 제2 연대 예속 해제하고"라고 기술했고, 같은 '제6사단' 창설 연혁에는 제2연대
　가 편입된 기록이 없다. '제2연대' 창설 연혁에는 이날 연대가 옹진지구전투사령부
　에 배속되었다가 복귀한 날로 기술했다.

연대 창설 상황

연대(9개 연대) 창설

연대명	창설일	창설중대장	창설지	편성완료일	초대연대장	(1950.6.25 현재) 연대장	주둔지
제1연대	46. 11. 15	채병덕 정위	태릉	46. 19. 18	이성가 소령	함준호 대령	동두천
제2연대	46. 12. 28	이형근 정위	대전	46. 12. 25	이형근 소령	함병선 대령	홍천
제3연대	46. 12. 26	김백일 부위	이리	46. 12. 25	김백일 대위	이상근 중령	서빙고
제4연대	46. 12. 15	김홍준 부위	광주	46. 12. 15	정일권 소령	제20연대로 개편	
제5연대	46. 11. 29	박병권 참위	부산	47. 11. 25	백선엽 소령	백남권 대령	
제6연대	46. 12. 18	김영환 참위	대구	48. 16. 15	최남근 소령	제22연대로 개편	
제7연대	46. 12. 17	민기식 참위	청주	47. 11. 15	민기식 대위	임부택 중령	춘천
제8연대	46. 14. 11	김종갑 부위	춘천	46. 12. 17	원용덕 대령	서종철 중령	용산
제9연대	46. 11. 16	장창국 부위	모슬포			윤춘근 중령	포천
	47. 13. 20	대대 편성 완료		대대장 이치업 소령			
	48. 15. 15	제11연대 편입		연대장 김익렬 소령			
	48. 17. 15	재편성		연대장 송요찬 소령			

연대 증설

연대명	창설일	창설지	창설연대장	(1950.6.25 현재) 연대장	주둔지
제10연대	48. 15. 11	강원도 강릉	백남권 소령	고근홍 중령	강릉
제11연대	48. 15. 11	경기도 수색	박진경 중령	최경록 대령	수색
제12연대	48. 15. 11	전북 군산	백인기 중령	전성호 중령	개성
제13연대	48. 15. 14	충남 온양	이치업 중령	김익렬 중령	문산
제14연대	48. 15. 14	전남 여수	이영순 소령		1948. 10. 28 해체
제15연대	48. 15. 14	경남 마산	조 암 중령	최영희 대령	전주
제16연대	48. 10. 28	경남 마산	박시창 중령	문용채 대령	청주
제17연대	48. 11. 20	경기도 시흥	백인엽 중령	백인엽 대령	옹진
제18연대	48. 11. 20	경북 포항	최 석 중령	임충식 중령	용산
제19연대	48. 11. 20	전남 광주	민병권 소령	민병권 대령	원주
제20연대	48. 11. 20	전남 광주	이성가 중령	박기병 중령	광주 제4연대를 제20연대로 개편
제21연대	49. 12. 11	전남 광주	박기병 중령	김용배 중령	삼척
제22연대	49. 14. 15	경북 대구	오덕준 중령	강태민 중령	대구 제6연대를 제22연대로 개편
제23연대	49. 16. 20	경남 마산	김종평 대령	김종원 중령	마산
제25연대	49. 16. 20	충남 대전	유해준 중령	김병위 중령	온양

독립기갑연대

1948. 1. 1 제1여단 수색대(2개 중대) 창설
     7. 10 조선경비대총사령부 직할 잠정특별부대사령부로 예속 변경
            주둔지 서빙고로 이동
    11. 25 수색단(搜索團)으로 명칭 변경
    12. 25 기갑단(機甲團)으로 명칭 변경
    12. 10 기갑연대로 승격. 연대장 이용문 소령
1949. 6. 20 수도경비사령부 예속
    11. 15 수도경비사령부에서 예속 해제*

* '수도경비사령부' 창설 연혁을 따랐다. '기갑연대' 창설 연혁에는 예속관계 기술이 없다.

육군포병학교(포병단)

1948. 11. 20 육군총사령부 직할 육군잠정포병단을 편성하고 그 관하에 육군야전포병학교를 설치
    12. 20 육군잠정포병단을 육군잠정포병사령부로 개칭하고 예하에 잠정야전포병단과 잠정대전차포병단 편성
1949. 6. 10 육군잠정포병사령부를 육군포병연대로 개편
     6. 20 수도경비사령부에 예속
     6. 25 포병연대본부 및 야전포병학교, 야전포병단을 서울 영등포에서 용산구 갈월동으로 이동
    11. 15 포병연대를 육군포병학교로 개칭하고 육군본부직할로 예속*

* '수도경비사령부' 창설 연혁을 따랐다. '육군포병학교(포병단)' 연혁에는 "1949. 10. 15 육군본부직할로 예속"이라고 기술했다.

독립 제1대대

1948. 11. 25 육군총사령부 직할 육군수색학교 창설
    12. 6 독립 제1대대를 편성하여 수색학교에서 훈련 실시

	6. 6	육군수색학교 통상 명칭을 38부대로 호칭
	6. 20	육군수색학교를 독립 제1대대로 개칭하고 수도경비사령부에 예속 주둔지 수원으로 이동
	7. 15	제5사단으로 예속 변경
1950.	6. 15	제3사단으로 예속 변경

「국군사단 및 연대 창설」 자료 :
　　국방부 전사편찬위원회 『한국전쟁사』 제1권 제4장 「대한민국 국군창설」
　　국방부 군사편찬연구소 『6·25전쟁사』 [I] 제4장 「국군의 창설」
　　한용원 『창군』, 『남북한의 창군』

참고사항

사단 창설 연혁을 작성하면서 사단 창설 연혁, 연대와 교육기관 등의 창설 연혁, 전투 경과의 기록 등이 서로 맞지 않는 부분을 많이 발견했다.

맞지 않는 부분은 달리 참고 문헌을 찾을 수가 없는 경우 부득이 전체적인 상황을 고려하여 끼워 맞추었다. 당해 사단이나 연대에서 볼 때 틀렸다고 생각되는 부분이 있을 것이다. 이점 미리 양해를 구해 둔다.

사단 예속 연대가 2개 또는 4개가 되는 것은 실제 상황일 수도 있으나 한편 문헌의 기술에 착오나 누락된 것이 있어 그렇게 된 것으로 볼 수도 있다.

편성관구 설치

편성관구와 사령관에 관한 기록이 혼란스러워 정리해 둔다

편성관구 설치

육군본부는 7월 8일 다음과 같이 편성관구를 설치하고 였다. 제5사단(광주)과 제7사단(전주) 창설을 지원하게 하였다.

전주에 전북편성관구를 설치하고 사령관에 신태영 소장, 참모장에 원용덕 준장

광주에 전남편성관구를 설치하고 사령관에 이응준 소장, 참모장에 이형근 준장

7월 8일 부산에 제3군단을 창설하고 채병덕 소장을 군단장에 임명하였다.

7월 10일 제3군단을 영남편성관구로 개칭하였다.

7월 17일 영남편성관구를 경남과 경북편성관구로 분리하였다.

관련 문헌이 기술한 내용

국방부『한국전쟁사』개정판 제2권은

"다음 날(8일)에는 전남북도에 편성관구사령부를 설치하고 동일부로 전남지구편성관구사령관에 이응준 소장을, 전북지구편성관구사령관에 신태영 소장을 임명 조치하였다. ……"(p728)

"부산에 제3군단(가칭) 사령부를 설치하고 이틀 뒤인 10일에 전총참모장 채병덕 소장을 동 군단장에 임명…… 8일에 군단 명칭으로 발족한 이 부대가 12일에는 다시 영남편성관구로 개칭……"(p137, 138)

"17일에 국본일반명령 제15호로 4개 편성관구(전북, 전남, 경북, 경남)로 개편하여 이의 임무를 전담토록 하였으나……"(p138)

"채병덕 소장을 영남편성관구사령관으로부터 해임하고 후임에 전남편성관구사령관인 이응준 소장을 전보하여 경남과 경북의 양 편성관구사령부를 관장토록 하였으나 신임사령관인 이 소장은 연락불충분과 호남 지구 전황이 긴박하였던 때문에 전남편성사에 그대로 머물러 있었고, 동 부사령관 직위에 있었던 유승렬 대령이 그 직무를 수행하였던 것으로 알려졌다."(p138)

"육군본부는 7월 9일 …… 사단장 유승렬 대령을 경남편성관구사령관으로 전보

하고 ……" (p583)

"이형근 준장(광주지구편성관구 참모장)이 전북편성관구사령관에, 원용덕 준장(전주지구편성관구 참모장)이 경북편성관구사령관에 각각 전보되었다." (p736)

"육군본부는 …… 동월 20일에 당시 경남편성관구사령관 이종찬 대령에게 「보병 1개 대대를 남원에 급파하라」는 요지의 명령을 하달……" (p758)

"영남편성사(嶺南編成司)는 개편 당일인 17일에 적이 노리고 있는 이른바 '퇴로의 목'인 마산으로 이전하여 호남에서 철수한 전투부대를 정제(整齊)코자 하였으나 이 역시 편성상의 모순으로 전투부대와 유리한 채, 제9사단의 제25연대(포항)와 제27연대(마산)의 창설만을 추진하게 되었다.(위 문헌 p139)

서로 맞지 않는 기술

같은 날(17일) 기술에서 이응준 소장을 영남편성관구사령관으로 전보하여 "경남과 경북의 양 편성관구를 관장하도록 하였으나"와 "원용덕 준장이 경북편성관구사령관에 각각 전보되었다."고 한 것은 상충한다.

경남편성관구와 경북편성관구로 분리되어 없어진 영남편성관구사령관에 이응준 소장이 임명되었고, 이응준 소장이 경남과 경북 양 편성관구사령관을 관장하도록 해 놓고 다시 원용덕 준장을 경북편성관구사령관으로 임명하였다. 또 분리된 경남편성관구사령관에는 이종찬 대령이 등장한다.

이응준 소장은 영남이 아닌 경남편성관구사령관으로 전임되었는데 부임하지 않자 원위치에 그대로 두고 제9사단장 이종찬 대령이 겸임하였거나 대행케 한 것으로, 경북편성관구사령관 원용덕 준장 역시 부임하지 않았으므로 유승렬 대령이 대행한 것으로 되어야 앞뒤가 연결된다.

유승렬 대령을 "경남편성관구사령관으로 전보"는 유승렬 대령을 "영남편성관구 부사령관으로 전보"라야 한다. 이때는 영남편성관구사령부가 경남과 경북으로 분리되기 전이었으므로 앞 "부사령관의 직위에 있었던 유승렬 대령이 그 직무를 수행"과 앞뒤가 맞는다.

이 기록대로면 전남편성관구사령관은 공석으로 되어 있다.

북한군 창설 개황

인민군 창설 과정

평양학원

1946년 2월 8일 진남포 동쪽 도학리(島鶴里)에 평양학원을 창설하고 정치군관과 군사군관을 양성해 오다가 중앙보안간부학교가 설립되어 군사군관 전문 교육기관이 되면서 평양학원은 정치군관 양성에 주력했다.

평양학원 조직은 노어중대, 여성중대, 항공중대, 통신중대, 대남반, 문화부, 교무부로 되어 있다.

대남반은 대남유격대를 교육하는 반이다. 1949년 초에 대남 유격대 전담 교육기관으로 강동정치학원(江東政治學院)이 설립되면서 대남반은 여기로 흡수되었다.

항공중대는 평양미림 비행장으로 이동하여 북한군 항공사단의 모체가 되었다.

1949년 1월에 평양학원은 제2군관학교로 개칭되어 비군사조직으로 가장해 온 탈을 벗고, 군관교육기관으로 부상했다.

평양학원 편성표

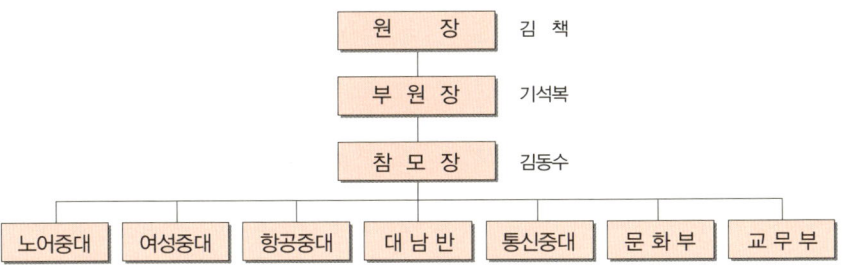

북조선중앙보안간부학교

1946년 7월 8일 평안남도 강서군 성암면 대안리(城岩面 大安里)에 북조선중앙보안간부학교를 설립하고 평양학원 군사부와 보안간부훈련소를 통합하였다.

정원 500명, 교육 기간 12개월로 하여 초급간부(소대장) 훈련을 실시하였다.

1948년 12월 평양으로 이전하여 제1군관학교로 개칭하였다.

보안간부훈련대대부

북한은 그동안 군사조직으로 운영하면서 군관을 양성해 온 평양학원과 북조선중앙보안간부학교를 흡수하여 1946년 8월 15일 평양 서기산(瑞氣山) 무덕전(武德殿)에서 보안간부훈련대대부를 창설하였다. 광복 1주년이 되는 날이다.

비로소 북한군이 수면 위로 부상한 조치다.

산하에 경위대, 평양학원, 중앙보안간부학교, 보안간부훈련 3개소를 두었고, 예하부대로 3개 대대를 두고 각 대대에는 4개 중대씩을 두어 각 지역에 주둔시켰다.

보안간부훈련소는 제1소가 개천에, 제2소가 나남에, 제3소가 평양에 있었다.

훈련 제1소를 개천사단, 훈련 제2소를 나남사단, 훈련 제3소를 철도경비사령부라고 통상 불렀다.

철도경비대를 주축으로 편성된 평양의 훈련 제3소는 1947년 3월 해체하여 본부는 보안간부훈련대대부사령부에 통합하고, 예하의 3개 대대는 훈련 3개소에 1개 대대씩 분산 배속하였다. 철도경비임무는 각 도 보안대에 인계하였다.

해체된 훈련 제3소를 대신하여 원산에 훈련 제3소를 다시 창설하였다.

보안간부훈련대대부 편성표

인민집단군

1947년 5월 17일 보안간부훈련대대부 산하의 전 장병에게 계급장을 수여하고 이를 내외에 알리기 위하여 성대한 계급장 수여식을 거행하였다. 이날 보안간부훈련대대부를 인민집단군으로 확대 개편하면서 보안간부훈련소를 다음과 같이 사단으로 개편하였다.

개천 훈련 제1소 - 인민집단군 경보병제1사단, 사단장 김웅(金雄) 소장

나남 훈련 제2소 - 인민집단군 경보병제2사단, 사단장 강건(姜健) 소장

원산 훈련 제3소 - 인민집단군 제3독립혼성여단, 여단장 김광협(金光俠) 소장

사단 병력은 10,400명 규모다.

제3독립혼성여단은 완전한 사단 규모로 편성되었으나 사단 규모에 맞는 장비가 보충되지 않았기 때문에 장비를 혼합 편성하여 혼성여단이라는 이름을 붙였다.

보안간부훈련대대부의 위생소대는 인민집단군총사령부 직속 중앙병원으로, 경위대는 경위연대로, 평양학원 항공중대는 항공연대로 각각 개편했다.

인민집단군 편성표

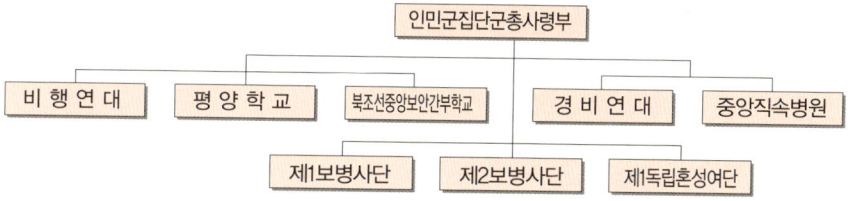

인민군 창설 선포

1948년 2월 8일 북한은 인민군 창설을 선포하였다.

김일성은 "조선 인민의 혁명적 무장력"이라고 선언했다.

인민군총사령관에 최용건이 임명되었다.

최용건은 보안간부훈련대대부 사령관, 인민집단군 총사령관을 거쳐서 인민군 총사령관으로 연임되었다.

1948년 9월 9일 북한정권이 수립되면서 인민군총사령부는 민족보위성으로 개편되었고, 민족부위상에 최용건이 취임하여 절대 권력자인 김일성의 일급 심복임을

과시했다.

　인민군 창설 선포와 함께 2개 사단과 1개 여단이 창설되었다.

보병사단 편성

제1보병사단 : 인민집단군 경보병 제1사단을 제1보병사단으로 개칭
　　　　　사단사령부　　평안남도 개천(价川)　　사단장 김웅 소장
　　　　　제1연대　　　평안북도 신의주(新義州)　연대장 미상
　　　　　제2연대　　　황해도 재령(載寧)　　　　연대장 미상
　　　　　제3연대　　　평안북도 강계(江界)　　　연대장 최현(崔賢)
　　　　　포병연대　　　개천　　　　　　　　　　연대장 이기건(李奇建)

제2보병사단 : 인민집단군 경보병 제2사단을 제2보병사단으로 개칭
　　　　　사단사령부　　함경남도 함흥(咸興)　　　사단장 이청송(李靑松) 소장
　　　　　제4연대　　　함경북도 회령(會寧)　　　연대장 류경수(柳京洙)
　　　　　제5연대　　　평안남도 평양(平壤)　　　연대장 최용진(崔容鎭)
　　　　　제6연대　　　함경북도 나남(羅南)　　　연대장 이영호(李英浩)
　　　　　포병연대장　　함경북도 강덕(康德)　　　연대장 한진덕(韓鎭德)

제3보병사단 : 1948년 9월 9일 제3독립혼성여단을 제3보병사단으로 개편
　　　　　사단사령부　　원산(元山)　　　　　　　사단장 김광협 소장
　　　　　제7연대　　　함경남도 덕원(德源)　　　연대장 미상
　　　　　제8연대　　　강원도 평강(平康)　　　　연대장 미상
　　　　　제9연대　　　함경남도 흥남(興南)　　　연대장 미상
　　　　　포병연대　　　원산　　　　　　　　　　연대장 미상

제4보병사단 : 1948년 10월 15일 제4독립혼성여단을 창설. 3개 대대 편성
　　　　　여단사령부　　평안남도 대동군 유사리(柳沙里)
　　　　　제1대대　　　평안남도 진남포(鎭南浦)
　　　　　제2대대　　　평안북도 신의주
　　　　　제3대대　　　평양

　　　　　　　포병대대　　　　평양
　　　　　　　1049년 말 제4보병사단으로 승격 개편. 사단장 이권무(?) 소장
제5보병사단 : 1949년 7월 하순 중공인민해방군 동북군구 제164사단 부사단장 김창
　　　　　　　덕(金昌德)이 중공인민해방군총사령부의 명령을 받고 그 사단 소속 한
　　　　　　　인의용군 약 7,500명을 지휘하여 1949년 초 나남에 도착하였다. 이들
　　　　　　　을 주축으로 제5보병사단을 창설하였다.
　　　　　　　사단사령부　　함경북도 나남　　　　사단장 김창덕 소장
　　　　　　　제10연대대　　　　　　　　　　　　연대장 박정덕 상좌
　　　　　　　제11연대장　　　　　　　　　　　　연대장 김봉문 상좌
　　　　　　　제12연대장　　　　　　　　　　　　연대장 왕 후 상좌
제6보병사단 : 제5보병사단의 경우와 같이 동북군구 제166사단 정치위원 방호산(方虎
　　　　　　　山)이 그 사단 소속 한인의용군 약 10,000명을 지휘하고 1949년 7월 25
　　　　　　　일 신의주에 도착하여 북한군 제6보병사단을 창설하였다.
　　　　　　　사단사령부　　평안북도 신의주　　　사단장 방호산 소장
　　　　　　　제13연대　　　황해도 재령　　　　　연대장 한일해 상좌*1
　　　　　　　제14연대　　　황해도 사리원　　　　연대장 황석 상좌
　　　　　　　제15연대　　　신의주　　　　　　　연대장 조관 상좌
　　　　　　　포병연대　　　　　　　　　　　　　연대장 장우철 상좌
제7보병사단 : 1950년 초 중공 인민해방군 제20사단내의 한인 의용군과 중국 각지에
　　　　　　　산재해 있는 중공군 출신 한인 의용군 약 10,000명을 중공군 출신 전우
　　　　　　　(全宇)가 지휘하고 원산에 도착하여 제7보병사단*2을 편성하였다.
　　　　　　　사단사령부　　원산　　　　　　　　사단장 전우 소장
　　　　　　　제30, 제31, 제32연대와 포병연대로 편성

*1 제13연대장 한일래는 한일동, 한일해라고 기록한 문헌이 있어 혼동되는 인물이
　다.(앞「북한군 공격제대」* 참조)
*2 국방부『6·25전쟁사』[I]은 제12사단으로 기술(p276, 279). 다른 참고 문헌은 제7
　사단으로 창설하였고, 6·25남침 후 춘천에서의 패전 책임을 물어 제12사단을 개칭
　되었다고 기술하였다.

'1950년 6월 24일 현재 38선 대치 전력', '북한군사단전개' 참조.

이상 7개 보병사단이 완전 편성한 북한군 정예전투사단이다. 7개 강습사단이라고 이름 붙였고, 1개 기갑여단과 함께 6·25남침에서 전위부대로 진출하였다.

민청훈련소를 사단으로 개편

1949년 10월 3개 민청훈련소를 설치하고 17세부터 30세까지의 청장년을 징집하여 신병 훈련을 실시하였다.

제1민청훈련소는 신의주에 본부를 두고, 산하에 제1~제3훈련지소를,
제2민청훈련소는 숙천(肅川)에 본부를 두고, 산하에 제4~제6훈련지소를,
제3민청훈련소는 회령에 본부를 두고, 산하에 제7~9훈련지소를 각각 두었다.
민청훈련소는 실질적으로 보병사단, 훈련지소는 보병연대에 상당하는 기구였다.

1950년 6월 중순 남침을 앞두고 사단으로 개편하였다.
제10보병사단 : 제2민청훈련소를 개편. 제25, 27, 29연대* 포병연대. 사단장 이방남
제13보병사단 : 제1민청훈련소를 개편. 제19, 21, 23연대와 포병연대. 사단장 최용진
제15보병사단 : 제3민청훈련소를 개편. 제45, 49, 50연대와 포병연대. 사단장 박성철

* 국방부 『6·25전쟁사』 [1]은 예속연대 중 제29연대 대신에 제107전차연대로 기술 (p279). 다른 문헌은 모두 제29연대로 기술하였다.
  제107전차연대는 제105기갑여단 예하 연대이다. 제10보병사단에 예속될 수가 없다.(「1950년 6월 24일 현재 38선 대치전력」, 「북한군사단전개」 참조)

6·25남침을 했을 때 제10사단은 전군 예비로 숙천에 있었고, 제13사단은 제1군단 예비로, 제15사단은 제2군단 예비로 각각 전선을 후속하였다. 제13사단은 신의주에, 제15사단은 회령이 있었다는 기록도 있다.(국방부『한국전쟁사』제1권 p773)

낙동강 방어선 전투에서 제10사단은 왜관 서쪽 미 제1기병사단 정면으로,
제13사단과 제15사단은 다부동의 제1사단 정면으로 진출하였다.

38경비 보안여단을 사단으로 개편

군 조직과는 별도로 광복 직후부터 치안 유지의 일환으로 38선경비대와 철도경비대, 한·만국경경비대를 두고 있었다. 북한정권수립 후 내무성이 관장했다.

북한 주둔 소련군은 1945년 10월 12일 광복 후에 생겨난 사설무장단체인 치안대와 적위대를 해체하고 제도권의 보안대를 조직하였다.

1945년 10월 21일 진남포에서 2,000명을 선발하여 보안대를 창설하였고, 1946년 초까지 각도에 보안대를 조직하여 이들이 치안과 시설 경비를 담당하였다.

1946년 6월 평안남도 개천에 보안훈련소를 설치하고, 신의주에 제1분소, 정주에 제2분소, 강계에 제3분소를 설치하여 보안대원을 모집하고 훈련을 실시하였다. 보안대는 국내 치안용 무장세력으로 운용되었는데 후에 북한군과 더불어 또 하나의 군사력 근간을 이루는 조직으로 성장한다.

보안훈련소는 나중에 보안간부훈련대대부로 흡수되었다.

1947년 7월 보안대를 중심으로 황해도 사리원(沙里院)에 38경비대를 창설하여 38선 경비를 강화하였고, 1948년 1월에 38보안여단으로 증강하였다.

1948년 9월 진남포에 있는 보안대대를 강원도 철원으로 이동하여 2개 대대를 추가 편성하고, 합계 3개 대대로 강원 지역 38선 경비를 담당하였다.

1949년 2월 철원에 있는 보안대대에 다시 1개 대대를 증설하여 도합 4개 대대로 증강하였고, 같은 해 5월 1일 38경비 제1여단으로 승격하여 본부를 간성(杆城-강원도 고성군 간성면)에 두고 철원에서 동해안까지의 38선 경비를 맡았다.

이 무렵 사리원에 있는 38보안여단을 38경비 제3여단으로 개편하고, 본부를 죽천(竹川-황해도 碧城郡 壯谷面)으로 옮겨 해주 이서 지역의 38선 경비를 맡았다.

그 후 시변리(市邊里-황해도 金川郡 西泉面)에 38경비 제7여단을 창설하여 철원에서 해주까지의 38선 경비를 맡게 하였다.

이로써 38선 경비 병력은 3개 여단 규모로 늘어났다.

1개 여단의 편제상 병력은 8,312명이었으나 실제 병력은

제1여단이 약 5,000명, 제3여단과 제7여단은 각각 약 4,000명 규모였다.

38경비 3개 여단은 38선에 전개된 상태에서 6·25남침을 감행하여 자동적으로 초기 전투에 참가하였고, 남침 직후에 사단으로 승격 개편되었다.

제7사단 : 38경비 제7여단이 승격. 제51, 52, 53연대 예속　사단장 이익성
제8사단 : 제1여단이 승격. 제81, 82, 83연대 예속　사단장 오백룡
제9사단 : 제3여단이 승격. 제85, 86, 87연대 예속　사단장 박효삼

북한군은 13개 전투사단으로 늘어났고, 이들 사단 모두가 낙동강 방어전에 투입되었다.　▶ 앞 「경비여단 편성표」 참조

제105기갑여단 편성

1947년 5월 북한 진주 소련군 제25군 예하 제10기계화사단이 평양 사동(寺洞)에 주둔하면서 북한군 각 부대에서 선발한 400명에게 전차 승무원 훈련을 실시하였다.

1947년 12월 북한군은 소련군이 양성한 전차병으로 최초의 전차부대 제203독립교육전차연대를 창설하고 자체적으로 전차병을 양성하였다.

1948년 5월 제203교육연대에서 배출한 전차병으로 제105전차대대를 창설하였고, 같은 해 12월 3일 제105전차대대를 제115전차연대로 확대 개편하였다.

1949년 초 소련 제10기계화사단이 철수하면서 1개 전차연대를 잔류시켰다.

T-34전차 150대와 병력 300명에 연대장 뾰돌 중좌까지 두고 갔다. 뾰돌(한국명 崔表德) 중좌는 한인 2세로 북한에 남아서 소장까지 진급했다.

이것이 북한군 전차부대 창설의 모체가 된다.

소련군이 마지막으로 철수할 때 뾰돌 전차연대는 뾰돌 중좌와 함께 전차 60대, 76.2mm 자주포(소련명 싸마호트) 30대, 사이드카(소련명 모터찌크) 60대, 자동차 40여 대와 소련군 고문관 15명을 남겨 놓고 철수했다.

이들 장비를 제115전차연대가 인수하였고, 1949년 5월 16일 제115전차연대를 제105기갑여단으로 증강 개편했다.

여단장 류경수(柳京洙) 소장. 전차 150대 보유.

제107, 제109, 제203전차연대와 제208교도연대,

제206기계화보병연대(다른 이름이 여러 개 있다)

싸마호트대대 - SU-76 자주포 64대

제303기동정찰대대 - 모터사이클 200대

제506통신대대, 공병대대, 운수대대, 수리소와 군의소를 두었다.

▶ 앞 「1950년 6월 24일 현재 38선대치전력」 참조

북한군 창설개황 자료 :
  국방부 전사편찬위원회 「한국전쟁사」 제1권 제5장 「북괴군 창군」
  국방부 군사편찬연구소 「6·25전쟁사」 ① 제3장 「북한군의 창설」
  전쟁기념사업회 「한국전쟁사」 제2권 제9장 제1절 「북한의 군사력 강화와 전쟁 준비」
  한용원 「남북한의 창군」

주요 인사 프로필

본문에 등장하는 주요 인물과 연대장급 이상의 지휘관 및 그에 준하는 직위에서 활약한 인사의 프로필을 소개한다. 다만 전사하였거나 특별한 공훈이 있는 경우는 계급이나 지위에 관계없이 포함했다.

졸년(卒年)과 상훈(賞勳)은 생략했고, 특별한 경우가 아니면 군을 떠난 이후 군과 관련이 없는 이력은 생략했다.

정·관계 및 군 외의 주요 인물

신성모(申性模) - 국방부장관

1891년 경남 의령 출신

1910년 보성전문학교를 졸업하였다. 경술국치 후 블라디보스토크로 망명하여 항일독립운동을 하다가 중국으로 가서 1913년에 상해 우쑹(吳淞)상선학교 항해과를 졸업하고 중국군 해군 소위로 임관되어 중국 해군에 근무했다.

그 후 영국으로 가서 런던 해양대학을 졸업하고 1등 항해사로 영국 상선 선장으로 근무하였다.

제1차 세계대전 때 대서양횡단 경주에서 1등을 하였고, 제2차 세계대전 때는 인도 상선회사의 고문으로 재직하였다. 해방 후 이승만 대통령의 요청으로 1948년 11월에 귀국하여 그해 12월 제2대 내무부장관에 취임하였고, 이듬해 3월 20 제2대 국방부장관에 취임했다.

1950년 4월 21일 국무총리 서리를 겸직했다.

조병옥(趙炳玉) - 내무부장관

1894년 충청남도 천안 출생.

1914년 연희전문학교를 졸업하고 미국에 건너가 1925년 컬럼비아대학에서 철학박사학위를 받았다. 그해 귀국하여 연희전문학교에서 강의하였으나 좌익교수와 대립하여 곧 사직하였다. 그 뒤 신간회(新幹會)·광주학생운동·수양동우회사건 등 항일운동에 가담하여 5년간 복역하였다. 광복 후 송진우(宋鎭禹)·장덕수(張德秀) 등과 한국민주당(韓國民主黨)을 창당하고 총무가 되었다.

미 군정청 경무부장으로 취임하여 혼란기의 치안 질서를 잡았고, 특히 불법과 파괴, 살인을 일삼는 공산당을 색출하는 데 힘썼다.

1948년 정부수립 후 대통령특사와 유엔주재 한국대표를 역임하였고, 1950년 7월 15일 내무부장관에 취임하였다. 9월 14일 대구 북방의 전황이 위태로워지자 미 제8군이 부산으로 이동하면서 국방부도 부산으로 이동하라고 권고하였다. 그때까지 대구에 남아있는 정부기관은 국방부와 내무부밖에 없었다. 이때 조병옥 내무부장관은 경찰만으로 대구를 사수하겠다고 결의하고 경찰 병력을 진두지휘하여 대구 사수의 의지를 보였고, 이를 계기로 부산으로 옮겼던 미 제8군사령부와 육군본부가 다시 대구로 복귀하였다.

1951년 5월 7일 이승만 대통령과 정치적 갈등으로 내무부장관에서 물러나 반이승만 세력의 선봉에 섰다. 1954년 제3대 민의원, 1958년 제4대 민의원에 당선되었고, 1956년에 신익희(申翼熙)의 뒤를 이어 민주당 대표최고위원에 피선되어 야당을 영도하면서 반독재 투쟁을 선도하였다.

1960년 제4대 대통령선거에 민주당 대통령 후보로 입후보하였으나, 신병으로 미국에서 가료 중 별세하였다. 1962년 건국훈장 독립장이 추서되었다.

조만식(曺晩植) - 재북 민족지도자

호는 고당(古堂). 한국의 간디로 불리는 민족의 지도자이다.

1882년 평안남도 강서군 반석면에서 조경학의 아들로 태어났다. 15세에 평양으로 이사하여 그곳 상점에서 일하다가 평양에 있는 숭실중학교를 졸업하고 일본으로 건너가 세이소쿠 영어 학교에서 3년간 공부하였다.

그때 알게된 인도의 독립운동가 간디의 무저항주의와 민족주의에 감동받아 간디를 자신의 사상과 독립운동의 거울로 삼았다.

메이지대학 법학부를 졸업하고 1913년에 돌아온 조만식은 이승훈이 세운 오산학교에서 학생들을 가르쳤고, 1915년 교장이 되었다. 1919년 3·1운동에 참가하였다가 붙잡혀 1년간 옥살이를 한 뒤 다시 오산학교 교장에 복직하였으나 일본의 압력으로 물러났다.

조만식은 평양으로 돌아가 1921년 평양 기독교 청년회 총무와 산정현 교회 장로로 일했다. 이 무렵 알게 된 오윤선과 함께 1922년 조선물산장려회를 만들어 국산품

장려 운동을 펼쳤다.

1923년 김성수, 송진우 등과 함께 연정회를 만들고 민립대학 기성회를 만들었으나 일본의 탄압으로 성사하지 못했다. 이후 조선일보 사장으로 민족 언론을 일으켜 세우려고 애쓰는 한편, 무저항 민족주의 운동을 이끌었다.

조만식은 기독교 신앙에 바탕을 둔 민족주의와 무저항주의로 36년간 조국의 독립을 위하여 일본과 맞서 싸웠다. 그는

"내가 죽거든 나의 비석에 두 눈을 그려 주시오. 죽어서라도 일본이 망하는 꼴을 보아야겠소."

라고 미리 유언을 해 둘 정도로 독립 사상이 투철했다.

해방이 되자 평안남도 건국준비위원회 위원장 등을 맡아 나라를 안정시키기 위해 열심히 일했다. 또 조선민주당을 만들어 공산주의를 반대하고 신탁통치반대 운동을 펼쳤다.

조만식은 소련을 중심으로 한 공산주의자들이 함께 일하자고 제의했으나 단호히 거절했고, 월남하라는 제자들의 말도 듣지 않았다. 공산당을 반대하면서도 남쪽으로 오지 않은 것은 북한 동포들과 운명을 같이하려고 했기 때문이다.

평생 민족을 위해 살았던 조만식은 6·25전쟁 때 평양에서 철수하던 공산군에게 총살되었다.

김일성은 남침준비를 다 해 놓은 후 조만식을 남쪽에서 체포한 공산당 거물 김삼룡, 이주하와 교환하자고 제의하여 남쪽의 이목을 집중시켜 놓고 남침을 했다. 그는 그 만큼 국민으로부터 숭앙을 받는 민족지도자였다.

김팔봉(金八峰) - 인민재판의 실상을 체험한 사람

1950년 7월 2일 당시 국회의사당(태평로-지금의 시의회의사당) 앞에서 인민재판을 받고 몽둥이에 맞아 죽었다가 96시간만에 살아난 생생한 증인이다.

김팔봉의 본명은 김기진(金基鎭)이고 팔봉은 호이면서 필명이다.

문학평론가, 소설가, 시인이다.

1903년 충북 청원에서 출생. 1919년 배제고등보통학교를 졸업하였고, 1920년 일본 릿쿄대학(立敎大學)을 중퇴했다. 1923년부터 17년간 매일신문, 시대일보, 중외일

보 등의 사회부장을 지냈고, 1945년부터 5년간 출판사 애지사를 경영했다.

1925년 민족문학에 대립하는 계급문학의 건설을 기치로 하는 '조선프로테탈리아 예술가동맹'을 결성하여 본격적인 사회주의 문학 운동을 펼쳤다.

개벽, 통속소설고, 대중소설론, 조선프로문예운동의 선구자 등의 평론과 소설 붉은 쥐, 젊은 이상주의자의 죽음, 심야의 태양, 통일천하(동아일보연재) 등이 있고 많은 시를 남겼다. 김팔봉 문학전집이 있다.

경향신문 주필, 재건국민운동중앙회 고문, 소아마비아동특수보육협회 고문, 세계복지연맹 한국본부 이사, 한국펜클럽 및 한국문인협회 고문을 역임.

을지무공훈장을 받았다. 1985년에 작고. ▶ 제7장 제2절 「2. 인민재판의 실상」 참조

박헌영(朴憲永) - 남로당 당수

본관 영해(寧海). 충남 예산(禮山) 출생.

1919년 경성고등보통학교(현 경기고등학교)를 졸업하고, 상하이(上海)로 건너가서 1921년 이르츠크파 고려공산당 상하이지부에 입당하였고, 그해 고려공산청년동맹 책임비서가 되었다. 1922년 1월 김단야, 임원근과 함께 모스크바에서 개최된 코민테른의 극동인민대표대회에 참가하였고, 4월 국내 공산당 조직을 위하여 귀국하다가 일본경찰에 체포되어 징역 1년 6개월을 선고받고 복역하였다.

1924년 출옥 후 동아일보와 조선일보에서 기자로 활동하였고, 그 후 1925년 4월 18일 서울에서 비밀리에 조직된 조선공산당 창립에 참가하였다. 이때 고려공산청년회를 결성하여 그 책임비서가 되었다.

신탁통치 지지 등 공산주의 활동을 지휘하다가, 1946년 9월 미군정의 지명수배를 받자 북한으로 도피하였다.

1946년 11월 남조선신민당·조선인민당을 조선공산당에 흡수하여 남조선노동당을 조직하였고 초대 부위원장이 되었고 후에 당수가 되었다.

1948년 9월 남조선노동당 당수의 자격을 지닌 채 북한의 내각 부수상 겸 외상이 되었다. 수상은 김일성이었다. 1950년 4월 남북 노동당이 합쳐 조선노동당으로 발족하였을 때 부위원장이 되어 당에서도 위원장인 김일성의 밑으로 지위가 전락하였다. 그 후 군사위원회위원, 노동당 중앙위원회부위원장 등의 직위에 있었으나 1953

년 김일성에 의한 남로당계 숙청 작업으로 8월 3일 체포되어 평북 철산(鐵山)에 감금되어 있다가 1955년 12월 5일 반당·종파분자·간첩방조·정부 전복 음모 등 7가지 죄목으로 사형을 선고받고 처형되었다.

박헌영은 남한에 50만 명의 남로당 지하당원이 있다고 호언했다. 소위 공수표라고 했다. 그 덕에 내각에서는 부수상, 당에서는 부위원장이라는 제2인자의 자리를 차지할 수 있었다.

남침전략을 세울 때 인민군이 38선을 넘어 진격하면 지하당원이 일제히 봉기하여 순식간에 남한은 자체 붕괴되어 통일전쟁은 쉽게 끝날 것이라고 호언했다.

김일성은 박헌영의 호언대로 되지 않은 것을 빌미로 박헌영을 미제의 간첩이라고 올가미를 씌웠다. 그는 어차피 김일성으로부터 숙청당해야 할 운명이었다. 명분으로 삼았을 뿐이다.

김삼룡(金三龍) - 남로당 총책

1908년 충북 충주에서 태어나 1939년 박헌영, 이현상(李鉉相), 이관술(李觀述) 등과 비밀 공산주의운동단체인 경성콤 그룹을 조직하고 조직부장 겸 노동부장으로 활동하였다.

1940년 일제에 체포되어 전주형무소에 수감되었다가 8·15해방 다음날 출감했다. 광주에 피신해 있던 박헌영과 18일 전주에서 만나 19일 함께 서울에 왔다. 두 사람은 8월 21일 옛 경성콤 그룹 동지들을 모아 '조선공산당재건준비위원회'를 조직하였다.

1945년 9월 11일 재건준비위원회가 발전적으로 해체되고 박헌영을 총비서로 하는 조선공산당이 재건되었다. 이후 조선공산당은 이영(李英), 정백(鄭伯), 최창익(崔昌益) 등의 연안파를 흡수하였고, 김삼룡은 이현상, 김형선(金炯善) 등과 함께 핵심적인 조직국 간부를 맡았다. 1946년 2월 조선공산당을 대표하여 민족주의민주전선 대의원을 지냈으며, 그해 11월 남조선노동당 중앙위원에 선출되었다. 1946년 9월 미군정의 체포령을 피해 박헌영이 월북하자 남조선노동당을 책임 지도하다가 1950년 3월 27일 서울 아현동 은신처에서 체포되었다.

조직원들이 거의 체포된 상태에서 끝까지 전향하지 않았던 그가 체포된 것은 사실상 남한에 산재해 있던 남로당의 붕괴를 의미했다.

서대문형무소에 수감되어 있던 그는 6·25남침 직후 이주하와 함께 한강 백사장에서 처형당했다.

이주하(李舟河) - 남로당 핵심 간부

이주하는 일본 지방공산청년동맹에서 활약하다가 1928년 원산총파업에 참여한 노동운동가로서 조선공산당 원산시 당책임자로 있다가 일제에 체포되어 5년동안 복역하였고 주로 함남을 무대로 활동하였다.

8·15광복 이후에는 조선공산당 함남지구위원회를 결성하였고, 이후 월남하여 조선공산당 서기, 남로당 중앙위원 등을 역임하다가 1950년 3월 체포되었다.

김삼룡과 함께 조직력이 뛰어나고 변장술에도 능한 남로당 핵심 인물인 이들의 체포로 인하여 사실상 남한에 산재해 있던 공산당 조직은 붕괴되었다.

서대문형무소에 수감되어 있다가 6·25남침 직후 한강 백사장에서 처형되었다.

김삼룡과 함께 북한에 억류되어 있는 민족지도자 조만식 선생과 교환 대상으로 거론될 정도로 공산계의 거물이다.

광복군 및 중국군 출신

통위부장, 국방부장·차관, 경비대총사령관을 먼저 싣고, 그 외는 성명의 한글순서로 실었다.

류동열(柳東悅) - 통위부장

1877년 평북 박천(博川) 출신. 구한국무관학교를 졸업하고 대한제국군 대대장(참령-소령)을 역임하였다. 일본육군사관학교에 유학하여 기병과 제15기를 졸업하고, 견습사관으로 수업하던 중 러일전쟁이 일어나자 한국인 유학동기생 8명과 함께 관전무관(觀戰武官)으로 일본군을 따라 종군하여 근대전에 대한 식견을 넓혔고, 귀국하여 대한무관학교에서 간부 양성에 이바지하였다.

경술국치 때 일본군 소좌로 임명되었으나 신민회(新民會) 사건에 관련되어 만주로 망명한 후 독립군 양성에 종사하다가 임시정부에 가담하여 군사부 참모총장을 역임하였다. 광복 후 김구 주석과 함께 귀국했다.

이응준 장군의 장인인 이갑(李甲) 선생과 한국무관학교, 일본육사 동기이다. 이갑 선생이 먼저 중국으로 망명하게 되어 이갑의 딸을 류동열이 보살폈는데 그 후 이응준이 이갑의 딸과 결혼을 하게 되어 류동열은 이응준의 장인과 다름없었다.

한편 군단장을 지내고 휴전회담 한국 측 대표와 외무부장관을 역임한 후 미국으로 이민 갔다가 월북한 전 천도교 교령 최덕신(崔德新)은 류동열의 사위이다. 최덕신은 중국 황포군관학교*를 나오고 중국군 중교(中校-중령)와 광복군 정령(正領-대령)을 지냈으며 육군사관학교 제3기로 임관했다.

그의 부인 류미영은 2000년 6월 15일 첫 남북정상회담 후 제1차 이산가족 교환방문 때 북한측 단장으로 당당하고 늠름하게 서울에 입성했다.

세상이 많이 변했음을 실감했지만 일회성에다 정치적인 전시 효과였을 뿐 남북교류나 대화에 실질적인 역할이나 도움은 전연 주지 못했다.

대한민국을 등지고 월북한 변절자가 북한을 대표하여 대한민국을 공식방문할 수 있었다는 것은 시대의 변화를 느끼기에 앞서 분노를 삼켜야 했고 대한민국의 정체성이 허물어지는 것을 걱정해야 했다.

* 황포군관학교는 중국중앙군관학교이다. 소재지가 황포에 있어 통상 황포군관학교라고 불렀고, 다른 군관학교와 구분하기 위하여 이 책에서도 그렇게 기술한다.

이범석(李範奭) - 초대 국무총리 겸 국방부장관

1900년 충남 천안 출신. 호는 철기(鐵騎).

경성고등보통학교를 수료하고 중국으로 건너가서 운남강무당(雲南講武堂-운남군관학교 전신) 기병과를 졸업하고 중국군 장교로 있다가 남만주에 있는 신흥무관학교가 독립군의 집결지라는 소문을 듣고 찾아갔다.

그곳에는 김경천(金擎天-光瑞), 이청천(李靑天-池大亨), 신동천(申東天-八均) 등 소위 남만삼천(南滿三天)이 독립군을 양성하고 있었는데, 이들은 일본육군사관학교를 졸업하고 장교로 근무하다가 탈출하여 이곳에 모인 사람들이다.

이범석은 세 사람과 함께 1920년 3월 1일 조선으로 진격하여 국경지대인 자성, 후창, 혜산진 등 어느 한 곳을 점령하고 3·1민족봉기를 다시 일으킬 수 있는 계기를 마련하기로 결정하고 그는 신동천과 함께 남만주 한인사회의 지원을 얻기 위하여, 이청천은 상해임시정부와 연락하기 위하여, 김경천은 러시아로 필요한 무기를 구입하기 위하여 그해 겨울에 각각 떠났다.

그러나 그들의 계획이 여의치 못하자 그는 이청천과 함께 김좌진(金佐鎭) 장군이 총사령관으로 있는 북로군정서(北路軍政署)에 합류한 것으로 보이며 여기서 그는 제2지대장이 된다.

1920년 10월 청산리 전투에서 그는 독립군 북로군정서 제2지대를 지휘하여 일본군 제19, 제20사단을 격멸(擊滅)하고 일본군 3,300여 명을 사상시켜 독립군 최대의 전과를 올렸다.

1933년에 중국 중앙군관학교 낙양분교* 한국학생대장에 취임하여 군사간부를 양성하였고, 1937년 중국 육군 제55군사령부 참모처 대리처장에 임명되어 중일전쟁의 태아장(台兒莊) 작전과 서주회전(徐州會戰)을 계획하고 실전에서 지휘관을 보좌하여 큰 공을 세웠다. 이로써 장개석 총통의 신임을 받아 연대장 및 사단장급 보수교육기관인 중앙훈련단의 상교(上校-대령) 중대장 및 교관에 임명되었다.

1939년 중국 군사위원회로부터 한국 광복군 조직승인을 받았고 다음 해 9월 17일 광복군을 창설하여 이청천이 총사령관, 그는 참모장이 되었다.

1941년 광복군 제2지대장이 되었고, 1945년 8월에 광복군 국내정진군사령관이 되어 국내 침투 대기 중 종전으로 불발에 그쳤다.

1946년 6월 귀국하였고, 10월에 민족청년단을 창설하고 단장에 취임했다.

1948년 8월 15일 정부수립 때 초대 국무총리 겸 국방부장관에 임명됐다.

* 중앙군관학교 낙양분교는 통칭 낙양군관학교라고 한다. 이곳에 한국인 특별반이 설치되어 있어 많은 한국인 군관을 양성했다.(다음 송호성 참조)

송호성(宋虎聲) - 조선경비대 총사령관

경비대총사령관 하면 송호성의 이름이 떠오를 정도로 조선경비대 총사령관을 오래 재임했다.

본명은 송호(虎)다. 중국에 있을 때는 한청(韓靑), 송홍만(宋弘萬) 등의 가명을 썼다. 광복 후 귀국하였을 때 점쟁이가 호랑이는 소리를 질러야 위엄이 있다고 하여 호성(虎聲)으로 바꿨다고 한다.

일찍 중국으로 가서 중국 국적을 얻었고, 1922년 하남군관강습소를 졸업하고 중국군 장교가 되었다고 한다.

중화민국의 장개석(蔣介石) 총통은 윤봉길 의사의 홍구공원의거 후에 한국 청년들에게 관심을 가졌고, 임시정부 김구 주석을 만난 자리에서 한국 청년들을 중국의 군관학교에 넣어 군사교육을 시키자고 제의하여 합의를 하게 되었다.

중국에는 지역이 넓어서 군관학교가 여러 군데 흩어져 있었다. 중앙군관학교 낙양(洛陽)분교에 한국인 특별반을 설치하고 한국인 군관을 양성하게 되었는데 이 특별반을 한국청년훈련반이라고 불렀고 한청반(韓靑班)으로 약칭했다.

이때 초빙된 사람이 송호성이다. 그는 특별반에서 서열 3위인 교관주임과 편련(編練)처장을 맡았다. 그리고 이 한인특별반이 발전하여 1940년 9월 17일 광복군을 창설하였고, 이청천이 사령관에, 이범석이 참모장에 보임되었으며, 얼마 있다가 송호성은 제5지대장을 맡았다.

제5지대는 적지에서 공작을 주로 하는 부대로 지대장 나월환이 내부 갈등으로 암살되자 중국군과 잘 통할 수 있는 송호성이 지대장에 임명되었다.

광복 당시에 중국군 상교와 광복군 참장(參將-소장)이었다.

광복 후 귀국하여 정세를 관망하던 중 류동열 통위부장의 권고로 조선경비사관학교 제2기로 입교하여 1046년 10월 17일 참령(參領-소령)으로 임관했다.

광복군 상관인 류동열 통위부장은 광복군 참장으로 광복군지대장을 지낸 그에게 중책을 맡길 뜻을 가지고 특별히 배려하여 사관학교에 입교케 하였다.

류동열 통위부장의 권고로 경비사관학교 제2기에 응시하였는데 중국대륙을 누비며 독립군, 중국군, 광복군으로 투쟁한 경력은 화려했으나 국민학교도 졸업하지 못한 그의 학력으로는 답안지를 쓸 수가 없어 불합격이었다.

통위부장이 특별 입교를 지시하였으나 미군 고문관이 예외는 있을 수 없다고 시험을 치게 하였는데, 시험 답안지를 쓸 수가 없어서 당시 경비사관학교에 근무하던 장창국 장군이 대신 작문을 써서 제출했다고 한다.

임관 후 제3연대장을 약 2개월 하다가 조선경비대 총사령관(중령, 대령)으로 전임하였고, 1948년 9월 1일 조선경비대가 육군으로 개칭된 뒤인 11월 20일까지 육군총사령관으로 재임했다.

1949년 4월 1일 호국군사령관(준장)을 거쳐 1950년 6월 청년방위대 고문단장으로 전임하여 재임 중 6·25남침을 당했고, 북한군이 서울에 진주하였을 때 납북되었다. 일설에는 귀순했다고도 했으나 진위는 알 길이 없다.

경비대총사령관 재임 중 여단을 편성하고 연대를 증설하여 국군발전의 기틀을 마련하였고, 여·순반란사건 진압 작전에서는 총사령관으로서 진두지휘하여 광복군 야전사령관 출신의 면모를 보여주었다.

최용덕(崔用德) - 국방부차관

1898년 서울 출생. 한일합방 후 중국에 망명하여 1914년 청조(淸朝)육군사관학교를 졸업하였고, 중국군 장교로 복무하다가 의열단(義烈團)에 가입하여 상해, 북경, 봉천, 안동에서 독립운동을 하였다.

1920년 중국 공군군관학교에 입학하여 수학하였고, 공군군관학교 교관, 수상비행대장, 중국공군지휘부 참모장, 공군기지사령관 등을 역임했으며, 1940년 중국 육군대학을 졸업했다.

제2차 세계대전이 발발하자 중국군에 적을 두고 있으면서 대한민국 임시정부에 초치(招致)되어 광복군사령부 총무처장(참장), 참모처장, 사령관을 역임하다가 광복 후에 귀국했다. 계급은 중국군 상교, 광복군 참장이다.

귀국한 후 항공인 단합을 위하여 이영무, 김진일 등과 항공단체통합준비위원회를 결성하고 위원이 되었다. 이후 장덕창(張德昌), 이영무(李英茂), 박범집(朴範集), 김정렬(金貞烈), 이근석(李根晳), 김영환(金英煥) 등과 접촉하여 공군창설을 주도했다. 이들이 공군창설 7인 멤버이다.

1946년 8월 10일 이들 멤버는 한국항공건설협회를 창립하였고 최용덕이 회장에 취임했다. 이로써 공군창설의 첫 발판을 마련하였다.

이들은 공군창설을 관계 요로에 진정 내지는 협의를 하면서 꾸준히 노력한 결과 1948년 3월 미 군정당국으로부터 조선경비대에 '경비행부대' 창설의 언질을 받았다. 그러나 미 군정당국은 공군창설을 염원하고 있는 항공계 지도급 인사들이 일본군과 중국군 출신이므로 미식 훈련을 받아야 한다는 이유로 조선경비대 보병학교에 입교하여 교육을 받아야 한다고 했다.

이들 인사들이 일본군과 중국군 출신이기는 하나 중국군 참장 출신인 최용덕을 비롯하여 모두가 대위 이상의 장교 출신인데도 불구하고 보병학교에 입교시켜 이등병 훈련을 받으라는 것은 항공부대를 창설하지 말라는 의사 표시라고 반발하면서 불쾌감을 표시했다.

가장 원로이고 장성 출신인 최용덕 장군은

"500여 명을 지도하는 입장에서 미군의 제의를 수락함으로써 공군이 창설된다면 병(兵)이면 어떠냐? 이순신 장군이 백의종군한 심경을 이해하여 2등병으로 입대하는 것도 뜻이 있다."

고 설득하였고, 이에 감동한 7인 멤버들은 모두 통위부 보병학교에 입교하여 1개월간의 신병 기초훈련을 받은 후 다시 경비사관학교에 입교하여 2주일간의 훈련을 받고 1948년 5월 14일 소위로 임관했다.

최용덕은 중위 계급으로 조선경비대 항공부대 제2대 사령관이 됐다. 초대 사령관은 미군 측이 소령급 장교를 요구하여 일본군 항공경력이 있는 백인엽 소령이 맡았었다.

최용덕은 1948년 8월 15일 대한민국 정부가 수립된 다음날 초대 국방부차관에 취임했다가 1950년 5월 14일 공군에 복귀하여 공군사관학교 교장이 되었다. 1952년 12월 1일 김정렬과 자리를 맞바꾸어 제2대 공군참모총장으로 전임했다.

중장으로 예비역에 편입했다.

김신(金信)

대한민국 임시정부 김구 주석의 영식이다.

1922년 9월 21일 중국 상해(上海)에서 출생.

1944년 중국 항공사관학교에 입교하여 기초과정을 수료하고 인도와 미국(랜들턴 비행기지)에서 실기훈련을 받은 후 중국으로 돌아와서 광복 후인 1947년에 졸업하고 중국군 소위로 임관했다.

귀국 후 공군 간부후보생 제2기로 임관하였고, 6·25전쟁 중 조종사로서 많은 활약을 했다.

제10전투비행전대장(대령)과 공군참모총장을 역임했다. 중장 예편.

김응조(金應祚)

중국 화북군(華北軍-汪政權) 참장으로 화북군 정보처장을 지냈다.

광복 후 귀국하여 전라북도 경찰부장으로 있다가 1950년 7월 7일 중령으로 특별임관하여 수도사단 참모장에 임명되었다.

1950년 8월 수도사단 제18연대장으로 전임하였고, 이어서 제3사단 제22연대장으로 전임하여 북진 중 원산방위사령관을 겸임했다.

1951년에 호국군 제101사단으로 전임하였고, 1952년 4월 26일 제6사단장에 보임되어 재임하다가 준장으로 예비역에 편입하였다.

김홍일(金弘壹)

1898년 9월 23일 평안북도 용천(龍川) 출생.

오산학교를 졸업하고 조선의용군으로 만주에서 항일독립운동을 하다가 장개석이 이끄는 중국군에 투신하여 중국 귀주 강무당(貴州 講武堂)과 중국 육군대학을 졸업하고, 중국군 소장이 되어 중국군 제19사단장대리를 역임하였고, 이어서 군단 및 군사령부 참모장을 역임하였다.

1932년 대한민국 임시정부 주석 김구의 요청으로 폭탄을 제작하여 이봉창 의사와 윤봉길 의사의 의거를 지원하였다.

1945년 6월 임시정부의 요청으로 광복군 총사령부 참모장(참장)이 되었다.

광복과 함께 귀국하였고, 1948년 12월 10일 준장으로 특별 임관하였다.

1949년 1월 15일 육군사관학교 교장에 임명되었고, 1950년 5월 10일 육군참모학교 교장으로 전임하여 재임 중 6·25남침을 맞이했다.

6·25남침을 당하자 6월 28일 임시 편제한 시흥지구전투사령관을 거쳐서 그해 7월 5일 제1군단을 창설하면서 군단장에 임명되어 유일한 군단장으로 낙동강 방어작전을 지휘했다.

1950년 9월 1일 후임 김백일 준장에게 군단장 자리를 물려주고 후선으로 물러나 있다가 1951년에 중장으로 예비역에 편입하였다.

박기성(朴基成)

중국 황포군관학교 제11기를 졸업한 중국군 중교 출신이다. 광복군 서안지대에서 활약했다.

육군사관학교 제3기로 임관하여 제5연대 대대장(대위)을 거쳐 제5연대 부연대장(중령)으로 6·25남침을 맞았다. 연대장 백남권 대령이 주일 미군 사단에 훈련차 일본에 가 있었으므로 연대장을 대리하여 의정부전선에서 연대를 지휘했다. 이때 전선시찰을 나온 채병덕 총참모장이 의정부전선 노상에서 제2사단 참모장 최창언 중령을 보자 그를 제5연대장으로 구두 발령했다. 졸지에 연대장에서 해임된 박기성 중령은 최창언 연대장이 전투경험이 없음을 들어 박기성 중령을 부연대장에 임명해 줄 것을 간청하여 부연대장이 되었다.

육군본부 군사감을 역임했다. 예비역 준장.

안춘생(安椿生)

1912년 8월 12일 황해동 벽성(碧城)에서 태어났다. 안중근 의사의 당질(堂姪)이다.

안중근 의사 의거 후 일제의 탄압을 견딜 수 없어 1917년 가족과 함께 만주로 망명하여 흑룡강성(黑龍江省)에서 중학교를 졸업하였다. 그러나 일본의 만주 침략이 본격화되자 만주에 더 있지 못하고 남경(南京)으로 가서 중국 중앙육군군관학교낙양분교 한인특별반을 나왔고, 남원(南原)지대장을 지냈다.

1938년 중국군 상위(上尉-대위)로 호남성(湖南省) 경비사령부에서 근무 중 대한민국 임시정부의 지령을 받고 상해(上海)에서 거사할 폭탄을 홍콩까지 운반하였다. 1939년 10월 중국군 소교(少校-소령)로 군정부감호(軍政府監護)대대에서 근무하였고, 다음해 10월 광복군이 편성될 때 광복군에 편입되어 광복군 난징지대장으로 근무하다가 광복을 맞았다. 중국군 소교와 광복군 대좌.

민족청년단 훈련부장을 지냈고, 1949년 1월 1일 육군사관학교 제8기 특별1차를 나와서 대령으로 임관하여 육군본부 감찰감 재임 중 6·25남침을 맞았다.

육군사관학교 교장, 제8사단장, 군 부사령관, 국방부 차관보를 역임하고, 중장으로 예편했다.

국회의원에 피선되었고, 광복회 회장과 독립기념관장을 역임했다.

오동기(吳東起)

1901년 경기도 이천에서 태어났다. 일찍이 중국으로 가서 낙양군관학교(중앙군관학교 낙양분교)의 전신인 강무당에 입교하여 교육 중 군벌 장작림(張作霖)과 오패부 간의 충돌 때 오패부군의 견습사관으로 참전했다가 패전했다.

1932년 상해사변 때 제19군에 소속되어 일본육전대를 상대로 2개월간 항일전을 했다.

그 후 도산 안창호(安昌浩) 선생의 주선으로 화북의용군에 편입되어 항일전을 했으나 민병들이라 패전하고 말았다.

1937년 7월 중일전쟁이 발발한 후 산동 지구에서 한국인 2개 대대를 조직하여 일본군 점령지역에서 모종의 공작을 하다가 일본군 헌병에게 체포되어 9개월간 옥고를 치렀다.

출옥 후 산동 지구에서 비밀공작을 하였고, 종전 후에는 중국군 산동 지구 군정부 교재국 판사처(辦事處) 조장에 임명되어 한국인 병사들의 교육을 담당했다.

중국 군벌계급 소교. 1946년 2월에 귀국하여 경비사관학교 제3기 특별반을 졸업하고 임관한 후 경비대총사령부 감찰총감과 제14연대장을 역임했다.

여수·순천반란사건 주동자로 기소되어 군법회의에서 10년의 징역형을 선고받고 복역 중 6·25남침을 당했다.

　가장 모범적인 지휘관이 본의 아니게 겪어야 했던 기구한 운명을 소개한다.
　그의 삶이 혼탁한 세상을 살아가는 후대에 많은 교훈이 되리라고 믿는다.

┃ 제2연대장 김종석 사건 조사　　　　▶ 제2장 제3절 4 「남로당세포 연대장 비호」 참조
　오동기 소령은 제14연대를 모범적으로 지휘했다.
　⑴ 송호성 장군의 친척이 독점하고 있는 부식품 납품을 공개 입찰에 붙여 부식의 질을 향상시켰다.
　⑵ 장교들에게 치중된 부식비를 장병 균등하게 배분했고
　⑶ 장병 외상값을 갚아주고 이후 장병들의 외출을 금지했다.
　⑷ 일과 후에도 종합 훈련을 실시하여 소대, 중대 훈련을 철저히 했다.
　⑸ 여수·순천반란사건 주모자 김지회 중위에 대한 정보를 입수하고
　　㈎ 연대 작전보좌관에서 대전차포중대장으로 전보시킨 후 교육에 차출 했다.
　　㈏ 연대장이 직접 총사령부에 가서 구속 조사할 것을 건의하였으나 증거가 없다고 거절당했다.
　　㈐ 부연대장 이희권 소령과 정보주임에게 증거를 잡도록 지시했다.
　⑹ 종합 훈련 결과 군인으로서 부적격자 200명을 귀환 조치시켰다. 이 조치로 상부와 물의를 빚었다.
　⑺ 연대 내 유휴지를 민간인이 개간하여 경작토록 하고, 연대 관할 해상의 출어 금지구역을 어민에게 개방하여 수확량과 어획량을 배분받아 장병 복지 및 부식 향상을 도모했다.
　⑻ 식량영단과 교섭하여 장교들에게 쌀 1가마니씩을 특별 배급하도록 하였고, 채병덕 총참모장과 김일환 재정국장에게 건의하여 연료비 600만원을 배정 받아 은행에 예치하고 그 이자를 복지 후생 대책에 사용했다.

┃ 여수·순천반란사건 주동자로 체포
　1948년 9월 28일 육군총사령관 송호성 준장의 전문 소환을 받고 총사령부에 출두했고, 다음날 정보국장실에 구금되어 있다가 10월 1일부터 취조를 받았다.

취조 내용은 5월 10일 선거 때 동대문 갑구에서 출마한 전 경무부 수사국장 최능진(崔能鎭)이 주동이 되어 정부 전복과 반란 음모를 꾀한 소위 혁명의용군사건의 공동주모자로서 음모 내용과 사건 배후를 고발하라는 것이었다.

여수·순천반란사건 동기에 대하여 '6·25사변육군전사' 제1권 및 공비토벌사에 의하면 소위 혁명의용군사건 주모자인 최능진, 오동기, 서세충(徐世忠), 김진섭(金鎭燮) 등이 남북노동당과 결탁하여 무력 혁명으로 대한민국을 전복하고 김일성 일당과 합작하여 그들이 숭배하는 정객을 수령으로 한 공산주의 정부를 수립하려고 음모하였다가 행동 개시 직전에 발각되어 실패하였으나 그 말단세포가 여수·순천사건을 직접 간접으로 야기시킨 것이라고 했다.

주모자들은 5·10선거 방해공작 실패와 남북협상이 실패로 돌아가자 최후 수단으로 조선경비대를 이용하여 무력혁명을 일으키기로 하고 김진섭의 동지인 안경옥(安鏡玉) 외 7~8명을 조선경비대에 입대시켜 원주, 춘천 등 각 연대에 배치한 후 동조자를 포섭케 하였는데, 원주 연대 내에서 약 200명을 포섭하였다.

오동기가 여수 제14연대장에 부임한 것을 호기로 동 연대 내에서 약 1,000명의 사병을 포섭한 후 최능진이 제공한 거액을 자금으로 반란에 대한 방법을 토의하고 활동하였으며, 또한 오동기는 사관과 졸병을 조종하여 소련혁명기념일을 계기로 일대 반란을 획책 중 사건 약 20일 전에 폭로되어 사병들이 검거되자 공포를 느낀 나머지 최후적으로 발악한 것이 본 반란사건의 주동기라고 하였다.

오동기 소령은 이렇게 어마어마한 사건 관련자로 조사를 받게 된 것이다.

사건 내용이 민간인과 관련되었기 때문에 군경합동조사반을 편성하고, 수도경찰청 사찰과 정보주임 박일원(朴馹遠)이 담당했다.

오동기 소령은 최능진을 한번도 만나본 일이 없었기 때문에 모른다고 했다가 형용할 수 없는 고문을 당했다.

박일원은 해방 후 공산당 경기도위원회 청년부장과 박헌영의 비서를 지냈다. 검거된 후 전향하여 경찰에 들어 왔고 남로당 특수행동대원에게 피살되었다.

▌오동기와 최능진의 관계는 이렇다

오동기가 임관 후 우연한 기회에 고향 친구 하은하의 소개로 하은하의 국민학교

동창생이라는 김진섭을 알게 됐고, 김진섭은 다시 자기의 처남을 소개하면서 그 처남의 친구 4명을 경비사관학교에 추천해 달라고 부탁했다. 오동기 소령은 이들 4명을 추천해 주었다. 그러나 1명만 합격하였으므로 나머지 3명은, 제1연대에 1명, 전주 제8연대에 2명을 입대시켜 준 일이 있었다.

최능진이 5·10선거 때 동대문갑 구에서 출마하자 이들 중 최병규와 이 모 등 2명이 군복을 입은 채로 선거 운동을 하다가 체포되어 조사를 받게 되었다. 이 과정에서 그들의 신원 보증인이 오동기 소령으로 밝혀졌고, 이를 근거로 최능진과 그의 계열인 김진섭과를 관련시켜 오동기 소령을 반란 음모의 주동자로 체포하게 된 것이다.

오동기 소령은 1950년 2월 19일 군법회의에서 앞의 두 사병이 '오동기 소령의 사주에 의하여 반란음모를 꾀하였다.'고 진술하여 10년형을 선고받았다.

▎그는 과연 공산주의자인가?

오동기 소령은 서대문형무소에 수감됐는데 그가 군법회의에 기소하여 복역케 한 전 제2연대 군수주임 이상진과 같은 감방에 있게 되어 많은 고초를 겪었다.

1950년 6월 28일 북한군이 서울에 입성하여 서대문형무소의 죄수들을 모두 석방하고 조직단체별로 서게 했는데 오 소령은 어느 쪽에도 서지 않고 집으로 돌아왔다.

그 후 인민위원회 또는 출옥자들이 여러 가지 직책을 제시하면서 나오라고 했으나 위장병을 핑계 삼아 나가지 않았다.

그는 후퇴하지 못하고 서울에 피신하고 있던 이홍근(李弘根-제8기생 예비역 대령)과 석종섭(石鍾燮-제4기생 예비역 대령) 그리고 경찰관 2명을 숨겨주었다가 안전하게 탈출시켰다.

출두를 거부하고 종로1가에 있는 일광(日光)호텔에 피신하고 있다가 정치보위부에 체포되었는데 8일만에 풀려 나왔다. 그는 출옥자라는 이유로 열렬한 공산주의자라고 인정받고 있었기 때문에 그가 협력하지 않는 것은 실제로 신병 때문이라고 믿어주어 무사할 수가 있었다.

고향인 인천에 가서 숨어 있다가 수복 후에 경찰에 자수했다. 여·순반란사건 주모자라고 하여 또 모진 고문을 받았고, 이어서 계엄사령부에 인계되어 대구로 갔는데 자수한 사실이 인정되어 5년 감형을 받았다.

오동기 소령은 공산주의자인가?

과연 여·순 반란사건의 주모자인가?

반란 주모자인데도 처형되지 않고 10년형을 선고받았는가?

왜 공산당치하에서 3개월 동안 숨어 있다가 수복 후에 자수했는가?

많은 의문을 낳게 하는 사건이다.

인용문헌 : 국방부 『한국전쟁사』 제1권 p484~488

유해준(俞海濬)

중국 황포군관학교 제15기를 졸업한 중국군 상위와 광복군 부령(副領-중령) 출신이다. 광복군총사령부 참모를 역임했다.

광복군 출신으로는 유일하게 군사영어학교를 나와서 참위로 임관했다. 제1연대 창설에 참여하여 근무중대 선임 장교를 맡았고, 제25연대 초대연대장(중령)을 지냈다. 육군보병학교 학생연대장(중령) 재직 중 6·25남침을 맞았다. 보병학교 교도대대와 육군사관학교 교도대대를 기간으로 혼합 편성한 서울특별시연대를 지휘하여 문산에 있는 제1사단에 부원하였고, 계속하여 한강방어 전투에 참전했다.

1950년 7월 7일 제7사단이 다시 창설될 때 제9연대장으로 임명되어 남원에서 연대를 편성하고 신병을 모집하여 훈련 중 전황이 위급하자 신병을 인솔하여 부산으로 이동했다. 도중에 진주에서 채병덕 소장을 만나 함양전선에 따라 갔다가 채병덕 소장이 전사한 후 부산으로 갔다.

포항지구전투사령부 예하의 제25연대장으로 안강 지구 전투에 참전하였고, 이기건 대령과 교대한 후 기록이 보이지 않는다.

소장으로 진급하여 군 부사령관을 역임했다.

이성가(李成佳)

1922년 10월 만주에서 출생.

중국 남경군관학교를 졸업하고 왕정위군(汪精衛軍) 소교로 광복을 맞았다.

1946년 2월 3일 군사영어학교를 졸업하고 중위로 임관한 후 제1연대 창설에 참가하여 정일권 정위가 중대장인 B중대 선임장교가 되었다.

같은 해 5월 23일 소위 하극상 사건이 발생하여 중대장 정일권 정위가 광주에 있는 제4연대장으로 전출하였고 그 후임 중대장(정위)으로 임명되었으며, 이어서 제1대대장을 거쳐서 1946년 11월 1일 제1연대장(참령)이 되었다.

1947년 12월 1일 제1여단 참모장(소령)에 임명되었고, 1948년 6월 11일 제13연대장대리를 거쳐서 1948년 8월 14일 제4연대장(제20연대로 개칭), 1948년 11월 25일 제2사단 참모장으로 전임하였다가 1949년 8월 12일 제16연대장이 되었으며 1950년 6월 10일 제8사단장으로 전임하여 6·25남침을 맞았다.

1950년 8월 4일 제1군단 참모장 최덕신 대령과 자리를 맞바꾸어 군단 참모장이 되었다가 8월 24일 다시 제8사단장(준장)으로 복귀하였다.

1951년 3월 제9사단장, 같은 해 9월 제7사단장으로 전임했다.

1952년 8월 29일 소장으로 진급했고, 같은 해 12월 5일 육군 제2훈련 소장으로 전임하였다가 1953년 8월 3일 미 육군참모학교에 파견되었다.

1955년 11월 제5군관구사령관, 다음 해 9월 제3군단장, 1957년 7월 제5군단장, 1960년 6월 육군본부 정보참모부장 그해 10월 육군대학 총장으로 전임하였고, 1962년 3월에 예편했다.

이준식(李俊植)

1900년 2월 18일 평안남도 순천에서 출생.

중국 운남 강무당을 나와서 정의부(正義府) 군사위원장을 지냈고, 1930년 상해로 가서 중국군에 입대하여 항일전을 했다. 1937년 중일전쟁으로 임시정부가 광저우(廣州)로 옮기자 광복군으로 이적하여 광복군 제1지대장이 되었고, 서안(西安)에서 일본군과 싸웠다.

광복 당시 중국군 상교와 광복군 정령(正領-대령)였다.

1949년 1월 1일 육군사관학교 제8기 특별1차를 졸업하고 대령으로 임관하여 같은 해 1월 7일 제7여단 창설여단장에 임명되었다.

1950년 6월 10 육군사관학교 교장으로 자리를 옮겨 재임 중 6·25남침을 맞이하였다. 25일 채병덕 총참모장의 명령을 받고 생도대대를 비상소집하여 경찰 1개 대대와 함께 포천으로 추동시켰다가 당일 19시 생도대대가 위험에 처하자 육군사관학교로 철수 명령을 내린 후 안전하게 한강을 건너 철수했다.

그러나 포천 내리에서 전투 중 많은 사상자를 낸 안타까운 일을 당했다.

1950년 7월 5일 제1차 군 개편 때 수도사단장에 임명되었고, 같은 해 7월 10일 제3사단장으로 전임했다.

제3사단장에서 물러난 후 어디로 갔는지는 기록이 보이지 않는다.

1951년 강릉에 설치한 육군본부 전방지휘소장과 제1군단 부군단장을 거쳐서 육군 작전참모부장, 관구사령관과 육군대학 총장을 역임하였다.

중장 예편. 재향군인회장을 지냈다. 독립유공자이다.

전성호(全盛鎬)

중국 동북의용군 소장으로 항일전을 해 온 독립투사다. 광복 후에 귀국하여 53세의 고령으로 육군사관학교 제8기 특별1차를 졸업하고 소령으로 임관한 후 제18연대 부연대장을 거쳐 제12연대장(대령) 재임 중에 6·25남침을 맞이하였다.

개성에서 연대를 지휘하여 저지전을 펴면서 병력을 수습하던 중 부상을 입었고, 후퇴 중에 교통사고로 또 다시 부상하여 만신창이가 된 상태에서 3/4톤 차량을 타고 임진강을 건넌 후 후송되어 일선을 떠났다.

부상에서 회복된 후 인천상륙작전을 은폐하기 위한 양동작전으로 실시한 장사동 상륙작전에 명부대의 고문으로 참가하였다가 1950년 9월 10일 전사했다.

최덕신(崔德新)

1914년 9월 17일 평안북도 의주에서 출생.

기미독립운동 의주군 지도자였던 그의 부친 최동오(崔東旿)가 그가 9세 때 중국으로 망명하였고, 그는 어머니와 함께 아버지를 따라 중국에서 유랑생활을 했다. 최동오는 만주에서 화성의숙 교장을 지냈는데 김일성이 그 학교를 다녔다.

최덕신은 중국 황포군관학교를 우등으로 졸업(제10기)하고 중국군 장교가 되어 중국, 인도, 버마 등 전선을 전전하였고, 광복 당시 중국군 상교였다.

1945년 11월 일본군에 강제로 징집된 한국인 장병을 중국군으로부터 인수하여 중국 화남 지구 한국적사병집훈총대(韓國籍士兵集訓總隊)를 조직하여 대장에 취임하였고, 1946년 5월 귀국선편을 마련하여 그 대원과 한인교포 3천여 명을 인솔하고 귀국하였다.

1947년 3월 22일 조선경비사관학교 제3기 특별반을 졸업하고 소령으로 임관한 후 제6연대 대대장을 거쳐서 그해 9월 22일 제2연대장에 임명되었다.

1948년(?) 미국 포트릴리(Fort Riley) 육군종합학교(초등군사반)를 졸업하였고, 1950년 미국 포트베닝(Fort Benning) 보병학교(고등군사반)를 졸업하였다.

1948년 7월 29일 경비사관학교 교장(중령)에 임명되었고, 그해 12월 15일 대령으로 진급했다. 1949년 1월 15일 제3여단장에 임명되어 그해 6월 30일까지 재임한 후 이응준 소장과 교대하고 육군본부로 전출했다.

1950년 6월 29일 제1군단이 발족하면서 군단 참모장이 되었고, 그해 7월 17일 제3사단 연락관으로 파견되어 미군과의 유기적인 협조로 지상의 미군 포와 해상의 미 해군함포가 제3사단을 효과적으로 지원하는데 크게 기여했다.

8월 4일 제8사단장 이성가 대령과 제1군단 참모장을 맞바꾸어 제8사단장이 되었다가 8월 24일 다시 맞바꾸어 원대로 복귀하는 기연을 맺는다.

1950년 8월 27일 새로 창설한 제11사단장으로 전임했고, 9월 12일 육군본부 고급부관으로 전임했으며, 그해 9월 20일 준장으로 진급했다.

그 후 육군예비사관학교장, 육군대학부총장, 육군보병학교장, 제1군단 부군단장을 역임했다.

1953년 1월 25일 소장으로 진급하였고, 그해 8월 20일 UN군사령부에 파견(정전회담 대표)되었으며 제1군단장을 거쳐서 중장으로 예비역에 편입하였다.

1961년 5·16군사혁명 후 외무부장관을 지냈고, 주 서독대사, 통일원 고문, 주 베트남대사, 한중일보 사장을 역임하였으며, 천도교 교령을 역임했다.

천도교령 재임중 부정사건에 연루되어 미국으로 망명하였다가 1986년 4월, 부인 류미영과 함께 북한으로 갔다. 조선 천도교청우당 중앙위원장으로 활약했고, 조국평화통일위원회 위원장, 조선종교인협의회 회장, 최고인민회의 대의원을 맡는 등 북한에서의 경력은 화려하고 김일성으로부터 영웅적인 대우를 받았다.

조국통일상을 수상했고, 죽은 후에 그의 유해는 애국열사릉에 안장되었다.

최덕신은 미군정 때 통위부장을 지낸 류동열 장군의 사위다. 그 부인 류미영은 김대중 정부 때 북한 이산가족 대표로 당당하게 대한민국에 와서 칙사 대접을 받았다.

그 전에는 감히 꿈에도 생각지 못한 사건이 벌어진 것이다.

그러나 북에서 전향하여 대한민국의 품에 안긴 어느 누구도 북한에 간다는 것은 상상할 수도 없다.

고시복(高時福)	중국 낙양군관학교 한인특별반 졸업.
	중국군 중교와 광복군 정령.
	육사2기로 임관하여 병사구사령관 역임. 준장
권 준(權晙)	중국 황포군관학교졸업(제4기). 중국군 상교와 광복군 정령.
	육사8기 특별1차로 임관. 제50사단장 역임. 소장.
김관오(金冠五)	중국 운남 광무당 출신. 중국군 상교.
	육사7기 특별반 임관. 군관구사령관 역임. 소장.
김국주(金國柱)	광복군 소령. 육사7기 특별반 임관. 군부사령관 역임. 소장
	제15연대 제6중대장으로 미아리와 다부동 전투에 참전.
김동수(金東洙)	중국 황포군관학교 졸업. 중국군 중교 광복군 정령.
	특별 임관. 사단장 역임. 준장.
박시창(朴始昌)	중국 황포군관학교 졸업, 중국 육군대학 졸업. 중국군 상교.
	육사3기 임관. 부군단장 역임. 소장
박영준(朴英俊)	중국 황포군관학교 졸업. 중국군 상위 광복군 부령.
	육사8기 특별4차 임관. 사단장 역임. 소장.
오광선(吳光鮮)	중국 신흥(新興)무관학교 졸업.
	중국군 상교, 광복군 참장. 광복군 국내지대장.
	육사8기 특별1차로 임관. 병사구사령관 역임. 준장.
이종국(李鍾國)	중국군 상위. 육사2기 임관. 합동참모회의 국장 역임. 소장.
장호강(張虎崗)	광복군 상교. 육사8기 특별4차 임관.
	군수기지사령부 부사령관 역임. 준장.
장 흥(張興)	중국 황포군관학교 졸업. 중국군 상교.
	육사7기 특별반 임관. 헌병사령관, 군관구사령관 역임. 소장.

조개옥(趙介玉)	潤植으로 개명. 중국 보정(保定)군관학교 졸업.
	중국군 상교, 동북의용군 소장.
	육사4기로 임관. 호국군 제102여단 참모장.
	1950년 7월 15일 전사.
채원개(蔡元凱)	중국 낙양 광무당 출신. 중국군 상교, 광복군 참장.
	특별 임관. 제3여단장(중령)과 제2여단장(대령) 역임. 대령.

일본육군사관학교 출신

일본육군사관학교

　일본육군사관학교는 우리 나라의 광복 운동을 한 애국지사와 6·25남침을 당했을 때 국군지휘관을 배출한 교육기관이다. 우리가 가장 증오하는 군국주의 일본의 지도자를 양성하는 교육기관이 대한민국 애국지사를 길러주었다.
　그들은 저들 우리 안에 호랑이 새끼를 길렀다.
　우리와는 불가분의 관계를 맺고 있는 애증(愛憎)의 교육기관이다.

　1873년(明治 7년) 8월 28일 육군사관학교 조례를 제정하여 일본 육군장교 양성기관으로 육군사관학교를 설립하였다.
　1876년 유년학교를 육군사관학교에 설치함으로써 명실공이 근대화된 정규의 육군장교를 양성하는 교육기관이 되었다.
　다음 해 사관생도 모집을 개시하여 1879년 2월 1일 제1기생을 졸업시켰다. 이렇게 하여 1885년까지 제11기를 졸업시켰다. 이 사관생도는 그 후 육군사관학교 제 기생 하는 방법으로 불리는 교육과정 이전의 사관생도들이다.
　명치천황(明治天皇)이 즉위하여 대정어일신(大政御一新-明治維新)에 들어갔다. 그 동안 막부가 행사하는 정치권력을 천황에게로 복귀(王政復古)시켜 내정을 쇄신하고, 새로운 선진제국의 문물제도를 도입하여 일본을 근대화시킨 혁신정책이다.
　헌법을 제정하여 대의정치를 도입하였고, 정부기구를 선진 구미제국의 예에 따라 민주적으로 개편하였으며, 봉건제도를 타파하여 지방조직을 부현(府縣)제로 개편하였고, 교육칙어(敎育勅語)를 발표하여 교육을 현대화했으며, 국민개병제를 실시하여 군사대국의 길로 들어갔다.
　청일전쟁과 러일전쟁을 유발하여 승리로 이끌었다. 그 전리품으로 대만과 사할린을 병합하여 식민지로 만들었고, 한국과는 을사늑약을 체결하여 통감정치를 시행하다가 급기야 1910년에 한국을 병합하여 내선일체라는 미명으로 한민족을 황국신민으로 만들었다. 대단한 개혁 개방에 이은 무도한 침탈이다.
　세계 일류국가로 발돋움하는 기틀을 마련하였다.

이 개혁 개방을 주도한 사람이 이토히로부미(伊藤博文)다. 그는 일본 초대 내각 총리대신을 비롯하여 전후 3차례나 총리대신을 역임하였고, 일본군을 덕수궁에 진입시켜 고종을 위협하여 을사늑약을 강압적으로 체결하고 초대 조선통감으로 부임하였다. 새로운 조선왕이 되어 조선을 통치하였다. 우리에게는 철천지원수다. 결국 그는 1909년 10월 26일 만주의 하얼빈 역두에서 안중근 의사가 쏜 한방의 총탄에 불귀의 객이 된다.

1886년(명치 20년) 육군사관학교 조례를 개정하여 사관후보생 제도를 만들었다. 이것이 대정(大正-일본 명치천황 다음 임금의 연호), 소화(昭和-대정 다음 종전 당시의 임금 연호) 시대 군의 근간을 이룬 소위 육사 제 기생하고 부르는 정규의 사관생도 양성기관이다. 우리 군에서 활약한 일본육사 출신들은 모두 이에 해당한다.

초기 한국인 유학생

1880년(명치 14년) 조선수신사(修信使-紳士遊覽團) 박영효(朴泳孝), 김옥균(金玉均) 일행이 일본 방문 중 일본근대화의 아버지로 불리는 후쿠자와(福澤諭吉)를 만났을 때 그는 자신이 경영하는 경응의숙(慶應義塾)에 한국 유학생을 받아서 일본어를 교육시켜 주겠다고 약속하였다.

그 자리에서 수신사의 수원(隨員)으로 따라갔던 박유굉(朴裕宏)이 한국인 최초의 유년생도로 입학하였고, 이어서 1886년 육군사관학교에 진학하였으나 갑신정변에 관련되어 1888년 자살했다.

그 후 대한제국무관학교 설립계획에 따라 1895년 5월부터 1896년 3월까지 군부대신을 지낸 중장 이병무(李秉武)가 유학연수를 하였고, 1896년 1월 부장(副將-중장) 성창기(成暢基) 등 11명이 유학했는데 그해 7월 박영효의 친일내각이 실각하자 귀국명령을 받고 모두 돌아왔다.

1898년 12월 1일 어담(魚潭) 노백린(盧佰麟) 등 21명이 일본육군사관학교 정규과정 제11기로 입학하여 1899년 11월 21일 졸업하였다.

한국인이 일본육군사관학교에 유학한 첫 케이스다.

어담은 대한제국군 중장을 지내고 중국으로 망명하여 광복 운동을 했다.

노백린은 대한제국군 정령(正領-대령)으로 대한제국무관학교 교장을 역임했고, 중국으로 망명하여 광복 운동을 하였으며 임시정부 국무총리를 역임했다.

권승록(權承祿)은 일본군에 남아 조선군사령부 포병 대좌를 지냈다.

윤치성(尹致晟, 윤보선 전 대통령 숙부), 임재덕(林在德)은 행적 불명이다.

나머지 사람들은 순종 황제를 폐위하고 의친왕(義親王)을 옹립하고자 역모를 꾸몄다가 발각되어 사형되거나 파면되었다.

이상 거명한 외의 졸업자는 다음과 같다.

김규복(金奎福) 김교선(金敎先) 김성은(金成殷) 이기옥(李基鈺) 조택현(趙宅顯)
김형섭(金亨燮) 방영주(方泳柱) 김의선(金義善) 김홍남(金鴻南) 권호선(權告善)
김관현(金寬鉉) 장호익(張浩翼) 강용구(姜容九) 김홍진(金鴻鎭) 김봉석(金鳳錫)
장인근(張寅根)

1902년 12월 1일 류동열 등 8명이 제15기로 입학하여 각각 1년간 수업을 마치고 6개월간 견습 사관생활을 하던 중 러일전쟁이 발발하자 관전무관으로 참전하여 근대전의 식견을 넓혔다. 귀국하여 대한무관학교에서 군 간부양성에 이바지하였고, 대한제국의 고급간부가 되었다.

김응선(金應善)은 대한제국 참장으로 이은 황태자의 시종무관을 지냈다.

김기원(金基元)은 대한제국 중좌를 지냈다. 제26기 김준원의 형님이고, 김정렬 장군(초대공군총참모장과 국방부장관 역임)의 백부이다.

류동열은 대한제국군 소좌였고, 중국으로 망명하여 임시정부 참모총장을 지냈으며, 광복 후 귀국하여 통위부장에 올랐다.

이갑은 대한제국군 중좌를 지냈고 중국으로 망명하여 독립운동 중 사망했다. 26기 출신 이응준 장군의 장인이다.

외에 박영철(朴榮喆), 김영현(金永憲), 박두영(朴斗榮), 남기창(南基昌)이 있다.

1909년 제23기로 김광서(金光瑞)가 입학하여 1911년 5월 27일 임관했다. 중위 때 만주로 망명하여 항일 투쟁을 전개한다.

김광서는 남만삼천(南滿三天)의 한 사람인 김경천이고 제2대 김일성 장군이다.

비운의 대한제국 무관학교 학생들

1904년 러일전쟁을 승리로 이끈 일본은 1905년 조선과 을사늑약을 체결하였고, 1907년에 군대를 해산했다. 그런 중에도 무관학교는 존속하여 계속 학생을 모집하여 교육을 시켰다.

1908년에 25명을 모집했고, 다음 해에 다시 25명을 모집했다.

대한제국무관학교는 1898년에 전 훈련대를 개편하여 설립하였다.

1909년 7월 30일 무관학교가 해체되었다. 일제는 을사늑약을 체결하여 외교권을 박탈했고, 이어서 내린 조치가 군대 해산이다. 이렇게 한국을 병합하기 위한 수순에 들어갔지만 그런 줄도 모르고 희망을 버리지 않았다.

"비록 지금은 군대가 없어졌지만 대한제국이 남아있는 한 언젠가는 군대가 다시 창설될 것이다."

무관학교는 폐교되었지만 장교를 양성하여야 장차 군대가 다시 창설될 때 대비할 수가 있다고 판단한 정부는 이들을 국비로 일본육군사관학교에 위탁교육 형식으로 유학을 시켜 간부를 양성한다는 방침을 세웠다.

1909년 9월 3일 제1, 제2학년 학생 42명이 배를 타고 현해탄을 건너 일본으로 갔다. 8명은 유학을 포기한 사람이다.*

> * 유현종(劉賢鍾) '제국의 별'은 시험을 쳐서 합격한 사람만 갔다고 했고, 이응준과 김석원의 회고록에 따르면 희망하는 사람은 모두 간 것으로 되어 있다.

김석원은 일본에 도착할 당시 심경을 다음과 같이 술회했다.

"명치유신 이래 약 30년 동안 부단히 국방력을 강화하면서 유럽, 미국 등의 선진 문화를 열심히 받아들인 일본은 그때까지 내가 살아온 대한제국과 비교하여 너무나 화려했다.

하관(下關)에서 동경까지에 이르는 철도연변의 잘 정리된 경지와 잘 사는 농가 그리고 나무 등이 꽉 들어찬 푸른 산을 바라보는 나의 마음은 신기하다기 보다 뭔가 서글퍼지는 심정이었다."

이들은 일본 중앙유년학교에 도착하여 제2학년은 예과 2학년으로, 제1학년은 예과 1학년으로 각각 편입되었다. 그러나 숙소나 반은 한국학생만으로 편성하여 한국

학생반으로 불리었다고 한다. 그러다가 안중근 의사의 의거 후 일본인으로부터 증오와 멸시의 대상이 되었고, 언제 무슨 일을 당할지 모르는 상태에서 불안한 생활을 해야 했다.

일본인들은 한국 학생을 '강(韓)꼬로', '강꼬로' 하면서 업신여겼다고 한다.

중앙유년학교는 육군사관학교 구내에 있고, 예과 3년(당시 중학교 1~3학년 과정)과 본과 2년(중학교 4~5학년 과정)으로 나뉘어져 있었다. 유년학교는 사관 양성을 목적으로 하는 학교이고 졸업하면 육군사관학교에 진학해야 하므로 정규 교과과정에 술과(術科)를 두어 교련, 유도, 검술 등을 가리켰다.

김석원 장군은 유년학교에 도착했을 때 심성을 이렇게 기술했다.

"동경유년학교의 시설은 내가 다녔던 우리 나라의 한국무관학교와 비교해 보면 천양지차였다. 비교가 안 되게 훌륭했다.

각종 무기도 많았고 군사교육을 위한 각종 교재도 풍부했다.

일인들은 이렇게 오래전부터 군사교육에 관한 시설을 완벽하게 갖추고 수없이 많은 군인들을 길러내고 있었는데 우리 나라에서는 겨우 도수교련(徒手敎鍊) 정도만 가르치고 있었으니 점차 대한제국이 망해 들어가는 이유를 알 것만 같았다."

중앙유년학교 본과를 졸업하면 모두 사관후보생으로 전국 각 연대에 배속되어 6개월간 대부근무(隊附勤務)를 하게 되고 이를 마치면 육군사관학교에 간부후보생으로 입교한다. 대부근무 중에는 상등병의 계급이 주어지고, 간부후보생은 군조(軍曹-중사)의 대우를 받는다.

유년학교를 거치지 않고 일반중학교를 졸업하고 시험에 합격하여 육군사관학교에 진학할 수도 있다. 이 경우에는 대부근무기간이 1년이다.

일본 육군사관 양성제도를 설명하기가 좀 복잡하다.

당시 유년학교 본과 2년을 육군사관학교 예과로, 육군사관학교 2년을 본과 과정(유현종 제국의 별)으로 하여 4년 과정으로 보는 것 같다. 육군사관학교에서 교육을 받은 기간은 1년 6개월이다. 유년학교를 졸업하고 연대에 배속되어 대부근무하는 6개월을 합쳐서 2년으로 본 것 같다.

재미있는 것은 육사입교 전에 후보생(상병 대우)으로 6개월간 실무 경험을 쌓게 하고, 육사 졸업후에는 견습사관(군조-중사)으로 실무 경험을 쌓게 한 후에 장교로 임관하는 것이다. 결국 장교가 되기 위해서는 사병으로 6개월, 하사관으로 6개월 경험을 쌓게 하여 장교로서의 필요한 자질을 완벽하게 갖추게 하고 있었다.

이들이 유년학교에 입학한지 몇 달 안 된 1910년 8월 29일 경술국치(庚戌國恥)를 당했다.

"나라가 없어졌는데 유학은 해서 뭘 하나? 모두 고국으로 돌아가서 광복운동을 하든가 육영사업을 하자." 는 의견과

"이렇게 선진 군사교육을 받을 기회는 다시 오지 않는다. 이럴수록 더 열심히 배워서 조국을 위하여 유용하게 써 먹어야 한다." 는 의견이 엇갈렸다.

한편 학교에서는 이제 한국은 일본과 한나라가 되었으므로 일본 사람과 똑같은 대우를 받으며 교육을 받고 일본군 장교로 임관한다고 설득했다. 학비나 기타 비용 일체를 학교에서 부담한다고 했다.

당시 중국에서 온 유학생이 있었는데 반이 다르고 알맹이 있는 교육은 시키지 않았다. 이에 반하여 한국 학생은 일본 학생과 같은 대우를 하여 같은 반에서 교육을 받았다. 선진화된 일본 군사교육의 진수를 배울 수가 있었다.

이 기회를 놓치면 일본의 선진화된 군사교육을 배울 기회는 상실하고 만다. 더 열심히 공부하여 군사학의 진수를 습득하고 무엇보다도 일본인을 앞질러 우리 민족의 우수성을 과시하는 한편 장래에 국권을 회복할 수 있는 길은 열심히 새로운 학문을 습득하는 것이 첩경이라고 자각하고 대부분의 학생들은 실의를 털고 일어나 더 열심히 공부하였다. 일부는 자퇴했다.

남은 학생들은 일본군장교로 임관하여 중위에 진급한 후 모두 옷을 벗고, 광복 운동을 하기로 결의했다. 일본군 장교는 중위가 되어야 사임할 수가 있다.

유년학교 본과를 졸업한 제2학년(대한제국 육군무관학교)은 일본육사 제26기로 입학하여 1914년 5월 26일, 제1학년은 제27기로 입학하여 1915년 5월 25일 각각 졸업하고 견습사관으로 각 연대에서 대부근무를 마친 후 소위로 임관했다.

임관 인원은 제26기에 13명, 제27기에 20명 계 33명이다. 처음에 현해탄을 건너온 인원이 42명이었으므로 9명이 줄어들었다.

그런데 막상 중위가 되어서 그만두려고 했을 때 문제가 발생했다. 몇몇이 사직원을 제출했을 때 쉽게 받아들여지지 않았고, 한꺼번에 많은 한국인 장교가 예편을 신청할 경우 여러 가지 오해를 받을 소지도 있었다. 또 어떤 사람은 사직할 수 없는 난처한 입장에 있기도 했다.

결국 모두가 옷을 벗으면 이상하게 볼 테니까 몇 사람쯤 남아 있는 것도 좋을 것이라고 생각이 들기도 했고, 실제로 남아있는 누군가가 힘이 되어 동지들을 도와줄 필요를 느끼기도 했었다.

제26기 출신자

제26기로 임관한 사람은 13명이다. 입학 인원 14명에서 1명이 탈락했다.

지대형(池大亨)은 중위 때 탈영하였고, 김준원(金埈元), 민덕호(閔德鎬), 권영한(權寧漢), 염창섭(廉昌燮), 조철호(趙喆鎬)는 중위 진급과 동시에 예편하였다.

홍사익(洪思翊), 이응준(李應俊), 신태영(申泰英), 유승렬(劉升烈), 안병범(安秉範), 박승훈(朴勝薰), 이대영(李大永)은 끝까지 일본군에 남아있다가 광복을 맞이했다.

일본군 계급은 홍사익은 중장, 박승훈, 이대영은 소좌, 나머지는 대좌였다.

탈락한 한 사람은 박시찬(朴時讚)이다.

김준원 중위 진급과 동시에 예편하여 배제중학교와 오산학교에서 교직생활을 하다가 광복 후에 호국군 장교로 특별임관하여 호국군 참모장을 역임하고 준장으로 예편했다. 초대 공군총참모장 김정렬 장군의 아버지.

박승훈 일본군 소좌. 특별임관하여 소장에 진급했다. 헌병사령관을 역임했다.

이대영 일본군 소좌. 육군사관학교 제8기 특별4차로 임관. 경기병사구사령관 역임. 준장. 충무공 이순신 장군의 후예. 아들 종호, 종수 형제가 해군 제독 역임.

염창섭, 조철호 예편하여 김준원과 같이 오산학교 교사로 재직했다.

권영한 만주 요동에 있는 대련상업학교 교사로 근무했다.

이들의 구직은 동기생으로 일본육군사관학교에 입학했다가 퇴교당한 박시찬이

가교역할을 하여 고하 송진우 선생이 주선해 준 것이다.

제26기 출신으로 이상에 거명된 사람 외   ▶ 다음에 개별 프로필 참조

제27기 출신자

일본육사 제27기는 제26기와 같이 일본에 유학한 사람들이라 사실상 모든 상황을 구분해서 말하기가 어렵다. 거의 제26기와 같다고 보면 된다.

제27기를 졸업하고 임관한 사람은 20명이다.

제27기 입학생들도 제26기와 같이 중위로 진급한 후 옷을 벗겠다고 함께 약속을 했다. 그래서 옷을 벗은 사람으로 확인된 사람은 다음 13명이다.

장석륜(張錫倫) 윤상필(尹相弼) 김중규(金重奎) 김종식(金鍾植) 장성환(張星煥)
장기형(張璣衡) 장유근(張裕根) 서정필(徐廷弼) 이종혁(李種赫) 이동훈(李東勛)
이희겸(李喜謙) 원용국(元容國) 박창하(朴昌夏)

광복시까지 일본군에 남은 것으로 확인된 사람은

김석원(金錫源) 백홍석(白洪錫) 김인욱(金仁旭)

이다. 이들의 일본군 계급은 대좌다.

임관 후 행적을 알 수 없는 사람은 다음과 같다.

정훈(奠勳) 류관희(柳寬熙) 이강우(李絳宇) 남태현(南兌鉉)

장석륜 만주군 중좌로 있다가 광복을 맞았다. 만주군에 들어간 과정을 알 수 없다. 군사영어학교를 나와서 정위(대위)로 임관하고 제1연대 창설요원으로 선발되어 근무중대장을 맡았다. 미군 연대장(Marshall 중령)과 채병덕 대대장(참령-일본 육상 제49기)의 통솔방법에 대한 이견으로 불만을 품고 사의를 표명한 후 출근하지 않았다고 했다. 그 후 대령으로 진급하여 전북지구병사구사령관, 제23연대장을 거쳐 1949년 11월 18일 옹진지구전투사령관에 임명되었다. 사고로 사망.

이종혁 만주 안동에 있는 제37여단으로 전속 명령을 받고 만주로 옮긴 후 부대를 탈영했다. 그리고 이청천을 찾아가서 광복군 양성을 도왔다.

윤상필 일본군 소좌로 진급하여 관동군에서 근무 중 옷을 벗었다. 그는 고국으

로 돌아가려고 했으나 관동군에서 중국말을 잘 하는 그에게 만주국 농산성 척식과장으로 근무하게 했다. 그는 그 자리에서 박시찬과 홍사익이 추진하는 재만동포의 집단농장 호가구촌(虎家邱村) 건립을 도왔다.

백홍석 육사 제8기 특별1차로 임관하여 통위부직할 잠정특별부대 제2대 사령관을 거쳐 사단장을 역임했고. 소장으로 예편했다. 채병덕 총참모장의 장인이다. 잠정특별부대 초대 사령관은 그의 사위 채병덕이었다. 사위가 장인에게 임무를 인계하였다. 위계 질서가 흐트러진 표본이다.

김인욱 영친왕의 시종무관을 지냈다. 계급은 알 수 없다.

제27기 출신으로 이상에 거명된 사람 외　　▶ 다음에 개별 프로필 참조

제29기 이후 출신자

일본육군사관학교 제28기 이후는 경술국치 이후에 입학하였다. 이들은 직업선택의 한 방편으로 입학하였다고 보아야 하므로 제27기 이전 입학한 사람과는 그 성질을 달리한다.

제28기에는 입학생이 없다.

제29기의 영친왕은 정책 입학생이고 제30기의 엄주명은 영친왕의 외사촌으로 영친왕이 볼모로 갈 때 따라갔고, 영친왕을 모시기 위하여 입학한 사람이다.

제29기 영친왕 이은(李垠) 황태자, 조대호(趙大浩)

영친왕 1897년생이다. 10세 때인 1907년에 유학이라는 명목으로 일본의 볼모가 되어 도일했고, 1915년(18세) 11월 28일 일본육군사관학교에 입학하여 1917년 5월 25일 졸업하고 소위로 임관했다. 육군대학을 졸업하고 육군 중장에까지 진급했다. 1963년에 귀국하여 국적을 회복하였고, 1970년 별세했다.

조대호 행적은 알려져 있지 않는다.

제30기 엄주명(嚴柱明)

엄주명 영친왕의 외사촌이고 동갑이다. 곧 영친왕의 생모인 엄 귀비의 친정조카다. 그런 연고로 항상 덕수궁에서 영친왕과 놀았다.

그가 일본으로 가게 된 일화가 있다.

영친왕이 인질로 일본 유학 말이 나왔을 때 어린 황태자는 '나는 규성(圭成-엄주명의 아명)이하고 꼭 같이 갈 테야!'라고 말했다는 것이다. 영친왕이 일본으로 가는 날 엄주명이 대한문 앞에서 놀다가 영친왕의 눈에 띄어 그 길로 곧장 창덕궁으로 가서 일본으로 함께 가는 바람에 집에도 들리지 못하고 떠났다고 한다.

그는 일본에 가서 외로운 황태자의 벗이 되어 긴 세월동안 자신의 외로움을 함께 달래야 했다.

영친왕이 일본육사에 진학한 다음해 육사에 입학했다. 이때도 영친왕의 외로움을 달래주기 위하여 뒤따라 들어간 것이다. 영친왕의 어학우(御學友)가 된 홍사익의 경우 이와 연관하여 생각해 보면 다른 뜻이 있었음을 짐작케 한다.

홍사익은 일본육사26기생 중 수재로 꼽혀 일본이 정략적으로 키운 인물이다. 그래서 중장까지 진급했다. 한국인 출신으로 일본육군중장에 진급한 사람은 영친왕과 홍사익 두 사람뿐이다. 홍사익이 어떤 인물인가를 짐작할 만하다.

홍사익은 영친왕이 사관학교 재학 중 어학우로 선발되어 영친왕의 친구가 되는데 명분은 황태자의 신분으로 아무하고나 어울릴 수 없어 외로움을 달래주고 신변을 보호한다는 것이었으나 실질은 영친왕의 일거수 일투족을 상부에 보고하는 임무를 맡았다. 말하자면 동태를 감시하는 역할이다.

광복 당시 일본군 중좌였다. 육군사관학교 제8기 특별4차로 임관하여 경기도 계엄민사부장, 경기, 경남, 충북, 서울지구병사구사령관을 역임하고 준장으로 예편했다. 진명여자중·고등학교 교장과 진명학원재단이사장을 역임했다.

제42기 이건(李鍵), 제45기 이우(李鍝) 이형석(李炯錫)

이건 공과 이우 공은 영친왕의 조카다.

이 건 일본에 귀화했다.

이 우 히로시마(廣島)에 원자폭탄이 떨어졌을 때 전사했다.

이형석 광복 당시 일본군 중좌였고, 특별 임관하여 육군본부 직할 호국군 사령부 참모장(대령)과 호국군 국장(대령)을 거쳐 7월 7일 광주에 재건한 제5사단장(대령), 관구사령관을 역임하고 소장으로 예편했다.

제49기 채병덕과 이종찬 ▶ 다음 개별 프로필 참조

제50기 이용문(李龍文) 지인태(池麟泰)

이용문 일본군 소좌 출신으로 특별 임관하여 기갑연대 초대연대장(소령), 육군본부 정보국장 겸 남산학교 초대교장(대령)을 거쳐서 육군참모학교 부교장 재임 중 6·25남침을 맞았다.

전남지구경비사령관(소장)으로 근무 중 1953년 6월 24일 전사했다.

지인태 일본군 대위로 근무 중 노몽한 사건 때 전사했다.

제52기 박범집(朴範集) 최명하(崔鳴夏)

박범집 일본군 소좌 출신으로 비행정비대장을 지냈다. 공군창설멤버 7인 중 한 사람이다. 항공간부 제1기로 임관하여 항공사령부 작전참모(중위)와 참모장(대위)을 지냈고, 육군본부 항공국장(중령)을 거쳐서 공군본부 참모부장(대령)을 역임했다. 1950년 11월 12일 전사. 소장.

최명하 일본군으로 근무 중 인도네시아의 수마트라에서 전사(항공 대위).

제53기 신응균(申應均) 박재흥(朴在興)

신응균 ▶ 다음 개별 프로필 참조

박재흥 일본에서 사업.

제54기 김정렬(金貞烈) 강석우(姜錫祐) 노태순(盧泰順)

강석우 태평양에서 전사. 대위.

노태순 버마에서 전사. 대위.

김정렬 ▶ 다음 개별 프로필 참조

제55기 유재흥(劉載興) 김창규(金昌圭) 전원상(田源上)

유재흥　　　　　　　　　　　　　　　　　　　➡ 다음 개별 프로필 참조

전원상 버마에서 전사.

김창규 일본군 대위로 비행정비대대장을 지냈다. 현지 입관하여 공군총참모장을 역임했다. 예비역 중장.

제56기 이형근(李亨根) 최창식(崔昌植) 김종석(金鍾碩) 최정근(崔貞根)

이형근, 최창식　　　　　　　　　　　　　　　➡ 다음 개별 프로필 참조

김종석 군사영어학교를 졸업하고 임관, 제6연대장과 경비대총사령부 작전처장을 거쳐 제2연대장으로 전임했다. 남로당 이주하, 이재복(군 공작책임자) 계열의 골수 공산당으로 연대장 재임중 군내 좌익세포 부식에 광분했고, 제2연대장 재직 중에는 공금을 횡령하고 C레이션을 부정처분하여 당시 화폐 2,000여 만 원을 착복하였고, 그 중 500만원을 남로당 공작금으로 제공한 사실이 경찰조사에 확인되었다. 그러나 통위부직할 병기부대사령관 채병덕 대령의 비호로 군법회의에서 무죄선고를 받고 제5여단 참모장으로 영전하였다. 숙군 때 처형되었다.

제58기 정내혁(丁來赫) 박원석(朴元錫) 신상철(申尙澈) 안광수(安光銖)
　　　　한용현(韓鏞顯) 최복수(崔福洙)

모두가 일본군 소위였다.

정내혁 군사영어학교를 나와 참위로 임관했다가 경찰관으로 전직하여 전라북도 경찰국에서 경위로 근무하였고, 다시 육군사관학교 제7기 특별반을 나와서 군사령관(중장)과 국방부장관을 역임했다.

박원석 일본 항공사관학교를 나왔다. 육군사관학교 제5기로 임관하였고, 공군으로 전군(轉軍)하여 공군참모총장(중장)을 역임했다.

신상철 군사영어학교를 나와 참위로 임관한 후 제8연대장(중령), 제3사단 참모장, 군기사령관(헌병사령관 전신), 제6사단장을 거쳐 육군본부 인사국장 재임 중 6·25남침을 맞았다. 정보국장(대령)을 거쳐서 제7사단장(대령-준장), 국방부 정훈국장(소장)

을 역임했다. 공군으로 전출한 기록(한용원 창군)이 있으나 공군에서의 직책은 확인되지 않는다. 소장 예편.

안광수 군사영어학교를 나와 참위로 임관하였고, 대령으로 예편. 일본육사 제26기를 나온 일본군 대좌 출신. 안병범 대령의 차남이다.

한용현 공군으로 현지 임관하여 공군본부 고급부관과 인사국장을 역임했다. 전사한 것으로 기록되어 있다.

최복수 특별 임관하여 남산학교 부교장(중령)으로 근무 중 6·25남침을 맞이했다. 김포지구전투사령부가 편성되고 남산학교 교장 계인주 대령이 사령관을 맡으면서 그는 참모장이 되었다. 그러나 계인주 대령은 며칠 후에 행방불명이 되어 참모장인 그가 사령부를 지휘했다.

6월 29일 김포비행장 탈환작전을 지휘하던 중 공격이 여의치 않아 많은 부하장병이 희생되자 끓어오르는 분을 참지 못하고

"이 대역부도한 김일성 도배들아! 하늘이 무섭지 않느냐?"

고 대갈일성을 외치고는 지프에 장착한 기관총을 난사하면서 활주로로 돌진하다가 적의 집중된 화력에 지프와 함께 화염에 휩싸여 장렬하게 산화했다.

제59기 장창국(張昌國) 홍승화(洪承華) 김수순(金秀純)

김수순 종전후 사망

홍승화 행적 불명

장창국 ▶ 다음 개별 프로필 참조

제60기 이연수(李連洙) 장지량(張志良) 조병건(趙炳乾) 김태성(金泰星)
　　　　 이성구(李成九) 이재익(李在謚)

제61기 정만영(鄭萬永) 조병하(趙炳夏) 김은수(金銀銖) 김차경(金次經)
　　　　 최용기(崔鎔基) 김중환(金仲煥) 조철형(趙哲衡) 오일균(吳一均)
　　　　 한인준(韓麟俊)

제60기 이후는 모두 후보생으로 광복을 맞이했다.

이연수 공군으로 현지 임관하여 공군본부 정보국장을 지냈다. 준장.

장지량 일본 항공사관학교도 나왔다. 육군사관학교 제5기로 임관하여 육군에서 복무 중 공군으로 전군하여 공군본부 작전국장(대위)를 지냈고, 공군참모총장을 역임했다. 중장 예편.

조병건, 오일균 군사영어학교를 졸업하고 참위로 임관. 각각 소령으로 진급하여 조병건은 육군사관학교 교관, 오일균은 대대장으로 근무 중 숙군 때 처형.

한인준 군사영어학교를 졸업하고 참위로 임관하여 병기사령부 과장(대위)으로 근무 중 군수품부정처분으로 파면되었다.

정만영, 조병하, 김차경 국내에서 직장 생활을 하였다.

최용기 도쿄에서 진료소를 경영.

김은수 사망.

김태성, 이성구, 기재익, 김중환, 조철형 거취 불명.

일본육군사관학교 출신자 프로필

게재 대상 : 조국광복 및 6·25전쟁에 직간접으로 공헌하였다고 인정되는 일본육군사관학교 출신자.
게재 순서 : 일본육군사관학교 졸업기 순. 같은 기수는 국군 계급 순. 같은 계급은 성명의 한글 순.

김광서(金光瑞)

제2대 김일성 장군이다.

김광서는 1888년 6월 5일 함경남도 북청군 신창읍 승평리(新昌邑 昇坪里)에서 태어났다. 초명은 김현충(金顯忠), 별명은 김경천(金擎天)이다.

한국인 유일의 관비유학생으로 일본 유년학교 5년을 졸업하고 1909년 12월 일본육군사관학교 제23기로 입학하여 1911년 기병과를 졸업했다. 졸업 후 도쿄에 있는 제1사단 기병제1연대에 근무했고, 1917년 1월에서 9월까지 육군기병실기학교에서 용병법과 기마술을 교육받았다.

원래 이름 김현충을 일본육사 재학 중에 김광서로 바꿨다고 한다.

1919년 2월 20일 기병중위 때 병가를 얻어 귀국한 후 일본육군사관학교 3년 후배(제26기)인 지대형(池大亨-이청천)과 함께 만주로 탈출하여 안동현에서 독립운동을 전개하던 대한독립청년단에 가입하였다가 보다 효율적인 독립운동을 전개하기 위하여 서간도 유하현(柳河縣)에 있는 신흥무관학교를 찾아가 지대형과 함께 교관으로 독립군간부를 양성하였다. 이 소식을 들은 한국 열혈청년 600여 명이 신흥무관학교에 몰려들었다고 한다.

신흥무관학교에 구한국군 무관학교를 나와 정위(正尉-대위)로 있었던 신팔균(申八均)이 있었는데 세 사람은 조국의 광복을 쟁취하기 위하여 함께 투쟁할 것을 맹서하고 그 맹서의 뜻으로 하늘 천(天) 자를 돌림자로 한 별호를 쓰기로 하여 신팔균은 신동천(申東天), 김광서는 김경천(또는 어머니 성을 따서 윤경천), 지대형은 지청천(池靑天 또는 어머니 성을 따서 이청천)이라고 이름을 지었다.

이들은 만주 한인들로부터 남만삼천(南滿三天)이라 불리었고 존경을 받았다.

그 후 철기 이범석 장군이 이들 삼천에 합류했다.

철기는 중국 운남군관학교를 졸업하고 중국군 장교로 있다가 남만주에 있는 신흥무관학교가 독립군의 집결지라는 소문을 듣고 찾아왔다.

네 사람은 이듬해(1920년) 3월 1일 조선으로 진격하여 국경지대인 자성, 후창, 혜산진 중 한 곳을 점령하여 3·1민족봉기를 다시 일으킬 수 있는 계기를 마련하기로 결정하고 신동천은 남만주 한인사회의 지원을 얻기 위하여, 이청천은 상해임시정부와 연락하기 위하여, 김경천은 러시아에서 필요한 무기를 구입하기 위하여 그해 겨울에 각각 떠났다.

시베리아에는 볼세비키 혁명의 파급을 막기 위하여 일본군이 출병해 있었고, 일본군은 이 일대 한국인 독립운동 근거지를 공격하고 있었다. 김경천은 블라디보스토크에서 독립군을 규합하여 일본군과 싸웠다. 적의 적은 우군이라는 원리에 따라 러시아 적군(赤軍)과 합세하여 일본군 및 백군(제정 러시아군)을 상대로 싸웠고, 일본군의 사주를 받아 한인촌을 습격하는 만주의 마적패와도 싸워야 했다.

김경천은 이때 김일성이라는 또 하나의 이름을 쓰게 된다.

이 시기에 김경천은 창해청년단(滄海靑年團) 총사령관, 수청고려의병대 총지휘관으로서 활동하면서 일본군 및 러시아 백군과 싸워 연전연승했고, 마적패를 소탕하여 한인촌을 보호했다.

1919년 김경천이 만주로 망명한 후 1922년 일본군이 시베리아에서 철수할 때까지 러시아에서 활동한 대표적인 항일 운동가는 김경천이었다.

그는 일본육사 기병과 출신에다 육군기병실기학교에서 따로 용병술과 기마술을 습득한 기병의 배테랑답게 백말을 타고 주로 기마부대를 지휘하여 시베리아와 만주를 종횡으로 누비면서 일본군에게는 연전연승하고 마적패는 완전히 소탕하여 '항일운동의 전설적인 영웅 백마 탄 김일성 장군'으로 알려지게 된다.

1922년 7월 러시아 혁명군사위원회는 김경천의 이러한 능력을 인정하여 '뽀시에트' 군사구역 조선빨치산 사령관으로 임명하였다.

그해 8월 일본군의 철수가 임박해졌으므로 독립운동 단체들을 통합하고 지휘체계를 정비하기 위하여 김경천이 지휘하는 수청의병대를 한족공산당과 통합하여 대한혁명단으로 개칭하고 김경천이 사령관이 되었고, 본부를 '니코리스크' 서방 70리 지점에 두었다. 단원이 500여 명이었고, 마필이 80두였다. 러시아교관을 초빙하여 러시아식 군사훈련을 실시하였다.

그해 10월 러시아와 중국국경지대에 있는 독립운동단체를 통합하여 고려혁명군을 조직하고 총재에 이중집(李仲執), 총사령관에는 김규식(金奎植)이 추대되었으며, 혁명군 본부는 추풍(秋風)에 두었다. 김경천은 동부사령관이 되어 그의 활동 근거지인 수청에 본부를 두었다. 서부사령관은 신우여(申禹汝), 남부사령관에 임병극(林炳極), 북부사령관에 이추(李錐)가 임명되었다.

1922년 전설의 김일성 장군에게도 불행이 닥쳤다. 이해 가을 일본군이 시베리아에서 철수하자 볼셰비키는 그간 동맹군으로서의 의리를 저버리고 한인 독립군에 무장해제를 요구하였다. 시베리아를 발판으로 활동해 온 그에게는 청천벽력이 아닐 수 없었다. 러시아 적군의 후원을 얻어 국내 진공작전을 펼치고자 추진하던 모든 계획이 수포로 돌아갔고, 김경천은 실의에 빠진 나날을 보내야 했었다.

1925년 6월 21일자 동아일보에는

"김광서가 1924년 3월에 한족군인구락부를 조직하여 본부를 블라디보스토크에, 지부를 니콜스크에 두고 제2차 국민회의를 조직하려는 등 그 활동이 매우 컸으며 초지를 관철하기 위하여 동지를 규합하여 대대적인 활동을 개시하고자 한다."

라고 전한 것을 마지막으로 그의 소식은 더 이상 전해지지 않았다.

1925년 7월호 전의회(全誼會) 회보는

"김광서의 부인이 세 딸을 데리고 한국을 떠나 어디로 사라졌다."

는 소식이 실려 있었는데 이것이 김광서에 대한 마지막 소식이다.

전의회는 일본육군사관학교 출신 한국인 친목모임으로 회원 중에는 제26기 홍사익, 이응준, 제27기 김석원, 김인욱 등이 있고 모두 34명으로 구성되어 있으며, 김광서가 회장을 맡고 있었다.

김경천은 그 후 원동조선사범대학(또는 극동고려사범대학)에서 군사학과 일본어를 가르쳤고, 한소국경지대의 소련군 국경경비대에서 고급장교 또는 군사지도원으로 일했다고도 알려졌다.

김경천은 1937년 스탈린에 의한 한인의 중앙아세아 강제 이주를 앞두고 간첩죄로 체포되어 1936년 9월 29일 국경수비대 군법회의에서 3년형의 선고를 받고 2년 반 복역한 후 1939년 2월에 석방되었다.

가족을 찾아서 한인이 집단이주해 있는 카자흐공화국 카라간다주 텔만스키구역으로 가서 가족을 만났고, 그곳 집단농장의 채소작업원으로 일했다.

1939년 4월 김경천은 러시아편에 섰던 한인에 의하여 인민의 적이라는 혐의를 받아 또 체포되었다. 그해 12월 17일 간첩죄로 8년 금고형을 선고받고 카라간다에 있는 교정강제노동수용소에 수용되었다.

1941년 독소전쟁이 일어난 후 시베리아로 이감되었고, 이듬해 1월 소련 북동쪽 끝 '꼬미' 자치소비에트사회주의공화국으로 유배된 후 금고지에서 심장질환으로 사망하였다고 전한다. 시베리아로 이감된 이후 가족과 서신연락도 허용되지 않았다고 한다.

1959년 2월 19일 모스크바 군관구군법회의에서 복권되었다.

가족은 부인 류정화(호적명 柳貞)이고 2남 4녀가 있다.

첫째 지리(智利-일본 지바(千葉)현 출생) - 1915년~1982년

둘째 지혜(智慧-상동) - 1917년~1936년

셋째 지란(智蘭-서울 사직동 출생) - 1919년~1995년

넷째 수범(러시아 블라디보스도크 출생) - 1926년~1995년

다섯째 지희(러시아 수청 다우지미 출생) - 1928년생. 카자흐스탄 카라간다 거주

여섯째 기범(러시아 하바로브스크 출생) - 1932년생. 카자흐스탄 노브고로드 거주.

6명의 손자와 손녀가 있다.(가족 상황은 2004년 현재)

1925년 6월 부인 류정화 여사는 세 딸을 데리고 일본의 감시망을 피하여 몰래 남편이 있는 블라디보스도크로 갔고, 1937년에 중앙아세아의 카자흐스탄 카라간다주 텔만스키구역으로 강제 이주했다.

김광서는 항일 독립운동을 한 사실이 확인되어 독립유공자로 인정받고 1998년 광복절에 건국훈장 대통령장을 받았다. 그의 2남 4녀의 자녀 중 당시 생존해 있던 막내아들 김기범과 막내딸 김지희가 고국에 와서 훈장을 받았고, 이를 계기로서 김광서가 아닌 김경천 장군의 실체가 베일을 벗었다.

자료 : 《월간조선》 2004년 12월호
유현종 『제국의 별들』(전 4권)
인터넷 야후 백과사전 인물정보 「김일성」
국방부 『한국전쟁사』 제1권

서대숙 『북한의 지도자 김일성』
박한 『재러 한인 민족운동가 김경천(金擎天)연구』
앞 같은 『해경연구소 윤리문제 소고』
전쟁기념사업회 『한국전쟁사』 제2권

송남헌 『해방30년사』 제1권   《동아일보 기사》 1998. 8.13 「김경천 장군 햇빛」
《대한매일》 특집 기획연재(2000.11.22) 「해외항일전적지를 찾아서」(16) 블라디보스토크, 빨치산스크

지대형(池大亨) - 이청천(李靑天)

1888년 1월 25일 서울에서 출생. 본명은 지대형, 별명은 이청천이다.

대한제국무관학교와 일본육군사관학교 진학 과정은 다음 이응준과 같다.

일본군 중위로 진급하여 만주에 있는 관동군에 배속되었다. 1919년 어느 날 휴가 나온 일본육사 제23기 출신 김광서와 함께 탈출하여 안동현에 있는 대한독립청년단에서 독립운동을 했다. 대한독립청년단 세력이 약화되자 유하현(柳河縣)에 있는 신흥무관학교로 옮겨 교성대장(敎成隊長)이 되어 독립군 간부양성에 진력하였고, 1920년 서로군정서(西路軍政署)가 조직되자 그 간부로 취임하였다.

신흥무관학교에서 김광서, 신팔균과 함께 삼천(三天)의 맹약을 하였고, 이범석을 만난 과정은 앞 김광서의 경우와 같다.

그러나 앞 김광서 편에서는 이청천이 상해임시정부로 연락을 취하기 위하여 이들과 헤어진 것으로 되어 있으나 '제국의 별'은 1930년대 초까지 이범석과 함께 만주지방을 무대로 광복활동을 한 것으로 되어 있다.

그는 이범석과 함께 김좌진 장군이 지휘하는 북로군정서에 합류하여 청산리 전투(1920년 10월)에 참가하였고, 청산리 전투 후 일본군의 대대적인 보복을 우려하여 이를 피하고자 신흥무관학교를 폐쇄한 후 병력을 이끌고 간도지방으로 이동하여 김좌진 장군과 함께 대한독립군단을 조직하고 여단장에 취임했다.

1925년 양기탁(梁起鐸), 오동진(吳東振) 등과 함께 정의부(汀義府)를 조직하고 군사위원장 겸 사령장이 되었고, 1930년 한국독립군을 만들어 총사령관이 되었다.

1933년 치치하얼(齊齊哈爾)에서 한·중연합군 총참모장이 되어 항일지하운동을 전개하였다. 그러나 여기서 중국공산당의 압력을 받아 무장해제를 당했다. 그는 재만 독립군을 산해관(山海關)으로 이동시키고 자신은 상해 임시정부에 합류하여 낙양군관학교분교 한인특별반에서 독립군을 양성하였다.

1939년 중국 군사위원회로부터 한국광복군 조직승인을 받고 다음 해 9월 17일 중경(重慶)으로 옮긴 임시정부에서 광복군을 창설하여 초대 총사령관(대장)이 되었다.

참모장에 참장(소장) 이범석, 총무처장 참장 최용덕, 훈련처장 참장 송호성, 경리 및 정훈처장 조경한(趙擎韓)이 맡았고,

제1지대장에 김약산(金若山-金元鳳), 제2지대장에 이범석(겸임)이 맡았다.

1942년 9월 부사령관제가 신설되어 제1지대장 김약산이 겸임했고, 신설된 고급 참모에 참장 채원개, 정훈처장에 참장 이현수(李顯洙)가 보임되었다.

이범석이 제2지대장을 겸하고 있었으므로 중국인이 실질적인 참모장 역할을 하다가 1945년 5월 참장 김홍일이 임명되었고, 제3지대가 편성되어 지대장에 참장 김학규(金學奎)가 임명되었다.

제1지대 부지대장 석정(石正)이 팔로군에서 암약 중인 무정(武亭), 최용건(崔鏞鍵)과 내통하여 석정이 일부 부대원을 데리고 연안으로 탈주하는 사건이 발생하자 1944년 3월 제1지대를 개편하면서 송호성이 지대장으로 보직되었다.

1945년 8월 제2지대장 이범석이 국내정진군(國內挺進軍) 사령관으로 옮겼고, 제2지대는 참장 노태준(盧泰俊)이 맡았다.

광복 후 귀국하여 대동청년단을 창설하였다.

1947년 제헌국회의원에 선출되었고, 정부수립 후 무임소장관에 임명되었으며, 제2대 국회의원에 재선되었다.

홍사익(洪思翊)

1890년 경기도 안성에서 출생.

일본육사 제26기를 졸업하였고, 광복 당시 이은 황태자(영친왕)와 함께 일본군 육군중장이었다. 한국인으로서 군 최고 직위에 올랐다. 영친왕은 특수한 케이스지만 홍사익은 그의 실력으로 중장에 오른 사람이다.

육군사관학교 재학 중 수재로 알려졌다. 한국인으로서는 최초로 우등상을 받았고, 임관 후에는 도쿄에 있는 제1사단(근위사단)과 육군성 인사국에 근무했다. 육군대학을 졸업하고 일본군에서 총망받는 인물이 되었다.

중위 때 영친왕이 육국사관학교 제29기로 입학하자 어학우(御學友)로 지명되어 영친왕을 가까이에서 모셨다. 어학우란 영친왕이 친구가 없고, 또 아무나 사귈 수도 없는 입장이었으므로 홍사익 중위를 지명하여 친구로 만들어 준 것이다. 그러나 한편

으로는 영친왕에 대한 감시 역할도 겸했다. 일정기간 단위로 보고서를 내야 했다. 영친왕의 근황이 어떤지, 건강 상태는 어떤지 등 말하자면 어려움이 없는지를 살펴서 배려하고자 하는 뜻이 있었지만 함께 동태를 파악하고자 하는 의도가 내포되어 있었다.

그는 중위시절 육군성에 불려가 육군수뇌부 거물로부터
'육군성에 장교로 남으면 장차 출세를 보장하겠다.'
는 제안을 받았다고 한다.

식민지 출신은 차별받아 출세할 수 없다고 생각하는 한국인들에게 홍사익 중위처럼 유능하기만 하면 얼마든지 출세할 수 있다는 것을 본보기로 보여주겠다는 정책적인 생각을 가지고 그를 다루었다. 그래서 중요한 보직에 두어 감히 딴 생각을 할 수 없게 만들었고, 그런 이면에는 그만큼 철저한 감시가 따랐다.

그가 사임의 뜻을 표했을 때
"곧 대위로 진급하고 육군대학에 가야할 우수한 사람이 왜 그만 두느냐?"
고 하면서 들어주지 않았다. 굳이 그만 둔다고 고집을 피울 경우 그 이유를 꼬치꼬치 캐물을 것이고, 결국은 불순한 사상으로 몰아 그냥 두지 않았을 것이다. 그뿐만 아니다. 그가 그만 둘 경우 군에 남아 있는 한국인 장교들의 앞길이 순탄치 않을 수도 있을 것이고, 또 앞으로 일본육군사관학교에 진학할 한국 청년들이 어려움을 겪게 될 수도 있을 것이다.

'홍사익이 사임할 수 없는 처지'라는 것을 알게 된 동기들은 이런 대화를 나눈다.
"너무 강요하지 말게. 육군성 수뇌부에서는 진작부터 홍사익의 발목을 잡고 있는 것 같애. 빠져나올 수 없다고 봐야지."
"한 사람 남는 것도 괜찮아. 일제히 옷을 벗으면 이상하게 보지 않겠나?"

1922년에 육군대학 제35기로 졸업하였고, 1933년 소좌로 진급하여 관동군사령부에 배속되었다. 처음에는 관동군 참모부에 소속된 군사고문단의 일원으로 만주국 중앙육군훈련처의 교관을 겸했다. 이것은 봉천군관학교의 모체이고 후에 만주군관학교(속칭 신경군관학교)로 발전한다.

봉천군관학교와 만주군관학교는 우리 나라 건군 주역과 6·25전쟁 중 우수한 지휘관을 많이 배출한 곳이다.

1938년 대좌로 진급하여 특무기관 홍아원 조사관(책임자)을 역임했고, 1941년 육군 소장, 1944년 중장으로 진급하였다. 그는 남양 방면군사령부 병참총감 겸 필리핀 포로수용장으로 광복을 맞았다. 종전 후 전쟁범죄자로 처형되었다.

그는 일본군 고급장교의 직위를 이용하여 음으로 양으로 광복운동을 하는 동기생이나 후배들을 많이 도왔다. 일본군 장성이었다는 이유로 민족을 반역하였다거나 친일인사로 낙인이 찍힌 측면을 상쇄하고도 남을 족적을 남겼다.

관동군에 있을 때는 만주국으로부터 불모지를 불하받아 만주에서 유랑생활을 하는 동포를 이주시켜서 정착촌(虎家邱村)을 만들고 농토로 개간하여 생활의 터전을 마련하였고, 야학을 설치하여 동포들을 교육시켰다.

이청천(지대형)이 독립군 500명을 모집하여 간부요원을 양성하고 있다는 정보를 일본군 정보기관이 입수하고 그 본거지인 산서성 진휴정에 있는 안차산 계곡을 기습공격하여 토벌할 계획을 세우고 있었다. 홍사익은 이 정보를 입수하고 동기생 친구인 박시찬을 상해로 보내서 이청천에게 이 정보를 제공하였다. 이청천은 독립군을 인근 산악에 매복시켜 놓았다가 일본군이 진격해 올 때 역공하여 전멸시키는 개가를 올렸다.

홍사익은 이 일로 육군성 직할 특무기관의 조사를 받게 되는 어려운 고초를 겪게 되었는데 천행으로 친분을 맺고 가까이 지내던 육사동기인 일본천황의 동생 치치부노미야(秩父の宮)의 도움을 받아 위기를 모면한다.

또 호가구촌을 비롯한 만주 일대에서 모금한 독립군 지원금 3천여 원을 박치산이 상해 임시정부에 전달할 때는 그가 상해까지 동행하여 안전을 도모했다.

그가 전범으로 사형선고를 받았을 때는 동기생들이 맥아더 연합군총사령부를 상대로 구명운동을 폈으나 실패했다.

그는 식민지 출신 군인의 비운을 삼키며 죽어야 했다.

박시찬(朴時讚)

홍사익이 광복운동을 돕는 옆에는 항상 동기생 박시찬이 있었다.

유년학교에서부터 육군사관학교에 이르기까지 가장 절친한 친구가 박시찬, 지대형, 홍사익이었다.

박시찬은 육사에서 퇴교 처분을 당했다. 지대형은 광복군사령관이 되어 독립군을 양성하고 있었고, 홍사익은 일본군 고급장교로 있어 절친한 두 친구가 극에서 극으로 대조된 생활을 하게 되었다.

홍사익은 항상 괴로웠고, 가능하면 지대형을 도우려고 애를 썼다. 한편 이청천이 된 지대형도 그런 홍사익을 고맙게 생각했다.

유년학교시절에는 한국인 학생들이 한방을 썼는데 육군사관학교에 진학하자 한국인 학생들은 뿔뿔이 흩어져서 얼굴보기가 힘들어졌다. 그래서 박시찬이 고안한 것이 회보(會報) 발간이었다. 신문 형태의 회보를 월 1회 발간하여 동지들의 소식을 알리는 것이 목적이었다. 등사판으로 인쇄한 양면판이다.

회보 이름은 신단수(神檀樹)로 정하고 발간 취지에서
"조선의 훌륭한 장교가 되자."
는 결의를 밝혔다. 이것이 회보 제목과 함께 불온사상을 고취하는 것이라고 의심을 샀고, 또 회보를 사전에 학교의 허가 없이 발간하였다고 하여 교칙 위반으로 걸려들었다. 그래서 퇴교처분을 당했다.

제26기 임관에서 탈락한 한 사람이 박시찬이다.

박시찬은 학교를 그만 둔 후 고하 송진우 선생과 연결하여 한국과 만주 그리고 중국을 드나들면서 독립운동을 했고, 기미 3·1만세 때는 파고다공원에서 독립선언서를 낭독했다. 동기생 및 후배(제27기)들이 옷을 벗은 후에는 고하의 도움을 받아 취직을 알선하였고 남아 있는 사람과 그만 둔 사람간 가교역할을 하면서 독립운동을 도왔다. 특히 가장 절친한 홍사익과 지대형과의 유기적인 관계는 끝없이 계속되었는데 두 사람사이에는 언제나 박시찬의 필사적인 헌신이 있었다.

그런 중에도 박시찬은 신단수(申檀樹)라는 필명으로 시를 썼다.

「지대형, 홍사익, 박시찬」 참고 문헌 : 유현종 『제국의 별들』

이응준(李應俊)

1890년 8월 12일 평안남도 안주에서 출생.

1908년 보성중학교 2학년 1학기를 마치고 육군무관학교에 입학하였다.

육군무관학교는 대한제국의 장교를 양성하는 기관으로 설립되었고, 수학연한 2

년에, 모집 정원은 25명이며, 이응준이 제1기였다.

교장은 노백린 정령(正領-대령)이다. 그는 1898년에 일본육군사관학교에 유학하여 이듬해 11월에 제11기로 졸업했다.

이응준이 2학년이 되었을 때 노백린은 군을 떠났고, 후임에 이희두(李熙斗) 참장(參將-소장)이 부임했다.

1909년 대한무관학교가 폐교되었다. 이때는 제2기(다음의 김석원 장군 동기)가 입학하여 재학생이 50명에 이르러 있었다.

1909년 9월 3일 무관학교 고문 고쿠라(小倉祐三郞) 대위(김석원『노병의 한』은 소좌)의 인솔하에 무관학교 제1, 제2학년 42명(8명은 유학 포기)이 현해탄을 건너 일본 육군중앙유년학교에 입학하였다.

이응준 등 13명은 유년학교 예과를 거쳐서 1912년 여름에 본과를 졸업한 후 육군사관학교 후보생 자격으로 도쿄에 있는 제3연대에 배속되어 6개월동안 대부(隊附) 근무를 하였다. 상등병(上等兵)의 계급을 받았다.

1912년 12월 대망의 육군사관학교에 입학했다. 입학생에게는 군조(軍曹-중사)의 계급이 주어졌다.

1914년 5월(25세)에 일본육군사관학교 제26기로 졸업하고 다시 견습사관으로 대부근무를 했던 제3연대에 배속되었고, 그해 12월 30일 육군소위로 임관하였다.

1925년 소좌로 진급하여 대대장이 되었고, 1936년 중좌진급, 1941년 가을에 대좌로 진급했다.(52세) 소위 임관 후 27년만이다.

1945년 8월 15일 광복을 맞이하였고, 22일 귀국했다.

1946년 1월 4일 미 군정청 국방부장 고문으로 위촉되어 국군창설의 산파역을 하였다.

같은 해 6월 12일 군사영어학교를 졸업하고 정령(正領-대령)으로 임관하여 통위부 감찰총감이 되었다. 군사영어학교 졸업생 110명 가운데 맨 마지막으로 졸업했다. 학교에 다니지 않고 서류상으로만 졸업했는데 그의 사위 이형근 장군이 군번 1번을 받았고 그는 110번 중 맨 끝 군번을 받았다.

1947년 12월 1일 제3여단장(초대)에 보임되었고, 다음 해 2월 5일 제1여단장으로 전임했다.

1948년 11월 20일 육군총사령관이 되었고, 같은 해 12월 15일 국군조직법이 시행되면서 준장 진급과 동시에 초대 육군총참모장의 대임을 맡았다.

우리 나라 최초의 장성이다.(59세)

1949년 2월에 소장으로 진급했고, 그해 5월 9일 제8연대 2개 대대 월북사건에 책임을 지고 사임하여 무보직으로 있었다.

같은 해 6월 30일 제3사단장에 임명되었고, 1950년 1월 15일 대기 발령을 받았다가 이듬 해 1월 15일 제5사단장에 임명되어 재임 중 6·25남침을 맞이했다.

7월 5일 부대 개편 때 제5사단이 해체되면서 직을 물러나 수원지구방위사령관으로 있다가 7월 8일 전남편성관구사령관, 서남지구전투사령관, 마산지구계엄사령관, 제주지구계엄사령관, 전남지구병사구사령관 등을 역임하고 그해 11월 13일 사임하여 예비역에 편입되었다.

1951년 10월 대한상이군인회 회장에 선임되었다.

1952년 4월 21일 현역에 복직하여 육군대학 총장에 취임했다.

그해 11월 15일 중장으로 진급했다.

1953년 6월 제주도 제2훈련소장에 임명되었고, 이듬해 6월 육군참모차장으로 승차했다. 이때 그의 나이 65세였다.

1955년 9월 15일 예비역에 편입하였고, 곧 체신부장관에 임명되었다.

독립운동가 이갑 선생의 사위이고, 이형근 장군의 장인이다.

자료 : 이응준 회고록 회고 90년 외

신태영(申泰英)

1891년 서울 출생. 일본육군사관학교 제26기를 나온 일본군 육군 대좌 출신.

1948년 11월 20일 대령으로 특별 임관하여 육군본부 행정참모부장과 국방부제1국장을 역임했고, 1949년 8월 1일 호국군 참모장을 거쳤으며, 1949년 10월 1일 육군총참모장대리에 임명되었다.

총참모장대리를 물러난 후 육군본부 병기행정본부장, 국방부장관을 역임했다.

6·25남침 후 7월 8일 전북편성관구사령관에 임명되었고, 7월 17일 서해안지구전투사령관에 임명되어 서남부 방면 작전을 지휘했다.

1956년에 사망했다. 예비역 중장.

일본육사 제53기를 나와서 일본군 육군 소좌로 야전포병대대장을 지냈고, 특별임관하여 공군창설요원으로 전출하여 중장과 국방부차관을 역임한 신응균(申應均) 장군의 부친이다.

안병범(安秉範)

1889년 서울에서 출생했다.

일본육군사관학교 제26기를 졸업한 일본군 육군 대좌 출신이다.

1949년 5월에 육군사관학교 제8기 특별1반을 나와서 육군 대령으로 임관한 후 호국군 제103여단장, 청년방위대 참모장 경남지구병사구사령관을 거쳐 청년방위대의 수도방위대 고문이라는 한직에서 6·25남침을 맞았다.

27일 서울이 적의 수중에 들어가고 군인은 모두 후퇴했다. 전황은 악화되어 수복의 희망이 보이지 않았다. 게다가 서울을 점령한 북한군은 납치, 감금, 학살을 자행하여 생지옥을 방불케 하였고, 자신에게 위험은 시시각각으로 다가오고 있었다.

그는 자결을 결심했다. 부인 장수연(張嘉廷) 여사에게 같이 죽을 것인지 의사를 물었다. 부인은 저미는 단장의 고통을 인내하며 삶을 택했다. 아직도 부모의 손길이 가야하는 다섯 아들을 두고 죽을 수는 없었다. 남편을 따르지 못하는 통한을 되씹으며 눈물을 삼켰다.

그는 29일 세검정을 통하여 인왕산으로 올라갔다. 그리고 비수로 배를 갈랐다. 죽음에 앞서 이렇게 결의를 다졌다.

"경술국치 때는 어려서 죽음의 기회를 놓쳤을 뿐만 아니라 동기생들과 중위가 되면 옷을 벗고 광복운동을 하기로 한 약속을 지키지 못한 회한을 씻고 죽음으로 속죄하는 기회를 가졌다."

자살 당시 향년 61세. 육군 준장으로 추서했다.

슬하에 광호(光鎬, 현지 임관-예비역 준장),

광수(光銖, 일본육사 58기 일군 소위 군사영어학교 임관-예비역 대령),

광석(光錫, 육사 생도 2기-전사),

광진(光鑛, 전사), 광선(光銑) 등 5형제가 있었다.

그는 다음과 같은 유서를 남겼다.

"구원한 의에 살기를 원하는 자의 주검을 슬퍼 말아라! 의를 쫓는 자는 영원히 살 것이며 불의를 따르는 자는 영원히 멸망할 것이다. 싸워 국토를 지키지 못하는 자는 죽어 마땅할 것이니 적구(赤狗)를 물리치고 낙토건설에 기둥이 되면 너희의 의무는 다 하리라." 주)

국방부 『한국전쟁사』 제2권 p255~256

유승렬(劉升烈)

일본육사 제26기를 나온 일본군 대좌 출신.

1949년 1월 1일 육사 제8기 특별 1차를 졸업하고 육군 대령으로 임관하였고, 그해 1월 7일 호국군 제102여단장에 임명되었다.

같은 해 5월 12일 제2사단장에 임명된 후 제1사단장을 거쳐 1950년 4월 22일 제3사단장으로 전임하여 재임 중 6·25남침을 맞았다.

1950년 7월 9일 영남편성관구 부사령관으로 자리를 옮겼다.

경북지구병사구사령관과 민사감을 역임하고 소장으로 예편하였다.

국방부 장관을 역임한 유재홍 장군의 부친이다.

유재홍 장군은 일본육사 제55기를 나온 일본군 대위 출신이다. 아버지와 아들이라는 관계를 벗어나서도 일본군에서의 격차는 엄청나다. 일본육사 26기와 55기, 일본군 대좌와 대위. 그런데 아들은 군사영어학교를 나와 정위로 임관한 후 승승장구하여 아버지가 육사 제8기 특별반을 나와 대령으로 임관했을 때 같은 대령에 올라 있었는데 아들이 선배가 되어 6·25남침을 당했을 때는 준장으로 진급했고, 이후 항상 아들이 아버지보다 한 계급 위에 있었다. 결국 아버지는 군에 늦게 들어온 이유로 군을 떠날 때까지 아들의 부하 또는 후배로서 성실하게 복무해야 했었다.

유재홍 장군은 '견딜 수 없게 곤혹스러웠던 것은 아버지로부터 경례를 받는 것'이라고 했다. 아버지에게 제발 경례 좀 하지 말라고 부탁을 드렸더니 '군의 위계질서상 있을 수 없는 일'이라고 듣지 않았다는 것이다. 그런데도 다행인 것은 말은 놓았다는 것이다.

이를 두고 군내에서는 유승렬 장군의 미덕으로 화제를 삼고 있었다.

그러나 다른 이야기도 있다.

유승렬 장군이 병사구사령관으로 있을 때 총참모장의 표창을 받게 되어 총참모장실에 갔는데, 마침 총참모장은 출타 중이고 참모차장인 아들이 대리로 표창장을 수여했다.

유승렬 장군이 돌아오는 길에 '그놈이 줄 줄 알았으면 안 올 걸……' 하고 술회한 일이 있었다고 전사는 전한다.

김석원(金錫源)

1893년 9월 29일 서울 계동에서 출생했다.

그의 부친 김상길(金尙吉)은 구한말 탁지부(度支部-조선왕조의 호조, 지금의 기획재정부)의 관리였다.

1908년 한국무관학교에 제2기로 입학했다.

입학 후 행적과 일본육군사관학교 유학 과정은 앞 '비운의 대한제국무관학교 학생들' 과 이응준 프로필을 참조하기 바란다.

김석원은 예과 제1학년에 편입하여 예과와 본과를 졸업하고 1913년 12월 1일 일본육군사관학교에 제27기로 입학하여 1915년 5월 25일 졸업하였다. 동기생 한국인은 모두 20명이었다.

육군사관학교를 졸업하고 군조(중사)의 계급장을 달고 와카야마현(和歌山懸)에 있는 제61연대에 배속되어 견습사관생활을 마친 후 이듬해인 1916년에 소위로 임관했다.

견습사관생활 중에 그는 아무나 할 수 없는 중기관총교관의 견습사관으로 임명되었고, 다음 해에 소위로 임관하여 정식으로 중기관총 교관이 되었다. 중위가 맡는 자리에 소위가 임명된 것이다. 그만큼 능력을 인정받았다.

1920년 제61연대에서 용산에 있는 제78연대로 옮겼다.

1931년 12월 제78연대 기관총대장(대위)으로 만주에 출동하여 마점산군(馬占山軍)을 격파하는 개가를 올렸다. 마점산군은 마점산이 지휘하는 중국군이다. 그는 하북성 출신으로 마적이었다.

이 전투에서 승리한 공으로 상금 7백원을 받았고, 곧 소좌로 진급하는 계기가 된다. 당시 도시가구의 한달 생활비가 50원이었다. 얼마나 거금인가?

조국을 되찾기 위해서는 민족혼을 일깨워야 하고 민족혼을 일깨우기 위해서는 후진을 양성하여야 한다는 신념에서 평소 육영사업에 뜻을 두고 있던 그는 그 돈 중에서 500원을 출연하여 성남학원을 설립하게 된다.

일본군은 소좌가 되면 말을 탄다. 그런데 그는 대위 때부터 말을 탔다. 중기관총은 말이 끌었으므로 기관총대에는 말이 여러 필 있었다. 그래서 중대장이 말을 탔다. 그는 말 탄 김석원으로 유명했고, 어린이들의 동경의 대상이기도 했다.

1932년 만주에서 귀국하였고, 1934년 소좌로 진급하였다. 소위임관 후 17년 만이다.

진급이 늦은 것에 대하여 "한국인이라는 차별이 조금은 작용했을지 모르나 동기생들과 비교하면 평균 수준은 되는 것으로 보아 그렇지는 않은 것 같다."고 말했다. 그는 또 "중위가 맡는 중기관총 교관을 소위 때 맡았고, 중기관총 대장을 맡는 등 연대에서 다른 사람에 비하여 인정을 받았으므로 그렇게 생각하지 않는다."고 했다.

1기 선배인 이응준 장군은 소좌 진급은 많이 빨랐으나 광복 당시에 같은 대좌였다. 이응준은 김석원 자신보다 월등히 성적이 좋았다고 했다. 그래서 대부근무를 도쿄에 있는 제3연대에서 할 수 있었다고 했다. 또 같은 1기 선배인 홍사익(洪思翊)은 사관학교시절 수재로 소문이 났고, 아무나 갈 수 없는 육군대학을 나와서 중장에 진급했는데 그는 특별하다고 했다.

1937년 7월 13일 제78연대 대대장으로 화북전선으로 출동하여 남원(南苑) 전투에서 중국군 1개 사단을 격멸하는 신화를 낳았다. 이때 일본 아사히(朝日)신문이 '김석원부대 남원 전투 5시간'이라는 제목으로 승전보를 크게 보도하여 그의 이름이 한국과 일본은 물론 중국에까지 알려지게 되었고, 이후 중국군은 김석원이라는 이름만 들어도 전의를 잃고 도망쳤다고 했다.

중국의 장개석 총통이 한국을 방문하여 진해 별장에서 이승만 대통령과 만났을 때의 일이다. 이 대통령이 군에 인재가 없어서 걱정이라고 말하자 장 총통이

"아니 그 김 아무개라는 군인이 있지 않습니까?"

라고 해서 이 대통령을 놀라게 했다는 일화가 전한다.

중국으로 출정하기 며칠 전 미나미(南次郎) 총독을 찾아간다. 성남학원설립인가를 얻기 위해서다. 미나미 총독은 한국인에게 창씨개명을 시킨 원흉이다.

당시 조선총독부는 사립학교를 독립운동의 진원지로 인식하고 있었기 때문에 신규설립 인가를 해 주지 않고 있었다.

미나미 총독을 만난 그는

"이번에 출정하면 살아서 돌아올 수가 없을 것 같습니다. 마지막 한 가지 소원을 들어 주십시오."

"김 부대장! 마지막 소원이라니! 무엇이오?"

"총독 각하께서 아시고 계시는 바와 같이 제가 추진하고 있는 성남고등보통학교 설립 문제입니다. 설립인가를 해 주십시오."

"그것이라면 좋소. 뭐 가족에 대해서 부탁하고 싶은 말은 없소"

"제 개인적인 부탁은 없습니다. 학교 설립만이 유일한 제 소원입니다."

"알았소. 내 책임지고 처리할테니 안심하고 떠나시오."

그가 중국에 파견되어 있는 동안 학교설립 인가가 났다. 오늘의 성남학원 곧 성남중·고등학교다. 재단 이름은 원석학원(元錫學院)이다.

1940년 1월 5일 재단이사장 원윤수(元胤洙)가 세상을 떠나자 현역 군인의 신분으로 원석학원 이사장을 맡았고, 그해 4월 중좌로 진급한 후에도 계속 이사장을 맡았다. 그러한 그의 처사를 못마땅하게 여긴 교장 아베(安倍)가 군사령부에 들랑거리며 청탁과 모략을 하여 결국 그는 히로시마(廣島)에 있는 제42연대 교육대장으로 전속되었다.

아베는 학교를 차지하기 위하여 가진 술수를 다 썼다. 김석원이 학교에서 배일사상(排日思想)을 가르쳤다거나 독립운동가를 도왔다는 등 모략을 일았다.

1944년 8월 대좌로 진급하여 평양병사부(平壤兵事部) 과장으로 부임했다.

1945년 8월 15일 광복과 더불어 서울로 와서 성남중학교 교장에 취임했다.

대부분의 일본군 고급장교 출신들은 일본군에 근무한 속죄의 뜻으로 자숙하여 건군에 참여하지 않았다. 특히 일본육사 제26, 제27기는 모두가 불참했다. 다만 이응준 장군만이 미군정의 국방부장 고문으로 위촉되어 건군에 많은 조언을 하였고 이를 계기로 일찍 군에 발을 들여놓았다.

그도 그러한 일면이 없었던 것은 아니지만 학교 경영에 뜻을 두고 있었고, 그즈음 군의 상층부에 대한 불만이 많아 다시 군에 가고픈 생각은 없었다.

"전혀 실전 경험도 없는 사람이 군의 최고 간부로 앉아 있으니 장차 난국을 헤쳐 갈 국가 장래를 위하여 저으기 불만이기도 했지만 그보다 군의 간부들이 허영에 들떠 있어 군 본연의 임무보다는 권력을 악용하여 사치와 축제에 여념이 없는 형편이었으니 말이다."

라고 그의 회고록에서 술회했다.

그는 일본군 좌관급(佐官級-領官級) 이상의 인사들 모임이 있다는 연락을 받고 나갔다. 태릉육군사관학교로 데려가서 입학원서를 쓰게 하고 교육을 시켰다고 한다. 그는 원서를 쓰지 않은 채 일주일 정도 교육을 받았다. 그러나 입대는 하지 않았다. 다른 사람들은 그때 모두 입대했다.

이때 이승만 대통령으로부터 '그 사람 왜 아직 군에 안 들어오고 있느냐?' 는 말을 여러 번 들었다. 할 수 없이 1949년 1월 7일 대령으로 임관하여 제1사단장에 임명되었다.

그해 3월 준장으로 진급했고, 10월 소위 남북교역사건으로 채병덕 총참모총장과 알력을 빚어 함께 예비역에 편입되었다. 퇴역 후 성남학원 재단이사장과 성남중학교 교장에 취임했다.

6·25남침을 당하자 김석원 장군을 일선에 보내야한다는 여론이 일어났다. 신성모 국방부장관이 복직을 간청하였다.

1950년 7월 7일 현역에 복귀하여 수도사단장에 부임했다. 그러나 겨우 한 달 만인 8월 7일 제3사단장으로 전임하였고, 다시 한 달도 채 안되는 9월 1일 전시특별검열관으로 전임하여 일선 지휘관을 떠났으며, 이듬해 8월 육군본부로 명령을 받았다. 보직 없는 장군으로 5년이라는 긴 세월을 허송했다.

1952년 4월 성남중·고등학교 교장에 취임했다.

1956년 6월 소장으로 예비역 편입하였다.

김석원 장군은 단순한 한 군인 또는 6·25남침을 맞이하여 한 사단을 지휘한 지휘관으로 치부할 수만은 없는 족적을 남겼다. 그 시대의 아픔이요, 민족수난사의 한 단면이다. 일본군에 몸담은 것에 회한을 간직했고, 독립운동을 하는 동료를 도왔으며 후진양성을 위한 육영사업에 전력투구했다.

그는 지원병훈련소에서 한국청년들에게 이렇게 말했다.

"열심히 배워서 군에 대한 것을 익혀두면 머지 않은 장래에 우리 민족을 위해 꼭 유용하게 쓰여질 것입니다."

그는 기관총대장으로 중국 출정을 앞두고 다음과 같이 심경을 토로했다.

"나는 그때 기왕에 군인이 된 바에야 무엇을 하더라도 일본인보다 잘한다는 소릴 들어야 한다는 것이 일종의 생활 목표였던 것이다. 총을 쏘아도 일인들보다 잘 쏘아야 하고, 싸움을 싸워도 일인들보다 잘 싸워서 한국 민족으로서의 우수성을 나타내는 것만이 결국 한국민을 위하는 길이 될 수 있다고 생각했던 것이다. 짧은 생각이었다.

나는 이 짧은 생각 때문에 끝내 일본군을 탈출하지 못하고 일제가 망할 때까지 일제의 군복을 걸치는 신세가 되고만 것이다."

그의 일본육사 동기 이종혁이 중위 때 중국으로 망명하여 독립운동을 하다가 일본 관헌에 체포되어 평양형무소에서 5년 형기를 마치고 출소한 후 서울에서 요양 중에 있었다. 산송장과 같은 친구를 위해 일본 장교의 신분으로 위험을 무릅쓰고, 심지어 연대장으로부터 주의하라는 경고를 받아가면서도 자주 들려 위로하고 간병을 도왔다.

그가 학교 설립을 추진하기 위하여 총독부에 드나들 때 총독부에 다니는 관리들과 같은 부대에 근무하는 한국인 출신 장교들로부터

"자네의 학교 인가를 위한 운동이 민족 운동으로 잘못 인식되어 우리 입장마저 곤란하니 단념하는 게 어떤가?"

라는 충고를 듣기도 하였다.

민족사의 한 편린을 기술하는 심정으로 상세하게 언급했다.

자료 : 김석원 회고록 『노병의 한』 외

채병덕(蔡秉德)

1917년 평양 출신.

일본육군사관학교 제49기를 졸업하고 일본군 소좌(少佐)로 광복을 맞았다.

1946년 1월 15일 군사영어학교를 졸업하고 정위로 임관하여 제1연대 창설 연대장이 되었다. 대대장과 중대장을 겸임했다. 1946년 7월 1일 참령으로 통위부직속 보

급부대장에 임명되었고, 이후 부대 이름이 병기부대사령부, 후방부대사령부, 잠정후방사령부, 잠정특별부대사령부로 개칭되면서 중령, 대령으로서 그 사령관직을 계속 연임했다.

1948년 4월 29일 제4여단장이 되었고, 제6사단장(제4여단 개칭)을 거쳐서 그해 8월 16일 국방부 참모총장(대령)에 임명되었으며, 1949년 5월 9일 육군총참모장(소장)으로 전임했다.

같은 해 10월 남북교역사건으로 제1사단장 김석원 장군과 함께 해임(예편)됐다가 12월에 병기행정본부장으로 복직하였고, 1950년 4월 30일 다시 총참모장으로 복귀하여 재임 중 6·25남침을 맞았다.

1950년 6월 30일 6·25 패전의 책임을 지고 물러나서 국방예비군사령관이라는 위인설관(爲人設官) 자리로 옮겼다. 후임 총참모장은 정일권 참모차장이 소장으로 진급하여 임명되었다.

같은 해 7월 10일 창설한 제3군단장에 임명되었고, 동 12일 제3군단이 영남편성관구사령부로 개편되면서 그 사령관이 되었다가 7월 17일 해임되었으며 7월 25일 영남서부 지구 방위책임을 맡아 하동 전투에 나갔다가 27일 전사했다.

미 육군공간사는 '그의 실책이나 결점이 어떻든 간에 채병덕 소장은 군인으로서 죽었다.' 고 적었다.

▶ 앞 「편성관구 설치」 참조

이종찬(李鍾贊)

1916년 서울에서 출생.

1937년 6월 일본육사 제49기를 나온 일본군 중좌(中佐) 출신이다.

1949년 6월 대령으로 특별 임관하여 국방부 제1국장에 임명되었고, 정훈국장을 겸임하였다. 1950년 4월 병기행전본부장을 겸임하였고, 1950년 6월 10일 수도경비사령관(대령)에 임명되어 재임 중 6·25남침을 맞았다.

1950년 6월 28일 한강방어작전의 필요에서 편성된 혼성수도사단장을 거쳐 같은 해 7월 8일 부산에 새로 편성한 제9사단장 겸 경남편성관구사령관(준장)에 임명되었고, 같은 8월 1일 육군중앙훈련소본부장에 임명되어 제1, 제3훈련소를 설치하고 병력 양성에 전념하였다.

같은 해 9월 1일 김석원 장군 후임으로 제3사단장에 전보되었고, 보병학교 교장(소장)을 거쳐서 1951년 6월 육군총참모장(중장)에 임명되었다.

소위 사사오입 개헌으로 불리는 부산 정치 파동 때 이승만 대통령으로부터 1개 사단을 부산으로 진출시키라는 명령을 듣지 않아 총참모장에서 물러나 1953년 7월 육군대학총장으로 전임하였다.

육군대학총장을 1960년까지 재임했다. 중장으로 예편한 후 허정 과도정부에서 국방부장관을 역임했다.

신응균(申應均)

일본 항공학교와 일본육군사관학교 제53기를 나온 일본군 소좌 출신이다.

일본군 포병대대장을 지냈다.

육군항공병 제1기생으로 입대하였고, 소위 김포기지 105인 멤버 중 한 사람이다. 이등병으로 근무 중 일본군 항공 경력이 알려지자 당시 공군 독립을 추진하고 있던 최용덕 국방부차관이 보좌관으로 임명하여, 공군 독립의 근거를 마련하는 국군조직법을 기초케 하였다. 육군이등병이 육군상사가 운전하는 차를 타고 출퇴근하여 특별 이등병이라는 별명이 붙었다.

일본군 소좌의 경력을 인정받아 특별 임관하였다.

1948년 11월 20일 호국군이 창설과 함께 육군본부에 설치된 호국군무실(중령)에 임명되었고, 1949년 3월 1일 호국군 간부훈련소장으로 전임하였으며, 같은 해 3월 3일 육군본부 병기감 겸 육군병기학교 교장을 거쳐서 육군포병학교 교장 겸 포병연대장(대령)을 역임했다.

중장으로 예편한 후 국방부차관을 역임했다.

일본육사 제26기 출신으로 국방부장관을 지낸 신태영 장군의 영식이다.

김정렬(金貞烈)

1917년 서울 출생. 경성공립중학교를 졸업하고 일본육군사관학교 제54기를 나온 일본군 대위 출신이다. 일본 육군항공대 전대장을 지냈으며 일본군에서의 비행시간이 2,000시간을 넘는 베테랑 조종사이다.

항공 창설 간부 7인 멤버 의 한 사람.　　　　　　　▶ 7인은 앞 최용덕 참조

공군 창설을 위하여 각고의 노력을 기울였다. 그는 통위부장 류동열 장군과 공군 창설을 교섭하는 한편 7인 멤버의 한 사람이면서 통위부 정보국장대리로 있는 그의 동생 김영환(金英煥 부위)으로 하여금 조선경비대 미 고문관 프라이스 대령과 공군 창설에 관한 구체적인 교섭을 하게 하여 효과적인 결실을 맺었다.

임관 과정은 앞 최용덕 장군의 경우와 같다.

1948년 5월 15일 창설한 통위부직할 항공부대 근무대장(중위)을 맡았고, 그해 9월 13일 항공기지부대가 육군항공사령부로 개편되었을 때 초대 비행부대장을 맡았다.

1949년 2월 15일 육군항공사관학교 교장으로 전임하였고, 1949년 10월 1일 공군이 육군으로부터 독립하면서 초대 공군총참모장으로 보임되었다.

1950년 5월 준장으로 진급하였다.

1952년 12월 1일 최용덕 장군과 자리를 맞바꾸어 공군사관학교 교장으로 전임하였고, 1953년 5월 1일 공군기획참모부장으로 전임하였다가 다시 제3대 공군총참모장으로 재임했다.

중장으로 예비역에 편입하였고, 국방부장관을 역임했다.

일본육군사관학교 제26기를 나온 일본군 대위 출신으로 호국군참모장(준장)를 지낸 김준원(金埈元) 장군의 영식이다.

유재흥(劉載興)

1921년 8월 3일 일본 나고야(名古屋)에서 출생. 본적은 충남 공주.

일본육군사관학교 제55기를 졸업한 일본군 대위 출신.

1946년 1월 22일 군사영어학교를 졸업하고 대위로 임관하였다.

통위부 후방대대 보급대대장을 거쳐서 1948년 2월 28일 조선경비대 총사령부 군수처장, 1948년 6월 18일 제1여단 참모장(중령), 그해 10월 11일 제4여단 참모장으로 전임했다.

1948년 12월 5일 대령으로 진급하였고, 1949년 3월 2일 제주도전투사령관을 맡았으며, 1949년 5월12일 제6사단장으로 전임하였다.

제4여단은 1948년 11월 20일 제6여단으로 개칭되었고, 1949년 5월 12일 제6사단으로 승격되었다.

1949년 5월 31일 준장으로 진급하였고, 1950년 1월 15일 제2사단장을 거쳐 그해 6월 10일 제7사단장으로 전임하여 6·25남침을 맞았다.

6월 26일 의정부지구전투사령관에 임명되어 제2사단을 통합지휘했다.

1950년 7월 5일 제1군단 부군단장이 되었고, 그해 7월 20일 제2군단장으로 전임하였으며, 그해 9월 13일 소장으로 진급했다.

1951년 1월 9일 제3군단이 창설되자 잠시 제3군단장을 겸직하다가 그 달 14일 육군참모차장으로 옮겼고, 1952년 5월 9일 중장으로 진급했다.

1952년 7월 23일 다시 제2군단장으로 갔다가 1953년 2월 18일 다시 참모차장으로 돌아왔다.

1957년 합동참모회의 의장으로, 1959년 제1군사령관으로 전임하였고, 1960년 4·19혁명 후에 예비역에 편입하였다.

1961년 5·16군사혁명 후에 중용되어 주 태국대사를 시작으로 주 스웨덴, 이탈리아 대사를 역임했고, 1970년 대통령 안보·국방 담당 특별보좌관에 임명되었으며, 1971년 국방부장관에 임명되어 장수장관으로 재임했다.

제3사단장을 역임한 유승렬 장군의 영식이다. 아버지로부터 경례를 받은 유일한 장군이다.

이형근(李亨根)

일본육사 제56기 일본군 대위 출신이다. 일본군 포병중대장을 지냈다.

군사영어학교를 졸업하고 대위로 임관했다. 육군장교 군번 1번이다.

1946년 2월 18일 제2연대 창설 중대장으로 임명되어 대대장을 겸임했다.

1946년 5월 1일 남조선국방경비사관학교 초대 교장(참령)과 1946년 9월 6일 제2연대장을 거쳐서 같은 해 9월 28일 남조선국방경비대 한국인 총사령관대리(소령, 중령)에 임명되었고, 1948년 2월 11일 조선경비대 총참모장(대령)이 됐다.

1949년 6월 20일 초대 제8사단장(준장)으로 전임하였고, 1950년 6월 10일 제2사단장으로 전임하여 재임 중 6·25남침을 맞았다.

의정부전선에서 채병덕 총참모장의 작전지휘에 의견을 개진하였는데, 채병덕 총장은 이것을 항명으로 받아들여 못마땅하게 생각하였다. 채병덕 총장은 6월 26일 의정부지구전투사령부를 즉흥적으로 설치하고 제7사단장 유재흥 준장을 사령관에 임명하여 양 사단을 지휘하게 하면서 이형근 준장을 해임했다.

채병덕 총참모장은 군번이 2번이고, 이형근 준장이 1번이다. 선배이면서 군번 1번을 차지하지 못한 채병덕 총장은 그 불만으로 군사영어학교 졸업 이후 이형근 준장과는 사이가 좋지 않았다. 이 조치도 그 일환으로 보는 시각이 크다.

같은 해 7월 8일 신설한 전남편성관구사령부 참모장에 임명되었고, 이천지구전투사령관을 거쳐서 1950년 10월 제3군단장(소장)에 보임되었으며 이후 교육총감부총장, 휴전회담 한국 측 대표를 지냈다.

1952년 1월 제1군단장(중장), 1954년 2월 합동참모회의 의장(대장)을 거쳐서 1956년 6월 육군참모총장에 올랐고, 1959년 8월에 예비역에 편입하였다.

이응준 장군의 사위다.

최창식(崔昌植)

일본육사 제56기를 나온 일본군 공병 대위 출신.

1948년 12월 1일 육군 소령으로 특별 임관하여 공병처장에 임명되었고, 1949년 5월 1일 공병처가 공병감으로 개칭되면서 공병감이 되었다.

한강교 폭파에 대한 책임론이 일어났을 때 최창식 공병감의 책임보다는 폭파명령을 직접 내린 채병덕 육군총참모자의 책임론이 지배적이었지만 채병덕 소장은 이미 전사한 후여서 책임을 물을 수 없게 되었다.

8월 25일과 26일 사이에 제6사단 전투지구인 경북 군위에서 공병대가 매설한 지뢰가 폭발하여 연대로 귀임하던 제5연대장 이영규 중령과 후방으로 철수하던 제2연대 제3대대장 이운산 중령이 전사한 것을 비롯하여 장병 50여 명이 사상하는 사고가 발생하였다.

신성모 국방부장관의 지시로 진상조사를 한 헌병은 최창식 공병감의 지휘 감독이 불충분하였다는 결론을 내려 근무 태만으로 구속하였고, 한강다리 조기폭파의 책임까지 추가(적전비행)하여 군법회의에 회부하였다.

9월 15일 계엄고등군법회의는 사형을 선고하였고, 다음날 16일 14시에 부산교외에서 총살형을 집행하였다.

1961년 9월 최창식 대령의 미망인 옥정애(玉貞愛) 여사가 재심을 청구하였고, 육군보통군법회의는 1964년 10월 23일 무죄를 선고했다.

장창국(張昌國)

1924년 9월 9일 서울에서 출생. 1942년 경기중학교 졸업

일본육군사관학교 제59기를 나온 일본군 소위 출신이다.

1946년 1월 15일 군사영어학교를 졸업하고 참위로 임관했다.

1946년 5월 1일 남조선국방경비사관학교가 개교했을 때 부교장, 교수부장, 생도대장을 겸하여 사관학교에 근무하면서 제1기와 제2기를 졸업시켰다.

1946년 11월 16일 제주도에 창설한 제9연대장(부위, 중위)에 부임하였고, 이듬 해 5월 20일 조선경비대총사령부 작전처장(소령)에 전임하였으며 참모학교 부교장을 거쳐서 1950년 6월 10일 육군본부 작전국장(대령)으로 전임하여 재임 중 6·25남침을 맞이했다.

1950년 9월 헌병사령관으로 전임했고, 이후 제1군단 부군단장, 제5사단장을 거쳐서 영국주재 무관을 지냈으며, 1955년에 육군사관학교 교장(소장)에, 1956년에 제1군단장에 각각 전임하였으며, 제2군단장, 육군본부 작전참모부장, 군수참모부장을 거쳐서 육군참모차장에 보임되었다.

1962년에 제2군사령관(대장), 다음 해 제1군사령관으로 각각 전임하였고, 1965년에 합동참모회의 의장을 거쳐서 1967년에 예비역에 편입하였다.

일본육군 학도병·지원병 출신

게재순서 : 성명의 한글 순서

강영훈(姜英勳)

1922년 5월 30일 평안북도 창성(昌城)에서 출생.

만주건국대학을 졸업하고 학병으로 일본군에 입대하여 소위로 종전을 맞았다.

1946년 5월 1일 군사영어학교를 졸업하고 참위로 임관하였다.

1949년 5월 14일 제12연대장에 임명되었고, 그 해 8월 12일 육군본부 인사국장으로 전임하여 재임 중 6·25남침을 맞았다.*

1950년 7월 12일 제2군단을 창설할 때 제2군단 참모장(대령)이 되었고, 이어서 제3군단 부군단장을 거쳐 1952년부터 미국주재 한국대사관 무관을 지냈다.

1960년 육군사관학교 교장에 이어서 군단장을 역임하였다(중장).

1961년 예비역에 편입하였다.

1981년부터 영국, 아일랜드, 로마교황청 주재 대사 및 외무부본부 대사를 역임하였으며, 제13대 전국구 국회의원에 선출되었고, 1988년 12월 국무총리에 임명되어 2년간 재임했다.

> * 인사국장은 신상철 대령이라는 기록이 있다. 제2장 1950. 6. 25현재 국군 주요지휘관 참모 참조.

고근홍(高根弘)

일본군 지원병으로 출정한 일본군 출신.

1946년 6월 15일 국방경비사관학교 제1기를 졸업하고 소위로 임관하여 제5연대 소대장, 중대장, 제2대대장을 거쳤고, 이어서 제11연대, 제13연대 대대장을 거쳐서 1949년 1월 12일 제13연대 부연대장에 전임했다.

1949년 6월 1일 중령으로 진급했고, 1950년 3월 15일 제8사단 제10연대장으로 전임하여 재임 중 6·25남침을 당했다.

1950년 8월 26일 대령으로 진급하여 계속 제8연대를 지휘하여 낙동강 방어작전을 수행했고, 반격을 개시하여 북으로 진격했다.

1950년 11월 25일 실종되었다.

김계원(金桂元)

1923년 6월 28일생. 학도병으로 일본군에 입대. 일본군 소위 출신.

1946년 2월 3일 군사영어학교를 졸업하고 참위 임관.

1948년 11월 20일 육군야전포병학교 교장(소령), 12월 20일 야전포병단장(중령).

1949년 10월 20일 육군포병학교 부교장에 임명되어 재임 중 교장 신응균 대령이 일본에 가게 되어 1950년 3월 15일 교장대리로 임명되었다.

6·25남침을 당하자 105mm포 1개 대대를 지휘하여 의정부전선에서 고군분투하며 보병을 지원했고, 보병이 먼저 철수하는 악조건 속에서도 전력이 흩어지지 않고 건제를 유지하면서 전장의 사기를 높이는데 일익을 맡았다.

대장으로 진급하여 육군참모총장을 역임했다. 예편 후 중앙정보부장을 역임했고, 1978년 대통령비서실장에 임명되어 재임 중 12월 12일 대통령 시해 사건을 당하는 비운을 겪었다. 그는 이 사건에 관련된 것으로 기소되어 군법회의에서 사형이 선고되었고, 무기징역으로 감형되어 복역하다가 사면됐다.

김병휘(金炳徽)

학도병으로 일본군에 입대한 일본군 소위 출신.

1946년 3월 23일 군사영어학교를 졸업하고 참위로 임관했다.

6·25남침을 당했을 때 온양 주둔 제25연대장이었다. 긴급출동 명령을 받고 연대를 지휘하여 의정부전선으로 출동하였다. 수원에서 부상으로 후송되어 요양을 마치고 대전에 있는 육군본부에 신고하자 1950년 7월 7일 신편한 제5사단 예하 제15연대장으로 임명을 받았다. 대전에서부터 패잔병을 수습하고 순천으로 가서 현지 모병으로 연대를 편성하였다. 호남 방면에서 철수할 때는 여수에서 정부 양곡을 비롯한 정부 재산을 반출하는데 크게 기여하였다.

1950년 9월 3일 제주도에 신설된 제5훈련소장(대령)에 임명되었다.

소장으로 예비역에 편입되었다.

김동빈(金東斌)

1923년 3월 22일 함경북도 길주에서 출생했다.

일본군에 학도병으로 입대한 일본군 소위 출신.

1946년 6월 12일 국방경비사관학교 제1기를 졸업하고 소위로 임관하여 제4연대 소대장으로 부임했다.

1947년 3월 경비사관학교 제1중대장으로 부임하였고, 이어서 육군사관학교 교도대대장(중령)으로 전임하여 재임 중 6·25남침을 맞았다.

1950년 6월 25일 육군사관학교 교도대대와 보병학교 교도대대를 가간으로 서울특별연대라는 혼성연대를 편성하고, 부연대장이 되어 문산으로 출동했다. 연대장은 육군보병학교 학생연대장 유해준 중령이었다.

1950년 7월 제5사단 제5연대장에 임명되었다가 그해 8월 8일 제5연대가 제11연대에 편입되면서 제11연대장(중령, 대령)이 되었다.

같은 해 12월 제1사단 참모장으로 전임하였고, 수도사단 부사단장, 제9사단 부사단장, 제7사단 포병단장을 거쳐서 1953년 4월 준장으로 진급하여 제1사단장에 보임되었다.

1955년 1월 소장으로 진급했고, 그해 7월 제2군사령부 참모장으로 전임했으며, 육군본부 병기감, 보병학교 교장, 제2훈련소장을 거쳤다.

1962년 2월 중장으로 진급하였고, 1963년 2월 제5군단장에 보임되었다.

1965년 3월 국방부 군수차관보에 전임하였고, 1967년 7월에 예편했다.

김성은(金聖恩)

1924년 3월 14일 출생.

일본군에 학도병으로 출정한 일본군 소위 출신.

1946년 4월 1일 해군 소위로 특별 임관하였다.

해군 진해통제부 교육부장(중령)으로 재임 중 해병대 창설 준비요원으로 활약한 신현준 중령과 함께 1949년 2월 1일 해병대를 창설하고 해병대사령부 참모장(중령)에 임명되었고, 같은 해 8월 29일 진주(晋州)부대장으로 임명되어 진주에 주둔하면서 공비토벌작전을 폈다.

같은 해 12월 27일 제주도공비토벌작전과 제주도 치안 확보를 위하여 해병대가 제주도로 이동하였고, 참모장으로 재임 중 6·25남침을 맞았다.

1950년 7월 22일 군산 지구에서 전투를 마치고 여수로 돌아온 고길훈 부대를 인수하고 1개 중대의 전력을 보강하여 김성은부대를 편성하고 호남지방과 낙동강 서남부 지역 작전에 참가하였다.

1950년 12월 27일 해병 제1연대장(대령)에 보임된 후 해병대 교육단장을 거쳐서 1952년 10월 16일 제1전투단장(준장)으로 전임하였고, 해병대부사령관(소장)을 거쳐서 1960년에 해병대사령관(중장)에 보임되었다.

1962년 7월 예비역에 편입되었다.

1966년 국방부장관에 임명되어 5년간 재임하는 최장수 기록을 세웠다.

김영환(金英煥)

1921년 1월 8일 서울에서 출생.

연희전문학교와 일본관서대학을 졸업하고 일본군에 학도병으로 출정하여 일본 육군 복지산예비사관학교를 졸업하고 일본군 소위로 광복을 맞았다.

1946년 1월 15일 군사영어학교를 졸업하고 임관*하여 제6연대 A중대 창설 중대장(참위)을 맡았고, 통위부 정보국장대리(부위)로 있으면서 그의 형 김정렬과 협조하여 공군 창설의 기틀을 마련하였다. 공군 창설 7인 멤버의 한 사람이다.

육군항공부대가 창설된 후 인사참모 겸 정보참모(중위)에 보임되었고, 육군항공군사령부로 개편된 뒤에 인사처장 겸 정보처장(대위)에 보임되었으며 공군으로 독립한 뒤 비행단 편대장(중령)으로 전임하여 6·25개전 초에 큰 활약을 하였다.

비행단 참모장, 제1전투비행단 부단장, 제10전투비행단 전대장을 역임했다.

1951년 12월 어느 날 그가 지휘하는 편대가 함안 상공에 이르렀을 때 미 제5공군 전술항공통제본부(TACC-Tactical Air Control Center) 지상관제대대(모스키터즈-Mosquitoes)로부터 가야산 해인사 계곡을 폭격하라는 지시를 받았다. 편대가 해인사 계곡에 이르렀을 때 계곡에는 공비들이 구축해 놓은 참호와 진지가 눈에 띄어 한눈에도 공비들의 소굴임을 알 수가 있었다.

편대장은 급상승하여 상공을 선회하면서 편대에 명령을 내렸다.

"각 기는 편대장의 뒤를 따르되 편대장의 지시 없이 폭탄과 포켓포탄을 사용하지 말라. 기관총만으로 사찰 주변 능선을 소사(掃射)공격하라."

편대는 기관총만으로 공격을 끝내고 기지로 돌아왔다. 곧 전술항공통제반의 미군 장교가 찾아와 해인사 계곡을 폭격하지 않은 이유를 물었다. 책임 추궁에 가까운 질책이었다. 편대장은 공비 몇 백 명 죽인다고 전쟁이 끝나는 것도 아닌데 그것 때문에 우리 조상이 남겨준 문화 유산인 천 삼백 년이 넘는 사찰과 750년 전에 판각한 팔만대장경을 불태울 수는 없다고 해명했다. 미군 장교는 오히려 김영환 편대장의 설득에 감탄하고 돌아갔다.

하마터면 잿더미로 변했을 국보 팔만대장경은 김영환 대령의 깊은 안목과 기지로 오늘날까지 잘 보존되고 있고, 계속 후손에게 물려질 것이다.

1951년 미 공군대학에 유학을 다녀온 유능한 지휘관이었다. 1954년 8월 4일 애석하게도 산화했다. 초대 공군총참모장 김정렬 장군의 동생이다.

* 국방부 『한국전쟁사』 제1권은 공군창설간부 7명이 모두 육군보병학교에 입교하여 이등병 교육을 1개월간 받았고, 다시 조선경비사관학교에 입교하여 2주간 교육을 받은 후에 소위로 임관하였다고 기술했다.(p592, 593)
  김영환은 일본군에 학병으로 출정하여 일본군 소위로 광복을 맞았고, 군사영어학교를 졸업하고 임관했다. 창설간부에게 보병학교와 경비사관학교에 입교하게 한 것은 미국식의 간부교육을 받으라는 의미였는데 이미 군사영어학교에서 교육을 받고 임관한 사람까지 보병학교에 입교하였는지는 의문이 있다. 착오로 보인다.

김용배(金容培)

일본군에 학병으로 출정한 일본군 소위 출신.

1946년 3월 23일 군사영어학교를 나와 참위 임관. 1949년 1월 15일 중령으로 진급하여 제1사단 참모장에 보임되었고, 1949년 9월 17일 제21연대장(중령)으로 전임하여 재임 중 6·25남침을 맞았다.

제7사단장, 제5군단장, 육군사관학교 교장, 제2군사령관을 역임했고, 1965년 4월부터 1966년 9월까지 육군참모총장을 역임했다. 예비역 육군대장.

김용주(金龍周)

일본군 학도병 출정하여 일본군 소위로 광복을 맞았다.

1946년 6월 15일 국방경비사관학교 제1기를 졸업하고 소위로 임관하여 제5연대 소대장과 제1대대 부대대장을 지내고, 육군총사령부에 근무했다.

1950년 2월 25일 육군보병학교 참모장(중령)으로 전임하여 재임 중 6·25남침을 당했다. 육군본부의 명령을 받고 보병학교 병력을 지휘하여 김포로 출동하였다가 평택으로 철수하였는데 그때 그곳에 와 있던 이응준 소장으로부터 후퇴하는 병력을 수습하라는 명령을 받고 1개 중대 규모를 수습하여 7월 초 남원으로 이동한 후 그곳에서 제30연대를 편성하고 서남부전선에서 저지전을 폈다.

1950년 7월 20일 전후하여 하동전선에 참가하였다가 일부 병력을 수습하여 구포로 이동한 후 7월 28일 구포국민학교에서 제2유격대대를 편성하였다.

제2유격대대를 지휘하여 기계, 안강, 포항 방면에서 제1군단과 포항지구전투사령부의 지휘를 받아 분투했다.

1950년 8월 20일 제7사단을 다시 편성할 때 제2유격대대는 제7사단 제8연대로 편성되었고, 김용주 중령은 제8연대장에 보임되었다. 그해 10월 30일 대령으로 진급했다.

1951년 1월 15일 제1훈련소 부소장, 동 참모장, 제6사단과 제25사단 부사단장을 역임했다. 육군본부 휼병감(준장)을 끝으로 예비역에 편입했다.

김익렬(金益烈)

일본군 학도병으로 출정한 일본군 소위 출신.

1946년 2월 12일 군사영어학교를 졸업하고 참위로 임관하여 제5연대 A중대 부관으로 부임했고, 이어서 중대장을 지냈다. 1947년 5월 12일 제4연대 작전주임(소령), 같은 해 7월 제주도에 창설한 제9연대 대대장과 부연대장을 거쳐서 그해 12월 1일 연대장(소령)이 되었다.

제주도 4·3반란사건을 진압 중 반란군최고책임자 김달삼(金達三)과 협상한 것이 문제가 되어 연대장에서 해임되었다. 김달삼과는 같은 학도병 출신이었으므로 그를 귀순시키기 위하여 만났다고 했고, 서로 암중모색만 하고 별다른 성과를 얻지 못했다.

1948년 6월 18일 제14연대장(중령)에 임명되었고, 1948년 8월 14일 제13연대장(중령으로 부임하여 대령 진급)으로 전임하여 재임 중 6·25남침을 맞았다.

수원에서 미군기의 오폭으로 중상을 입고 후송되었다.

1950년 8월 22일 제6사단 제19연대장으로 복귀하였고, 제11사단 부사단장, 제5사단 부사단장을 거쳐서 1952년 5월에 제8사단장(준장)에 보임되었으며, 이후 제7사단장과 제1군관구사령관(소장)을 역임했다.

1962년에 제1군단장(중장)으로 전임하였고, 제2군단장과 국방대학원장을 거쳐서 중장으로 예비역에 편입하였다.

김점곤(金點坤)

1923년 4월 15일 서울 출생.

일본군에 학병으로 출정하여 일본군 소위로 광복을 맞았다.

1946년 6월 국방경비사관학교 제1기를 나와서 소위로 임관하였다. 제4연대 사병으로 입대하였다가 군 경력이 인정되어 사관학교에 진학한 케이스다.

1947년 1월 제8연대 제1중대장을 거쳐서 경비대총사령부 G-2에서 근무했다.

육군본부 정보국차장(중령)으로 재임 중에 6·25남침을 맞았고, 당일 개성에서 제12연대장 전성호 대령이 부상하여 후송되자 그 후임연대장으로 임명되었다.

7월 25일 제20연대가 제12연대에 흡수되면서 선임자인 제20연대장 박기병 대령이 연대장이 되고 부연대장으로 강임되는 처지를 당했으며 9월 3일 다시 연대장으로 복귀하는 우여곡절을 겪었다.

1952년 10월 준장으로 진급하면서 제9사단장에 보임되었고, 제6사단장을 거쳐서 1954년 6월 제1군사령부 참모장으로 전임되었다.

1955년 1월 소장 진급하였고, 다음 해 3월 육군보병학교 교장, 1957년 7월 육군본부 정보국장으로 전임하였으며, 1961년 9월 군사정전위원회 한국 측 대표에, 그해 10월에 국방부 차관보에 각각 보임되었다.

1962년 3월 소장 예편. 경희대학교 교수를 역임. 법학박사.

김종갑(金鍾甲)

1922년 10월 1일 충청남도 서천 출생.

연희전문학교를 졸업하고 학도병으로 일본군에 출정하여 일본 복지산(福知山)육군예비사관학교를 졸업하고 소위로 임관하였다.

1946년 2월 3일 군사영어학교를 졸업하고 임관하여 제8연대(A중대)를 창설하였고 (부위), 1947년 12월 10일 제6연대장(소령)에 임명되었으며 육군사관학교 군기과장, 경비대총사령부 군기사령관, 경비대총사령부 작전처장을 거쳤다.

1949년 8월 12일 제18연대장(대령)에 임명되었고 육군참모학교 참모장 재임 중 6·25남침을 맞이하여 시흥지구전투사령부 참모장을 겸임하였다.

1950년 7월 5일 제1군단을 창설할 때 제1군단 참모장에 임명되었고, 제9사단장(준장)과 제5사단장, 육군 제2훈련소장(소장)을 역임하고 중장으로 예편.

국방부 차관을 역임했고, 국회의원에 선출되어 국회국방위원장을 지냈다.

김종오(金鍾五)

1921년 충북 청원 출생.

학병으로 일본군에 출정한 일본군 소위 출신이다.

1946년 1월 28일 군사영어학교를 졸업하고 참위로 임관한 후 제3연대 창설에 참여하여 군기대장과 부연대장을 지냈다.

1947년 12월 1일 제1연대장(소령, 3대)에 임명되었다.

1949년 3월 15일 대령으로 진급하였고, 1950년 4월 30일 육군참모학교에 입교하여 교육을 마치고, 그해 6월 10일 제6사단장으로 전임하여 재임 중 6·25남침을 맞았다.

1950년 7월 15일 준장으로 진급하였고, 그해 10월 31일 제9사단장으로 전임하였으며, 이어서 육군본부 비서실장, 제3사단장, 육군본부 인사국장을 거쳐서 1952년 5월 30일 다시 제9사단장으로 전임했다.

1952년 9월 1일 소장으로 진급했고, 그 해 11월 10일 육군사관학교 교장, 1954년 6월 제1군단장, 1956년 9월 제5군단장, 1957년 7월 교육총장(중장)으로 각각 전임하였다.

1960년 8월 제1군사령관(대장)에 보임되었고, 1961년 6월 육군참모총장에 올랐으며 1963년 6월 합동참모회의 의장으로 전임하였다.

1965년 4월 대장으로 예비역에 편입하였다.

김종원(金宗元)

일본군 특별지원병 출신으로 국방경비대 제1연대 제1기생 사병으로 입대하였다. 제1연대 사병군번 3번(1100003)이다.

추천에 의하여 국방경비사관학교 제1기생으로 입교하여 임관했다.

제1연대 사병군번 1번은 임부택, 2번은 공국진이다. 모두 일본군 지원병 출신으로 임부택은 국방경비사관학교 제1기, 공국진은 제2기로 임관했다.

미 고문관 구타사건으로 파면되어 잠시 경찰에 들어갔다가 복직하여 제15연대 대대장과 제16연대 부연대장을 거쳐서 1949년 11월 18일 제23연대장으로 전임하여 재임 중 6·25남침을 맞았다.

7월 29일 영덕 지구 전투에서 소대장 1명과 사병 1명을 총살시켰다. 이를 본 미군 고문관이 못마땅하게 생각하고 상부에 건의하여 연대장에서 해임되었다.

그는 제15연대 대대장으로 있으면서 여수·순천반란사건과 지리산 공비토벌작전을 할 때 자칭 '백두산 호랑이'라고 하여 무서운 지휘관의 인상을 남겼다. 연대장에서 해임된 후 경남지구계엄민사부장을 지냈고, 그 후 군을 떠나서 경무관으로 경찰에 전직하였는데 이는 이승만 대통령의 배려에서였다. 그는 이 대통령을 아버지라고 부르면서 양자를 자처했고, 이 대통령의 신임도 그만큼 두터웠다.

전라북도경찰국장, 지리산지구전투경찰사령관, 경상남도와 경상북도 경찰국장을 거쳐 치안국장에까지 올랐다.

김현수(金賢洙)

일본국학원대학 재학 중 학병으로 일본군에 출정하였고, 일본군 소위로 광복을 맞이했다.

1946년 3월 23일 군사영어학교를 졸업하고 참위로 임관하여 남조선국방경비대 초대 인사과장(참위-소위)에 임명되었다. 1948년 11월 25일 제15연대장(중령)에 임명되었고, 육군본부 작전국 방위과장(대령)을 거쳐서 정훈국 보도과장으로 재임 중 6·25남침을 맞았다.

6월 28일 02시 방송국에 들러 군이 후퇴하게 된 사정을 국민에게 방송으로 알리고 방송국을 파괴하겠다고 권총 한 자루를 들고 사무실을 나섰다.

방송국으로 가는 길에 마지막으로 용산에 있는 관사에 들러 부인에게 친척집에 피해 있으라고 설득해 가족을 지프에 태워 친척집 가는 갈림길에 내려 준 후 다시 육군본부로 와서 헌병 2명을 데리고 방송국으로 갔다. 방송국에 들어서자마자 수하(誰何)를 받았고, 이어서 총소리가 요란하게 울려 퍼졌다. 그는 권총을 뽑아 응사했으나 소용이 없었다.

함께 간 헌병과 운전병의 전언으로 알려졌다.

그때 신병으로 휴가 나와서 그와 함께 육군본부에 있었던 동생 김기수(육사 제9기) 소위는 형의 장렬한 전사 소식을 듣고 혼자 남으로 갔다가 수복 후 형의 시신을 찾고자 백방으로 노력했으나 찾지 못했다.

육군 준장으로 추서됐다. 그러나 훈장 하나 받지 못했다고 동생은 탄시했다.

김희준(金熙濬)

일본군 학도병으로 출정하여 소위로 종전을 맞았다.

1946년 12월 14일 국방경비사관학교 제2기를 졸업하고 소위로 임관.

1947년 11월 22일 제4연대 제1중대장에 임명된 후 제12연대, 제2여단을 거쳐 1949년 3월 11일 제17연대 부연대장으로 전임하여 6·25남침을 맞았다.

그해 7월 5일 제17연대장 백인엽 대령이 평택에서 미군기의 오폭으로 부상하여 후송되고 부연대장인 김희준 중령이 연대를 지휘했다.

7월 17일 김희준 중령이 지휘하는 제17연대는 화령장 북쪽 금곡동에서, 21일 동관리에서 북한군 제15사단 제48연대와 제49연대의 1개 대대씩을 섬멸하는 개전 이래 최대 전과를 올렸고, 연대 전장병이 1계급 특진하는 영예를 입었다.

1950년 7월 8일 대령으로 진급했고, 제9연대장, 육군보병학교 교무과장, 경남지구위수사령부 기획처장, 육군보병학교 학생연대장, 제39연대장, 제6사단 참모장 등을 거쳐서 1953년 6월 28일 제6사단 부사단장으로 전임하였고, 군관구부사령관을 거쳐서 준장으로 예비역에 편입하였다.

문형태(文亨泰)

1922년 전라남도 화순(和順) 출생.

일본군에 지원병으로 입대하여 보병 제43연대에서 뉴기니아전에 참전하였고, 조장(曹長-상사)으로 광복을 맞았다.

1946년 12월 14일 국방경비사관학교 제2기로 임관.

6·25남침을 당했을 때 광주 제5사단 작전참모였다. 1950년 7월 15일 제1사단 작전참모로 전임했고, 그해 12월 제11연대장으로 전임하였다.

제11연대장 재임 중인 1951년 중공군 제1, 제2차 춘계대공세를 대승으로 이끄는 데 일익을 담당했다. 당시 사단장은 강문봉 준장이었다.

사단장(준장), 제1군단장(중장)을 거쳐 제2군사령관(대장)과 합동참모회의 의장을 역임했고, 대장으로 예편하여 체신부장관을 역임했다.

제8~10대 국회의원에 선출되었고, 국회국방위원장을 지냈다.

민기식(閔機植)

1921년 5월 충북 청원 출생.

만주건국대학을 졸업하고 일본군에 학병으로 출정하였다.

1946년 1월 15일 군사영어학교를 졸업하고 참위로 임관하여 제7연대의 창설중대(A중대)장을 맡았고, 연대의 완전편성이 끝난 이듬해 1월 15일 제7연대장을 맡았다가 그해 8월 1일 경비대총사령부로 전출했다.

1949년 8월 1일 육군보병학교 부교장, 같은 해 11월 28일 동 교장에 보임되어 재임 중 6·25남침을 맞았다.

1950년 7월 8일 전라북도에 제7사단을 재편성할 때 사단장이 되었고, 서해안지구전투사령부(신태영 소장)의 지휘를 받아 호남 방면 저지전을 펴다가 7월 17일 사단이 전북편성관구사령부에 폐합되면서 민 부대라는 이름으로 사단 장병을 지휘하여 서남부 방면 저지전과 포항 탈환 작전에 참가하였다.

같은 해 8월 20일 제7사단이 다시 창설되면서 민 부대는 제5연대로 개편되었고, 민기식 대령은 육군본부로 전출했다.

1950년 9월 대구방위사령관에 임명되었고, 경인지구계엄사령관을 거쳐서 1950년

10월 제 5사단장에 임명되었고, 그 해 10월 육군준장으로 진급했다.
　1952년 1월 육군대학 부총장, 1953년 2월 제 21사단장으로 각각 전임했고, 1953년 5월 육군소장으로 진급했다.
　1956년 7월 육군본부 행정참모부장으로 전임하였고, 제3관구사령관을 거쳐서 1960년 9월 제2군단장이 되었다. 군단장 재임 중에 중장으로 진급했다.
　1961년 5월 제2군사령관, 1962년 5월 제 1군사령관(대장)을 거쳐서 1963년 6월 대망의 육군참모총장에 올랐으며 1965년 3월에 예비역에 편입하였다.

박기병(朴基丙)

　지원병으로 일본군에 출정하여 관동군 헌병대에서 근무했다. 준위 출신.
　1946년 1월 15일 군사영어학교를 졸업하고 참위로 임관하여 제3연대 창설 소대장을 맡았다.
　1949년 3월 31일 제5사단 제20연대장(중령)에 임명되어 재임 중 6·25남침을 맞았다. 6월 25일 서울로 출동하여 문산에 있는 제1사단을 증원하였다.
　7월 25일 제20연대가 제12연대에 흡수되었다. 이때 그는 대령이었다. 연대장 두 사람 중에서 선임자인 그가 제12연대장이 되었고, 제12연대장 김점곤 중령은 부연대장으로 강임되었다.
　관구사령관을 역임하고 소장으로 예편했다.

박병권(朴炳權)

　1920년 1월 8일 충청남도 논산에서 출생.
　연희전문학교를 졸업하고 학도병으로 출정하여 일본 복지산(福知山)예비사관학교를 졸업하고 일본군 소위로 임관하였다.
　1946년 1월 15일 군사영어학교를 졸업하고 참위로 임관.
　1946년 9월 강릉에서 제8연대 제3대대를 창설하였다. 1947년 5월 12일 제4연대 부연대장(소령)에 임명되었고, 1949년 12월 1일 제5연대장으로 전임하였으며, 1950년 6월 제5사단 참모장 재임 중에 6·25남침을 맞았다.
　1950년 7월 5일 제1군단을 창설할 때 군수참모에 임명되었고, 제5사단 부사단장과 제2사단 부사단장을 거쳐서 1951년 8월에 제9사단장(준장)에 임명되었으며, 제5사단장(소장), 육군사관학교 교장, 국방대학원 부총장, 제1관구사령관, 제6관구사령관, 논산 육군 제2훈련소장을 거쳐서 제3군단장으로 전임했다. 이어서 육군본부 인사참모부장과 전투병과교육기지사령관을 역임하고 1961년에 중장으로 예편하였다.

1961년 7월부터 1963년 3월까지 국방부장관을 역임했다.

백남권(白南權)

일본군 학도병 출신. 일본군 소위.

1946년 2월 23일 군사영어학교를 졸업하고 참위로 임관하여 제5연대 창설 소대장으로 부임하였고, 1947년 4월 3일 제2연대 제2대장으로 전임했다.

1948년 5월 1일 강릉에서 제10연대를 창설하고 연대장대리(소령)가 되었다가 그해 6월 18일 초대연대장으로 취임했고, 1949년 5월 25일 제5연대장(중령)으로 전임하였으며, 1950년 5월 2일 대령으로 진급했다.

1950년 3월 15일 일본에 있는 미군사단에 파견되어 훈련을 받고 있던 중 6·25남침을 맞았다.

1950년 8월 13일 기갑연대장으로 보임되어 기계·안강 지구 전투를 지휘하였고, 이후 수도사단에 예속되어 북진 작전을 지휘하였다.

1950년 10월 24일 수도사단 부사단장으로 전임하였고, 1951년 5월 23일 제3사단장에 보임되면서 준장으로 진급했다.

1952년 10월 10일 육군사관학교 교장으로 전임하였고, 그해 11월 15일 소장으로 진급했다.

1953년 5월 9일 육군참모총장 보좌관으로 전임하여 재임 중 소장 예편.

백인엽(白仁燁)

1923년 2월 평남 강서 출생. 백선엽 장군 동생.

일본 명치대학을 졸업하고 학도병으로 일본군에 출정한 일본군 소위출신. 1946년 1월 12일 군사영어학교를 졸업하고 참위로 임관하여 제1연대 창설에 참여하였고, 2월 8일 대대편성이 완료되었을 때 대대부관으로 보임.

1947년 3월 1일 제4연대 제2대대장(중위), 1948년 2월 제1연대 부연대장에 각각 임명되었고, 1948년 5월 15일 육군항공부대 초대 사령관이 되었다.(소령)

그 후 제12연대 부연대장을 거쳐서 그해 11월 20일 제 17연대 창설연대장(중령)으로 보임되었다. 1949년 7월 15일 대령으로 진급하였다.

제17연대장 재임 중에 6·25남침을 맞아 옹진 지역 전투를 지휘했다.

1950년 8월 수도사단장이 되었다가 그해 9월에는 다시 제17연대장으로 전임하여 인천상륙작전에 참가하였다.

1950년 10월 준장으로 진급하여 육군본부 정보국장.

1951년 1월 육군 제1훈련소장, 1952년 1월 제 6사단장.

1952년 11월 5일 육군소장으로 진급.

1953년 6월 13일 제15사단장, 제9사단장을 거쳐 1955년 5월 제 2훈련소장.

1955년 9월 육군 중장으로 진급하였고, 육군본부 기획참모부장을 거쳐서 1956년 4월 제 1군단장, 1956년 9월 제 6군단장, 1959년 2월 육군본부 관리참모부장으로 전임하였다. 1960년 6월 예비역에 편입.

송요찬(宋堯讚)

1918년 충청남도 청양(靑陽) 출생.

일본군에 지원병으로 출정한 일본군 준위 출신이다.

1946년 5월 1일 군사영어학교를 졸업하고 참위로 임관하여 제5연대 소대장으로 연대 창설에 참여하였다.

1948년 2월 21일 보병학교가 설치되면서 교장에 임명되었고, 그해 6월 21일 제11연대 부연대장으로 전임하여 이후 제9연대장, 제10연대장을 거쳤다.

1949년 7월 15일 대령에 진급하여 육군보병학교 교장에 보임, 제15연대장을 거쳐서 1950년 4월 18일 헌병사령관으로 전임하여 6·25남침을 맞았다.

같은 해 9월 1일 수도사단장으로 전임하였고, 그해 10월 20일 준장으로 진급하였으며, 1952년 제8사단장으로 전임하였다.

1954년 8월 제3군단장, 1957년 5월 1군사령관(중장)으로 전임하였고, 1959년 2월 육군참모총장에 임명되었다.

1960년 4·19혁명 당시에 계엄사령관으로서 군의 정치적 중립을 지켜 4·19혁명을 무혈로 성취시키는 데 크게 이바지하였다.

허정(許政) 과도정부내각이 출범하면서 참모총장직을 사퇴하고 예비역에 편입하여 미국에 유학하였다.

1961년 5·16이 군사혁명이 일어나자 지지성명을 발표하고 군사정부에 참여하여 국방부장관 겸 최고회의 기획위원장, 외무부장관, 내각수반 겸 경제기획원장관 등 요직을 맡았다.

오덕준(吳德俊)

학도병으로 일본군에 입대하여 복지산예비사관학교를 졸업하고 일본군 소위로 임관하여 복무 중 광복을 맞았다.

1946년 2월 28일 군사영어학교를 졸업하고 참위로 임관하여 제5연대 창설요원으로 부임하였고, 연대를 창설한 후 작전주임을 맡았다. 1949년 4월 15일 제22연대장(중령)에 임명되었다가 그해 5월 25일 호국군참모장 보좌관으로 전임하여 6·25남침을 맞았다.

1950년 7월 17일 부산에 제9사단을 창설할 때 참모장으로 보임되었고, 육군본부의 명령으로 제9사단 예하에서 1개 대대 규모의 병력을 선발하여 서해안지구전투사령부에 부원하였다. 이후 오 부대라는 이름으로 민 부대(민기식 대령)의 지휘를 받으면서 서남부 방면과 포항 지구에서 전투를 지휘했다.

1950년 8월 15일 민 부대로 통합되었고, 곧 제5연대를 창설하였다.

10월 24일 제9사단 재편성할 때 제9사단장(준장)에 임명되었다. 그 후 제11사단장을 거쳐서 전투병과교육기지사령관으로 전임하였다.

소장으로 예비역에 편입하였다.

유의준(俞義濬)

일본군 지원병으로 출정한 관동군 헌병 출신이다.

1946년 12월 14일 국방경비사관학교 제2기를 졸업하고 소위로 임관하였다.

1949년 6월 11일 제2사단 제16연대 제1대대장에 보임되어 재임 중 6·25남침을 맞았고, 대대를 지휘하여 의정부전선에 고군분투했다.

1950년 5월 1일 중령으로 진급했고, 그해 8월 11일 제16연대장이 되었다.

같은 해 10월 20일 대령으로 진급했고, 1951년 2월 28일 제5사단 제27연대장으로 전임하였으며, 이후 제7사단 제3연대장, 제3군단 참모장을 거쳐서 1953년 7월 10일 제1훈련소 참모장으로 전임했다.

준장으로 진급하여 국방대학원 교수 부장 재임 중 1966년 9월 7일 사망했다.

유흥수(劉興守)

일본군에 학도병으로 출정한 일본군 소위 출신.

제1연대가 창설될 때 군사영어학교 입교를 거부하고

'본의 아니게 조국을 등지고 일본군 장교로 복무한 것을 속죄하고 미력하나마 조국에 보답할 수 있도록 입대 시켜 줄 것'

을 간청하여 이등병으로 입대했다.

남들이 싫어하는 온갖 사역을 도맡아 하여 모범 사병으로 평가받았다. 장교 출신임이 밝혀져 임관을 종용했으나 '사병이면 어떠냐?'고 고사하다가 결국 군사영어학교를 졸업하고 1946년 2월 7일 참위로 임관하여 제1연대 소대장이 됐다.

1948년 1월 1일 통위부 직할 후방부대에 제1병참대대가 창설될 때 초대 대대장(소령)에 임명되었다.

1949년 5월 24일 기갑연대 부연대장에 임명되었고, 그해 7월 30일 기갑연대장(중령, 5월 1일 대령 진급)으로 승진하여 재임 중 6·25남침을 맞았다.

부대를 철수할 때 북한군에게 추한 모습을 보여서는 안 된다고 하면서 한남동 병영과 내무반을 깨끗하게 정돈하였다는 일화가 전한다.

1950년 8월 13일 구포에 설치한 제3훈련소장으로 전임했다. 이어서 제7훈련소장, 제11사단 제13연대장, 제1사단 부사단장, 경북지구병사구사령관, 감찰감을 거쳐서 1953년 1월 11일 제20사단장으로 전임하면서 준장으로 진급했다. 육군보병학교 부교장과 군 부사령관을 역임하고 소장으로 예비역에 편입하였다.

이치업(李致業)

일본군에 학도병으로 출정한 일본군 소위 출신.

1946년 2월 3일 군사영어학교를 졸업하고 참위로 임관하였다.

1949년 5월 12일 제3사단 참모장에 보임되었고, 그해 7월 10일 대령 진급.

1950년 5월 6일 육군본부 작전교육국 과장으로 전임하여 재임 중 6·25남침을 맞았다. 6월 28일 07시경, 육군본부는 말도 없이 철수했고, 사전 연락도 없이 한강다리가 폭파되어 오도 가도 못하고 육군본부 뒷산에서 방황하고 있는 미 군사고문단을 서빙고 쪽으로 안내하여 나룻배 한 척으로 여러 번 왕복하면서 그들을 무사히 도강시켰다. 이 공으로 그는 미국 훈장(Legions Medal)을 받았다.

그 후 군수국 차장을 거쳐 1950년 9월 1일 제3사단 제26연대장으로 전임했고, 이어서 제7사단 부사단장, 육군본부 수송감을 거쳤다.

1952년 11월 1일 준장으로 진급하여 사단장을 역임하였다.

임부택(林富澤)

1919년 11월 16일 서울 출생

일본군 지원병으로 출정하여 일본군 조장(曹長-상사)으로 광복을 맞았다.

1946년 6월 15일 국방경비사관학교 제1기를 졸업하고 소위로 임관하여 제1연대에 배속된 후 보급장교와 제1중대장, 연대부관을 거쳤다.

1949년 5월 20일 육군본부 작전교육국으로 전보되었고, 그해 12월 19일 제7연대장(중령)으로 전임하여 재임 중 6·25남침을 맞았다.

임부택 중령이 지휘하는 제7연대 제2대대는 7월 7일 충청북도 충주시 동락국민학교에 진주한 북한군 제15사단 제48연대를 공격하여 완전히 섬멸하는 전과를 올렸고, 연대 전장병이 1계급 특진하는 영예를 입었다.

1950년 7월 11일 대령으로 진급. 1951년 2월 28일 제6사단 참모장으로 전임한 후 부사단장, 육군보병학교 부교장, 제5사단 부사단장을 두루 거쳤다.

1952년 8월 28일 준장으로 진급하면서 제11사단장에 보임되었다.

1954년 5월 소장으로 진급하였고, 같은 해 10월 국방부 제1국장에 전임하였으며, 이어서 연합참모분부 제3부장, 제1군사령부 참모장, 제2군관구사령관, 제3군관구사령관 등을 거쳐서 1960년 10월 제3군단장(중장)에 올랐다.

1962년 3월 15일 예비역에 편입.

임선하(林㩲可)

일본군 학도병으로 출정한 일본군 소위 출신이다.

1946년 1월 15일 군사영어학교를 졸업하고 참위로 임관하여 국방사령부 초대 고급부관(참위~소령)에 보임되었고, 1947년 9월 12일 제3연대장(소령)에 임명되었다.

육군보병학교 부교장 재임 중 6·25남침을 맞았다. 1950년 6월 28일 혼성 제2사단장이 되었다가 7월 1일 미 지상군 부원에 따라 한·미 양군의 유기적인 협조를 도모하기 위하여 만들어진 한미연락장교단장으로 전임하였다. 그 후 1953년에 제3사단장(준장-소장)으로 전임하였고, 군관구사령관을 거쳐서 소장으로 예비역에 편입하였다.

임충식(任忠植)

1922년 4월 23일 전라남도 해남(海南) 출생.

일본군에 지원병으로 입대하여 일본군 준위로 광복을 맞았다.

1946년 6월 15일 국방경비사관학교 제1기를 졸업하고 소위로 임관하여 제3연대에서 소대장과 중대장을 맡았다.

1947년 10월 6일 제3연대 제3대대장과 제18연대 부연대장(중령)을 거쳐서 1949년 11월 13일 제18연대장(중령, 1950년 8월 26일 대령 진급)으로 전임하여 재임 중에 6·25남침을 맞았다. 주둔지 용산에서 제7사단 부원 명령을 받고 동두천으로 출동하여 이후 낙동강 방어작전을 거쳐 북진할 때까지 제18연대를 지휘했다.

제7사단과 제2사단 부사단장(대령)을 거쳐서 1952년 9월 1일 준장 진급과 동시에 제7사단장에 임명되었고, 이어서 육군헌병사령관, 육군본부 인사국장, 제2사단장을 역임했다.

1957년 5월 제6군단장(준장-소장)에 보임되었고, 이후 육군 제2훈련소장, 육군본부 인사참모부장, 제5군단장(중장), 국방부 인력차관보, 육군참모차장을 거쳐서 대장으로 진급하여 합동참모회의 의장에 올랐다.

예비역에 편입한 후 국방부장관을 역임하였다.

장도영(張都暎)

1923년 1월 23일 평안북도 선천(宣川) 출생.

일본 도요대학(東洋大學)을 졸업하고 학도병으로 일본군에 출정한 소위 출신.

1946년 3월 23일 군사영어학교를 졸업하고 참위로 임관한 후 제3연대 창설에 참가하여 중대장과 대대장을 지냈다.

1947년 11월 13일 육군본부 정보국장(대령)에 임명되어 6·25남침을 맞았다.

1950년 10월 제6사단장(준장)에 보임된 후 제5사단장, 제1훈련소장(소장), 제8사단장을 거쳐서 1954년 2월 제2군단장(중장)으로 전임했고, 참모차장과 교육총장, 제2군사령관을 거쳐서 1962년 6월 대망의 육군참모총장에 올랐다.

1961년 5·16군사혁명이 일어난 후 군사혁명위원장을 거쳐 국가재건최고회의 의장, 계엄사령관, 내각수반 겸 국방부장관으로 국가 최고의 모든 지위를 차지했다.

5·16군사혁명이 일어났을 때 적극적인 저지나 동조를 하지 않은 모호한 태도를 취하여 군사혁명이 성공하는데 간접적으로 기여했다. 그래서 참모총장으로서 당연직처럼 된 위의 자리를 누릴 수가 있었으나 반면에 그 모호한 태도 때문에 혁명주최세력과의 갈등을 빚어 그해 8월 모든 직에서 물러나 예비역에 편입하였고, 동시에 반혁명사건으로 기소되어 1963년 3월 무기징역형을 선고받고 복역하다가 5월에 형집행정지로 풀려났다.

장철부(張哲夫)

본명은 김병원(金秉元)이다. 일본 중앙대학 재학 중 학병에 끌려 나가 중국 서주(徐州)에 주둔 중 탈출하였다가 체포되어 군법회의에서 사형선고를 받았다.

일본은 학병을 많이 내보내야 하는 형편에 이로 말미암아 학병 기피현상이 일어날 것을 우려한 학병정책의 배려에서 사면하고 그대로 복무하게 하였다.

장철부는 다시 탈영하여 중경으로 갔고, 장철부의 항일 정신을 높이 산 광복군 이범석 장군이 황포군관학교에 추천하여 기병과를 졸업하였다.

1947년에 귀국하여 육군사관학교 제5기로 임관하였고, 육군사관학교 교관, 구대장, 중대장을 거쳐 기갑연대가 창설되자 기병대대장이 됐다.

8월 4일 묵계에서 전사했다.

장철부는 중국에서 유격전을 할 때 개명한 이름이다. 전사 후 중령으로 추서.

최경록(崔慶祿)

1920년 9월 21일 충청북도 음성(陰城) 출생

일본군에 지원병으로 입대하여 준위로 광복을 맞았다.

1946년 1월 15일 군사영어학교를 졸업하고 임관하여 제1연대 A중대 소대장(참위)으로 연대 창설에 참여하였다.

1948년 6월 21일 제11연대장(중령)으로 부임하여 38선 경계 임무를 수행하였다. 1949년 5월 4일 소위 5·4 전투로 불리는 송악산 전투에서 침공한 북한군을 격퇴하고 진지를 회복했다. 이 전투는 북한군이 우리군의 전력을 시험한 6·25의 예비 전쟁이고, 6·25남침 이전 38선상에서 치른 최대 전투였다.

이 전투에서 우리 전사에 전무후무한 육탄 10용사가 탄생하였다.

제11연대장(대령) 재임 중 6·25남침을 맞았고, 김석원 장군이 수도사단장에 복귀할 때 참모장으로 전임했다. 이후 훈련소장, 육군헌병사령관(준장), 사단장, 국방대학원장(소장)을 거쳐 1960년 8월 29일 육군참모총장(중장)에 임명되었고, 제2군사령관으로 전임하였다가 중장으로 예비역에 편입하였다.

최영희(崔榮喜)

1921년 서울에서 출생.

일본센슈대학을 졸업하고 학도병으로 출정한 일본군 소위.

1946년 2월 21일 군사영어학교를 졸업하고 제1연대 보급관으로 부임했다.

1947년 5월 17일 조선경비대총사령부 인사처장(중령), 1949년 11월 27일 육군 헌병사령관, 1950년 4월 18일 제5사단 제15연대장으로 전임하였다. 제15연대장 재임 중 6·25남침을 맞았다. 주둔지 전주에서 연대를 지휘하여 문산 제1사단을 부원하였고, 한강 방어선 전투에서는 김포지구전투사령관이 되어 김포지구작전부대를 통할(統轄) 지휘했다.

1950년 7월 5일 사단개편 때 제5사단이 제1사단에 폐합되면서 제15연대는 제13연대에 흡수되었고, 그는 제13연대장으로 임명되었는데 제13연대가 7월 25일 제15연대로 개칭되어 다시 제15연대장으로 되돌아갔다.

　같은 해 10월 1일 제1사단 부사단장으로 전임했고, 이어서 그해 10월 25일 준장 진급과 동시에 제1사단장에 임명되었다. 이때 인사 내용을 보면 제2군단장 유재흥 소장이 육군참모차장으로 전보되고, 후임 제2군단장에 제1사단장 백선엽 준장이 전보되자 그 후임으로 최영희 부사단장이 임명되었는데 며칠 후 인사가 취소되어 유재흥 소장이 제2군단장으로 되돌아왔고, 백선엽 준장도 제1사단장으로 되돌아오게 되자 최영희 준장도 부사단장으로 원위치했다.

　백선엽 장군은 그때를 회고하여 졸지에 사단장이 두 사람이었다고 했다.

　당시 중공군이 나타나서 전 전선의 상황이 매우 우려되는 시기였으므로 현사태가 수습될 때까지 그대로 자리를 지키라는 육군본부의 방침이었다.

　하루살이 제1사단장에서 부사단장으로 되돌아온 그는 그해 12월 제8사단장으로 임명되었고, 1953년 4월에 국방부 정훈국장으로 전임하였다가 그해 6월 26일 제15사단장(소장)으로 전임하였다.

　그 후 군단장(중장), 제1군사령관을 거쳐서 1960년에 육군참모총장에 임명되었고, 전임참모총장 최경록 중장은 제2군사령관으로 강임되는 현상을 빚었다.

　합동참모회의 의장을 거쳐서 예비역에 편입하였고, 국방부장관을 역임했다.

한신(韓信)

　일본군에 학도병으로 출전한 일본군 소위 출신이다.

　1946년 12월 14일 국방경비사관학교 제2기를 졸업하고 소위로 임관.

　1948년 11월 29일 제3여단 제8연대 제1대대장에 임명되었고, 수도사단 고급부관과 제18연대 부연대장을 거쳐서 1950년 5월 1일 제18연대장(중령)으로 전임하여 6·25남침을 맞았다.

　같은 해 8월 8일 제1연대장으로 전임하였고, 10월 20일 대령으로 진급했다. 이후 제29연대장, 제1연대장, 제5군단 독립연대장, 제17연대장을 거쳐서 1952년 8월 10일 제5사단 참모장으로 전임하였고, 이어서 부사단장을 거쳤다.

1953년 12월 준장으로 진급하였다. 1956년 7월 수도사단장으로 보임되었다.

1959년 12월 소장으로 진급하였고, 1960년 2월 제2훈련소장에 보임되었다.

1961년 5·16군사혁명이 일어나자 국가재건최고회의 최고위원을 거쳐 현역 소장의 신분으로 내무부장관과 감사원장(63년 7월)을 역임했다.

1964년 8월 제6군단장으로 복귀했고, 1966년 1월 중장 진급했다.

1968년 8월 제2군사령관으로 전임하였고, 육군참모차장을 거쳐 1969년 5월 제1군사령관으로 전임했으며 1970년 8월 대장으로 진급했다.

1972년 6월 합동참모회의 의장에 보임되었고, 1975년 3월 전역했다.

함병선(咸炳善)

1920년 평안남도 평양 출생.

일본군 지원병으로 출정한 일본군 준위 출신이다.

1946년 2월 3일 군사영어학교를 졸업하고 참위로 임관하여 제1연대 식사관 겸 구매관을 거쳐서 C, D, E중대장을 지냈고, 제2여단 군수참모(47년 12월 소령 진급)를 거쳐서 1948년 12월 7일 제2연대장(중령)에 보임되었다.

1949년 6월 1일 대령으로 진급하였다. 제2연대장 재임 중 6·25남침을 당하여 38선 경계진지 전투에서부터 반격 작전을 펼 때까지 제2연대를 지휘했다.

1950년 10월 20일 준장으로 진급하여 제2사단장으로 보임되었다.

1952년 5월 19일 소장으로 진급하였고, 그해 7월 29일 교육총감부 교육총감, 1954년 7월 제2훈련소장으로 전임하였다.

1955년 1월 중장으로 진급하였고, 그 해 5월 제2군단장, 1958년 연합참모회의 본부장 겸 의장대리, 1959년 1월 작전참모부장, 1960년 8월 국방연구원장으로 각각 전임하였다. 1961년 7월 예비역 편입.

함준호(咸俊鎬)

1921년 서울 창신동에서 출생.

1944년 경성법학전문학교를 졸업하고 학병으로 일본군에 입대하여 일본군 육군 소위로 광복을 맞이하였다.

1946년 2월 18일 군사영어학교를 졸업하고 참위로 임관하였다.

제3연대장 재직 중 여수·순천반란사건 진압 작전에 참가하여 반란군을 완전히 소탕하고 반란 주모자 김지회, 홍순석을 사살했다.

1950년 4월 30일 제1연대장에 임명되어 재임 중 6·25남침을 맞았다.

6월 27일 창동전선에서 전사했다. 6·25개전 이후 최초로 전사한 연대장이면서 최고위 지휘관 전사자로 기록되었다. 당시 29세였다.

육군 준장으로 추서되었고, 그의 충절을 기리기 위하여 1958년 6월 27일 그가 전사한 현장에 현충비가 세워졌으나 1968년 4월 도시계획으로 그 지역이 개발되는 바람에 국립현충원으로 이전되었다.

기타 학도병 출신자(군사영어학교 출신 준장 이상)

성 명	일본군계급	최종 직위	최종 계급	적 요
김병길(金炳吉)	소위	부군단장	준장	
김상복(金相福)	중위	참모차장	중장	
김완룡(金完龍)	소위	징발보상위원장	소장	
김웅수(金雄洙)	소위	군단장	소장	
김종면(金宗勉)	소위	제1훈련소부소장	준장	
김종문(金宗文)	소위	정훈감	소장	
김형일(金炯一)	소위	국방부장관보좌관	중장	
민병권(閔炳權)	소위	군수참모부장	중장	
박경원(朴璟遠)	소위	군 사령관	중장	
박현수(朴鉉洙)	소위	군수기지사령관	소장	
백선진(白善鎭)	소위	군수참모부장	소장	
소병기(蘇炳基)	소위	병기감	준장	
심언봉(沈彦俸)	소위	제2훈련소장	준장	
안동순(安東淳)	소위	관리참모부장	준장	
원태섭(元泰燮)	소위	참모총장보좌관	준장	
이명재(李明齋)	소위	부군단장	소장	
이상철(李相喆)	소위	군단장	소장	
이정석(李貞錫)	소위	사단장	준장	
이지형(李贄衡)	소위	군사감	준장	

이춘경(李春景)	소위	국방연구원장	준장	
이후락(李厚洛)	소위	미국주재 무관	소장	
이희권(李喜權)	소위	사단장	준장	
장호진(張好珍)	소위	제2훈련소부소장	준장	
정만기(鄭萬基)	소위	재무감	준장	50. 6. 30 전사
정진환(鄭震晥)	소위	국방부제5국장	소장	
최 석(崔 錫)	소위	군단장	중장	
최홍희(崔泓熙)	소위	군단장	소장	
황헌친(黃憲親)	소위	군사령부 참모장	준장	

만주군 출신

게재순서 : 성명의 한글 순서

강문봉(姜文奉)

1923년 함경북도 출신. 만주군관학교(통칭 신경군관학교) 제5기와 일본육사 제59기를 나온 만주군 중위 출신.

1946년 1월 15일 군사영어학교를 졸업하고 참위로 임관. 제1연대 창설에 참가하여 소대장과 대대부관을 지냈다. 그 후 경비대총사령부와 참모학교에서 기획행정 업무를 담당했다.

1948년 2월 17일 육군본부 작전교육국장에 임명되어 1950년 6월 10일까지 재임하였다. 육군의 작전통이라고 할 정도로 작전분야에 오래 근무했다. 작전교육국장을 물러나 도미 유학 대기 중 6·25남침을 맞았다. 그 후 작전국장에 복귀하였다가 1951년 3월 제1사단장(준장)에 임명되었다.

그해 4월에 있은 중공군 춘계대공세 때 서울을 또다시 삼키겠다고 대공세를 펴 임진강전선이 수색까지 밀렸으나 1주일 만에 반격하여 임진강선을 회복했다.

이때 '서울을 방어한 장군' 이라는 별명을 얻었다.

1951년 5월 제1사단장 재임 중에 소장으로 진급했고, 이어서 제1군단 부군단장, 제2군단 부군단장, 제2사단장을 거쳐 1953년 5월 제2군단장으로 전임했고, 1954년 10월 제2군사령부가 창설되면서 중장 진급과 동시에 초대사령관 보임되었다. 이때 그의 나이 31세였다.

1956년 김창룡 특무부대장 암살 사건에 연루되어 1957년 4월에 무기징역형을 선고받고 복역 중 1960년 4월 19일 특사로 풀려났다.

강태민(姜泰敏)

만주군관학교 제3기와 일본육사 제58기를 졸업한 만주군 중위 출신.

육군사관학교 제8기 제4차로 임관하였다.

6·25남침을 맞았을 때 제3사단 제22연대장이었다. 연대를 지휘하여 제1사단의 봉일천 지구에 부원하였고, 이후 연대장으로서 저진전을 지휘하였다.

사단장과 군수기지사령관을 역임하고 소장으로 예편.

김동하(金東河)

만주군관학교 제1기를 졸업한 만주군 대위 출신.

해군에 특별임관하여 해병대 창설 요원으로 활약했다. 해병대사령부 작전참모와 모슬포부대장(소령), 해병학교 교장, 해병제1연대장을 거쳐서 상륙사단장을 역임했다. 소장으로 예비역에 편입.

김백일(金白一)

1917년 함경북도 명천(明川)에서 출생. 본명은 김찬규(燦圭).

만주 봉천군관학교 제5기를 졸업한 만주군 대위 출신.

1946년 2월 26일 군사영어학교를 졸업하고 중위로 임관하여 제3연대 창설 중대장 겸 대대장이 되었고, 1946년 12월 23일 연대장(대위)에 임명되었다.

1946년 10월 연대 주둔지인 이리에서 결혼식을 올렸다. 결혼 비용이 당시 화폐로 150만원이 들었다고 유언(流言)이 퍼지면서 연대장배척사건이 일어났다.

주·부식이 좋지 않았고, C레이션이 제때 보급되지 않아 불만이 쌓여 있었던 타라 하사관들은 보급품을 부정처분하여 결혼식 비용으로 썼다고 의심하였다.

연대본부의 상사단(上士團)과 군산 주둔 제2대대가 주동이 되어 연대 연병장에서 '연대장은 물러가라.'고 규탄했다. 특히 제2대대는 완전무장하고 군산에서 이리 연대본부까지 24km를 행군으로 왔다.

부연대장 정진환(鄭震晥) 부위가 보급품 불출 내용을 소상히 밝혀 의혹을 풀었으나 지휘 책임을 물어 김백일 정위는 부연대장으로 강임되고 송호성(宋虎聲) 참령(소령)이 연대장으로 부임했다. 표면상 이유는 연대장에 대한 부정 규탄이었으나 실 내면으로는 좌익 불순세력이 선동하여 하극상과 내부 분열을 일으킨 사건이었다.

그 후 숙군 과정에서 이 사건 주동자가 모두 좌익계였음이 밝혀졌다.

통위부 직할 잠정특별부대사령관을 거쳐서 1948년 10월 23일 제5여단장에 임명되었고, 제6사단장과 제3사단장을 거쳐 육군본부 작전참모부장으로 전임하여 재임 중 6·25남침을 당했다.

7월 12일 제2군단을 창설하고 준장 진급과 동시에 군단장이 되었다가 7월 20일 다시 작전참모부장으로 되돌아갔고, 얼마 후에 제1군단 부군단장을 거쳐서 9월 1일 김홍일 소장 후임으로 제1군단장에 임명되었다.

불과 50일 만에 제2군단장, 작전참모부장, 제1군단 부군단장, 제1군단장 등 4개의 자리를 마음대로 오갔다.

1951년 3월 28일 예하 제9사단전선을 시찰하고 L-5기로 하진부리를 출발하여 강릉에 있는 군단사령부로 돌아가던 중 우천으로 시야가 불명한 산악에 추락하여 실종되었는데 이듬해 4월 대관령 삼림 속에서 주민에 의하여 기체 잔해와 유해가 발견되었다.* 중장으로 추서되었다.

> *국방부 『한국전쟁사』 제5권(p643)의 기술에 따랐다.
> 백선엽 『군과 나』는 "3월 27일 리지웨이는 여주의 미8군 전진지휘소에서 주요 지휘관들을 소집했다." "여주회의를 마치고 경비행기편으로 강릉으로 귀환하던 중 그의 탑승기가 악천후 속에서 대관령 산중에 추락한 것이었다.(그의 유해는 5월 9일에야 발견되었다)"라고 기술했다. 『정일권회고록』은 회의일자를 4월 9일이라고 기술(p363)했다.
> 군단장회의를 마치고 귀대하다가 난 사고냐? 제9사단을 시찰하고 돌아가다가 난 사고냐?와 유해 발견 날짜에 차이가 있다.

김석범(金錫範)

1914년 11월 12일 평안남도 강서 출생.

봉천군관학교 제5기와 일본육군사관학교 제54기를 나온 만주군 대위 출신.

1946년 5월 해군 소위로 특별 임관하였고, 해군 묵호기지사령관(소령)을 거쳐서 1949년 2월 해군진해통제부 참모장으로 전임. 재임 중 6·25남침을 맞았다.

전선이 최남단에 이르렀을 때인 1950년 8월 11일 해군은 진해방위사령부를 설치하였는데 이때 방위사령에 임명되었다.

1951년 7월 해병대로 전출하여 그해 10월 1일 해병제1연대장, 1952년 9월 5일 해병전투단장(준장)을 거쳐서 그해 11월 11일 해병대부사령관(소장)으로 전임하였고, 1953년 10월 15일 신현준 사령관의 뒤를 이어 제2대 해병대사령관(중장)에 올랐다.

1960년 6월 예비역에 편입.

김일환(金一煥)

만주 하얼빈고등학교와 만주군 경리학교를 졸업한 만주군 대위 출신이다.

1946년 4월 25일 군사영어학교를 졸업하고 참위로 임관했다.

남조선국방경비대 재무국장, 국방부 제3국장, 육군본부관리참모부장을 역임하고, 중장으로 예비역에 편입하였다.

국방부 제3국장으로 재임 중 6·25를 맞았다. 어려운 시기에 재정을 담당하여 자금을 차질 없이 집행하였고, 필요한 물자를 적기에 조달하여 군 후방지원을 원활하게 하였다. 이러한 그의 관리 능력은 군을 떠난 후에 더 빛을 보았다.

상공부장관, 내무부장관, 교통부장관 등을 역임하면서 행정가로서의 능력을 유감없이 발휘하였다. 군을 떠난 후 그의 경력이 더 화려했다.

초대 재향군인회장을 역임했다.

박임항(朴林恒)

1919년 3월 13일 함경남도 홍원(興原)에서 출생하였다.

만주군관학교 제1기와 일본육사 제56기를 나온 만주군 대위 출신.

만주군관학교를 수석으로 졸업하고 일본육군사관학교에 진학*하였다.

봉천 육군비행학교도 졸업하였다.

육군사관학교 제8기 특별 제4차를 졸업하고 대위로 임관하였다. 광복 후 고향에 돌아갔을 때 북한은 그의 항공 경력을 필요로 하여 북한군 창설에 참여할 것을 바라고 우대하였으나 뿌리치고 월남하여 육군사관학교에 입교하였다.

1950년 1월 15일 제3연대장(중령)에 임명되었고, 같은 해 5월 10일 육군본부로 전임하였으며, 제1사단장, 육군보병학교 교장, 초대 국방연구원장, 제5군단장, 제1군사령관을 역임하고 중장으로 예비역에 편입하였다.

* 국방부 『한국전쟁사』 제1권(p289)은 (북한군에서 귀순. 소좌 출신)이라고 기술. 북한군에서 귀순하여 육군사관학교에 입교한 것으로 보인다.

박정희(朴正熙)

1917년 11월 14일 경상북도 선산군 출생.

1937년 대구사범학교를 졸업하고 문경공립보통학교에서 3년간 교사로 재직.

1940년 만주 신경소재 만주군관학교(통칭 신경군관학교) 2기에 입교하여 2년 과정을 수석으로 졸업하고 일본육군사관학교 57기에 입학하여 다시 2년과정을 졸업하고 1944년 만주군 소위로 임관하여 만주군 보병 제8사단에 배속되었고, 중위로 근무 중 8·15광복을 맞았다.

광복 후 북경으로 건너가 광복군 제3지대에 편입되어 제1대대 제2중대장으로 근무하다가 1946년 5월에 귀국하였다.

1946년 9월 조선경비사관학교(육군사관학교 전신) 제2기에 입교하여 단기과정을 수료하고 소위로 임관하여 춘천에 있는 제8연대에서 근무하였다. 그 후 소령으로 진급하여 육군본부 작전정보국 작전과장으로 근무 중 1948년 10월 1일 발생한 여수·순천 반란사건을 계기로 시작한 숙군 과정에서 남로당세포로 활동한 사실이 드러나 군법회의에서 사형선고를 받는다. 그러나 그는 조사 과정에서 남로당 세포 조직의 계보를 제공하여 군내 좌익계 숙청에 크게 기여한 공로로 형 집행을 면하고 파면되는 것으로 종결되었다. 그 후 동료들의 선처운동과 정보국장 백선엽 대령의 배려로 문관으로 채용되어 정보국에 근무하던 중 6·25남침을 맞았다.

6·25남침 후 소령으로 복직하여 육군본부 정보국 전투정보과장으로 근무했고, 1950년 10월 25일 제9사단 참모장으로 전임하였다.

1953년 준장으로 진급하여 육군포병학교장, 제2군단 포병사령관, 제5사단장을 역임했고, 1957년 소장으로 진급하여 제6군단 부군단장, 제7사단장, 제6관구사령관, 육군 군수기지사령관, 육군본부 작전참모부장, 제2군부사령관을 역임했다.

1961년 5월 16일 제2군부사령관 재직 중 군사혁명을 일으켜 군사혁명위원회 부위원장, 국가재건최고회의 부의장과 의장을 거쳐 1963년 10월 15일 제5대 대통령에 당선되었다. 이후 연이어 대통령에 선출되어 제9대 대통령 재임 중 1979년 10월 26일 중앙정보부장 김재규가 쏜 총탄에 서거했다.

백선엽(白善燁)

1920년 11월 23일 평안남도 강서군에서 출생.

1940년 평양사범학교 졸업,

1941년 12월 봉천군관학교를 졸업(제9기)한 만주군 중위 출신이다.

1946년 2월 26일 군사영어학교를 졸업하고 육군중위로 임관하여 제5연대 A중대장에 임명되었고, 제1대대장을 거쳐 1947년 1월 1일 제5연대장(중령)에 임명되었다.

같은 해 12월 1일 제3여단 참모장, 1948년 4월 11일 통위부 정보국장 겸 조선경비대 총사령부 정보처장이 되었고, 그해 11월 대령으로 진급했다.

1949년 7월 30일 제5사단장, 1950년 4월 23일 제1사단장으로 전임하였다.

제1사단장 재임 중에 6·25남침을 당했다.

중서부전선에 투입된 제7, 제2, 제3, 제5사단과 수도경비사령부의 4개 사단이 지리멸렬하여 건재를 잃고 혼성사단을 편성하여 저지전을 펼 때 유일하게 사단 건제를 유지하였고, 사단을 통폐합하여 수도경비사령부, 제2, 제3, 제5, 제7의 5개 사단이 2개 사단으로 축소 개편될 때도 유일하게 제1사단만이 존속했다.

1950년 7월 25일 준장으로 진급했다.(29세)

같은 해 8월 3일부터 12일까지의 낙동강 연안 전투와 8월 13일부터 30일까지 치뤄진 다부동 전투에서 북한군 3개 사단을 섬멸하고 대승을 거두어 공세 전환의 전기를 마련하였다. 낙동강 방어선 최대의 전투이고 최대의 전과를 올렸다.

다부동 전투에서 미 제27연대의 지원을 받아 국군 최초로 미군과의 협동작전을 성공적으로 수행함으로써 한·미 연합작전의 시범 사례가 되었고, 이를 계기로 제1사단이 미군 군단에 예속되어 전쟁을 치르면서 한·미연합작전의 제1인자로 평가받았다.

이러한 그의 전공과 능력으로 말미암아 기라성 같은 선배를 제치고 중장, 대장을 승진하였고, 군단장, 총참모장, 야전군사령관, 참모총장, 합동참모회의 의장 등으로 승승장구하여 화려한 경력을 쌓게 된다.

1950년 10월 23일 제2군단장으로 발령받아 부임했다. 제2군단장 유재흥 소장이 육군참모차장으로 부임했고, 후임 제1사단장은 부사단장 최영희 대령이 임명되었다. 그러나 며칠 후 그 명령이 취소되어 모두 원위치로 돌아갔다.

당시 중공군이 참전하여 전황이 매우 혼미해졌으므로 사태가 호전될 때까지 그대로 원위치를 지키기로 하여 명령이 취소된 것이다.

1951년 4월 15일 소장 진급과 함께 제1군단장에 임명되었고, 같은 해 7월 10일 휴전회담 한국대표(초대), 같은 해 11월 16일 백야전전투사령관(지리산 지구 공비토벌작전)으로 각각 전임했다.

1952년 1월 12일 중장 진급, 그해 4월 5일 제2군단장으로 전임했다.

같은 해 7월 23일 육군참모총장에 임명되었고(32세), 1953년 1월 31일 대장으로 진급했다. 한국군 최초의 대장이다. 육군대학 총장을 겸임했다.

1954년 2월 14일 야전군사령부(제1군사령부)가 창설되면서 제1군사령관에 임명되었고, 1957년 5월 18일 다시 육군참모총장으로, 1959년 2월 23일 합동참모회의 의장으로 전임하였다. 1960년 5월 31일 전역했다.

국방일보는 2009년 3월 3일자에 다음과 같은 기사를 실었다.

"살아있는 한국전쟁(6·25전쟁)의 영웅이자 한·미 동맹의 상징적 인물인 백선엽(예비역 육군대장) 장군의 생생한 육성이 미국 국립보병박물관에 영원히 기록으로 남는다."

"오는 19일 미 보병학교 졸업식에 맞춰 열리는 박물관 연병장 개관식에 전 세계 미국의 동맹군 장교 출신 중 유일하게 한국군의 백 장군을 초청한다고 밝혔다."

신현준(申鉉俊)

봉천군관학교 제5기를 나온 만주군 대위 출신이다.

1946년 6월 21일 해군 견습사관으로 임명되었다.

같은 해 11월 22일 인천기지사령관(중위)에 보임된 후 부산기지사령관(대위), 진해통제부 참모장(소령)을 거쳐서 1949년 2월 1일 초대 해병대 사령관(중령)에 임명되었고, 같은 해 6월 1일 대령으로 진급했다.

해병대가 제주도에 주둔 중 6·25남침을 당하자 고길훈 부대를 서남부전선에 출동시켜 지상 전투에 처음으로 해병대를 투입하였고, 이후 김성은부대로 이어지면서 육군 서해안지구전투사령부와 민 부대의 지휘를 받아 호남 지구와 낙동강 서남부 지구에서, 또 미 제25사단의 지휘를 받아 진동리 전투와 통영 탈환전에서 큰 전과를 올렸다.

인천상륙작전 때는 신현준 사령관이 직접 연대 규모의 해병대를 지휘하여 서울탈환작전에 참가하였고 중앙청에 태극기를 게양하는 개가를 올렸다.

1950년 9월 20일 준장으로, 1952년 1월 31일 소장으로 진급했다.

해병대가 해군으로부터 독립된 후에도 해병대사령관으로 유임했다.

중장 예편.

원용덕(元容德)

1907년 서울에서 출생.

1931년 세브란스의학전문학교를 졸업하고 강릉에서 개업하였다.

1932년 만주로 가서 1934년에 창설된 만주 육군군의학교(4년제)를 졸업하고 군의관에 임관되었다. 광복 당시 만주군 중좌였다.

1945년 12월 5일 군사영어학교가 개교되면서 교장에 미군 리스(Rease) 소령이 임명되었고, 그는 부교장격인 보좌관에 임명되면서 학생 신분을 함께 가졌다.

1946년 2월 9일 군사영어학교를 졸업하고 참령으로 임관했다. 군사영어학교 출신자 중에서 대령으로 임관한 이응준(일본군 대좌) 다음으로 높은 계급을 받았다.

그의 군번은 41번이다.

1946년 2월 22일 남조선국방경비대 한국인 총사령관(참령)으로 임명되었다. 미국인 총사령관은 마샬(Marshall) 중령이었다. 한미군이 함께 맡는 공동사령관이다.

1946년 9월 6일 조선경비사관학교 교장(2대, 소령, 중령)에 보임되었다. 이어서 제8연대장, 제2여단장(초대, 대령)을 거쳐서 1949년 1월 15일 제5여단장으로 전임하였고, 1949년 5월 24일 호국군 참모장(준장)에 임명되었으며, 그해 8월 1일 신태영 준장과 교대한 후 보직이 불명하다.

6·25남침 후인 7월 8일 전북편성관구가 설치될 때 신태영 소장이 사령관에, 그가 참모장에 임명되었다. 동 사령부가 해체된 후 보직은 알 수 없다. 일설에는 군을 떠났다고 했다.

1952년 1월에 제2군단 부군단장(준장)에 임명되었고, 신태영 국방부장관의 보좌관을 거쳐서 영남지구계엄사령관이 되었다.

이때부터 그는 정치의 길로 들어섰다고 역사는 평가하고 있다.

1952년 대통령 선거를 앞두고 여소야대(사실상 여당은 없었다)의 정국에서 이승만 대통령 재선돌파구를 연 것이 직선제 개헌안이었고, 그것도 발췌개헌안이었다. 발췌개헌안이라는 개정하는 조문만 국회에 상정한 것이다. 이승만을 반대하는 다수의 의원이 차지하고 있는 국회에서 통과가 어렵게 되자 비상수단을 썼다.

1952년 5월 25일 0시를 기하여 부산을 포함한 경상남도의 8개 군, 전라북도의 6개 군, 전라남도의 7개 군에 공비 소탕과 치안확보를 이유로 계엄령을 선포하고 계엄사령관에 원용덕 소장을 임명하였다.

동시에 개각을 단행하여 장택상을 국무총리에, 이범석을 내무부장관에 임명하여 정치적인 포석도 병행했다.

이승만 대통령은 이종찬 육군총참모장에게 1개 사단을 부산으로 파견하라고 지시했다. 그러나 이종찬 총장은 군은 정치의 도구가 아니라고 거부했다. 총장을 경질하여 후임에 백선엽 제1군단장을 임명하였다. 임명장을 수여하는 자리에서

"군은 대통령의 말을 잘 들어야 해."

라고 일침을 놓았다.

이종찬 총장에 동조한 이용문(李龍文) 작전국장과 김종면(金宗勉) 정보국장도 자리를 옮겼다.

원용덕 계엄사령관은 헌병을 동원하여 국회로 출근하는 48명이 탄 국회의원전용 버스를 연행하여 그 중 10여 명을 구속하였다. 이렇게 야당(반대파)의원을 구금하고 공포분위기를 조성하여 대통령직선제 발췌개헌안을 통과시켰다.

1953년 3월 24일 국방부에 헌병총사령부를 설치하고 원용덕을 중장으로 진급시켜 총사령관에 임명하였다.

헌병총사령부는 3군 헌병을 통할지휘하는 조직이고, 육군특무부대와 함께 막강한 정치권력을 행사한 군 부대가 되었다.

육군헌병사령부가 헌병감실로 바뀌고 헌병총사령부는 헌병사령부로 개칭된다.

대통령의 특명을 받은 헌병총사령부는 1953년 6월 18일 새벽 2시 부산, 마산, 광주, 논산 등 포로수용소에 분산 수용된 반공포로를 석방하였다.

1954년에 소위 사사오입(四捨五入-반올림) 개헌 파동이 있었다. 그해 11월 29일 이승만 대통령이 3선을 할 수 있는 헌법개정안을 국회에서 사사오입이라는 편법을 동

원하여 통과시킨 헌법 개정이다.*

이 개헌에 반대한 의원들이 호헌동지회를 결성하여 투쟁을 벌인다.

이 회오리가 지날 무렵인 12월 18일 신익희, 곽상훈 등 야당 중진의원 집에 남북평화협상을 촉구하는 북한 최고인민위원회 명의의 호소문이 투입되었고, 관계당국은 이것을 북한의 공작대원이나 좌익계열에 의한 소행으로 보고했는데 헌병총사령부가 저지른 정치공작이라는 것이 밝혀졌다. 불온문서사건이라고 한다.

불온문서 투입사건을 조사하는 과정에서 헌병총사령부에 구금되어 조사를 받던 김성주(金聖柱)의 행방이 묘연하여 국회에 청원서가 제출되었다.

김성주는 서북청년단과 반공청년단에서 활동하면서 이승만을 지지하였고, 평양을 점령한 후에는 평안남도지사대리로 임명되었던 인물이다. 그러던 그가 이승만 대통령과 갈등을 빚어 야당 지지로 돌아섰고, 조봉암 대통령 후보의 사무차장으로 일을 했다. 이렇게 하여 그는 과거 반공청년동지들과 갈등을 빚었고, 이승만의 오른팔이라고 하는 원용덕을 비롯한 이승만 지지자들과의 관계가 악화되었다. 결국 그는 원용덕에 의하여 구금되고 조사를 받게 된 것이다.

이 과정에서 김성주는 고문으로 치사하였고, 시체는 유기되었다가 몇 달 뒤 화장되었다. 이 사망 사실을 숨긴 채 중앙고등군법회의를 열어 이미 죽은 김성주에게 사형을 선고하였다. 그리고 총살형을 집행하였다고 발표하기에 이른다.

이러한 사실이 밝혀져서 1960년 7월 29일 헌병사령관직에서 해임되고, 구속영장이 발부되었다. 그리고 1961년 9월 30일 파면, 전 급료 몰수, 징역 15년이 선고되었다. 복역 중 특사로 풀려났고, 1968년 2월 24일 타계했다.

정치 군인이라는 오명을 쓰고 생을 마쳤다.

* 사사오입 개헌

당시 국회 재적의원은 203명이었다. 개헌통과선인 2/3는 136명이다. 여당(자유당)이 제안한 헌법 개정안이 찬성 135명으로 2/3에 미달하여 부결되었고, 국회의장이 부결을 선포하였다. 이틀 뒤 최순주(崔淳周) 국회부의장이 "203명의 2/3는 사사오입에 의해 135명이므로 헌법개정안은 가결되었다."고 다시 선포했다.

정확하게 203명의 2/3는 135.33명이다. 그래서 136명이라야 한다. 사사오입이란 소수점 이하의 숫자 중 0.4 이하는 절사(切捨)하여 0으로, 0.5 이상은 올려서 1로 하는 수학의 원리다. 요즘은 반올림이라고 한다. 미달한 0.33명은 0.4이하로 0이 되므로 2/3는 135명이면 된다는 논리다. 이것이 사사오입개헌 파동이다.

이주일(李周一)

만주군관학교 제1기와 일본육사 제56기를 나온 만주군 대위 출신. 육군사관학교 제7기 특별반을 나와 임관했다.

1950년 7월 12일 제2군단이 창설될 때 작전참모(대령)에 임명되었다.

5·16군사혁명 당시 박정희 전 대통령이 제2군사령부 부사령관으로 있었고, 그는 참모장으로 있으면서 혁명 주체에 합류했다. 국가재건최고회의 부의장을 거쳐서 민정이양 후에 감사원장을 역임했다. 예비역 육군 대장.

이한림(李翰林)

1921년 2월 10일 함경남도 안변에서 출생.

만주군관학교 제2기와 일본육사 제57기를 나온 만주군 중위 출신.

1946년 2월 26일 군사영어학교를 졸업하고 참위로 임관했다. 1947년 2월 1일 제6연대 제1대대장(소령)에 임명되었고, 그해 5월 12일 제4연대장으로 전임했다.

대구에서 창설한 제6연대 A중대는 중대장을 제외하고는 모두 공산주의자들이었다. 그 이유는 대구에서 조직된 좌익 성향의 사설군사단체인 국군준비대가 있었고, 여기에 학병 출신으로 일본군 소위였던 하재팔(河在八)이 참모장으로 있었다. 하재팔이 군사영어학교를 졸업하고 임관하여 제6연대에 부임한 후 국군준비대에서 그의 부하로 있던 일본군 하사관 출신을 대거 입대시켰기 때문이다.

신병이 입대하면 고참하사관들이 경비대에 들어오기 전에 어떤 단체에 있었는가를 묻고, 가입한 단체가 없거나 우익 단체에 가입했으면 무조건 두들겨 팼고, 좌익 단체에 가입한 사람은 환영하는 분위기였다.

경비사관학교 제2기생이 임관하여 제6연대에 대거 배치되어 연대창설에 박차를 가하였는데 이들이 부임하여 놀란 것은 내무반에 적색선전 표어를 공공연히 붙여 놓았고, 점호시간에 애국가를 제창할 때는 '대한사람 대한으로'를 '조선사람 조선으로'라고 바꾸어 불렀다.

이한림 대대장은 중대선임장교 서재관(徐在寬) 소위로부터
"이대로 두었다가는 공산당 군대가 될 터이니 불순분자를 색출하여 제대시키자."
는 건의를 받았다.

그는 심복 부하를 내무반에 침투시켜 불순분자를 색출했고, 불시에 내무반을 검열하여 불온물자를 가진 자를 모두 색출하여 제대시켰다. 그 후에 제6연대반란사건이 일어났을 때 그의 대대에서는 가담한 자가 없었다.

그 후에 그가 전임한 제4연대 역시 남로당의 소굴이었다. 공공연히 경찰과 마찰을 일으켰고, 제2대대장 오일균 소령이 연대 안 남로당 세포를 포섭하고, 김지회, 홍순석을 중심으로 모종의 음모를 획책하고 있었는데 당시 내무반에는 공공연히 적색선전 삐라와 표어가 나붙었지만 이를 제제하거나 단속할 능력이 없었고, 이를 단속할 기관이나 조직도 없었다.

이런 와중에서 군경이 충돌하는 불상사가 발생하였다. 당시 어떤 사병의 형이 좌익 혐의로 순천경찰서에 연행되었는데 이를 목격한 사병이 동료들에게 왜곡선동하여 사병의 일단이 순천경찰서를 습격하는 사태가 벌어졌다.

이한림 연대장은 이를 수습하기 위하여 부임하였는데 연대 내 좌익세력이 판을 치는 형국이라 수습할 방도가 없었다고 한다. 엎친데 덮친 격으로 이 사건이 수습되기도 전에 영암에서 군경충돌사건이 또 발생하였다.

이한림 연대장은 두 사건을 잘 처리하여 군정장관으로부터 특별표창을 받았다.

1948년 5월 4일 여수에 제14연대가 창설되었고, 제4연대 제1대대장 이영순(李永純) 소령이 연대장으로 임명되어 기간요원을 차출하였는데 이때 여수·순천반란사건의 주모자 홍순석과 김지회를 포함한 많은 좌익세포가 포함되어 갔다.

1948년 8월 14일 이한림 중령은 도미 유학을 갔다.

1949년 8월 육군사관학교 부교장에 임명되어 재임 중 6·25남침을 맞았다. 육사 생도대대를 지휘하여 포천 전투에 참가하였고, 생도의 희생을 줄이기 위하여 이준식 교장과 협의하여 일찍 광나루를 통하여 철수했다.

1950년 7월 1일 혼성제2사단장에 임명되었고, 다시 사단개편 때인 7월 5일 제2사단장이 되었다가 7월 21일 제2사단이 대구방위사령부로 개편되면서 그 사령관에 임명되었다.

1950년 8월 제2군단 참모장으로 전임했다.

같은 해 9월 준장으로 진급하여 육군본부 정보국장, 작전국장, 육군보병학교 교장, 국방부 제2국장을 역임했다.

1953년 1월 소장으로 진급하여 제9사단장을 거쳐서 1953년 5월 제6군단장으로 전임하였고, 그해 10월 중장으로 진급했다.

1957년 7월 육군사관학교 교장, 1960년 10월 제1군사령관에 보임되었다.

1961년 8월에 예비역에 편입하였고, 건설부 장관을 역임했다.

정일권(丁一權)

1917년 11월 21일 함경북도 경원(慶源)에서 출생.

1935년 광명중학교를 졸업하고 만주 봉천군관학교 제5기에 입학하였다. 봉천군관학교 2년을 수료하고 일본육군사관학교에 입교하여 1940년 제55기로 졸업하고 육군 소위로 임관하여 만주군 총사령부에서 근무하였다.

1943년 만주군 육군대학(일본 육군대학 분교) 제1기에 선발되어 입교하였다. 총 20명 중 유일한 한국인이었다. 만주군 대위로 광복을 맞이하였다.

교민 보호를 위하여 중국 동북 지구 한교보안대(韓僑保安隊)를 조직하여 활동하던 중 진주한 소련군에 감금되었고, 시베리아로 이동 중 탈출하여 월남했다.

1946년 1월 15일 군사영어학교를 졸업하고 정위로 임관한 후 제1연대 창설요원으로 선발되어 B중대장이 되었다. 그 후 제4연대 대대장 겸 연대장(정위, 참령)이 되었다가 1947년 1월 23일 경비사관학교 교장(소령)으로 전임하였고, 9월 12일 제2대 조선경비대 총참모장(중령, 대령)으로 전임했다.

1949년 5월 12일 작전참모부장 겸 육군참모학교 부교장(대령)으로 전임하였고, 이어서 준장에 진급하여 참모차장 겸 육군참모학교 교장이 되었다.

1950년 4월 도미 유학 명목으로 미국 시찰길에 올랐다가 6·25남침으로 귀국명령을 받고 급거 귀국하여 그해 6월 30일 소장 진급과 동시에 육군총참모장 겸 육해공군총사령관에 임명되었다. 이때 그의 나이 34세였다.

1951년에 중장으로 진급하였고, 7월에 미국 참모대학에 유학하였다. 1952년 귀국 후 7월 29일 제2사단장을 맡았다. 소위 3성 사단장이다. 이어서 미 제9군단 부군단장을 거쳐 1953년 2월 3일 제2군단장이 되었다. 지휘관의 경험이 없이 총참모장을 한 그에게 사단장과 군단장의 경험을 쌓게 하기 위하여 취한 포석이었다.

1954년 2월 14일 대장으로 진급하여 육군참모총장에 임명되었고, 1956년 합동참모회의 의장에 전임하였다.

1957년 5월 18일 예비역에 편입되었다.

1963년 12월 제3공화국 외무부장관에 임명되었고, 그해 5월 9일 국무총리에 임명되어 7년을 재임했으며, 1973년 제9대 국회의원에 당선되어 국회의장에 선임된 후 7차례 중임하였다. 전에도 없었고, 앞으로도 깨지지 않을 기록이다.

최창언(崔昌彦)

만주군관학교 제1기와 일본육사 제56기를 나온 만주군 대위 출신.

1946년 5월 1일 군사영어학교를 나와 참위로 임관했다. 제4연대 제1대대장(참령)과 제2대대장을 거쳐서 1948년 10월 11일 조선경비대총사령부 공병처장에 임명된 후 육군본부 공병감(중령)을 거쳐서 1949년 7월 1일 수도경비사령부 초대 참모장으로 전임하였다.

1949년 8월 12일 제2사단 참모장으로 전임하여 재직 중 6·25남침을 맞았다. 사단장 이형근 준장과 함께 제2사단을 지휘하여 의정부전선에 출동하였는데 노상에서 채병덕 총참모장으로부터 졸지에 박기성 중령이 지휘하고 있는 제5연대장에 임명되었다.

1950년 8월 26일 대령으로 진급했고, 제7사단 부사단장, 제2훈련소장, 제6사단 부사단장, 제1훈련소 부소장을 거쳐서 1953년 5월 1일 수도사단장으로 전임하면서 준장으로 진급하였다.

국방대학원장을 역임하고 중장으로 예편했다.

그 외의 만주군 출신자(최종 계급 소장 이상)
이름 다음은 임관 전 경력, 임관구분, 주요 경력, 최종 직위, 최종 계급 순

김 묵(金 默) 만주군관 제2기, 중위, 육사7기 특별반, 공병감, 소장

김윤근(金潤根) 만주군관학교 제6기, 일본육사 제60기 후보생,

	해군사관학교 제1기, 해군행정참모부장, 중장
박동균(朴東均)	만주군군의학교, 대위
	군사영어학교, 제1의무단장(대령), 육군본부 의무감(준장),
	육군군의학교 교장(소장), 국방부병무국장대리, 소장
박춘식(朴春植)	만군중위, 육사5기, 군단장, 소장
석주암(石主岩)	만주군 대위, 육사2기, 헌병사령관, 군관구사령관 소장
송석하(宋錫夏)	만주군관학교 제5기 대위, 육사2기, 국방대학원장, 소장
신학진(申鶴鎭)	만주군 군의병과, 중좌,
	군사영어학교, 남조선국방경비대총사령부 의무국장(정위, 소령),
	제1육군병원장(중령, 초대), 육군본부 의무감, 소장
양국진(楊國鎭)	만주 군관학교 제9기, 대위,
	군사영어학교, 조선경비대총사령부 감찰감(중령), 육군본부 군수국장, 군단장, 중장
윤춘근(尹春根)	만주군관학교(기수 불명), 중위, 육사2기, 군부사령관, 소장
윤태일(尹泰日)	만주군관 제1기, 중위,
	육사7기 특별반, 제1공병단장(중령) 제1201건설공병단장,
	건설공병단을 지휘하여 보현산에서 보병 전투에 참가하였다.
	육군공병학교 교장(대령), 사단장, 중장
이 룡(李 龍)	만주조선인특설부대 소위,
	육사5기, 육군본부 기획통제실장, 소장
최주종(崔周鍾)	만주군관학교 제3기, 일본육사 제58기, 중위
	군사영어학교, 제11연대장, 사단장, 군수기지사령관, 소장

특별 임관한 사람

게재순서 : 성명의 한글 순서

김득룡(金得龍)

육군헌병 간부 1기로 임관하였다. 1950년 1월 5일 공군헌병대를 창설하면서 육군헌병 28명을 데리고 공군으로 전군하여 공군헌병대장(소령-중령)을 맡았다.

헌병대장 재임 중 6·25를 맞았다. 헌병결사대를 조직하여 김포기지 탈환작전을 폈으나 실패했고, 이어서 여의도기지 탈환작전을 지휘하여 기지를 탈환하였으나 중과부적으로 다시 물러났다.

공군기술교육단장(준장)을 역임하고 예비역에 편입했다.

김성삼(金省三)

1946년 2월 10일 손원일, 박옥규 제독 등과 함께 특별임관했다.

해군본부 법무관과 교재편찬 실장을 거쳐서 해군특설기지(진해기지) 사령관(부위)에 보임되었고, 진해통제부로 개편된 후 통제부사령관(대령)을 거쳐서 조선해안경비대 총참모장, 해군본부 참모부장을 역임했으며, 1950년 4월 10일 진해통제부사령관으로 전임하여 재임 중 6·25남침을 맞았다.

1950년 6월 26일 대한해협해전을 지휘하여 남해안으로 항진하는 북한 해군함정(100톤급 수송함)을 격침시키는 개가를 올렸다. 6·25개전 이래 최초로 격돌한 남북간의 해전이다. 이후 해전은 없었다.

6월 7일 해군본부가 수원으로 이동하면서 해군작전지휘권을 위임받아 7월 8일 손원일 총참모장이 귀임할 때까지 해군작전을 지휘했다.

참모부장(소장) 재임 중 1954년 2월 17일 사망했다.

박옥규(朴沃圭)

1901년 12월 부산에서 출생.

1949년 3월 해군중령으로 특별임관하여 해군본부 작전국장에 보임되었다.

1949년 10월 도미 함정인수단장에 임명되어 미국에서 대사관을 통하여 구입한

PC형 구잠함(驅潛艦) 1척을 직접 운항하고 그해 12월 뉴욕을 출발하여 이듬해 4월 10일 진해항에 도착하였다. 이 배를 701함으로 명명했다. 또 다음 해 5월 미국에서 도입한 PC형 702, 703, 704 3척의 함정 인수 편대장으로 임명되어 진해기지로 운항해 왔다. 이 함정을 인수하기 위하여 우리 승조원들이 쌘 페드로(San Pedro)기지에 가서 함정을 정비하고 포(砲)를 장비했다. 제702함장에 이희정 중령, 제703함장에 박옥규 중령, 제704함장에 최효용(崔孝鏞) 중령이 각각 임명되었고, 박옥규 중령은 편대장을 겸임하여 운항을 지휘하였다. 이때 기함인 제703함에는 동행한 손원일 총참모장이 탑승하고 있었다.

1951년 6월 해군본부 감찰감(대령), 1952년 4월 해군본부 인사국장(준장), 1953년 1월 작전참모부장(소장)을 거쳐서 1953년 6월 해군총참모장(중장)에 올랐고, 1957년 7월에 예비역에 편입했다.

손원일(孫元一)

1909년 평안남도 강서군(江西郡) 출생.

1919년 길림문관중학교를 졸업하였고, 1924년 중국 남경(南京) 중앙대학 농학원 항해과를 졸업하였다. 중국 해운공사에 근무하던 중, 1927년 중국해군의 국비유학생으로 선발되어 3년 동안 독일에서 유학하였다. 중국에서 해운사업에 종사하다가 1945년 광복을 맞아 당일 귀국하였다. 매부인 윤치창(尹致昌)을 비롯하여 민병증(閔丙曾), 한갑수(韓甲洙), 김동준(金東俊) 등과 해군 창설의 뜻을 가지고 동지 규합하고 있던 중 같은 뜻을 가지고 동지를 규합하고 있던 정긍모(鄭兢模)를 만나게 되어 해군 창설에 박차를 가하였다.

1945년 8월 23일 해사대를 조직하였고, 그해 9월 30일 해사협회로 개편했으며, 11월 11일 실질적인 해안경비대 조직인 해방병단을 결단하고 단장에 취임했다.

1946년 6월 15일 해방병단을 개편하여 조선해안경비대를 창설할 때 참령(군번 80001번)으로 특별 임관하여 조선해안경비대 총사령관에 취임했고, 1948년 9월 5일 해안경배대가 해군으로 바뀌면서 해군총사령관이 됐다가 해군총참모장이 됐다.

1948년 12월 10일 준장으로, 이듬해 2월 24일 소장으로 진급했다.

1953년 해군 중장으로 예편하였고, 제5대 국방부장관을 역임했다.

이근석(李根晳)

1917년 1월 17일 평안남도 평원에서 태어났다. 일본 항공병 출신으로 중일전쟁에 출정하여 중국 항공기 18대를 격추했고, 제2차 세계대전 중에는 미군기 5대를 격추한 우수한 조종사로 일본에서도 알려진 인물이다.

공군창설 간부 7인 멤버 중 한 사람이다.

1948년 4월 1일 창설 간부 7인과 함께 조선경비대 보병학교에 입교하여 신병교육 1개월을 마친 후 그해 5월 1일 다시 조선경비사관학교에 입교하여 2주일간 교육을 받고 5월 14일 육군소위로 임관했다. 공군 간부 1기생이다.

이들이 임관한 다음 날인 5월 15일 통위부직할 항공부대가 창설되었고, 이근석은 중위로 군수참모를 맡았다. 사령관(최용덕), 부사령관을 비롯한 6개 참모(인사, 정보 겸임) 모두 창설 간부 7인이 맡았고, 계급은 모두 중위였다.

육군항공군사령부의 군수참모(대위)와 비행부대장(중령)을 역임했고, 공군으로 독립된 후 초대 공군사관학교 교장을 거쳐서 1950년 5월 14일 비행단장에 임명되어 재임 중 6·25남침을 맞았다.

김정렬 공군총참모장이 미군과 교섭하여 미군으로부터 F-51 전투기 10대를 인수하게 되었고, 이근석 배행단장이 지휘하는 조종사 10명이 1950년 6월 26일 일본 이타쓰케(板付) 미 공군기지로 가서 1주일간 기초훈련을 받은 후 F-51 전투기 10대를 우리 조종사가 조종하여 7월 2일 대구비행장에 귀임하였고, 훈련도 경험도 없이 다음 날부터 출격하여 작전을 수행하였다.

이근석 대령은 1950년 7월 4일 출격 중 안양 상공에서 적의 포화를 맞아 애기와 함께 산화했다. 가장 뛰어난 조종사인 동시에 우수한 지휘관을 전쟁 초기에 잃는 아쉬움을 삼켜야 했다. 그는 같은 날 준장으로 추서됐다.

이영무(李英茂)

중국 공군 출신. 공군창설 간부 7인 멤버. 임관 경위는 이근석 준장과 같다.

1948년 5월 15일 육군항공부대를 창설하고 초대 부사령관(중위)에 부임했고, 육군항공기지부대로 개칭(7월 27일)된 후 같은 해 8월 16일 사령관 최용덕 장군이 국방부 차관으로 전임하자 사령관에 전임했으며, 육군항공군사령부로 부대 이름이 바뀐 후에도 그 사령관직에 유임되었다.

1949년 10월 1일 공군으로 독립한 후 비행단장을 역임했다.

장덕창(張德昌)

1903년 5월 9일 평안북도 의주(義州)에서 출생.

일본 육군항공대학을 졸업하고 일본군 전투기 조종사로 근무했다. 비행 시간이 9,820시간으로 전 일본군 조종사의 비행시간 순위 3위에 해당하는 기록이다.

공군창설 7인 멤버의 1인이다. 임관 경위는 앞 이근석 준장의 경우와 같다.

육군항공군사령부 항공기지부대 훈련대장(중위), 항공기지부대장(대위)을 거쳐서 공군 항공기지사령관(대령) 재임 중 6·25남침을 맞았다.

1950년 8월 비행단장으로 전임했고, 공군 행정참모부장 겸 제1훈련비행단장, 공군참모차장을 거쳐서 1956년 12월 공군총참모장에 올랐다. 중장 예편.

정긍모(鄭兢模)

일본 오사카부립고등해원학교(大阪府立高等海員學校)를 졸업하고 1등 기관사의 자격을 가지고 일본상선에 승선하여 해양기술을 익혔고 광복 전에 귀국하였다.

광복 후 홍순진, 서상웅, 오학철 등과 해군 창설을 상의하고 뜻을 함께 할 동지들을 규합하던 중 권태춘(權泰春), 이시형(李始亨), 민흥기(閔興基)를 알게 되었다.

손원일 측과 정긍모 측은 서로 같은 뜻을 가지고 같은 취지의 벽보를 붙인 것이 인연이 되어 알게 되었고, 함께 안동교회(安洞敎會)에서 해사대를 조직하였다.

이후 손원일과 함께 해군을 창설하기에 이른다.

특별교육대 제1기로 임관하여 해방병단 기관교육 참모를 맡았고, 해안경비대 묵호기지사령관(중위), 목포기지사령관(중위~중령)을 거쳐서 목포경비부사령관 겸 제3경비부사령관 재임 중 6·25남침을 맞았다.

제2대 해군총참모장을 역임했다. 중장 예편.

주요 인사 프로필 참고 문헌 : 국방부 『한국전쟁사』 제1~4권, 개정판 제1, 제2권.
국방부 『국방부사』, 육군본부 『한국의 전쟁영웅들』, 일본 육전사연구보급회 『한국전쟁』 [1], [2]
한용원 『창군』, 이원복 『호국용사100선』, 고정훈 『비록 군』, 이응준 『회고 90년』
김석원 『노병의 한』, 정일권 『정일권회고록』, 백선엽 『군과 나』, 유현종 『제국의 별』 전 4권
『태극무공훈장에 빛나는 6·25전쟁영웅』(인터넷 검색자료), 육군본부 병적과 확인

임관 구분별 주요 인사(6·25이전 임관자)

육군

▍군사영어학교 출신(소장 이상) 성명의 한글 순으로 게재

계급	성 명	최종직위	임관 전 경력		적 요
대장	김계원(金桂元)	총 장	학도병	일군소위	
	김용배(金容培)	총 장	학도병	일군소위	
	김종오(金鍾五)	총장 의장	학도병	일군소위	
	민기식(閔機植)	총 장	학도병	일군소위	
	백선엽(白善燁)	총장 의장	봉천군관9기	만군중위	교통부장관
	이형근(李亨根)	총장 의장	일본육사56기	일군대위	
	장창국(張昌國)	의 장	일본육사59기	일군소위	
	정일권(丁一權)	총장 의장	봉천군관5기	만군대위	국무총리
			일본육사55기		국회의장
중장	강문봉(姜文奉)	군사령관	신경군관5기	만군소위	
			일본육사59기		
	강영훈(姜英勳)	육사교장	학도병	일군소위	국무총리
	김백일(金白一)	군단장	봉천군관5기	만군대위	전사
	김상복(金相福)	참모차장	학도병	일군중위	
	김익렬(金益烈)	국방대학원장	학도병	일군소위	
	김일환(金一煥)	관리참모부장	만군경리학교	만군대위	상공·교통·내무부장관
	김종갑(金鍾甲)	국방부국장	학도병	일군소위	국방부차관
	김형일(金炯一)	참모차장	학도병	일군소위	
	민병권(閔丙權)	군수참모부장	학도병	일군소위	교통부장관
	박경원(朴璟遠)	군사령관	학도병	일군소위	내무·체신·교통부장관
	박병권(朴炳權)	군사령관	학도병	일군소위	국방부장관
	백인엽(白仁燁)	군단장	학도병	일군소위	
	송요찬(宋堯讚)	총 장	지원병	일군준위	국방부장관, 내각수반
	양국진(楊國鎭)	군단장	신경법정대학	만군대위	
	원용덕(元容德)	헌병사령관	만군군의학교	만군중좌	
	유재흥(劉載興)	의 장	일본육사55기	일군대위	국방부장관
	이응준(李應俊)	초대총장	일본육사26기	일군대좌	최초의 장군

계급	성명	직위	출신	군 계급	정부직위
	이한림(李翰林)	군사령관	신경군관2기 일본육사57기	만군중위	건설부장관
	장도영(張都暎)	총장	학도병	일군소위	국방부장관
	정내혁(丁來赫)	군사령관	일본육사58기	일군소위	국방부장관
	채병덕(蔡秉德)	총장	일본육사49기	일군소좌	전사
	최경록(崔慶祿)	총장	지원병	일군준위	교통부장관
	최 석(崔 錫)	군단장	학도병	일군소위	
	최영희(崔榮喜)	총장	학도병	일군소위	국방부장관
	최창언(崔昌彦)	국방대학원장	신경군관1기 일본육사56기	만군대위	
소장	함병선(咸炳善)	국방연구원장	지원병	일군준위	
	김기홍(金基鴻)	사단장	학도병	일군소위	
	김병휘(金炳徽)	제5훈련소장	학도병	일군소위	
	김완룡(金完龍)	육본법무감	학도병	일군소위	
	김웅수(金雄洙)	군단장	학도병	일군소위	
	김종문(金宗文)	정훈국장	학도병	일군소위	
	박기병(朴基丙)	관구사령관	지원병	일군준위	
	박동균(朴東均)	병무국장	만주군 군의	만군대위	
	박현수(朴鉉洙)	군수기지사령관	학도병	일군소위	
	백남권(白南權)	육사교장	학도병	일군소위	
	백선진(白善鎭)	군수참모부장	학도병	일군소위	
	신상철(申尙澈)	정훈국장	일본육사58기	일군소위	체신부장관
	신학진(申鶴鎭)	의무감	대구의전	만군중좌	
	오덕준(吳德俊)	군단장	학도병	일군소위	
	유해준(兪海濬)	군부사령관	중국군	중군대위	
	유흥수(劉興守)	군부사령관	학도병	일군소위	
	이명재(李明載)	부군단장	학도병	일군소위	
	이상철(李相喆)	군단장	학도병	일군소위	
	이성가(李成佳)	육군대학총장	중국군	중군소령	
	이후락(李厚洛)	주미무관	학도병	일군소위	
	임선하(林善河)	관구사령관	학도병	일군소위	
	정진환(鄭震晥)	국방부3국장	학도병	일군소위	
	최주종(崔周鍾)	군수기지사령관	신경군관3기	만군중위	
	최홍희(崔弘熙)	군단장	학도병	일군소위	

※ 총장은 총참모장 또는 참모총장, 의장은 합동참모회의 의장, 합참은 합동참모회의, 일본육사는 인본육군사관학교, 봉천군관은 봉천군관학교, 신경군관은 신경군관학교, 일군은 일본군, 만군은 만주군, 중군은 중국군, 지원병과 학도병은 일본군이다. 적요란은 군 외의 중요 보직과 참고사항이다.(이하 같다.)

육군사관학교 출신(소장 이상) 기별, 계급별 성명의 한글 순으로 게재

계급	기수	성 명	최종직위	임관 전 경력	적 요
대장	1기	서종철(徐鍾喆)	참모총장	학도병	일군소위 국방부장관
		임충식(任忠植)	합참의장	지원병	일군준위 국방부장관
	2기	문형태(文亨泰)	합참의장	지원병	일군조장
		박정희(朴正熙)	최고회의의장	신경군관2기 일본육사57기	만군중위 대통령
		심흥선(沈興善)	합참의장	학도병	일군소위
		이세호(李世鎬)	참모총장	학도병	일군소위
		이소동(李召東)	군사령관		
		한 신(韓 信)	합참의장	학도병	일군소위
	3기	노재현(盧載鉉)	참모총장	학도병	일군소위 국방부장관
		박희동(朴熙東)	군사령관		
		최세인(崔世寅)	군사령관	학도병	일군소위
	4기	김종환(金鍾煥)	합참의장		내무부장관
	5기	정승화(鄭昇和)	참모총장		
	7특	류병현(柳炳賢)	합참의장		
		이주일(李周一)	제2군참모장	신경군관1기 일본육사56기	만군대위 감사원장
	8기	이희성(李熺性)	참모총장		교통부장관
		유학성(兪學聖)	군사령관		
		진종채(陳鍾埰)	군사령관		
		차규헌(車圭憲)	군사령관		
	8특	백석주(白石柱)	한·미연합사부사령관		
	9기	윤성민(尹誠敏)	합참의장		
	10기	황영시(黃永時)	참모총장		
		김윤호(金潤鎬)	합참의장		
		소준렬(蘇俊烈)	군사령관		

중장	1기	김동빈(金東斌)	군수차관보	학도병	일군소위	
	2기	김재규(金載圭)	군단장	지원병		
		김재명(金在命)	인력차관보	지원병		
		김희덕(金熙德)	육군사관학교장			
		류근창(柳根昌)	합참본부장	학도병	일군소위	국방부차관
		박원근(朴元根)	군사령관	지원병		
		이규학(李圭學)	군수차관보	학도병	일군소위	
		이동화(李東和)	국방대학원장	지원병		
		이민우(李敏雨)	참모차장	지원병		국방부차관
		전부일(全富一)	관리차관보	지원병		
	3기	고광도(高光道)	참모차장	지원병		
		김종수(金鍾洙)	군사령관			
		김창룡(金昌龍)	특무부대장	일군관동군	헌병군조	순직
		김용순(金容珣)				중앙정보부장
		송호림(宋虎林)				전라남도지사
		윤태호(尹泰皓)	관리차관보	지원병		
		이영주(李永周)	국방부직할부대장			
		최덕신(崔德新)	군단장	중군중교	광복군정령	월북
		최우근(崔宇根)	육군사관학교장			
	4기	이병형(李秉衡)	군사령관	지원병		
	5기	김학원(金學洹)	군사령관			
		박원석(朴元錫)	공군참모총장	일본육사58기	일군소위	
		장지량(張志良)	상 동	일본육사60기	후보생	
		채명신(蔡命新)	군사령관			
	6기	박현식(朴賢植)	국방대학원장			
		양봉직(楊鳳稙)	군단장			
	7기	김영선(金永先)	합참본부장			
		김용휴(金容烋)	군수기지사령관			
		김용금(金容今)	국방부직할부대장			
		박찬긍(朴贊兢)	군수기지사령관			
		이건영(李建榮)	군사령관			
		최영구(崔泳龜)	군단장			
	7특	윤태일(尹泰日)	군단장	신경군관1기	만군중위	
		장경순(張坰淳)	육본교육처장	학도병	일군소위	

	정내혁(丁來赫)	군사령관	일본육사58기	일군소위 국방부장관
	조문환(曺文煥)	인력차관보		
8기	윤흥정(尹興禎)	CAC 사령관		
	이범준(李範俊)	군수사령관		
	이재전(李在田)	군단장		
	전성각(全成珏)	수도경비사령관		
	정형택(鄭亨澤)	제3사관학교장		
	최영식(崔永植)	군단장		
	최명재(崔明載)	국방부조달본부장		
8특	안춘생(安春生)	군부사령관	중군소교	광복군정령
	이준식(李俊植)	관구사령관	중군상교	광복군정령
	박임항(朴林恒)	군사령관	신경군관1기	만군대위
			일본육사56기	
	임지순(任智淳)	국방대학원장		
9기	문홍구(文洪球)	합참본부장		
	안종훈(安宗勳)	육군대학총장		
	천주원(千珠元)	국방대학원장		
10기	강영식(姜榮植)	합참본부장		
	신현수(申鉉銖)	특별검열단장		
소장 1기	김점곤(金點坤)	국방부차관보	학도병	일군소위
	오창근(吳昌根)	군단장		
	이원장(李源長)	사단장	지원병	
	이창정(李昌禎)	군단장		
	임부택(林富澤)	군단장	지원병	일군조장
	황 엽(黃 燁)	군부사령관	학도병	일군소위
2기	고백규(高白圭)	감찰감		
	박남표(朴楠杓)	훈련소장		
	박형훈(朴亨勳)	수송감		
	석주암(石主岩)	국방대학원장		
	손희선(孫熙善)	인사참모부장	학도병	일군소위
	송석하(宋錫夏)	국방대학원장		
	송호성(宋虎聲)	경비대총사령관		
	신재식(辛在植)	군수기지사령관		
	신원식(申元植)	군수차관보		

	엄홍섭(嚴鴻燮)	관구사령관	학도병	일군소위	
	윤춘근(尹春根)	군부사령관			
	이존일(李存一)	사단장			
	이철희(李哲熙)	방첩부대장	지원병		
	이현진(李賢進)	합참작전기획국장	지원병		
	이 효(李 曉)	경리감			
	장춘권(張春權)	훈련소장	지원병		
	최훈섭(崔勳燮)	관구사령관			
	하갑청(河甲淸)	특무부대장			
	한웅진(韓雄震)	군부사령관			
	한태원(韓泰源)	관구사령관			
	현석주(玄錫朱)	군부사령관			
3기	김우영(金尢榮)	정훈감			
	김병삼(金炳三)	총장비서실장			
	김진위(金振暐)	군부사령관	지원병	일군조장	
	박승규(朴升圭)	군통신참모			
	박시창(朴始昌)	부군단장			
	안광영(安光榮)	육본관리참모부장			
	양찬우(楊燦宇)	군수사령관	지원병		내무부장관
	윤탁중(尹鐸重)	정보참모부차장			
	이근양(李根陽)	제3사관학교교장			
	이창우(李昌雨)	병무국장	지원병	일군오장	
	장우주(張禹疇)	국방부관리차관보			
	최영규(崔英圭)	군수참모부장	지원병		
	황필주(黃弼周)	군부사령관			
4기	윤승국(尹承國)	주미무관			
	이병엽(李炳燁)	군단장			
	정순민(鄭淳珉)	관구사령관			
	조시형(趙始衡)	작전참모부교육처장	학도병	일군소위	농림·교통부장관
	황인성(黃寅性)	경리감			교통부장관
5기	강완채(姜琬埰)	주월작전부사령관			
	김영찬(金英燦)	국방부예비군국장			
	김용관(金容寬)	주월부사령관			
	김익권(金益權)	육군대학총장	학도병	일군소위	

	김재춘(金在春)	방첩부대장			
	김필호(金弼虎)	국방부인사국장			
	나희필(羅熙弼)	육군대학총장			
	류창훈(柳昌燻)	종합행정학교교장			
	박춘식(朴春植)	군단장			교통부장관(5.16)
	방경원(房景源)	관구사령관	지원병		
	배덕진(裵德鎭)	통신감			체신부장관(5.16)
	백남태(白南台)	육본인사참모부장			
	양인석(梁麟錫)	육군대학총장			
	양원섭(梁遠燮)	감찰감			
	이원엽(李元燁)	항공학교교장	지원병		감사원장
	이 용(李 龍)	육본기획통제실장	학도병	일군소위	
	정규한(鄭圭漢)	관구사령관	지원병	일군오장	
	정세진(丁世鎭)	관구사령관	지원병	일군오장	
	최대명(崔大明)	국방대학원장	지원병	일군병장	
	최 철(崔 哲)	관구사령관			
	최택원(崔澤元)	작전참모부장	학도병	일군소위	
	홍창표(洪昌杓)	사단장			
	황종갑(黃鍾甲)	군사령부참모장			
6기	김판규(金判奎)	군부사령관	지원병	일군오장	
	류근국(柳根國)	예비군국장			
	박경원(朴敬遠)	사단장	지원병		
	박태원(朴泰元)	헌병감	학도병	일군소위	
	박태준(朴泰俊)	병참감			
	백 문(白 文)	국방대학원부원장			
	이남구(李南求)	사단장			
	이남주(李南周)	종합행정학교교장			
	최석신(崔奭信)	한미1군단부군단장			
	한무협(韓武協)	훈련소장			
7기	김상균(金相均)	관구사령관			
	김세돈(金世暾)	군부사령관			
	김익순(金益淳)	헌병감			
	류병하(柳丙夏)	국방부인력차관보			
	백윤기(白潤基)	조달본부차장			

	오용운(吳龍雲)	수송감		
	육장균(陸璋均)	참모부장		
	이상렬(李相烈)	병참감		
	전자열(全子烈)	예비군참모부장		
	최광연(崔光淵)	병참감		
	최일영(崔一嶸)	국방대학원장		
	윤응렬(尹應烈)	공군작전사령관		공군으로 전군
7특	김관오(金冠五)	예비군감		
	김국주(金國柱)	군부사령관	광복군 참령	
	김 묵(金 默)	국방부시설국장		
	김병률(金炳律)	사단장		
	김종순(金淙舜)	사단장		
	김필상(金弼相)	주미대사관무관	학도병	일군소위
	류양수(柳陽洙)	작전참모부차장	학도병	일군소위 교통·동력자원부장관
	문중섭(文重燮)	사단장	지원병	
	박병순(朴炳淳)	공병감		
	박중윤(朴重潤)	육군사관학교교장	학도병	일군소위
	방 희(方 熙)	부관감	지원병	
	윤봉주(尹鳳柱)	국방부군수차관보	학도병	일군소위
	이준학(李俊鶴)	예비군참모부장	학도병	일군소위
	이기동(李起東)	병기감		
	이종석(李鍾奭)	통신감		
	조응천(曺應天)	통신감		
	장 흥(張 興)	관구부사령관		
	허필은(許弼殷)	군수참모부차장	지원병	
7특후기	강태홍(姜泰弘)	통신감		
	김길성(金吉成)	군수지원사령관		
	김영구(金榮九)	통신감		
	김종구(金鍾九)	정훈국장		
	박재명(朴在明)	법무감		
	서윤택(徐潤澤)	공병감	지원병	
	오민용(吳敏鏞)	합참국장		
	이만복(李萬福)	조달본부장		
	이춘화(李春和)	통신감	지원병	일군오장

	최헌희(崔憲熙)	공병감	
8기	강신탁(姜信卓)	정보사령관	
	강창성(姜昌成)	관구사령관	
	구득현(丘得鉉)	관구사령관	
	김광학(金光學)	수송감	
	김봉수(金鳳壽)	관구사령관	
	김시봉(金是鳳)	민시군정감	
	김종달(金鍾達)	군수참모부차장	
	김종숙(金鍾淑)	관구사령관	
	김종호(金宗鎬)	군수참모부장	
	김진구(金振九)	사단장	
	김한룡(金漢龍)	사단장	
	류범상(柳範相)	감찰감	
	민경중(閔庚重)	국방부인력차관보	
	박승만(朴勝萬)	헌병감	
	박우범(朴祐範)	공병감	
	박재종(朴在鍾)	군포병참모	
	방덕제(方德濟)	군부사령관	
	신정수(申正洙)	군사령부참모장	
	신봉균(申奉均)	국방부군수국장	
	신동선(申東鮮)	합참국장	
	안철원(安哲元)	사단장	
	유삼석(劉三錫)	국방부방위산업국장	
	윤필용(尹必鏞)	수도경비사령관	
	이인호(李仁鎬)	헌병감	
	장봉천(帳奉天)	사단장	
	정득만(鄭得萬)	관구사령관	
	정상만(鄭祥萬)	관구사령관	
	정석윤(鄭錫潤)	관구사령관	
	조천성(曺千成)	관구사령관	지원병
	황의철(黃義哲)	정보참모부장	
8특1차	김석원(金錫源)	사단장	일본육사27기 일군대좌
	권 준(權 晙)	수도경비사령관	중군대좌 광복군대좌
	백홍석(白洪錫)	사단장	

	유승렬(劉升烈)	민사감	일본육사26기	일군대좌	
8특3차	류승원(柳承源)				인천시장(5.16)
	엄기표(嚴基杓)	부관감	지원병		
	정명환(鄭名煥)	군수지원사령관(?)			
	조주태(趙柱泰)	정전(精戰)학교교장			
	조한춘(趙漢春)	병기감			
8특4차	강태민(姜泰敏)	군수기지부사령관	신경군관3기	만군중위	
			일본육사58기		
	김영일(金永逸)	육군대학총장			
	박상만(朴商萬)	법무감			
	박영준(朴英俊)	사단장			
	신우철(申溰澈)	방위산업국장			
	신학진(申鶴進)	의무감			
9기	곽영배(郭瑩培)	인사참모부장			
	곽응철(郭應哲)	논산훈련소장			
	김광돈(金光敦)	한미1군단부군단장			
	김병윤(金炳胤)	조달본부장			
	김수중(金洙重)	군부사령관			
	김융식(金融植)	국방대학원부원장			
	김창범(金昌範)	육본비서실장			
	나동원(羅東元)	동부 지구경비사령관			
	노영서(盧永瑞)	정훈감			
	류충현(柳忠鉉)	수송감			
	박승옥(朴勝玉)	군부사령관			
	송종원(宋鍾源)	군수참모부차장			
	손장래(孫章來)	합참작전국장			
	안병욱(安秉旭)	국방부시설국장			
	이종렬(李鍾烈)	국방부시설국장			
	장근환(張根煥)	국방부정훈국장			
	정병주(鄭炳宙)	특전사령관			
10기	고성룡(高成龍)	종합행정학교교장			
	권익검(權益檢)	관구사령관			
	김명수(金命洙)	관구사령관			
	김재명(金在明)	특별검열단장			

김해창(金海昌)	사단장
변일현(邊日賢)	사단장
성종호(成宗鎬)	육군대학총장
윤성중(尹晟重)	사단장
이경율(李景律)	합참작전국장
이상연(李相淵)	사단장
이창봉(李昌鳳)	병참감
이호봉(李鎬鳳)	사단장
채항석(蔡恒錫)	인사참모부장
최윤환(崔允煥)	수송감

▌ 특별임관한 사람(소장 이상)   임관 전 경력 순, 경력이 없는 것을 성명의 한글 순으로 게재

성 명	임관 전 경력		국군 경력	적 요
김홍일(金弘壹)	중국육군대학	중군소장 광복군참장	중장 군단장	
신태영(申泰英)	일본육사 26기	일군대좌	중장 총장. 장관	
박승훈(朴勝薰)	일본육사 26기	일군소좌	소장 헌병사령관	
이형석(李炯錫)	일본육사 45기	일군중좌	소장 군관구사령관	
이종찬(李鍾贊)	일본육사 49기	일군중좌	중장 총장. 장관	
이용문(李龍文)	일본육사 50기	일군소좌	소장	53. 6. 24 전사
신응균(申應均)	일본육사 53기	일군소좌	중장 국방부 차관	신태영장군 영식
박노영(朴魯榮)	예비역현지임관		대장 한미연합사 부사령관	
신수형(申洙亨)	병기특별임관	지원병	소장 군수참모부차장	
윤향한(尹香澣)	병기특별임관		소장 병기감	
이태섭(李泰燮)	병기특별임관		소장 병기감	
김수명(金洙明)	군의특별임관	지원병	소장 의무감	
윤치왕(尹致旺)	군의특별임관		소장 의무감	
이대부(李大腐)	군의특별임관		소장 의무감	
조영선(趙英璿)	군의특별임관		소장 의무감	
홍종관(洪鐘寬)	군의특별임관		소장 의무감	보건사회부차관

해군(소장 이상)

특별임관한 사람   초대 총참모장 손원일을 먼저, 나머지는 성명의 한글 순으로 게재

성 명	최종 직위	임관 전 경력	적 요
손원일(孫元一)	중장	참모총장	중국 난징중앙대항해과 독일유학 중국상선승무	국방부장관
박옥규(朴沃圭)	중장	상동		
이성호(李成浩)	중장	상동		
이용운(李龍雲)	중장	상동	지원병 일군소좌	
김동배(金同培)	소장	참모차장		
김성삼(金省三)	소장	참모부장		
김영철(金永哲)	소장	후방참모부장		
김일병(金一秉)	소장	참모차장		
김장훈(金長勳)	소장	통제부사령관		
김충남(金忠男)	소장	참모차장	지원병	
남 철(南 鐵)	소장	국방대학원 부원장		
민영구(閔永玖)	소장	해군사관학교장		
이희정(李熙晶)	소장	함대사령관		

해군사관학교(해사) 출신   기수별 계급순, 같은 계급은 성명의 한글 순으로 게재

	성 명	최종 직위	임관 전 경력	적 요
해사1기	김영관(金榮寬)	대장	참모총장	
	장지수(張志洙)		상동	
	김광옥(金光玉)	중장	참모차장	
	이맹기(李孟基)	중장	참모총장	
	함명수(咸命洙)		상동	
	김상길(金相吉)	소장	참모차장	
	김준태(金晙泰)	소장	함대사령관	
	양해경(梁海卿)	소장	합참 군수기획국장	
	정경모(鄭炅謨)	소장	함대사령부 감찰감	
	현시학(玄時學)	소장	함대사령관	
2기	김규섭(金圭燮)	대장	참모총장	
	고경영(高景榮)	소장	국방대학원 부원장	
	차수갑(車洙甲)	소장	참모차장	
3기	황정연(黃汀淵)	대장	참모총장	

	류병봉(柳秉鳳)	중장	참모차장
	오윤경(吳尹卿)	중장	참모차장
	신태영(申泰榮)	소장	군수참모부장
	안병기(安炳琪)	소장	통제부사령관
4기	김상모(金相模)	소장	해군사관학교장
	김종곤(金鍾坤)	대장	참모총장
	배옥광(裵玉洸)	소장	합동참모회의 국장

해병대(소장 이상)

공군과 같이 기술

임관구분	성 명	최종 직위		임관 전 경력		적 요
특별임관	강기천(姜起千)	대장	해병대사령관	지원병		
	김대식(金大植)	중장	상 동	지원병		
	김동하(金東河)	중장	부사단장	신경군관1기	만군대위	
	김두찬(金斗燦)	중장	해병대사령관	지원병		
	김석범(金錫範)	중장	상 동	만주군관5기 일본육사54기	만군대위	
	김성은(金聖恩)	중장	상 동	학도병	일군소위	국방부장관
	신현준(申鉉俊)	중장	상 동	봉천군관5기	만군대위	
	고길훈(高吉勳)	소장	사단장			
	윤영준(尹永俊)	소장	사단장			
특교1기	정광호(鄭光鎬)	대장	해병대사령관			
	정긍모(鄭兢模)	중장	해군참모총장			
	김용국(金龍國)	소장	해병대부사령관			
	박성철(朴成哲)	소장	작전참모부장			
	최용남(崔龍男)	소장	사단장			
특교2기	이봉출(李鳳出)	중장	해병대부사령관	지원병		
간후1기	이병문(李丙文)	대장	해병대사령관			
	김연상(金然翔)	중장	해군참모차장			
	이동호(李東湖)	소장	청룡부대장			
해사1기	공정식(孔正植)	중장	해병대사령관			
	김윤근(金潤根)	중장	행정참모부장			
해사2기	박승도(朴承道)	소장	사단장			
해사3기	정태석(鄭台錫)	중장	해군참모차장			

＊ 특교는 특별교육대, 간후는 간부후보생을 말한다.

공군(소장 이상)

출신 기별, 계급별, 같은 계급은 성명의 한글 순으로 게재

임관구분	성 명	최종 직위	임관 전 경력	적 요
간후1기	김정렬(金貞烈)	중장	상 동	일본육사54기 일군대위	국방부장관
	장덕창(張德昌)	중장	상 동	일본 육군항공대학	비행시간 9,820시간
	최용덕(崔用德)	중장	총참모장	중국군대좌 광복군참장	국방부차관
	박범집(朴範集)	소장	참모부장	일본육사52기 일군소좌	50.11.12전사
간후2기	김 신(金 信)	중장	참모총장	중국항공사관학교	교통부장관
				중국군 소좌	김구 선생 영식
	박원석(朴元錫)	중장	상 동	일본육사58기 일군소위	
	장성환(張盛煥)	중장	상 동	일본항공학교 일군중위	
	장지량(張志良)	중장	상 동	일본육사60기 후보생	
간후3기	오점석(吳占石)	소장	참모차장		
	윤응렬(尹應烈)	소장	공사교장		
	전명섭(全明燮)	소장	참모부장	일본비행연구소 조종과	
간후4기	김성룡(金成龍)	대장	참모총장		
간후5기	김두만(金斗萬)	대장	상 동	일본항공학교	
간후8기	옥만호(玉滿鎬)	대장	상 동	일본 육군비행학교	
	주영복(周永福)	대장	상 동	일본 소년비행학교	국방·내무장관
	권성근(權成根)	소장	군수참모부장		
공사1기	윤자중(潤子重)	대장	상 동		교통부장관
	이희근(梨喜根)	대장	상 동		
	김영환(金永煥)	소장	합참작전국장		
	김현천(金賢千)	소장	인사국장		
	김중보(金重寶)	소장	작전참모부장		
	백만길(白萬吉)	소장	군수사령관		
	이교안(李校安)	소장	합참작전국장		
	이명휘(李明輝)	소장	교육사령관		
	이충갑(李忠甲)	소장	인사참모부장		
	천영성(千永星)	소장	작전참모부장		
기술1기	박충훈(朴忠勳)	소장	국방부관리국장		국무총리
육군편입	신상철(申尙澈)	소장	국방부정훈국장		
특별임관	김창규(金昌圭)	중장	참모총장		
	조영일(趙英一)	소장	국방부직할 부부대장		

* 간후는 간부후보생, 공사는 공군사관학교를 말한다. 기술은 기술병과를 따로 모집한 것으로 보인다.
임관구분별 주요인사 자료 : 국방부 『한국전쟁사』 제1권, 장창국 『육사졸업생들』, 한용원 『창군』

국군 입대 전 경력자의 계급

광복군 장교 : 참위 부위 정위 참령 부령 정령 참장 = 다음 조선군제 참조
중국군 : 위관　소위　중위　상위(上尉 - 대위)
　　　　　영관　소교(少校) 중교(中校) 상교(上校 - 대령)
　　　　　장관　소장(준장) 중장(소장) 상장(上將 - 중장) 일급상장(一級上將 - 대장)
일본군 장교 : 소위 중위 대위 소좌 중좌 대좌 소장 중장 대장
일본군 하사관 : 오장(伍長 - 하사) 군조(軍曹 - 중사) 조장(曹長 - 상사)
만주군 : 일본군과 같다.

조선은 신식군제를 도입하면서 고종 31년(1894년)에 육군장관직제(칙령 제10호)를 반포하여 계급을 정하였다.(『한국의 군제사』 p181)

대장(大將)　　　　부장(副將 - 중장)　　　참장(參將 - 소장)
정령(正領 - 대령)　부령(副領 - 중령)　　　참령(參領 - 소령)
정위(正尉 - 대위)　부위(副尉 - 중위)　　　참위(參尉 - 소위)
정교(正校 - 상사)　부교(副校 - 중사)　　　참교(參校 - 하사)

이를 근거로 광복군이 그 법통을 이어 그대로 따랐다. 광복 후에 창설한 조선경비대도 장교 계급은 그대로 따랐다. 장군은 해당자가 없어 정하지 않았다. 하사관은 다음과 같이 세분했으며 병은 새로 정했다.

하사관 : 대특무정교(특무상사) 특무정교(일등상사) 정교(이등상사)
　　　　 특무부교(일등중사)　부교(이등중사)　 참교(하사)
병 : 일등병사(일등병)　 이등병사(이등병)

국방경비대 최초의 간부양성기관인 군사영어학교를 졸업하고 임관한 사람 중
가장 계급이 위인 사람은 이응준(일본군 대좌)으로 정령에 임관했고,
다음이 군사영어학교 부교장 원용덕(만주군 중좌)으로 참령에 임관했다.
이형근, 채병덕, 유재흥, 장석륜, 정일권이 정위로,
이성가, 백선엽, 김백일, 최남근이 부위로, 나머지는 참위로 임관했다.

초대 경비대총사령관에 임명된 송호성(중국군 상교, 광복군 참장)은 경비사관학교 제2기에 입교하여 재학 중에 참령으로 임관한 특이한 예다.

1946년 12월 1일 계급을 개정했다.(국방부『한국전쟁사』제1권 p384)
　대장 - 대장　부장 - 중장　참장 - 소장　준장 신설
　정령 - 대령　부령 - 중령　참령 - 소령
　정위 - 대위　부위 - 중위　참위 - 소위
　대특무정교 - 특무상사　특무정교 - 일등상사　정교 - 이등상사
　특무부교 - 일등중사　부교 - 이등중사　참교 - 하사
　일등병사 - 일등병　이등병사 - 이등병(이상 6·25전쟁 중에 사용한 계급)

1940년 중국 중경에서 광복군총사령부 성립 전례식을 거행하여 대한제국군이 해산한 1907년 8월 1일 광복군이 창설되었음을 선언하고 광복군이 대한제국군의 후신임을 천명하였다.

모든 문헌이 광복군과 중국군의 계급을 일본식으로 대좌, 중좌, 소좌, 대위, 중위, 소위로 표시했고, 장군은 참장으로 표시하였다.

장군이 참장이면 영관은 참령이어야 하고, 영관이 소좌이면 장관은 소장이어야 한다.(參 → 副 → 正. 少 → 中 → 大)

앞뒤가 맞지 않는다.

더구나 대한제국군인 무관학교 교장 노백린을 대좌, 이갑을 중좌로, 대대장 류동열을 소좌로 표시하였다. 정령, 부령, 참령이어야 한다.

광복군 계급은 광복군 참령 출신 김국주 장군(육군 소장 예편)의,
중국군 계급은 중국군 소위 출신 김신 장군(전 공군참모총장)의 자문 받았음을 밝혀둔다.

미군 지휘관

더글러스 맥아더(Douglas A. Macarthur) 원수

1880년 1월 26일 미국 아칸소 주 '리틀 럭'의 병영에서 출생. '아이더 맥아더'의 셋째 아들. 아버지는 남북전쟁의 영웅으로 후에 육군 중장 진급.

아버지 아이더는 17세의 소년으로 제24위스콘신연대 중위로 남북전쟁에 참전하여 중대장에서 연대장까지 이르면서 전쟁 전 기간을 종군했다. 19세의 나이로 연대장이 되었고, 계급은 대령이다. 북군 최연소 기록. 이것은 지원군 계급이다.

1901년 2월 5일 정규군 소장으로 진급하여 필리핀군 총사령관 및 필리핀군도 군사총독으로 부임했고, 귀국하기 전에 중장으로 진급하여 미 육군 최고 계급의 장교가 되었다. 당시 미국에는 소장이 최고 계급이었는데 의회에서 특별법을 제정하여 퇴역하면 중장의 계급을 폐지한다는 조건으로 중장에 진급하였다.*

이 제도는 제1차 세계대전 때까지 존속했다.주)　　　　구범모 역 『맥아더 회고록』 p56

> *역사를 바꾼 위대한 장군들(제래미 블랙 엮음, 박수철 옮김)에 의하면 남북전쟁 당시 북군총사령관을 역임하고 18대 대통령이 된 그란트(Ulysses Simpson Grant) 장군은 1864년 7월 25일 중장으로 진급하여 북군총사령관이 되었고, 1866년 7월 25일 미국역사상 최초로 육군대장에 올랐다고 기술했다. 아이더 맥아더는 남북전쟁 종전 무렵 대령으로 위스콘신연대장이었다. 아이더가 미 육군 최고계급이라고 한 것은 착오한 것 같다.

맥아더는 남부 출신의 어머니 '메리 하디'의 영향을 받아 강하게 자랐다.

1898년 미국 육군사관학교에 수석으로 합격하여 이듬해 6월 13일 입교했고, 1903년에 육군사관학교(제2기)를 수석으로 졸업했다.

4년간 평점 9,814점으로 현재까지 이 기록을 앞선 사람이 없다.

공병 소위로 임관하여 첫 근무지로 필리핀에 파견. 아버지에 이어 인연을 맺었다.

1914년 대위로 진급. 육군부 일반참모부에 근무.

1916년 육군부장관 군사보좌관 겸 육군부 공보과장.

1917년 소령으로 진급. 그의 창안으로 무지개사단(제42사단)을 창설하고 참모장이 되어 제1차 세계대전에 참전하였고, 대령으로 특진하였다.

이 사단은 미국 각주에서 선발한 방위군으로 편성하여 유럽에 파견한 미국의 상징적인 부대였다.

1918년 무지개사단 제84여단장(준장).

1918년 11월 6일 무지개 사단장(소장).

1918년 11월 11일, 휴전 조인으로 제1차 세계대전 종전.

1919년 11월 하순 워싱턴 당국의 소장 진급 정지 결정에 따라 준장으로 강임하여 다시 여단장으로 복귀했다.

1919년 6월 12일 웨스트포인트 육군사관학교 교장 취임. 최연소 교장 기록.

1920년 1월 정규군 준장 진급. 육군사관학교 교장에서 해임. 필리핀 파견 대기.

1922년 10월 필리핀 마닐라군관구사령관 및 그의 부친 아더가 창설한 스카우트 여단장 취임.

1925년 1월 17일 정규군 소장으로 진급하여 필리핀 사단장에 취임.

귀국하여 애틀랜타 제4군단기지사령관과 볼티모아 제3군단기지사령관 역임.

일자와 계급을 알 수 없으나 중장으로 추정됨

1930년 8월 5일 필리핀방면군사령관으로 마닐라에 3번째 부임.

1930년 10월 귀국. 샌프란시스코 제9군단기지사령관.

1930년 11월 30일 대장 진급과 함께 육군참모총장이 됨. 최연소 대장에 최연소참모총장으로 기록되어 있다. 이때 제2차 세계대전 중 그와 쌍벽을 이루며 유럽연합군총사령관으로 명성을 떨친 아이젠하워 원수는 소령으로 맥아더의 전속부관이었다. 아이젠하워는 육사는 12년 후배(1915년 졸업)이고 참모총장은 15년 후배(1945년에 참모총장)이다. 원수는 같이 달았다. 참모총장 4년 임기를 마치고 1년을 더 연임했다.

1935년 절친한 친구인 필리핀 대통령 케손의 요청으로 필리핀 방위군 원수로 임명되어 필리핀군 고문에 취임. 필리핀군 창설을 도왔다.

1941년 7월 27일 마닐라에 미 극동군사령부가 설치되었고, 맥아더는 육군 중장으로 현역에 복귀하여 극동군사령관이 되었다.

이 사령부는 마닐라 주둔 미 육군과 비상사태가 계속되는 동안 미 육군에 편입되는 필리핀 연방군 및 앞으로 배속되는 부대들을 지휘한다.

그때 심정을 맥아더는 그의 회고록에서 이렇게 술회했다.

"나는 예편 당시에 계급이 대장이었음에도 불구하고 중장의 계급을 부여받았다. 관료주의는 때때로 괴상하게 일을 빚어내는 경우가 있다. 그러나 나도 나이를 먹을 만큼은 먹었으므로 행정관리들의 피치 못할 이유에 대해서는 신경을 쓰지 않기로 하였다."

1941년 12월 일본군의 공격을 받고 맥아더가 지휘하는 미군이 필리핀의 바탄반도에서 철수했다.

이때 맥아더는 새로운 명령을 수행하기 위하여 루스벨트 대통령의 명령을 받고 오스트레일리아로 이동했다. 이때 그는 "I Shall Return(나는 돌아오겠다)."라는 말을 남기고 떠났는데 이 말이 전 장병과 필리핀 국민에게 전파되었다.

병사들이 용변 보러 갈 때도, 'I Shall Return' 이라고 했고, 마닐라의 건물 벽이나 지붕 위에 아니면 도로에도 'I Shall Return' 을 써 놓을 정도였다.

그 새로운 명령은 서남태평양연합군총사령부의 창설이다.

1942년 3월 19일 서남태평양연합군총사령관(대장 진급 추정)이 되었고, 총반격작전을 개시하여 실지 회복에 나섰다.

1944년 11월 20일 필리핀의 레이테 섬에 상륙하여 'I Have Return(나는 돌아왔다)' 을 외쳤다.

I Shall Return과 I Have Return은 그의 휘하장병과 필리핀 국민에게 크게 유행하였고, 미국에서도 유명한 말이 되었다.

이날 원수 계급장을 달았다. 아이젠하워도 함께 원수가 되었다.

1945년 4월 16일 미군은 태평양 지역에 대한 지휘체계를 개편하여 서남태평양지구사령관 맥아더 원수는 태평양 지역의 전 미 육군을 지휘하고, 태평양지구사령관 리미츠 제독이 전 해군을 지휘하게 하였다. 이때 맥아더 직함이 후에 등장하는 미 태평양방면육군총사령관으로 보인다.

1945년 8월 15일 일본은 연합군에 무조건 항복을 했다.

맥아더는 연합군최고사령관에 임명되어 1945년 8월 30일, 일본의 아스끼(厚木) 기지에 진주하였다.

1945년 9월 2일 도쿄만에 정박한 미 해군전함 미주리 함상에서 항복 조인식을 가졌고, 이후 군주적인 권위로 일본을 통치하였다.

1948년 8월 15일 대한민국정부수립선포식에 참석하여 이승만 대통령과의 우의를 다졌다.

1950년 6월 25일 북한군의 남침으로 한국전쟁이 일어나자 6월 27일 수원에 비래하여 한강전선 시찰하고 전투부대 파견을 결심했다.

1950년 7월 8일 UN군총사령관에 임명되어 한국 전쟁을 지휘하였다.

1951년 4월 11일 모든 직위에서 해임되어 군을 떠났다.

귀국 후 의회에서 연설을 했다. 그의 마지막 말이 또 한번 화제를 모았다.

"당시 병영에서 유행하던 노래의 후렴을 아직도 기억하고 있습니다. 그 후렴의 자랑스러운 구절은 다음과 같습니다.

〈노병은 죽지 않고 다만 사라질 뿐이다〉.

이 노래에 나오는 노병처럼 나는 이제 군인생활을 그만 두고 신의 계시를 따라 자기 임무를 완수하려고 노력하여온 한 사람의 노병으로서 사라져갑니다."

퇴역 후 래밍턴 래드회사의 회장에 취임했고, 공화당의 대통령 후보로 추대되었으나 나가지 않았다.

1964년 4월 5일 월터리드 육군 병원에서 사망했다. 84세.

참고 문헌 : 구범모 역 『맥아더 회고록』, 손세일 역 『트루먼 회고록』 上
송남헌 저 『해방30년사』, 국방부 『한국전쟁사』 제1권
제래미 블랙 엮음, 박수철 옮김 『역사를 바꾼 위대한 장군들』
문공사 편 『세계인명대사전』

워커(Walton H. Walker) 중장 - 미 제8군사령관

1889년 12월 3일 미국 텍사스 주 벨튼에서 출생.

제1차 세계대전에 기관총 부대장으로 출정하여 수훈을 세웠다.

1930년 중국 주둔 제15보병 연대 대대장을 지냈다.

제2차 세계대전 때는 패튼 장군이 지휘하는 제3군 예하 제20사단장과 제4기갑군단장으로 이름을 날렸다. 패튼 장군을 본따 전용 지프차의 앞에는 딱딱한 철판에 선명하게 그린 별판을 달았고, 주먹만한 별을 붙인 빤질빤질한 철모를 쓰고 이리저리 누볐다. 권총은 허리띠 안에 쑥 꽂고 다녀 외관상 패튼처럼 보였다.

제2차 세계대전이 끝난 후 미 제8군사령관으로 일본에 진주하여 맥아더의 휘하에 들어갔다.

1950년 7월 8일 맥아더 원수는 UN군 총군사령관에 임명되었고, 이날 일본에 있는 제8군사령관 워커 중장을 주한 미 지상군사령관으로 임명하여 한국전을 지휘하게 되었다.

7월 14일 한국군의 작전지휘권을 유엔군총사령관에게 위임하면서 한국군에 대한 작전지휘권을 함께 행사하게 된다.

그는 한·미연합군이 개전 이래 후퇴만 하여 그들에게 잠재해 있는 후퇴 심리를 방어 심리로 전환하고 나아가서 공세로의 전화시키기 위한 방안을 모색한 끝에 방어 정면을 축소하여 전선을 연결하고 적은 병력을 효율적으로 운용하기 위하여 낙동강 방어선을 설정하였다. 이것을 낙동강교두보 또는 부산교두보라고 일컫는다. 이 작전이 주효하여 미군이 한국을 떠나고 한국은 해외에 망명 정부를 세워야 할 것이라고 우려한 절체절명의 위기에서 반격의 기회를 마련하였다.

이것이 그를 방어의 천재로 일컫게 하였고, 그를 명장으로 만들었다.

성질이 곧고 근면한 무인으로 결단력이 있고, 승리를 얻기 위해서는 매우 집요했기 때문에 부하들은 '불독'(bulldog)이라는 별명을 붙였고, M-41경전차를 '워커불독' 이라고 불렀다. 미군에서 전차의 애칭은 명장을 뜻한다.

'능력상 할 수 없다.' 는 말은 그의 사전에는 없다.

맥아더 원수는 그를 '자니워커' 라는 애칭을 써서 친밀감을 나타냈다.

1950년 12월 서울 교외 도봉 지역에서 전선시찰 중 마주 오는 한국군 트럭(3/4톤)과 충돌하는 교통 사고로 전사했다.

아몬드(Edward M, Almond) 소장 – 미 제10군단장

1892년생이다.

버지니아 육군사연구소(Virginia Military Institute)를 졸업했다. 제1차 세계대전 때 기관총대대장으로 출정하여 부상을 당했고 훈장을 받았다.

제2차 세계대전 때는 이탈리아 전선에서 미 제92사단장으로 무훈을 세웠다. 종전 후 1946년 11월에 극동군총사령부 참모부장, 1949년 2월에 동 참모장이 되었고, 6·

25전쟁 발발로 창설된 유엔군총사령부의 참모장을 겸임했다.

1950년 9월 인천상륙작전을 감행하면서 지상군 전투부대로 창설한 제10군단장에 임명되었다. 이때 그의 나이 58세였다.

미유군공간사는 책임감이 강하고 솔선하여 어려운 일들을 맡아서 하는 형으로 지도력이 풍부하여 극동군총사령부 참모장으로는 적격한 인물이고, 맥아더 원수의 심복이었다고 평했다.

한편 전쟁기념사업회 『한국전쟁사』 제4권은

"미 극동군총사령부 안에서 모든 사람이 두려워하고 복종하는 인물이었다. 나이 답지 않게 언제나 혈기에 넘쳤고 비범한 추진력을 지니고 있었으며 누구라도 자기의 맡은 일에 무능하거나 무지한 것을 용서치 않았다. 그는 스스로가 맡은 일에 모든 정성과 심혈을 기울이면서 다른 사람들에게 꼭 같은 헌신과 충성을 요구했다."

고 평했다.(p33)

밀번(Frank W. Milburn) 소장 – 미 제1군단장

1914년 웨스트포인트 미 육군사관학교를 졸업하였다. 그는 생도시절 미식축구 선수로 활약했다. 공격수인 그는 등을 움츠리고 공격하는 폼이 뛰는 새우 같다고 하여 Shrimp Milburn이라는 별명을 얻었다.

제2차 세계대전 때 미 제7군 예하의 제21군단장으로 프랑스 마르세유에 상륙하여 미군 2개 사단과 프랑스군 2개 사단을 통합 지휘하여 독·불국경지대인 알사스로렌 지역으로 진격했다. 미군 장성 중 최초로 자유프랑스 훈장을 받았다.

6·25남침을 당했을 때 그는 서독에 주둔한 미 제1사단장이었다. 미 제8군이 군단체제로 편제를 강화하면서 제9군단장에 내정되어 한국에 왔으나 그의 공격적인 지휘 능력을 평가한 워커 미 제8군사령관이 그를 반격의 주공군단 제1군단장에 임명하여 서울~평양의 주공노선 선봉을 맡겼다.

윌리엄 딘(William F. Dean) 소장 – 미 제24사단장

1899년 8월 1일 일리노이주에서 치과의사의 아들로 태어났다. 어렸을 때부터 군인에 흥미를 느껴 육군사관학교에 지원했으나 실패했고, 제1차 세계대전 때 지원하고자 했으나 독일계 어머니의 반대로 뜻을 이루지 못했다.

1922년 캘리포니아대학 법학부를 졸업하였고, 이듬해 보병 소위로 임관했다. 지휘참모대학과 육군대학을 졸업하고 1940년에 소령, 1941년에 중령, 1942년에 대령으로 진급하였으며, 1943년 6월에 제44사단 부사단장이 되었고, 그해 12월에 제44사단장이 되어 제2차 세계대전이 끝날 때까지 프랑스, 독일, 오스트리아를 전전하면서 싸웠다. 그의 사단장 재임 중 1년 여의 전투에서 그의 사단에서 포로가 된 사람이 42명에 불과하여 가장 큰 자랑거리라고 생각했다. 그는 포로가 되는 것을 가장 불명예스러운 일이라고 생각하였다.

종전 후에는 한국에서 제3대 군정장관으로 근무했다. 1948년 대한민국 정부 수립 후 한국 주둔 미 제7사단장으로 전임하였으며, 1949년 1월 사단과 함께 일본(삿포로)으로 이동했다. 1949년 5월 제24사단장이 됐다.

6·25남침 후 한국에 제일 먼저 도착한 사단장이다. 7월 1일 그의 예하 스미스특수임무부대가 수영비행장에 도착한 것을 비롯하여 7월 4일까지 전 사단이 한국에 도착하였고, 7월 5일부터 경부축선 저지전에 투입되어 오산, 전의, 평택, 안성을 거쳐 금강 방어선과 대전 전투에서 효과적인 저지전을 펴 북한군의 진격을 상당기간 지연시키는 전과를 올렸으나 그의 사단은 치명적인 손실을 입었고, 결국 대전에서 철수하는 과정에서 낙오하여 포로가 되는 것이 가장 불명예스럽다고 생각한 그 자신이 북한군에게 포로가 되어 치욕스러운 포로생활을 해야 했고, 포로교환 때 귀환했다.

용감하고 강직한 장군으로 명성이 높고 그가 쓴 '딘 장군의 이야기'는 베스트 셀러가 됐다.

게이(Hobert Raymond. Gay) 소장 - 미 제1기병사단장

1894년 일리노이주 출생.

1917년 대학(Knox College)을 졸업하고 기병 소위로 임관하였다.

그는 폴로 게임광이었다. 1929년 게임 중에 한쪽 눈을 잃어 병참부대에서 근무했다. 그가 대령일 때 지난날 친분을 맺은 패튼 장군이 육군참모대학이나 육군대학원을 나오지 않은 그를 제1기갑군단과 제3군참모장으로 연속 기용하였고, 노르망디상

류작전을 위하여 그를 영국까지 데리고 가서 준장으로 진급시켰다. 전차전과 공세작전의 권위자다.

워커 장군과 함께 패튼의 가장 신뢰하는 심복이 되었고, 워커와도 가까워졌다.

미 제8군사령관이 된 워커는 1949년 9월 56세의 노장인 그에게 제1기병사단장을 맡겼고, 기이하게도 한국전에 함께 참전하여 후퇴를 모르던 두 장군은 후퇴의 대명사가 된 철수작전의 주역을 맡아 후퇴의 명수가 되었다.

1955년 8월 제5군사령관이 되었고, 중장으로 퇴역했다.

처치(John H. Church) 소장 - 미 제24사단장

1892년 펜실바니아주에서 출생.

1947년 준장으로 진급하여 미 극동군사령부 제4부(G-4) 부부장이 되었다.

1950년 6월 26일(도쿄시간) 트루먼 대통령은 맥아더 원수에게 "어떠한 원조가 필요한가를 규명하기 위하여 한국에 현지 시찰단을 파견" 하도록 지시하였다.

맥아더는 극동사령부 제4부(G-4) 부부장 처치(John H. Church) 준장을 단장으로 하고 장교 12명과 사병 2명으로 구성된 현지 조사단을 파견하였는데 이들은 27일 오전 7시에 수원에 도착하여 임업시험장에 자리를 잡았다.

현지 조사단이 도쿄를 떠난 후 맥아더는 합동참모본부로부터 한국에 있는 모든 미군을 지휘할 권한을 부여받았다.

이 조치에 따라 맥아더는 현지 조사단을 극동군사령부 전방지휘소(ADCOM-General Headquarters Advance Command and Liaison Group)로 개칭하고 미 군사고문단을 지휘하도록 하는 한편 국군에 대한 원조 임무를 부여하였다.

28일 처치 준장은 '38선을 회복하려면 미 지상군의 참가가 요망된다.' 는 보고를 맥아더에게 보냈고, 맥아더는 그가 직접 상황을 판단하기 위하여 한강전선을 시찰했다.

미 제24사단장이 일시 주한 미국사령관을 겸하면서 그는 부사령관이 되기도 하였으나 미 제8군사령부가 한국(대구)으로 이동하면서 그는 철수하여 도쿄로 돌아갔다가 1950년 7월 23일 소장으로 진급하여 딘 소장 후임으로 미 제24사단장에 전임하였다.

1962년에 퇴역했다.

킨(William B. Kean) 소장 - 미 제25사단장

1897년 출생.

킨 소장이 지휘하는 미 제25사단은 제2차 세계대전 중 과달카날, 뉴기니, 북 루손도 등지에서 싸웠고 종전 후 일본 오사카(大阪)에 진주했다.

킨 소장은 제25사단을 지휘하고 7월 8일 한국에 도착하여 대구 동쪽 영천에 사단사령부를 설치한 후 낙동강 방어직전기간 중 서남부전선 마산 방면에서 분전했고, 북진작전까지 사단을 지휘했다.

미 제24사단에 이어 두 번째로 한국에 온 사단이다.

1955년 9월 소장으로 퇴역했다.

스미스(Oliver P. Smith) 소장 - 미 제1해병사단장

순수한 해병대원이다. 제2차대전 때 아일랜드 방위군의 대대장 근무를 비롯하여 과달카날에서 미 제5해병연대장, 쯔루부(뉴불리턴 섬 남단) 작전 때에는 미 제1해병사단 참모장, 페리류 작전 때에는 미 제1해병사단 부사단장으로 참전하였다.

제2차 대전 종전 후에 미 해병군단 부사령관으로 워싱턴에서 근무하다가 최고 명예직라고 할 수 있는 미 제1해병사단장으로 기용되었다.

미 해병대 공간사에 따르면 그의 재능은 해병대 입대시부터 주목되어 불굴의 기백, 신뢰성, 그리고 남다른 노력과 끈기는 상사에서부터 부하에 이르기까지 모든 해병대원들이 높이 평가하고 있다고 했다. 그는 해병대 생활 33년 동안 순교자처럼 해병대의 이상적인 군인상을 추구해 왔었다.

지휘관으로서의 그는 결단을 내리기까지에는 심사숙고를 하지만, 시기를 놓쳐 본 일이 없었다. 준재인 그의 결점을 굳이 열거해 본다면 우둔한 사람에 대해서는 관대하지 못했고, 특히 게으른 사람에 대해서는 엄격하였다고 한다.

「워커」이하 참고 문헌 : 국방부 『한국전쟁사』제1~4권, 전쟁기념사업회 『한국전쟁사』제3, 제4권 일본 육전사연구보급회 『한국전쟁』[1], [2], [3]

한강전선에서 맥아더와 대화한 병사

본문 제4장. 「미지상군 참전」 제1절 「워싱턴의 경악」 '4. 맥아더사령관'
본문 제5장. 「맥아더와 대화한 병사는 누구인가?」와 관련

국방일보 - 2004년 10월 20일 보도

"명령 없이 후퇴하지 않습니다. 죽어도 여기서 죽고 살아도…"

"그때 우리는 사흘을 굶은 상태였지만 머릿속에는 오직 적을 무찔러야겠다는 생각 뿐이었지. 갑자기 어떤 미군이 찾아와 왜 후퇴하지 않느냐고 하길래 그냥 내 생각을 말했을 뿐인데 그게 맥아더 장군이 연합군 지원을 결심하게 된 계기가 됐다니……"

역사는 투철한 책임감으로 자신의 위치에서 사력을 다하는 인간에게 거대한 역사의 물길을 바꾸는 열쇠를 쥐어주는 듯하다.

18일 서울 영등포구 양화동 인공 폭포 공원 한강선 방어 전투 전적비 앞에서 열린 한강 방어 전투 추모식 행사에서 만난 신동수(76) 씨가 바로 산증인. 당시 18연대 1대대 소속 일등병으로 6·25전쟁 한강선 방어 전투에 참전했던 이 평범한 노병은 전투가 한창이던 어느 날 뜻밖의 방문자를 만났다.

"참호에 있는데 지프 한 대가 오더니 네 명이 내렸지. 미군이었는데 계급장이 없어 누군지 알 수가 없었어. 그중 한 명이 '왜 후퇴하지 않느냐. 이곳은 적군이 포위하고 있지 않느냐'고 하길래 이렇게 대답했지. '우리는 중대장님 명령 없이는 후퇴하지 않습니다. 죽어도 여기서 죽고 살아도 이곳에서 살 것입니다.'라고."

필요한 것을 묻는 질문에도 다른 어떤 것보다 적을 '까부술' 무기와 탄약을 보내 달라는 말을 들은 그 미군은 '그렇다면 물자와 무기를 지원해주겠다. 7일만 버텨 달라.'고 당부했다. 이름 없는 일등병의 눈빛과 말 속에서 적에게 포위된 암담한 상황에 처해서도 퇴색하지 않는 강력한 전투의지를 읽은 더글러스 맥아더 장군이 6·25전쟁에 연합군을 지원하겠다는 결심을 굳히는 순간이었다. 정작 신 씨 자신은 그 미군이 유명한 맥아더 장군인 것도 몰랐지만.

그러나 지난 54년 동안 우리 군이 자랑하는 투철한 군인 정신의 표상으로 추앙받아 온 신씨에게도 전쟁은 참혹한 것이었다. 한강방어 전투에서 7일간 혈전을 벌인 끝에 적의 도강 작전을 분쇄하고 300여 명의 적을 격멸한 후 후퇴하는 와중에 총상을 입고 왼쪽 다리를 잃었고 수많은 전우가 유명을 달리했다.

맥아더 장군과의 대화를 떠올리자 당시 전투에서 산화한 전우들의 모습도 함께 떠오르는 듯 눈시울을 붉히는 신씨.

그날의 비극을 아는지 모르는지 변함없이 흐르는 한강을 바라보는 노병의 뒷모습에서 참혹했던 전쟁의 아우성이 들려오는 듯했다.

김종원기자

* 신문기사를 찾지 못하여 인터넷신문을 게재하였다.

조선일보 - 2006년 6월 24일 보도 (지면 재구성)

6·25직후 맥아더를 감동시킨 일등병 찾았다
그는 다리 절단된 '77세 영웅'

충주의 신동수翁

"병사! 다른 부대는 다 후퇴했는데, 자네는 왜 여기를 지키고 있나?"
"저는 군인입니다. 상관의 명령 없이는 절대 후퇴하지 않는 게 군인입니다. 철수 명령이 있기 전까지 죽어도 여기서 죽고, 살아도 여기서 살 겁니다."

1950년 6월 29일, 당시 스무 살의 한 일등병은 서울 영등포에 있던 진지(陣地)에서 맥아더 미 극동군사령관과 이런 대화를 나눴다. 전쟁이 터진 지 나흘째, 이미 한강 이북은 인민군에 의해 점령된 상태였다. 그곳은 남한의 부대가 마지막까지 버티던 한강방어선이었다. 맥아더 장군은 이날 도쿄에서 수원비행장으로 날아와 그곳 상황을 돌아보던 참이었다.

"싸워 이길 자신이 있다"고 자신 있게 말한 젊은 군인에게 감동받은 맥아더 장군이 참전을 결심했다는 것은 유명한 일화다. 수십 년째 묻혀 있던 그 일등병의 존재가 뒤늦게 밝혀졌다. 숨은 주인공은 신동수(77) 옹. 그를 찾아 서울에서 2시간 넘게 떨어진 충북 충주시 양성면으로 향했다.

"이렇게 멀리 오게 해서 어쩌나. 다리가 이래서···." 자세히 보니 왼쪽 다리를 절뚝거렸다. 양말에 가려졌지만, 한눈에도 의족(義足)임을 알 수 있었다. 기쁨인지, 고통인지 모를 옛 전투 이야기를 시작하자, 신 옹의 목소리가 높아졌다 낮아졌다 했다.

그가 속한 부대는 백골부대 18연대 1대대 3중대였다. 이들은 영등포구 양화동의 인공폭포공원 인근에 진지를 편성해놓고 있었다. 다른 중대는 대부분 후퇴해버린, 외로운 싸움이었다. 사흘째 굶은 채 적을 기다리던 그때였다. "4명이 지프에서 내리더라고. 처음에는 소련군인 줄 알고 쏘아 죽이려고 쫓아나갔어요. 하지만 정모 마크가 소련군 것과 다르더라고요. 사령관이라고 했어요."

"영등포 한강방어선 끝까지 死守" 외쳐

감동받은 맥아더 지원군 약속하며 연막탄 등 선물 건네

하지만 그가 그렇게 유명한 인물인지는 전혀 몰랐다고 한다. 대화가 끝난 후 맥아더 장군은 그에게 연막탄 2개와 대공표지판을 선물로 줬다. 맥아더 장군은 그에게 "정말 훌륭한 군인이다. 내가 일본으로 건너가면 즉시 지원군을 보내주겠다"고 약속했다. 어깨를 툭툭 치면서. 신 옹은 "쌍안경을 댄 채 인천상륙작전을 진두지휘한 장군의 모습을, 한참 후 TV에서 보고는 그가 유명한 맥아더 장군인 줄 알게 됐다"고 했다.

맥아더 장군이 돌아간 이후에도 그는 사흘을 버텼다. 하지만 노량진과 영등포까지 진격한 인민군의 총포가 시시각각 가까이 다가왔고, 결국 후퇴했다. "중대원들에게 후퇴명령을 전달하면서 미친 듯이 돌아다니고 있었는데, 갑자기 다리가 오그라들더니 펴지질 않더라고요. 살기 위해 아무 집이나 찾아가 부뚜막 아궁이에 숨었는데, 착한 주인이 온몸을 닦아주고 빨간 헝겊을 찢어 어깨에 매게 해서 인민군 치료소에 데리고 가주더군요."

하지만 3개월이 지나도록 총탄에 맞은 다리를 치료받지 못했다. 무릎에선 구더기까지 나왔다. 결국 다리를 절단했다. 절뚝거리는 다리를 끌고 찾아간 강원도 춘천. 하지만 남동생은 형을 찾으러 가겠다며 인민군에 합류했다는 소식을 들었다. 그리고 못 만난 세월이 무려 56년이 됐다.

신 옹은 이후 휴전 무렵 제대, 미군부대에서 흘러나온 물품을 팔아가면서 생계를 유지했다. 1970년이 넘어서야 국가유공자로 인정받아 연금을 받을 수 있었다. 하지만 그는 끼니마다 밥보다 약(6종류)을 더 많이 먹어야 할 정도로 지금도 후유증으로 고생한다. 그는 "당시 100여 명의 전우 중 살아남은 이가 7명뿐인데, 살아남은 것만 해도 고맙지 더 뭘 바라겠느냐"고 했다.

전문가들은 7일 동안 버틴 한강방어선 덕분에 인민군의 서울 함락이 늦어졌고, 지연전을 위한 재편성, 유엔군의 조기 전선투입이 이뤄졌다고 한다. 그의 잘린 다리가 나라를 구한 것이다.

충주=박란희기자 (블로그)rhpark.chosun.com

●● 예비역 만세 _ 신동수 옹

6·25 한강 방어선에서 맥아더를 감동시킨 주인공 「신동수」옹

『저는 아직 철수 명령을 못 받았습니다.』

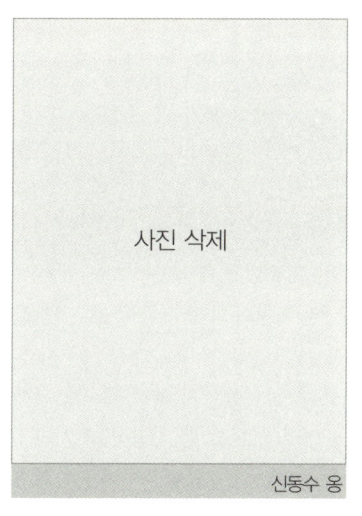
신동수 옹

6.25 초전, 무방비의 우리 군은 북한군의 기습 남침에 속수무책 후퇴할 수밖에 없었고 마지노선이라도 되는 양 한강 둑 위에 방어선을 폈쳤다. 미 극동방위 사령관이었던 맥아더는 다급하게 동경에서 서울로 날아왔다. 그리고 한강으로 내달렸다. 그때 통역관으로 수행한 이가 정일권 장군이었다. 그리고 지금의 노량진 부근에 도달하자 그때까지 한강 너머를 주시하고 있던 한 병사를 발견했다. 적기의 기총 소사는 물론 적의 기관총까지 날아오는 절박한 상황에서 그것도 모두가 철수한 횡하기까지 한 그 언덕배기에서 둔박하달 수밖에 없는 병사를 향해 물었다. "귀관은 왜 철수하지 않았는가?" 그가 맥아더인지 누구인지 알리도 없었을 뿐더러 오히려 소련군인줄 알고 사살하려고까지 했던 병사는 옆에 서 있는 한국군 통역관을 보고서야 대답했다. "아직 후퇴 명령을 못 받았습니다. 명령 없이는 후퇴하지 않습니다. 죽어도 여기서 죽습니다." 맥아더는 부관을 불렀다. 대공표지판과 연막탄 2발을 주며 "아군기가 날아오면 이 표지판을 펼쳐라. 그리고 연막탄은 이렇게 사용한다." 그리고 떠나며 던진 말이 그 유명한 '참 훌륭한 군인이다. 동경으로 가면 곧 바로 지원부대를 보내겠다' 이다. 맥아더로 하여금 승전의 확신을 심어준 전설 아닌 실화다. 그 '훌륭한 병사'가 바로 신동수 옹(79)이다.

옹은 아직 서기 연대 보다 단기 연대가 더 편안한 노인이다. 기억은 또렷하되 인터뷰 중 내력을 말할 땐 계속 단기로 연도를 회고하는지라 단기에 익숙치 못한 필자로서는 이중고(?)를 감수해야만 했다. 그만큼 아직도 전쟁 중인 노병이기도 하다. 18살인 단기 4282년(1949년) 국방경비대 2기로 입대한 옹은 6.25 이전에 이미 수차례 전투를 치룬 전투 유경험자였다. 특히 옹진 쌍계봉 전투(대대장 한신)에서는 팔에 박힌 탄두를 본인이 대검으로 뽑아내고도 전투에 임한 독한(?) 병사였다. 그의 말을 따라가다 보면 개인사를 넘어 장편 한권은 족히 쓰고도 남을, 말 그대로 파란만장한 신산의 세월이 그대로 묻어난다. 그래도 간추리고 또 간추려 그의 6.25를 적지 않을 수 없다. 옹이 맞은 6.25는 하루 전 휴가에서부터 시작된다. 38이북인 화천이 고향인 옹은 월남 후 국군에 입대하고 동생은 '남의집살이'를 하게 되었는데 다시는 만날 수 없었던 그 동생을 만나러 춘천엘 갔다가 전쟁 발발 소식을 듣고 걷고 얻어 타길 몇 차례, 부대로 복귀하여 삼각지 시가전을 거쳐 한강에서 방어 진지를 점령하고 있었던 것이다. 그 과정에서 가평에 고립된 7사단 병력들에게 철수를 위한 전령 노릇도 자원했고 - 그 일로 옹은 화랑무공훈장을 수훈 함 - 낙오된 병사들을 모아 본대에 합류시키기도 했다. 그러나 바로 그 한강에서 적기의 기총소사에 맞아 한쪽 다리를 잃고 낙오하여 적 치하에서 생명을 담보한 곡절을 넘어야 했다. 그럼에도 불구하고 살아남은 자신은 행운아이며 유명을 달리한 전우들에게 미안하단다. 사실 그 과정이 더 숙연케 하지만 지면관계상 줄일 수밖에 없음이 아쉽다. 그러나 그 기간 중 옹은 '북쪽 빨갱이'는 물론 '지역 빨갱이'들의 악랄성을 똑똑히 체험했다며 아직도 치를 떤다. "우리가 준비를 단단히 해야 합니다. 빨갱이들 절대 믿어서는 안 됩니다." 참전 노병들이 으레 하는 말투가 결코 아니다. 한숨을 섞어 입술에 힘을 주어 하는 말이었다. 다행히 57년 서울에서 예쁜 부인을 만나 가정을 꾸리긴 했지만 그도 속된 말로 '똑발이' 상이군인인지라 어수선한 세태에 몸 성한 이도 허기진 그 세월 동안 보통 사람의 몇 곱절은 더 힘든 세월을 보내야 했던 것이 사실이다. 나라를 구한 네덜란드 소년은 도덕책에 새기면서 한강 둑에서 온몸으로 이 나라를 구한 한국 청년은 까맣게 잊고 그저 '무명 병사' 쯤으로 넘겨버리고 말았던 것이다. 이제 역사를 바로 세우는 일은 이런 그늘을 지우는 일부터 먼저 시작되어야 한다. 그럼에도 불구하고 옹이 6.25기간 중 수령하지 못했던 혹은 안 준, 몇 푼 안 되는 봉급조차 청산치 못하는 현실을 이 호국보훈의 달을 맞아 뭐라 설명해야 될까? 더 가슴 아픈 일은 하나있던 아들을 먼저 앞세우고 지금은 충주 앙성의 촌락에 부부가 고즈넉하게 살고 있는 일이며, 그 불행의 점철에도 그나마 다행은 손자가 군에서 제대하여 이제 제몫을 하고 있다는 일이다. 그럼에도 불구하고 옹은 "그래도 행복합니다. 후배들이 이만큼 해주어 나라도 부강해졌고, 훈련을 강하게 해 주세요. 진짜처럼 훈련해야 됩니다"란다. 신동수 옹의 목과 팔에도 온통 상흔이 남아 있다. 그러나 마음에는 상처가 없으시길 기원해 본다.

육군 반론 기고문 (지면 재구성)

예비역 광장
참전용사 증언

한강전선에서 맥아더와 대화한 병사는? 누구인지 확인되지 않았다.

1950년 6월 29일.

북한군이 남침한지 5일째 되는 이날 미 극동군총사령관 맥아더 원수가 한강전선을 시찰하였다. 맥아더는 이 자리에서 미 지상군투입이 불가피하다고 판단하였고, 패배를 승리로 전환할 수 있는 반격작전(인천상륙작전)을 구상한 것으로 알려졌다. 시찰을 마친 맥아더는 참호 속에 있는 한 병사와 대화를 나눈다.

"하사관 자네는 언제까지 그 호 속에 있을 것인가?"
"상관으로부터 철수하라는 명령이 있을 때까지 여기 있을 겁니다."
"그 명령이 없을 땐 어떻게 할 것인가?"
"옛! 죽는 순간까지 여기를 지킬 것입니다."

류형석 6·25참전소년병

❶ 대령은 안내와 통역을 맡은 시흥지구 전투사령부 참모장 김종갑 대령이다.

"참으로 훌륭하구나! 여기 와서 자네 같은 군인을 만날 줄은 몰랐네. 지금 소원은 무엇인가?"
"옛! 우리는 지금 맨 주먹으로 싸우고 있습니다. 놈들의 전차와 대포를 까부술 무기와 탄약을 도와주십시오."
"대령❶, 이 씩씩하고 훌륭한 병사에게 전해주시오. 내가 Tokyo로 돌아가는 즉시로 미국 지원군을 보내줄 것이라고. 그리고 그때까지 용기를 잃지 말고 훌륭히 싸우라고." (대화: 정일권 회고록에서 발췌)

국방일보(2004년 10월 20일)는 '6·25때 맥아더와 대화한 신동수 씨'
조선일보(2006년 6월 24일)는 "6·25직후 맥아더를 감동시킨 일등병을 찾았다" 그는 다리 절단된 '77세 영웅 충주의 신동수 옹'
육군(2007. 5·6 No. 287)은 "6·25 한강방어선에서 맥아더를 감동시킨 주인공「신동수 옹」"이라는 제목의 보도가 잇따라 나왔다. 반세기가 넘게 누군지 모르고 지내온 신비의 인물이 유령처럼 나타났다.

그러나 아쉽게도 신동수 씨가 만난 사람은 맥아더가 아니다.

신동수 씨가 소속한 제18연대 제1대대는 "원수일행이 수원으로 회항한 다음에 증원되어 안양천 동안에 배치되었다."고 국방부 편찬 한국전쟁사(개정판 제1권 P 723)는 분명하게 밝혔다. 맥아더가 시찰한 전선은 중앙대학교 뒷산(㉮) 고지-앞 같은 P 719. 정일권 회고록)이고 제9연대진지다.

신동수 씨가 어떻게 맥아더를 만날 수 있는가?

기사는 스스로 그가 만난 사람이 맥아더가 아니라는 사실을 밝혀 놓았다.
① "사흘을 굶은 상태", "이곳은 적군이 포위하고 있지 않느냐?", "다른 중대는 대부분 후퇴해 버린 외로운 싸움"이라고 극한적인 상황을 묘사했다.
포위된 진지에 맥아더가 어떻게 올 수 있었는가를 생각했어야 했다.
신동수 씨가 소속한 제18연대 제1대대는 건제(建制)를 유지한 채 당일(29일) 시흥에서 진출하여 한강전선에 배치되었다. 사흘은 고사하고 한 끼도 굶을 이유가 없고, 어느 중대도 후퇴할 여건이 아니었다.
한강전선은 전날(28일)편성되었고, 북한군은 7월 3일 새벽에 전차를 앞세우고 한강다리를 건너왔다. 7월 2일까지 한강전선을 유지하고 있었다.
② "4명이 지프에서 내리더라고"라고 했다.
안내와 통역을 맡은 김종갑 대령은 맥아더가 탄 차는 세단이고, 맥아더와 극동사령부 참모장 아몬드 소장, 고문단장 대리 라이트 대령 그리고 자신이 함께 탔다고 했다(앞 같은 P 722). 같은 한국전쟁사는 도쿄에서부터 수행한 사람을, "5명의 참모와 4명의 기자를 포함한 15명"(P 893)이라고 했다. 이들과 극동사령부전방지휘소장 처치 준장 및 무초대사가 따라갔다. (사진참조)
한국군 측에서 육군총참모장 채병덕 소장, 이종찬 사단장, 서종철 연대장이 동행했고, 육군헌병사령관 송요찬 대령, 공군헌병대장 김득룡 중령이 경호를 했다고 했다. 경호헌병도 따랐을 것이다. 맥아더의 한강전선시찰사진을 보면 정

모를 쓴 사람이 5명, 철모를 쓴 사람이 2명, 사복 입은 사람이 1명(무초대사)이다. 보이는 사람만 8명이다.
③ "대공표지판과 연막탄 2개를 주고 사용방법을 설명했다"고 했다.
이 대목은 신동수 씨가 만난 사람이 맥아더가 아니라는 것을 명백히 한다.
미 극동군총사령관에 연합군최고사령관을 겸하고 있는 맥아더의 존재를 몰라서 지어낸 말이다. 최고사령관이 그런 일을 하겠는가?
④ "싸워 이길 자신이 있다"고 자신 있게 말한 젊은 군인에게 감동받은 맥아더 장군이 참전을 결심했다는 것은 유명한 일화이다."
트루먼 대통령은 25일 한국군에게 장비와 탄약을 공급하라고 지시하였고, 지상군을 파견할 경우 국가적 차원의 동원이 필요하다는 인식아래 이에 대한 대책을 수립하도록 합동참모본부에 지시하였다.
27일 트루먼은 미 해·공군으로 하여금 한국군을 지원하라고 지시하였고, 맥아더에게 어떠한 원조가 필요한가를 규명하기 위하여 한국에 현지 시찰단을 파견하도록 지시했다. (이상 워싱턴시간)
이 시찰단이 처치 준장을 책임자로 하는 미 극동사령부전방지휘소다.
처치 준장은 27일 한국에 도착했고, 28일 12시 "38선을 회복하려면 미 지상군의 참가가 필요하다"는 보고를 했다. 맥아더는 지상군투입의 필요성 여부를 판단하기 위하여 한국전선을 시찰한 것이다.
일등병 말에 감동받아 참전을 결심했다! 지나치게 흥미를 유발시켰다.

"이 일화는 6·25를 회고할 때마다 빼놓을 수 없어서 소개한다."
"나는 유감스럽게도 이 하사관이 '朴'이라는 성만 기억하고 있다. 기회 있는 대로 이름을 알아야겠다면서 이제까지 알아내지 못했다."(정일권 회고록)
한국전쟁비사(안용현 저)는 "그 후 저자는 물론 국방부 전사편찬위원회에서 이 병사를 백방으로 수소문했으나 소속조차 밝혀내지 못했다."고 했다.
신동수 옹이 만난 사람은 군사고문단장 대리 라이트 대령일행일 것이다.
앞 한국전쟁사는 6월 30일 전투상황에서 다음과 같이 기술했다.
"ADCOM(극동사령부전방지휘소)은 고문단 소속 장교들을 한강 선으로 파견하여 전황을 파악케 하면서 현지 국군의 작전을 돕게 하는 한편…고문단장인 Wright 대령마저 Hazlett 중령과 함께 한강전선에 나가…"(P 744)
신동수 씨는 6월 30일 이 고문단일행을 만난 것이 분명하다.
대공표지판과 연막탄을 주고 그 사용방법을 설명해 주는 것이 바로 고문단이 한 역할이었다. 한국군의 사정이 워낙 열악하니까 고문단에서 그렇게 지도하고 다녔다.
중대장도 갈 수 없는 포위된 산병호에 맥아더가 갔다.
군대를 몰라서 빚어낸 해프닝이다.

* 위 글은 참전용사의 증언으로서 육군의 공식적인 입장이 아닙니다.

국방일보 정정보도

전선 시찰 중인 맥아더와 만난 주인공은?

"하사관(현 부사관) 자네는 언제까지 그 호 속에 있을 것인가."

맥아더 장군의 질문을 김종갑 대령이 통역하자 국군 부사관은 부동자세로 또박또박 대답했다.

"옛, 각하께서도 군인이시고 저 또한 대한민국 군인입니다. 군인이란 명령을 따를 뿐입니다. 저의 직속상관으로부터 철수하라는 명령이 있을 때까지 여기 있을 겁니다."

1950년 6월 29일 한강 전선을 시찰하던 맥아더 장군이 한 이름 모를 국군 부사관과 주고받았던 유명한 대화의 일부다. 당시 맥아더 장군이 군인답고 씩씩한 부사관의 대답에 매우 감탄하면서 "미국이 지원군을 보낼 것이니 용기를 잃지 말고 훌륭히 싸우라"고 당부한 이 일화는 너무나도 유명하다.

맥아더 장군과 함께 현장에 있었던 총사령관 정일권 장군은 1996년 펴낸 회고록에서 이 일화를 소개하면서 "유감스럽게도 이 하사관의 '박'(朴)이라는 성만 기억하고 있다"고 적고 있다. 정 장군은 특히 회고록에서 "기회가 있는 대로 이름을 알아내겠다면서도 이제까지 알아내지 못하고 있다"고 적어 맥아더와 만났던 주인공을 찾는 데 결국 실패했음을 밝히고 있다. 이후 안용현 씨 등 전사편찬위원회 근무자들도 오랫동안 그 주인공을 추적했지만 인적사항을 확인하는 데 실패했다.

◆주인공은 여전히 미궁

이런 상황에서 본지는 당시 18연대 1대대 소속 일등병이었던 신동수 옹이 그 주인공이라는 모 부대의 제보를 받고 이를 2004년 10월 20일자 기사를 통해 보도했었다.

신옹은 이처럼 뒤늦게 맥아더 장군과 만난 주인공으로 주목받게 됐지만 상당수 전사실 전문가들은 여전히 의문을 품고 있는 경우가 많다. 신옹이 각종 인터뷰를 통해 내놓은 증언을 보면 '신옹이 만난 미군 고위 장교는 맥아더가 아니라 로버트 고문단장일 가능성이 높다'는 것이 6·25 전사 전문가들의 견해다.

전사연구가 류형석 씨는 "신옹이 맥아더가 방문할 때 지프 1대만 왔다고 증언한 점, 맥아더 장군인줄 알아보지 못했다고 말한 점, 소련군인줄 알고 쏘아 죽이려고 달려 나갔다는 발언 등을 볼 때 도저히 맥아더 장군을 만난 상황으로 볼 수 없다"고 주장했다.

특히 "신옹이 만난 미군 고위장교가 연막탄 2개와 대공표지판을 선물로 주고 사용법까지 가르쳐줬다고 말한 점으로 미뤄 볼 때 신옹이 미군 장교를 만났다면 그 대상은 미 군사고문단장 대리 라이트 대령 일행일 것"으로 추정했다. 더구나 당시 18연대 1대대의 주둔지는 안양천 이동지역이며 이 일대는 맥아더가 한강 전선을 시찰할 만한 장소가 아니라는 것이 류씨의 주장이다. 당시 현장에 있었던 김대령과 정장군은 "맥아더와 만난 병사의 계급이 일등중사"라고 기억하는 데 비해 신옹의 계급은 일등병이라는 것도 의문이다.

국방부 군사편찬연구소의 양영조·남정옥 박사의 견해도 유사하다. 6·25전쟁 전문가 양박사 등은 "신옹이 스스로 발언한 내용만 봐도 맥아더를 만난 주인공이 신옹이라고 보는 어렵다"며 "맥아더 장군과 만났다기보다는 미 고문단의 누군가와 만난 상황으로 볼 수밖에 없다"고 말했다. 결국 맥아더 장군을 만나 투철한 군인정신을 보여준 그 주인공이 누구인지는 다시 미궁 속에 빠져 버린 상황인 셈이다.

◆장소 소속 부대 놓고도 논란

한 발 더 나아가 현재로서는 맥아더가 방문한 정확한 장소는 물론, 그 주인공의 소속 부대까지도 명확하게 밝혀지지 않은 상황이다. 당시 현장을 목격한 김 대령과 정장군의 증언이 다르기 때문이다.

우선 맥아더가 방문한 장소에 대해서는 김대령의 증언을 중시해 영등포 동양맥주공장 부근 언덕으로 보는 설과 '가' 고지라고 명시한 정장군의 회고록을 우선해 노량진 부근 흑석동 현 중앙대 뒷산으로 보는 설이 엇갈리고 있다.

영등포 동양맥주공장 부근에는 혼성수도사단, 흑석동 중앙대 뒷산에는 혼성7사단 소속 병력이 주둔하고 있었으므로 장소에 따라 맥아더 장군과 만난 주인공의 소속 부대도 바뀌게 된다.

동양맥주공장 부근이라고 추정하는 전문가들은 "지형이 변했으므로 당시에는 동양맥주공장 부근에서 한강 조망이 가능했을 수도 있다"고 보고 "병사의 소속 부대는 혼성수도사단"이라고 간주한다.

반대로 류씨는 "김대령의 증언은 장소가 모호하지만 정장군은 '가' 고지라고 명시했다는 점에서 정장군 증언이 더 신뢰성이 있다"며 "더구나 당시 한강 전선 일대를 조망하기에 가장 적절한 곳은 중앙대 뒷산이며 여기서 만난 병사라면 혼성7사단 소속이 분명하다"고 주장했다.

류씨는 정장군이 회고록에서 병사의 소속 부대가 혼성수도사단이라고 밝힌 것에 대해 "맥아더 장군이 영등포 부근에서 혼성수도사단 지휘부를 방문한 이후 수도사단장과 8연대장이 맥아더를 계속 동행한 탓에 정장군이 '가' 고지에서 만난 병사의 소속 부대를 착각했을 것"이라고 풀이했다.

위기의 순간 한국을 찾은 백전노장에게 국군의 강인한 정신력을 과시했던 그 주인공은 여전히 역사의 장막 저편에서 궁금증만 불러일으키는 상황이다.

김병륜 기자 lyuen@dema.mil.kr

국방일보는 2008년 9월 1일 '역사사진 속 주인공찾기'에서 "전선 시찰 중인 맥아더와 만난 주인공은?"이라는 제목으로 기왕의 기사에 대한 분명한 잘못을 인정하지 않고 새로운 대화의 주인공이 연락해 주기를 바란다는 형식을 취하면서 이미 나간 잘못된 보도에 대하여 의문을 제기하는 방법을 택했다.

엉터리 보도가 나간 2004년 10월 20일로부터 4년이 지났다.

끝내 정정을 거부한 조선일보

조선일보가 보도한 2006년 6월 24일로부터 4일이 지난 28일 취재기자에게 E-mail을 보냈고, 소식이 없어 며칠 후 다시 보냈고, 또 소식이 없어 8월 7일 편집국장에게 서신을 보냈다. 역시 감감무소식이었다.

전화를 걸었더니 취재기자(박란희-여자)는 퇴직하여 소재가 불분명하고 사연을 들은 김시현(여자) 씨는 자기에게 자료를 보내 달라기에 FAX로 보냈다. 그러나 그 후 아무런 소식이 없었다. 통화를 3차 시도했으나 외근 중이라 연결이 되지 않았다.

독자센터에 전화를 걸어 사연을 말하고 안내에 따라 자료를 보냈다.

이러는 동안 시일이 많이 흘렀다.

국방부에 출입하는 이위재 기자가 전화를 해서 대화를 나누었다. 그는 국방부 군사편찬연구소에도 확인을 했다. 그리고 내린 결론은 이랬다.

"기사가 잘못된 것은 확인했으나 시일이 오래된 것을 새삼스럽게 정정하는 것이 적절치 못하여 내부적으로 그런 일이 재발하지 않도록 주의를 환기하는 것으로 종결하는 것이 어떻겠습니까?"

나는 거부했다.

"다른 사안과는 달리 기사가 잘못 나감으로써 '아닌게 긴 것'으로 사실이 굳어졌는데 어떤 형태로던지 '아니다.'라는 사실을 밝혀주어야 하지 않느냐?"
라고 했다.

그러나 그것으로 끝이 났다.

마지막으로 독자권익보호위원회라는 것이 있다고 해서 기대해 봤지만 허사였다.

여기서 분명히 지적하고 싶은 것이 있다.

"역시 신문은 책임을 지지 않는구나?"

"언필칭 국민의 알 권리를 뇌이지만 그것은 취재의 방편으로 내세운 허울일 뿐이고 기자(신문)에게 국민이나 독자는 없고 모두는 오직 취재대상일 뿐이다."

저자는 신문사에 의견을 낸 것 중에 하나를 다음에 실어 얼마나 엉터리로 보도했는지를 알리고자 한다.

취재기자에게 두번째로 보낸 기사정정 요청 문서다.

맥아더를 만난 사람이 누구인지 확인되지 않았다 - 조선일보에 보낸 의견서

신동수 씨가 만난 사람은 맥아더가 아니다

2006년 6월 24일 "6·25직후 맥아더를 감동시킨 일등병을 찾았다."

그는 다리 절단된 '77세의 영웅'이라는 기사는 다음과 같이 전사의 기록과 다르다.

1. 실제 상황

공간사인 국방부 전사편찬위원회가 발간한 『한국전쟁사』 개정판 제1권(p722, 723)은 이렇게 기술했다.

"원수 일행은 영등포의 수도사단 전선을 시찰케 되었는데, 당시에 원수를 안내하였던 金鍾甲 대령이 전하는 바에 의하면 그의 면모는 이러하였다고 한다.

'그때 내가 안내를 맡게 된 까닭으로 원수와 한 차에 동승하게 되었는데, 차량은 검은 Sedan이었으며, 운전병 옆의 앞좌석에는 미 고문단장대리인 Wright 대령이, 그리고 뒷좌석에는 원수와 미 극동군참모장 Almond 소장 그리고 내가 자리를 잡았다. 그리하여 시흥에서 영등포로 북향하여 우신국민학교의 수도사단본부에 들렸다가 사단장과 함께 고개를 넘어 동양맥주공장 부근에 이르니 적의 120mm박격포탄이 난무하기 시작하였는데 …… 그러나 포탄의 집중으로 더 이상 차량의 진행을 허락지 않았으므로 부득이 차에서 내려 옆의 맥주공장으로 잠시 대피케 되었다.'

적의 박격포탄 사격이 뜸하여진 틈을 타서 제8연대 일부가 진지를 점령중인 공장 옆의 언덕 위에 올라가 쌍안경으로 한강을 관찰하였다. 이때 원수는 그곳의 개인호 속에서 진지를 지키고 있던 일등중사의 계급장을 단 어느 병사를 보자 가까이 다가가서 '자네는 언제까지 그 호 속에 있을 셈인가?' 하고 물었다. 이에 그 중사가 대답하기를 '각하께서도 군인이시고 저 또한 군인입니다. 군인이란 모름지기 명령에 따를 뿐입니다. 저의 상사로부터 철수명령이 내려지든가, 아니면 제가 죽는 그 순간까지 이곳을 지킬 것입니다.' 라고 하였다. 이 대답을 나의 통역으로 전해 들은 원수는 그 기개에 크게 감동한 듯 병사의 어깨를 두드리며 慰撫하고 나에게 다시 '그에게 말해다오. 내가 동경으로 돌아가서 지원 병력을 보내줄 터이니 안심하고 싸우라고.' 이렇게 말하는 것이었다."

이 기록에 따르면 소속은 제8연대고, 계급은 일등중사로 되어 있다.
전선이 어디냐?가 확실하지 않다.
동양맥주공장 옆에는 한강을 볼 수 있는 또는 연대진지가 있을 만한 언덕이 없다. 동양맥주공장은 지금의 영등포공원(영등포역에서 철로 건너편) 자리다. 오래된 일이라 기억에 착오가 있는 것 같다.
차량으로 갈 수 있는 코스는 경수가도를 따라 한강대교 방향인데 동양맥주공장에서 한강 인도교 쪽으로 한참 더 가면(약 2km) 노량진역이 나오고, 오른쪽으로 장승백이를 거쳐 상도동으로 들어가면 중앙대학교 뒷산으로 이어지는 능선이 나온다. 이곳이 한강을 볼 수 있는 고지인데 동양맥주공장에서 가장 가까운 언덕이다. 여기에 제8연대가 아닌 제9연대의 진지가 있었다.
인공폭포공원과는 거리가 멀다. 가까운 곳에 있는 산을 두고 그곳까지 갈 이유가 없다. 동양맥주공장에서 인공폭포공원까지 가려면 차량으로도 당시 좋지 않은 길을 오래 달려야 하고(약 5km), 더구나 여의도를 지나면서부터 인공폭포공원까지는 한강과 나란히 가야 하는데 강 북안에서 감제하고 있는 적의 눈을 피해서 여러 대의 차량 행렬이 지날 수가 없다.
제8연대는 제9연대의 착오다. 혼성제7사단 제9연대의 작전지역은 동작동과 흑석동 사이의 능선이고(앞 『한국전쟁사』 개정판 제1권 p718), 이 지역에 중앙대학교 뒷산이 있다. 혼성수도사단 제8연대의 작전지역은 신길동에서 양화교까지의 한강남안이다.(같은 p710) 산이나 언덕이 없다.
수도사단지휘소는 우신국민학교에, 그 예하 제8연대는 그 북쪽 영등포 구청에 있었다. 이 두 곳은 경수가도변에 있다. 맥아더 원수는 수도사단지휘소에 들렸고, 수도사단장과 제8연대장이 따라갔다. 이들은 작전지역에 관계없이 맥아더가 시찰하기 좋은 흑석동 뒷산(제9연대 작전지역)으로 안내했을 것이다. 이렇게 해서 제9연대를 제8연대로 착각한 것 같다.
제7사단지휘소는 대방동 구 공군본부자리에 있었고 경수가도와는 떨어져 있으며 길이 연결되지 않아 들리기가 어려운 위치였다.

당시 육해공군총사령관을 역임한 정일권 장군의 회고는 다음과 같다.

"마지막으로 「가」고지(지금의 중앙대학교 뒷산)에 들렸다. 서종철 중령의 제8연대가 포진하고 있었다(제9연대의 착오. 앞 참조)."

- 중략 -

"수행원 10여 명을 대동하고 고지에 올라선 맥아더 장군은 한강 너머로 바라보이는 서울 남산과 그 주변 일대를 한참동안 망원경으로 보고 나서 무슨 생각이 들었는지 갑자기 산병호 쪽으로 걸어갔다. 일등중사가 개인호 안에서 잔뜩 긴장된 자세로 서 있었다.

맥아더 장군이 말을 걸었다.

'하사관 자네는 언제까지 그 호 속에 있을 것인가?'

맥아더 장군을 수행한 김종갑 대령이 통역했다. 김종갑 대령은 시흥지구전투사령부 참모장이었다.

하사관은 부동자세로 또박또박 대답했다.

'옛 각하께서도 군인이시고 저 또한 대한민국의 군인입니다. 군인이란 명령을 따를 뿐입니다. 저의 직속상관으로부터 철수하라는 명령이 있을 때까지 여기 있을 겁니다.'

'그 명령이 없을 땐 어떻게 할 것인가?'

'옛 죽는 순간까지 여기를 지킬 것입니다.'

'오! 장하다.'

맥아더 장군은 크게 끄덕이면서 또 물었다.

'자네 말고 딴 병사들도 다 같은 생각인가?'

'옛 그렇습니다. 각하!'

'참으로 훌륭하구나. 여기 와서 자네 같은 군인을 만날 줄은 몰랐네. 지금 소원은 무엇인가?'

'옛! 우리는 지금 맨 주먹으로 싸우고 있습니다. 소총뿐입니다. 북괴군의 전차와 대포에 밀리고 있습니다. 놈들의 전차와 대포를 까부슬 수 있게 무기와 탄약을 도와주십시오.'

'음 그리고 또 없나?'

'옛! 그뿐입니다.'

'알았네, 하사관 여기까지 와 본 보람이 있었군.'

맥아더 장군은 하사관의 손을 꼭 쥐고 나서 김 대령에게 말했다.

'대령. 이 씩씩하고 훌륭한 병사에게 전해주시오. 내가 Tokyo로 돌아가는 즉시로 미국 지원군을 보내줄 것이라고. 그리고 그때까지 용기를 잃지 말고 훌륭히 싸우라고.'

이 일화는 6·25를 회고할 때마다 빼 놓을 수 없어서 소개한다."고 했다. 그 만큼 기억이 확실하고 내용이 정연함을 의미한다.

"나는 유감스럽게도 이 하사관의 '朴'이라는 성만 기억하고 있다. 기회 있는 대로 이름을 알아야겠다면서 이제까지 알아내지 못하고 있다."고 했다.(『정일권회고록』)

여기서도 계급은 일등중사로 나온다.

전선은 중앙대학교 뒷산(「가」고지)이라고 했다.

『한국전쟁비사』 제1권(p325)은 이렇게 기술했다.

"맥아더 원수는 송요찬 헌병사령관과 김종갑 시흥지구전투사령부 참모장의 안내를 받아 영등포에 위치한 혼성수도사단지휘소에 들렸다가 동양맥주공장 부근 언덕에 올라섰을 때 적의 120mm 박격포탄이 맥아더 원수 일행이 위치한 바로 옆에 떨어져 이곳에 있던 버스가 박살나기도 하였다.

한동안 불길에 싸인 서울을 바라보던 맥아더 원수는 옆에 호 속에 웅크리고 있는 어느 하사를 보고 '자네는 언제까지 그 호 속에 있을 셈인가?'고 물었다. 하사는 '군인이란 명령에 따를 뿐입니다. 상관의 철수명령이 내릴 때까지 아니면 죽는 순간까지 이곳을 사수할 것입니다.'라고 대답하였다. 맥아더 원수는 하사의 어깨를 두드리며 통역하던 김종갑 대령을 향해 이렇게 말하였다. '이 병사에 전해 주오. 내가 동경으로 돌아가면 지원병력을 곧 보내 줄 터이니 안심하고 싸우라.'고."

— 중략 —

"그 후 저자는 물론 국방부 전사편찬위원회에서 이 병사를 백방으로 수소문했으나 소속조차 밝혀내지 못했다."

계급이 하사로 된 것은 당시 계급을 현재의 계급으로 바꾼 것으로 보인다. 당시 일등중사는 지금의 하사이다.

2. 신동수 옹은 맥아더를 만날 수가 없다

그가 소속한 제18연대 제1대대는 맥아더가 다녀간 후에 진출했다.

위 『한국전쟁사』(개정판 제1권 p723)는

"정오 무렵에 원수 일행이 수원으로 회향한 다음 …… 제18연대 제1대대와 57mm 대전차포 1개 소대가 증원되었다."라고 기술했다.

맥아더 원수가 돌아간 뒤에 신동수 옹이 소속한 제18연대 제1대대가 한강전선에 배치된 것을 분명히 밝히고 있다.

신동수 옹은 맥아더를 만날 수가 없다.

맥아더가 시찰한 전선과 신동수 옹이 배치된 진지가 다르다.

"동 대대를 안양천 동안에 배치함으로써……" (위 같은 p723)

안양천 동안은 인공폭포공원 서쪽이다. 조선일보에서 말한 '인공폭로 인근 진지'와 일치한다.

맥아더가 시찰한 전선은 중앙대학교 뒷산이다.

정일권 장군은 「가」고지(중앙대학교 뒷산, 위 『한국전쟁사』 개정판 제1권 상황도-p719 및 사진-p727 참조)라고 했고,

국방부 『한국전쟁사』 제2권(p286)은 "제7사단사령부의 뒤 고지"라고 했다. 곧 중앙대학교 뒷산이다.(같은 p287 한강 부근 작전경과요도 참조)

통역으로 수행한 김종갑 대령은 동양맥주공장 옆 언덕이라고 했다.

오래된 일이라 기억에 착오가 있었다고 보여진다.

맥아더가 인공폭포공원에 갈 이유가 없다. 그곳은 거리가 멀 뿐만 아니라 그곳에서는 난지도쓰레기 매립장이 보이는데 당시는 허허벌판이었다.

3. 기사 스스로 맥아더가 아니라는 것을 밝히고 있다

이상으로 신동수 옹이 맥아더를 만날 수 없었음은 명백하지만 그 외에 모순되는 몇 가지를 더 짚어본다. 이것은 기사 자체가 '신동수 옹이 만난 사람은 맥아더가 아니다.' 라는 것을 증명하는 대목이다.

"영등포 양화동의 인공폭포 인근에 진지를 편성해 놓고 있었다. 다른 중대는 대부분 후퇴해 버린 외로운 싸움이었다. 사흘째 굶은 채 적을 기다리던 그때였다."

신동수 씨가 소속한 제18연대 제1대대는 건제(建制)를 유지한 채 당일(29일) 시흥에서 진출하여 한강전선에 배치되었다. 사흘은 고사하고 한 끼도 굶을 이유가 없고, 어느 중대도 후퇴할 여건이 아니었다.

한강전선은 전날(28일) 편성되었고, 북한군은 7월 3일 새벽에 전차를 앞세우고 한강다리를 건너왔다. 7월 2일까지는 국지적인 공방전은 있었으나 전선은 그대로 유지되었고 절박한 상황도 아니었다.

포위되어 고립된 진지에 맥아더가 어디로 어떻게 왔겠는가?

신동수씨도 "맥아더가 돌아간 후에도 사흘을 버텼다."고 했다.(조선일보)

사흘을 굶은 고립된 소규모 부대(중대 이하)가 사흘을 버틴 예는 없다.

"4명이 지프에서 내리더라고. 소련군인줄 알고 쏘아 죽이려고 쫓아나갔어요. 하지만 정모 마크가 소련군 것과 다르더라고. 사령관이라고 했어요."

통역으로 맥아더와 동승한 김종갑 대령(참모학교 참모장)은 맥아더가 탄 차는 세단이고, 맥아더와 극동사령부 참모장 아몬드 소장, 고문단장대리 라이트 대령 그리고 자신이 함께 탔다고 했다.(위 같은 p722)

도쿄에서부터 수행한 사람은, 위 『한국전쟁사』(p893)는 "5명의 참모와 4명의 기자를 포함한 15명" 이라고 했고, 같은 제2권(p286)은 "15명의 수행원(그 중 7명은 극동사령부 참모가 포함)을 대동하고"라고 기술했다.

서울신문사가 편찬한 『주한미군 30년』(p144)은 "수행막료는 참모장 아몬드 소장, 정보참모 찰스 A. 윌로비 소장, 정치부장 코트니 휘트니 준장, 극동공군사 령관 스트레이트 메이어 중장 등 이었다."라고 했다.

참모와 기자들은 맥아더를 따라갔다고 보아야 하고, 또 수원에서 맥아더를 마중한 무초 대사와 전방지휘소장 처치 준장이 따라갔다.

한국군 측에서 육군총참모장 채병덕 소장, 이종찬 사단장, 서종철 연대장 이 동행했고, 육군헌병사령관 송요찬 대령, 공군헌병대장 김득룡 중령이 경호를 했다고 했다. 경호헌병이 따랐을 것이다.

맥아더는 카키복 깃에 5성별을 달고 있다. 정모 마크를 보고 소련군이 아니라고 판단한 사람이 왜 계급장은 못 봤을까?

위 『한국전쟁사』 제2권(p289)과 일본 육전사연구보급회 『한국전쟁』 1(p137), 백선엽 『군과 나』 화보(p5)에 맥아더가 한강전선을 시찰하는 사진이 실려 있다. 정모를 쓴 사람이 5명, 철모를 쓴 사람이 2명 사복을 입은 사람 1명 등 보이는 사람만 8명이다. 사복을 한 사람은 무초 미국대사이다.

맥아더의 전선시찰은 하나의 큰 사건이다. 누군지 몰랐다니 말이 되는가?

"쏘아 죽이려고 쫓아 나갔어요."

너무 극적이다. 참호에 있는 병사가 다가오는 적을 발견하면 차폐하고 있다가 쏘아야 쫓아나가다니! '죽이려고' 가 아니라 '죽으러' 나간 것이다. 어디서도 그런 교육은 시키지 않는다.

"연막탄 2개와 대공표지판을 선물로 줬다."

이 정도에서는 웃음밖에 안 나온다. 맥아더는 그런 것을 가지고 다니지 않는다. 미국의 한 지역(극동)최고사령관의 존재를 모르고 쓴 소설이다.

미 고문단 장교가 한 일이다.

대화한 병사의 계급이 일등병이다.

김종갑 대령, 정일권 장군, 『한국전쟁비사』, 전쟁기념사업회 『한국전쟁사』 제3권(p140)은 모두 맥아더와 대화한 병사의 계급을 일등중사로 기록했다.

"'싸워 이길 자신이 있다.' 고 자신 있게 말한 젊은 군인에게 감동받은 맥아더 장군이 참전을 결심했다는 것은 유명한 일화다."

맥아더는 한국으로 오기 전에 워싱턴에 지상군 파병 요청을 해 놓았다.

트루먼 대통령은 26일 한국군에게 장비와 탄약을 공급하라고, 27일(이상 도쿄시간) 미 해·공군으로 하여금 한국군을 지원하라고 지시한 상태다.(작전지역을 38선 이남으로 제한)

맥아더는 어떻게, 얼마나 도와야 할 것인가? 상황을 판단하기 위하여 한 국전선을 시찰했다. 그는 한국으로 오는 비행기에서 제5공군으로 하여금 북한을 폭격하도록 명령하였다.(트루먼 대통령의 제한을 넘어서)

일등병의 말을 듣고 참전을 결정하겠는가?

미국 대통령이나 UN은 6·25전쟁을 북한군이 남한을 침공한 것으로 이해하지 않았다. 제2차 세계대전이 끝나고 바야흐로 세계 평화의 질서가 잡혀가려는 순간 북한이 평화를 해치는 침략행위를 한 것은 전 인류의 자유에 대한 도전(공산화기도)이라고 받아들였다. 그래서 이것을 그냥 둬서는 안 된다. 어떻게든지 응징해서 본보기로 삼아야 한다는 결심을 굳혔고, 상상을 초월하는 신속한 대응책을 마련했던 것이다.

"내가 빨리 지원해 줄 터이니 용기를 잃지 말라" 는 격려로 봐야 한다.

정일권 장군은 회고록에서 "나는 유감스럽게도 이 하사관이 '朴'이라는 성만 기억하고 있다. 기회 있는 대로 이름을 알아야겠다면서 이제까지 알아내지 못하고 있다."고 했고,

『한국전쟁비사』는 "그 후 저자는 물론 국방부 전사편찬위원회에서 이 병사를 백방으로 수소문했으나 소속조차 밝혀내지 못했다."라고 했다.

신동수 옹이 만난 사람은 군사고문단장대리 라이트 대령일행일 것이다

신동수 옹이 미군 장교를 만났다면 미 군사고문단장대리 라이트 대령일행일 것이다.

위 『한국전쟁사』는 6월 30일 전투상황에서 다음과 같이 기술했다.

"육군본부와 함께 수원의 임업시험장(서호의 서안)에 임시지휘소를 두고 있는 ADCOM(미 극동군총사령부 전방지휘소-Advanced Command, General Headquarters, Far East Command)은 고문단 소속의 장교들을 한강 선으로 파견하여 전황을 파악케 하면

서 현지 국군의 작전을 돕게 하는 한편으로 …… 고문단장인 Wright 대령마저 Hazlett 중령과 함께 한강전선에 나가 있었던 까닭으로……" (p744)

신동수 일등병이 만난 미군은 위 두 장교가 분명하다. 지프에서 내린 4명은 위 두 장교 외에 통역과 운전병 아니면 연락병일 수가 있다. 그리고 그 날짜는 29일이 아닌 30일이다.

대공표지판과 연막탄 2발을 주고 그 사용 방법을 설명해 주었다면

틀림없이 그들이다. 당시 한국군의 사정이 워낙 열악하니까 고문단에서 그 렇게 지도하고 다녔다.

6·25 이전에는 학도병이 없었다

사진 설명에서 '학도병으로 6·25전쟁에 참전한' 이라고 표현했다. 학도병은 6·25남침 이후에 학생들이 지원입대하면서 붙여진 이름이다. 6·25전에는 학도병이라는 말은 없었다.

맥아더가 한강전선을 시찰한 날은 6월 29일입니다. 시기에 맞추어 정정보도 해 주십시오.

2008년 6월 24일

류 형 석

02)3474-1813   010-9489-1969

지상군 장비

통신 장비

SCR-694와 SCR-193 무전기

대대와 연대 간에 교신하는 무전기는 SCR-694, 연대와 사단 간에 교신하는 무전기는 SCR-193이다. 이들 무전기는 고성능으로 방송을 들을 수 있다.

전원(電源)이 있어야 하고 덩치가 크기 때문에 무전차량이나 고정된 장소에 설치하여 사용한다. 전원이 없는 곳에서는 수동발전기를 사용한다. 수동발전기는 사람이 걸터 앉아서 양손으로 돌리는데 여간 힘이 들지 않는다.

교신 방법은 원칙적으로 전건(電鍵)을 사용하여 모르스(Morse-電信符號) 부호로 송신했다. 육성으로도 송신할 수 있으나 이때도 모르스 부호를 사용한다.

모르스 부호

한글	부호	영문	부호	숫자	정숫자	약숫자
ㄱ	·-··	A	·-	1	·----	·-
ㄴ	··-·	B	-···	2	··---	··-
ㄷ	-···	C	-·-·	3	···--	···-
ㄹ	···-	D	-··	4	····-	····-
ㅁ	--	E	·	5	·····	·····
ㅂ	·--	F	··-·	6	-····	-····
ㅅ	--·	G	--·	7	--···	-···
ㅇ	-·-	H	····	8	---··	-··
ㅈ	·--·	I	··	9	----·	-·
ㅊ	-·-·	J	·---	0	-----	-
ㅋ	-·-·	K	-·-			
ㅌ	--··	L	·-··		**각종기호**	
ㅍ	---	M	--	.	마침표	·-·-·-
ㅎ	·---	N	-·	,	쉼표	--··--
ㅏ	·	O	---	?	물음표	··--··
ㅑ	··	P	·--·	:	쌍점	---···
ㅓ	-	Q	--·-	-	연속선, 횡선	-····-
ㅕ	···	R	·-·	/	사선	-··-·
ㅗ	·-	S	···	(	좌괄호	-·--·
ㅛ	-·	T	-	)	우괄호	-·--·-
ㅜ	····	U	··-	"	따옴표	·-··-·
ㅠ	·-··	V	···-	=	이중선	-···-
ㅡ	-··	W	·--	국문	정정부호	········
ㅣ	·-·	X	-··-	영문	정정부호	········
ㅐ	·---	Y	-·--	+	십자기호	·-·-·
ㅔ	--·	Z	--··			

전건은 손바닥 크기의 쇠로 만든 바탕에 디딜방아처럼 키보드가 장치되어 있다. 앞쪽에 키가 있고 스프링으로 고정하여 손으로 누르면 바탕에 닿고 놓으면 스프링의 힘으로 뒤쪽에 붙는다. 손으로 리듬을 맞추어 '따 딱 따 따' 하고 치면 '삐 삐이 삐삐' 하고 들린다. 1950~60년대 라디오 방송을 들을 때 이 잡음이 많이 들렸었다.

국어사전 풀이를 보면 '유선전신에서 손가락으로 눌러 전기회로를 개폐함으로써 전신부호를 보내는 용수철장치의 기기' 라고 되어 있다.

육성으로 할 때는 '디 다 디 디' 한다. 디는 짧게, 다는 길게 한다.

일본 사람들은 이것을 '도 쓰 도 도' 라고 했고, 그 영향을 받아 우리도 그렇게 쓴 때가 있었다. 6·25전쟁 중 통신병들은 '다 수 다 다' 라고 발음했다.

대대 통신병 30여 명이 있었는데 모르스 부호 전문 통신병이 5~6명 있었다.

SCR 300무전기

대대 작전용 무전기다. 미군이 제2차 세계대전 때 쓰던 것을 한국군에게 보급한 것이어서 성능이 좋지 않았다. 필요에 따라서 대대와 연대, 대대 상호간, 중대 상호간에도 사용한다. 또 항공정찰기나 연락기에도 장치되어 있어서 지상부대와 교신할 수 있게 되어 있다.

SCR-300무전기는 작전 중에 대대와 중대간의 통신을 기본으로 한다. 그래서 대대 관측소(OP)에는 2대의 무전기를 가지고, 하나는 중대와의 교신용으로, 다른 하나는 연대나 다른 대대와의 교신이 필요할 때 사용했다.

나는 2년간 대대 무전병으로 근무했는데 1대로 모두를 감당했다.

간편하게 지고 다니게 만들어졌으며, 24까지로 눈금을 그어서 표시된 주파수를 수동으로 돌려서 조정하게 되어 있고 주파수를 맞추면 상호 교신이 가능하다. BA-70이라는 큰 건전지를 사용한다. 교신 거리는 약 4km.

후퇴하면서 우리가 버리고 온 것을 북한군이 많이 노획하여 저들이 사용했는데 교신에 많은 방해를 받았고, 서로 교신하는 웃지 못할 일이 많이 벌어졌다. 나도 북한군과 가끔 교신을 했다. 때로는 인사도 교환하고 좋은 말도 오가지만 대부분 서로 욕을 하면서 약을 올리는 대화가 많았다. 북한군이 제일 약 올라하는 말은 김일성이 욕하는 것이다.

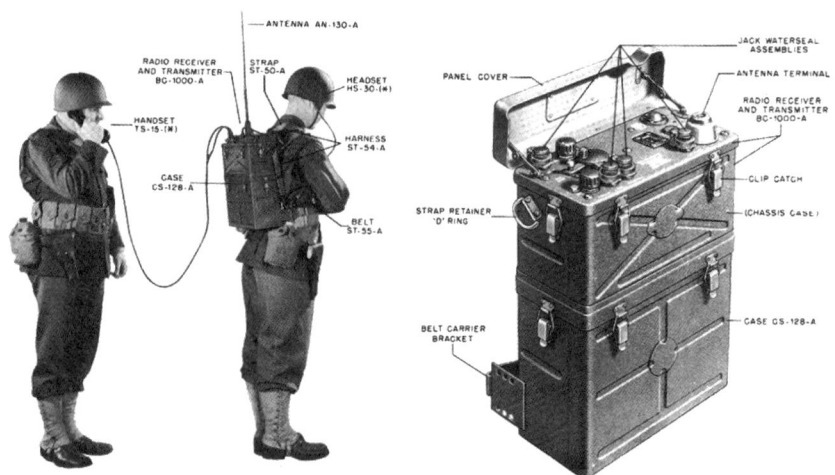

Figure 1. Radio Set SCR-300-A, In Use, Viewed From Right Side.

Figure 9. Radio Receiver and Transmitter BC-1000-A with Case CS-128-A General View.

SCR-300무전기(오른 쪽)와 무전병-TECHNICAL MANUAL RADIO SET SCR-300-A
무전기 중간에 연결장치가 있다. 윗 부분은 무전기 기능(진공관이 꽉 차 있다)이고 아래 부분은 건전지 통이다. BATTERY-BA-70이 꽉차서 들어간다. 사용시간 12시간. 대게 9시간정도에서 갈아야 한다.
송수화기를 들고 교신하는 병사(왼쪽)가 정통신사, 무전기를 진 병사(오른쪽)가 부통신사다. 정통신사는 하사관, 부통신사는 병이 맡는다. 이것이 교신원칙이다. 나는 이등병이면서 대대무전병을 맡았고, 정 부 통신사의 개념 없이 혼자서 2년을 넘게 근무했다.

SCR-300무전기 헤드셋(HEAD SET)과 마이크로 폰(MICROPHONE)
병사가 무전기를 지고 교신하는 자세다. 귀에 꽂은 것이 이어폰, 입에 댄 것이 마이크로 폰이다. 이어폰은 두개를 연결한 것이 머리를 감고 있다. 배꼽 위에 드리워진 검은 것이 핸드셋이다. 전파를 조작한다.(다음 교신 방법 참조) 무전기 왼쪽에 솟은 막대기가 숏 안테나(Short ANTENNA, AN-130-A). 이동중에 사용한다. 차량에 장착하거나 고정된 장소에서는 롱 안테나(Long ANTENNA, AN-131-A)를 사용한다. 롱 안테나는 교신 거리가 길다. 저지대에서는 필수적이다. 지프에는 안테나 설치용 바침대가 장착되어 있다.
TECHNICAL MANUAL에 따르면 숏 안테나는 길이가 33인치(약 1m), 롱 안테나는 10피트 8인치(약 4m)로 되어 있다. 재질은 스텐레스이다. 롱 안테나는 약 2피트 길이로 토막이 져서 연결하도록 되어 있다. 속에 탄력있는 몇 가닥 철사로 연결하여 토막을 피면 철사가 당겨져 빨려들어가 연결되고 제거할 때는 양 손으로 당기면 빠져 나와서 토마 토막 접게 되어 있다. 등산용 텐트칠 때 사용하는 막대기와 같다.

'높이 들어라 붉은 깃발을 그 밑에서 전사하리라.' 는 혁명가 가사가 있다.

'높이 들어라 김일성 뒷다리 그 밑에서 뜯어먹어라.' 고 하면 분해서 말을 못했다. 저들이 하는 대구(對句)는 '미국 놈 깡통이나 뜯어먹어라.' 라거나 '미국 놈 앞잡이 이승만의 졸개 노릇하지 말고 북으로 오라.' 고 했다.

보병의 경우 각 중대에 1대씩, 대대는 예비용을 포함하여 4~5대씩 가지고 있었고, 연대에는 필요할 때는 언제라도 바꾸어 줄 수 있을 정도로 많이 가지고 있었다. 포병은 포대장과 전포대장 그리고 관측장교용으로 보급되어 보병대대보다 배나 더 가지고 있었다.

52년(일자 미상)에 SCR 609로 바뀌었다.

SCR 609는 자동차에 장착하여 사용하는 것을 억지로 배낭을 만들어서 메고 다닐 수 있게 만들었는데 조작이 불편한데다가 지고 다니기에 거북하고, 무게도 SCR 300 보다 훨씬 무거워서 힘이 많이 들었다.

고성능 스피커가 달려 있어 소리가 여간 크지 않다. 평상시에는 송수화기를 코드에 꽂아서 쓰는데 실수로 코드가 잘 꽂혀 있지 않을 때는 온 산골짜기가 울릴 정도로 큰소리가 나서 기겁을 하는 경우가 가끔 있었다. 통신 보안은 말할 것도 없고, 위치까지 노출되어 어려움을 겪어야 했었다. 제1사단이 1952년 5월 지리산공비토벌작전을 편 일이 있다. 나는 그때 대대무전병이었는데 잡혀온 공비가 무전기 소리를 듣고 토벌군이 어디 있는지 알았다고 했다.

SCR 300무전기는 보병으로 치면 M1소총 같은 장비였는데 그렇게 많았던 무전기가 지금은 구경을 할 수가 없고 아는 사람도 없다.

전쟁기념관에도 전시되어 있지 않고, 장비 목록에도 없었다. 그런 것이 있는지 조차 모르고 있다. 더욱 가관인 것은 '6·25전쟁 50주년 특별기획전' 때 전시장에 E-28 야전용 전화기에 '6·25 때 국군이 사용하던 무전기' 라는 설명이 붙어있는 것을 보고 주최 측 이 모 대령에게 시정을 건의한 일이 있었다.

며칠 후 전화로 확인했더니 전화를 든 상태에서 큰소리로 물었다.

"어이 황 중령, 그거 어떻게 됐어? 무전기 잘못 됐다는 거 말이야."

"예, 뜯어냈습니다."

하는 소리가 전화상으로 들려왔다. 그리고 대답했다.

"뜯어냈답니다."

"아니 왜 그걸 뜯어냅니까? 설명만 고치면 되는데……."

"모르겠습니다. 우리가 하는 거 아닙니다."

설명에 무전기를 전화기로 바꾸기만 하면 되는데 왜 떼어 낼까?

그 사람은 국방부 6·25전쟁 50주년기념 사업단 기획처장이었다. 전시책임자가 누군지 몇 군데 전화를 걸어서 물어물어 연결된 사람이고 처음에 전화를 받고 시정하겠다고 했던 사람이다. 그런 사람이 '우리가 하는 거 아닙니다.'라고 한다.

한 마디로 말썽거리는 없애는 것이 상책이라는 사고였다. 책임감이라고는 약에 쓸래도 찾아볼 수 없는 사람들이다.

E-28전화기도 그때 야전용으로 쓰던 중요한 장비였다. 군을 나와서 50년이 지난 지금도 애착과 아쉬움을 가지고 있는데 현역의 고급장교들이 그토록 역사성을 가진 군 장비에 대한 상식도 애착도 그렇게 없을까?

전화기와 무전기는 선(線)이 있고 없고를 가지고 판단한다. 문외한이라도 구별할 수 있는 장비다.

국방부에 근무하는 장교 인식이 이 모양인데 전후세대의 국민에게 6·25를 제대로 알아주기를 기대하기란 연목구어(緣木求魚)다.

호출 부호와 주파수; 무전기의 교신은 상대방 호출 부호를 사용한다.

| 당시 제1사단 호출 부호

	6·25남침 초기	개정(1951년 후반?)
사 단	라크 웰(Rock-Well)*	같 음
제11연대	로봇(Robot)	라크 노트
제12연대	로켓(Rocket)	라크 페이스
제15연대	래인보(Rainbow)	라크 맨

* Rock-Well은 '라콜'이라고 발음했고, 이하 각 연대도 '라크 노오트'처럼 '라크'라고 발음했다.

    Rock-Well 당시 제1사단 고문관 Rock-Well 중령의 이름이다.

    백선엽 장군에게 제1사단 호출부호가 Rock-Well로 정한 이유를 물어 봤더니 고문관이 그렇게 불러달라고 했다는 것이다. 그때 미 고문관의 파워가 세던 시절이다. 저자는 처음에 대한민국의 약자로 ROK로 이해했었다.

　　라크 다음의 '노트', '페이스', '맨'이 어떤 의미인지 확인하지 못했다. 당시 제12연대장 김점곤 장군도 모른다고 했다.

▎제11연대의 호출 부호
제1대대 레드(Red)　제2대대 화이트(White)　제3대대 블루(Blue)

▎제1대대의 호출 부호
대대본부 K. 제1중대 F. 제2중대 S. 제3중대 T. 제4중대 모타(Mortar)

F, S, T는 영어의 First, Second, Third의 첫 글자다. 모타는 박격포이고, 박격 포는 중화기중대의 표상이다. 그래서 제4중대를 모타라고 했다.

대대본부의 K의 정확한 의미를 알 수 없다.

대대는 연대와 교신할 때 부호는 레드, 중대와 교신할 때는 K다. 대대작전을 중심으로 한 때문에 대대만의 독립된 호출부호를 정한 것으로 보인다.

이상은 초기의 호출 부호다.

그 후에 강, 산, 나라 이름 등으로 많이 바뀌었다.

압록강, 낙동강, 한강, 두만강, 대동강

백두산, 한라산, 금강산, 태백산, 지리산

미국, 영국, 프랑스, 독일, 이태리 등

▎제11연대 주파수
제1대대가 11, 제2대대가 12, 제3대대가 13, 연대가 14였다.

자기대대 주파수로 항상 고정해 둔다. 다른 대대 또는 연대와 교신이 필요할 때는 그 쪽 주파수에 맞추어 호출한다.

교신 방법
전원을 켜면 '세에' 하고 바람 새는 소리 같은 전파가 수화기로 들린다.

송수화기 가운데(손으로 잡았을 때 엄지가 닿는 부분)에 리본 모양의 스위치가 달려 있다. 가운데가 고정되어 있고, 위·아래 끝부분이 좌우로 움직인다. 핸드스위치 또는 핸드세트(hand set)라고 했다. 엄지로 이 스위치의 윗부분을 밀면 10시 방향 정도 돌아간다. 송수화기가 hand set(TS-15)인데 우리는 그렇게 배웠다.

교신하고자 할 때는 핸드스위치를 민다. 이때 양쪽 무전기의 전파가 멎는다. 송신자는 말을 하고 수신자는 듣는다. 수신이 끝나면 스위치를 원위치하고 같은 방법으로 수신자가 응답한다. 핸드스위치를 민 쪽에서만 송신이 가능하다.

유선이 없는 경우에는 항상 무전기의 전원을 켜 두고 무전기 가까이에서 전파 소리에 귀를 기울여야 한다. 전파가 멎으면 즉시 수화기를 들어야 한다.

교신 중에 제3자의 교신도 가능하다. 제3자가 같은 방법으로 송신을 하면 교신하던 양쪽에 다 들린다. 급할 때는 많이 끼어들었다.

무전기의 송수신은 두 가지 방법으로 하는데 앞에 설명한 것은 송수화기에 의한 교신 방법이다. 송수화기는 보통 우리가 아는 전화기의 송수화기와 같다. 손으로 들고 교신을 해야 하기 때문에 이동 중에는 불편하여 피한다.

다른 하나는 헤드셋(HEAD SET)과 마이크로 폰(MICROPHONE)을 이용하는 것이다. 머리 위로 연결해서 양쪽 귀에 고정시키는 리시버(receiver)가 있고, 리시버에 고정된 마이크를 입으로 연결한다.(앞 사진 참조) 줄로 연결된 핸드스위치를 손에 쥐고 조작한다. 양 손을 자유롭게 쓸 수 있어 이동 중에 편리하다.

내 경우 항상 송수화기를 사용했다.

모든 교신은 두 번씩 반복하여 말을 한다.

상대방 호출부호를 두 번 부르고 이쪽을 두 번 알린다. 예를 들면

제1중대를 호출할 경우

"F F. 여기는 K, 여기는 K. F는 K의 감을 잡아라, F는 K의 감을 잡아라."

"K K. 여기는 F, 여기는 F. K의 감 좋고 명 좋다, K의 감 좋고 명 좋다."

소리의 크기를 감(感), 소리의 맑기를 명(明)으로 표현하고, 각각 1~4까지의 숫자로 말한다. 4면 가장 좋은 수신 상태이고 2 이하면 알아듣기 어렵다.

이 기본을 지키면서 여러 가지 변형으로 교신한다.

"F 나와라, F 나와라 여기는 K다. 여기는 K다. K의 감도 여하, 명도 여하."

"여기는 F, 여기는 F. K의 감 4, 명 4. K의 감4, 명 4"

'감도 여하, 명도 여하'는 줄여서 '감명여하'라고 잘라 말하기도 한다.

이렇게 호출해서 상대방이 나오면 용건을 말한다. 역시 두 번 반복해서 교신한다. 확실하게 의사를 전달하기 위한 교신 방법이다. 그리고 교신이 끝나면 끝에 반드시 "그만 보낸다."라고 한다. 상대방으로 하여금 교신이 끝났음을 분명하게 알리는 것이다. 미군들은 "Over"라고 했고, 이를 본따서 포병은 "Over"라고 했다.

이것들은 그래도 형편이 좋을 때 교신 방법이다. 급할 때는 다 생략한다.

실제 예를 들어보자.

1951년 4월 말경(전사는 25일로 기록)이다. 이른 새벽(3시경) 중공군의 대대적인 공격을 받았다. 소위 중공군의 제1차 춘계대공세다.

저자가 속한 제11연대 제1대대의 방어정면은 문산전방 지금의 임진각을 중심으로 한 임진강돌출부였다. 대대OP(관측소)는 당시 문산국민학교 뒷산에 있었고, 그 동쪽 밑에 있는 마을에 CP(지휘소)를 두고 있었다.

제1사단은 3월 15일 서울을 다시 수복하고 임진강선에 진출한 후 한 달 이상을 접적(接敵) 없이 편안하게 지냈다. 이때 처음으로 군예대(軍藝隊)의 위문 공연을 받았고, 금촌에 수복한 파주경찰서 경찰관들도 위문 공연을 왔었다.

새벽에 요란한 포성을 듣고 부랴부랴 일어나서 대대지휘부가 OP로 뛰어 올라갔다. 평상시에는 OP는 비워 있다. 그로부터 10여 시간에 걸친 사투, 철옹성 임진강 방어선이 무너지고 우리는 정오를 막 넘기면서 남쪽으로 후퇴의 길을 걸었다.

저자는 대대무전병이었다. 사병 중에서 제일 바쁜 사람이었을 것이다.

정신이 없었다. 4개 중대와 때로는 연대까지 상대하여 잠시도 입이 쉴 틈이 없다. 대대장과 작전관의 간단없는 지시 사항을 중대에 전달하고, 시시각각으로 변하는 중대의 상황 보고를 대대장이나 작전관에게 전달해야 한다.

내가 대대무전병의 자리를 잡은 후 전투가 벌어지면 유선이던 무전이던 대대OP의 통신망은 내 손을 떠나지 않았다. 한 사람이 맡는 것은 바쁠 때 교신이 늦어지는 불편이 있지만 반면에 지시나 보고의 전달이 일관성이 있고, 중복을 피할 수 있어 장점이 더 많다. 대대장도 그 쪽을 선호했다.

그래서 나는 2년 동안 그 자리를 떠나지 못했다.

중대 호출은 숨이 넘어간다. 교신 방법이고 뭐고 없다.

"K, K. 여기는 F. 제1소대진지가 무너졌다." 아니면

"적이 ○○○고지로 올라오고 있다. 포격 지원 바란다."

분초를 다투는 위급한 순간에 두 번 반복하거나 이쪽의 응답을 기다릴 여유가 없다. '여기는 K. 알았다.' 라고 끝낸다.

전투가 벌어지고 두 세 시간이 흐르면 대부분의 중대는 교신이 두절된다. 답답한 사람은 대대장이다.

정오를 넘긴 시각 대대OP도 철수하여 문산읍내로 내려와 있었다.

"K, K 여기는 S.……"

몇 시간동안 불러도 대답 없던 제2중대. 반가워서 얼른 수화기를 드는 순간

"…… 중대장 전사. 중대장 전사."

이쪽의 응답도 없이 전파를 타고 나온 이신호(李信鎬) 일등병의 다급한 목소리였다.

이럴 수가!

제2중대는 아침 7시를 넘기면서 교신이 두절되어 애를 태웠다. 대대장은 일정한 시간마다 '2중대 불러 봐!'라고 채근했다. 그런 중대가 교신이 두절된 지 5시간 만에 호출을 했으니 희열을 느낄 정도로 반가웠는데 순간 '중대장 전사'라는 비보가 천길 나락으로 떨어뜨렸다.

제2중대는 대대OP에서 육안으로 볼 수 있는 건너편 151고지에서 싸우고 있었다. 병사들이 움직이는 것까지 볼 수 있는 지척이다.

"대대장님 2중대장 전삽니다."

대대장은 아무 말이 없었다. 대대지휘부는 일순 정적이 감돌았다.

제2중대가 교신이 안 된 것은 중대장이 응답을 못하게 했기 때문이다. 전투 중에 흔히 있는 일이다. 위급한 상황에서 대대가 부르는 것은 감당하기 어려운 작전 지시를 할 수도 있기 때문에 응답 않는 것이 상책이다. 그러나 대대에서 하는 말은 다 듣고 있고, 또 다른 중대와의 교신 내용을 듣고 있어서 대대가 돌아가는 상황은 다 파악하고 있는 것이다. 그래서 교신이 안 될 경우에도 일방적으로 반복해서 송신해야 한다.

이 전투가 중공군이 서울을 다시 점령하겠다고 달려든 제1차 춘계대공세였다.

이때 우리 제1사단은 수색까지 후퇴했었다.

SCR-536

중대와 소대 또는 그 이하의 소규모부대에서 사용하는 무전기다.

송수화기로만 구성되어 있고, 큰 건전지를 넣어야 하기 때문에 몸체가 크다.

길이가 약 30cm, 사방 10cm 정도의 두께를 가졌는데 손으로 쥐면 엄지와 중지의 끝이 양쪽 면의 반쯤 온다. 고무판으로 된 스위치를 누르고 말을 한다. 소리가 크게 들려서 위치가 노출될 우려가 있기 때문에 사용에 주의를 기울려야 한다.

워키토키(walkie-talkie)라고 보면 될 것이다.

E-28전화기

E-28전화기는 야전용 유선전화기다. 중대진지(OP 또는 CP) 이상의 단위 부대에 가설했다. 당시에 상급부대는 물론 후방부대도 야전용 전화기를 사용했다. BA-30 건전지를 사용했다. 휴대용 전등에 사용하는 것과 같아서 손전등을 가지고 있는 장교나 하사관들은 이 건전지를 얻으려고 통신병에게 애걸을 많이 했다.

TS-10. 자동송수화기(自動送受話器)

TS-10은 간편전화기다. 자동송수화기(自動送受話器)라고 한다. 송수화기를 직접 전선에 연결하여 육성으로 교신하는 간이전화기다. 보통 송수화기보다 크고 소리가 크게 들려 신호 없이 육성으로 부르고 대답한다. 가까이에 두어야 한다. 소대 이하의 진지나 경계초소에 설치하는 유선전화기다.

야전교환대

통신병이 교환대 앞에서 전화를 연결해 준다. 대대단위에서 쓰던 교환대다. 중대 및 대대의 참모부서와 연대에 유선이 연결되어 있다.

무전병의 무기는 권총

무전병의 규정된 무기는 권총이다. 그러나 나는 이등병이었으므로 초기에 M1소총을 가졌고, 거의 1년이 지난 후에 카빈소총으로 바꾸었다. 당시 대대무전병은 예외 없이 카빈소총을 가졌었다. 연대무전병은 권총을 찼다. 이것도 모순이다. 연대무전병은 총탄이 오가는 전투지역에서 근무하지 않는다. 전투가 벌어지면 연대OP에서 근무하는데 거의 고정된 상태에서 근무하고 이동이 빈번하지 않는데다가 이동시에는 차량을 이용한다. 반면 대대와 중대무전병은 전투가 벌어지면 전투기간 내내 총탄이 오가는 전선을 누비며 뛰어다니고 이동시에도 도보행군이 대부분이다. 근무상황과 조건이 다른데 상급부대라고 간편한 무장을 하게 하는 것은 전투의 효율을 무시한 권위주의의 처사였다.

국군은 모든 것이 직책보다 계급이 우선하고, 하급부대보다 상급부대를 우대하기 때문에 무전병이라고 해서 하급부대 근무자에게 권총을 줄 턱이 없고, 더구나 일등병 주제에 카빈소총을 갖는 것도 기대하기 어려웠다. 통신대에 30여 명의 병사가 있었는데, 카빈소총을 가진 하사관이 전출을 하면 다음 순위의 고참병이 그 카빈소총을 인수하고 그가 가진 M1소총을 반납했다. 전출하는 사람의 총을 병기과에 반납하는 것이 원칙인데 일단 지급된 총기는 그 부서 자체에서 관리하도록 관행이 되어 있어 그렇게 되었다. 이런 관행 때문에 직책이 어떻던 간에 신병에게는 카빈소총이 돌아 오지 않는다.

내가 무전병 생활을 1년 넘게 하니까 병기과에서 관심을 가지고 있다가 전출자가 생겼을 때 나를 지명해서 전출 간 하사관의 카빈소총을 가지도록 특별히 배려해서 주었다.

무전병은 전투 중에도 교신을 해야 하므로 소총은 무용지물이고, 짐이 될 뿐이다. 호신용으로 권총을 가지는 것이다.

암호(暗號)와 음어(陰語)

암호는 수하(誰何) 때 답하는 용어다. 경계진지에 사람이 접근해 오면 보초가 '정지, 누구야?' 하고 묻는다. 이것을 수하라고 한다.

수하(誰何)는 곧 우리말로 '누구야?'다.

이때 수하를 받은 사람은 암호를 대야 한다.

예를 들어 그날 암호가 '책상, 걸상'일 경우 '정지, 누구야?' 하면 '책상' 해야 하고, 수하를 한 사람은 '걸상' 하고 답한 뒤에 접근을 허용한다.

"정지, 누구야?" 하지 않고, 곧장 '책상' 하여 상대방에게 다음 암호를 유도하는 경우도 있다. 이때는 '걸상' 이라고 대답한다. 이것이 암호다.

암호를 모르면 총격(사살)하는 것을 원칙으로 한다. 그러나 실제로는 전장에서도 무리가 아니고 단독일 경우는 총을 쏘지는 않는다. 손을 들고 접근하게 하여 신원을 확인하였다.

이 글을 쓰는 동안 금강산 관관객이 북한 병사의 총에 맞아 사망하는 사고가 일어났다. 저들의 변명은 두 번 수하했으나 응하지 않고 달아나서 쏘았다는 것이다. 어떤 경우에도 있을 수 없는 일이다. 전시가 아닌 평시에……

암호는 매일 바꾼다. 피아를 구분하기 위한 부호다.

작전 중 통신은 음어를 사용한다. 흔히들 암호라고 잘못 알고 있는 사항이다.

음어는 군사 용어를 다른 말로 만들어 놓은 것이다. 일상 대화를 음어로 한다. 작전 용어, 부대 이름, 지휘관, 시간, 특정한 장소 그리고 일정한 동사나 형용사까지도 다른 말로 만들어 놓는다.

작전용어 - 공격은 날아라, 이동은 뛰어라, 철수는 걸어라.
　　　　　냉면을 먹어라, 온면을 먹어라, 국수를 먹어라 등.
부대이름 - 제1중대는 독수리, 제2중대는 매, 제3중대는 부엉이.
　　　　　산이나 나무 이름으로 정하기도 한다.
지휘관은 짐승이나 지명, 사물의이름 등으로 정한다.
숫자는 한글 24자나 A B C 24자로 정한다.
가까운 날짜의 경우, 오늘은 해, 내일은 달, 글피는 별이라고 정해 놓는다.
장소는 고지, 능선, 강, 내, 마을, 논, 밭 등 자주 써야 하는 대상을 음식이나 과일 같은 이름으로 정한다.
장소는 지도상에 표시된 좌표(座標)를 이용한다.
좌표는 위도와 경도를 세분한 것으로 지도상에 세로, 가로 2cm 정도의 간격을 두고 줄을 그어 놓았다. 특정 지점을 알릴 때 그 지점에서 만나는 종횡의 선으로 알린다. 예를 들면 종좌표 100, 횡좌표 200 하고 알린다. 이때 숫자가 음어로 되어 있으므로 그 음어로 말하면 통신보안이 유지된다.

예를 들어 '제1중대는 내일 05시에 123고지를 공격하라.' 고 할 때
'독수리는 달(내일)이 뜨거든 마(5)에 가나다(123)로로 날아라(공격하라)' 처럼 한다. 음어는 기상 천외하게 만들어 상상을 초월하게 한다. 농사 용어, 상사 용어, 음식 이름까지 동원한다.

이 음어는 다 외우기가 어렵다. 겨드랑이에 끼고 다닐 수 있게 음어판을 만들어 무전병이 들고 다녔다. 지휘관이나 참모가 작전지도를 가지는 것과 같았다.

6·25남침 이전에 음어가 정해져서 잘 보급이 되었다. 그러나 그때는 전시가 아니었으므로 그렇게 철저하게 사용하지 않았고, 사용 빈도가 높은 용어만 한정적으로 사용했다. 그나마 후퇴하면서 문란해져서 전쟁초기에는 유·무선을 막론하고 일상 용어로 사용하여 통신 보안은 전연 유지되지 않았다. 심지어 우리 무전기를 북한군이 많이 노획하여 함께 사용하면서 서로 교신하는 일이 많았다.

1951년 1·4후퇴 후에 새로운 음어가 제정되었다. 외우느라고 혼이 났다.

지휘관이 음어를 숙지해야 한다고 연대장 대대장에게 지시하였고, 사단에서는 불시에 중대장이나 대대장을 무전기 앞에 불러놓고 음어시험을 봤다.

나는 음어판을 들고 대대장에게 불려가서 대기한 적이 한 두 번이 아니었다. 다행인지 불행인지 실제로 테스트를 받은 기억은 없다. 기합만 잔뜩 넣어서 긴장을 시켰었을 뿐이다.

유선(有線)과 무선(無線)

유선은 전화기, 무선은 무전기를 말한다.

중대가 진지를 점령하면 우선적으로 유선을 가설했다. 하룻밤만 있을 경우에도 그랬다. 통신은 유선을 원칙으로 하고 무전은 비상시에만 사용했다.

무전 교신은 통신보안상의 문제도 있지만 배터리 절약 차원에서 그렇게 했다.

SCR-300에 사용하는 BA-70배터리는 크고 무거웠다. 길이가 약 40cm, 폭이 약 15cm, 높이가 약 25cm 정도. 잡기가 불편하여 두 손으로 들어야 한다. 배터리 수명은 12시간인데 실제로는 9시간 정도 쓰고 나면 교신이 안 된다. 그래서 항상 예비 배터리 1개를 가지고 있어야 한다.

중대에 통신병이 2명인데 한사람은 무전기 지고 교신해야 하고 한 사람은 배터리

들고 이리 저리 뛰어 다녀야 한다. 전투 중에 중대는 기자재를 보관할 수단이 없기 때문에 모든 보급품은 대대에서 그날 그날 필요한 만큼 공급해 준다. 배터리는 통신병이 가지고 다녀야 하므로 1개 이상 여유분을 보관할 수 없다.

긴급할 때는 대대본부에서 갖다줘야 하는데 용이하지 않다.

전투 중에는 중대의 이동이 빈번하여 위치를 알기 어려울 뿐만 아니라 위험하여 적기에 공급하기가 여간 어렵지 않다. 실제로 배터리를 들고 중대를 찾아간 대대통신병이 하루 종일 또는 밤새도록 헤맨 경우가 가끔 있었다.

이래서 무전 교신은 가능한 한 절제해야 했었다.

암호 장교와 암호병

대대통신 장교는 당연직으로 암호장교가 된다.

하사관이나 병사 중에서 암호병을 지정한다.

암호병은 암호와 음어, 대공포판(對空布板) 사용 방법을 담당한다. 이 가운데 음어는 반영구적으로 쉽게 바꾸지 않는다. 적에게 유실되거나 암호병이 포로가 된 경우에는 즉시 사용을 정지하고 새로운 것을 만들어서 보급한다.

암호와 대공포판 사용 방법은 매일매일 달리 내려온다. 통상 문서통신연락병을 통하여 전달되는데 경우에 따라서는 무전으로 전달 되기도 한다.

이것들은 전 군적으로 통일해서 사용했다. 이것 역시 전투 중에 적에게 유출되거나 암호병이 포로가 되었을 때는 즉시 사용을 정지하고 새로운 것을 시달했다. 유출사고가 났을 경우에 당해 부대는 즉시 사용을 중지하고 상부에 보고한다. 응급시에는 사단 단위로 임시 정하여 사용하기도 하지만 결국 육군본부에서 전군적으로 대책을 세우게 된다.

암호병을 하던 하사관(일등중사-지금의 하사)이 전출하게 되어 내가 후임 암호병으로 지명되었었다. 그러나 얼마 안가서 대대무전병을 해야 한다는 대대장의 지시에 따라 다시 무전병으로 돌아갔다. 편안할 수 있었던 기회를 놓치고 말았다.

연합군 병장기

M1소총

　보병 전투 전용 무기. 구경 30mm, 길이 109.7cm, 중량 4.3kg, 사거리 475~3,200m. 실탄은 8발들이 클립 사용. 최대발사속도 분당 40발.

　1930년대 제작. 견착식(肩着式), 개스반동식, 반자동소총. 실탄 한 클립을 장진하여 연속으로 사격한다. 한 클립을 다 쏘고 나면 클립이 튀어나오고 노리쇠가 열린다. 다시 실탄을 장진해야 노리쇠가 닫히고 발사할 수 있다.

　구경(caliber) 30mm와 7.62mm 두가지로 표현한다. 30mm는 총구의 둘레를 말하고 7.62mm는 실탄의 직경을 말한다. 혼동하기 쉬운 표현이다.

M1소총 및 철모와 실탄 - 저자 소장

　① 위장망을 씌운 철모 ② M1소총 ③ 대금 ④ M1소총실탄 ⑤ 탄띠 ⑥ 압박붕대 ⑦ 수통 ⑧ 실탄상자 소총 멜빵이 가죽으로 되어 있다. 우리는 실로 짠 멜빵이었다.

　M1소총은 한 번에 한 클립씩 장진하게 되어 있고, 한 클립은 두 줄씩 8발이 들어 있다(④가 한 클립). 탄띠는 10칸으로 한 칸에 한 클립씩 10클립이 들어가고 허리에 매었다. 보병은 이외에 탄띠보다는 얇은 천으로 된 10칸짜리 탄띠를 양 어깨에서 양 허리로 가로 질러 멘다. 총 30클립, 240발이 최소한도로 소지하는 실탄이다.

　세워져 있는 것은 수통이다. 밑 부분에 컵이 들어있다.

　가운데 짙은 색으로 된 주머니는 압박붕대주머니. 그 안에 압박붕대가 들어있다. 총상을 입었을 때 스스로 동여매어 응급처치 할 수 있게 개인에게 지급했다.

카빈소총

구경 30mm. 길이 90.37cm, 중량 3.49kg, 사거리 250~2,000m. 15발, 30발들이 탄창사용. 발사속도 분당 40~770발.

개스반동식으로 자동식과 반자동식이 있다. M1소총보다 총과 총탄이 가벼운 대신 사거리, 정확도, 살상력이 떨어진다. 구경은 M1소총과 같으나 탄피가 작아서 가볍고, 위력이 없어 보인다. 주로 중대장, 소대장 등 하급 지휘관용이고, 소총을 주무기로 하지 않은 연락병, 통신병, 포병, 헌병 등 비전투요원이 사용한다.

2.36인치 로켓포, M1소총, 카빈소총 – 전쟁기념관
① 2.36인치 로켓포 ② M1소총 ③ M1소총 실탄클립(8발) ④ 카빈소총 ⑤ 카빈소총 실탄

일제 99식과 38식 소총

99식 소총 - 길이 118.2cm, 구경 7.7mm 38식 소총 - 길이 127.6cm, 구경 6.5mm

38식 소총과 99식 소총은 일본제품으로 일본군이 사용하다가 광복 후에 두고 간 것을 국군이 창설되면서 보병의 주력무기로 사용했다. 6·25남침 전에 육군에 M1소총이 보급되기 시작하여 남침 후 모두 교체되었다. 그러나 교육용, 경찰관, 예비역(청년방위대) 및 해·공군 일부가 6·25남침 후에도 얼마간 이 총기를 사용했다.

99식 소총(상)과 38식 소총(하) – 전쟁기념관

권총

구경 45mm. 길이 21.9cm, 무게 1.13kg, 유효사거리 50m. 개스반동식, 반자동식으로 손아귀에 쥐고 사격한다. 10발들이 탄창이 있고, 허리에 차고 다닌다. 지휘관용이고, 장교, 포병, 전차병, 통신병, 헌병 등 소총 휴대가 곤란한 사병이 소지한다.

미국산 구경 45 권총(오른쪽)
- 전쟁기념관
아래는 탄창

BAR 30 자동소총(M1918A2)

일명 BAR이라고 하며, M1소총과 같은 실탄을 사용한다. 개스반동식으로 자동과 반자동이 있고 휴대용이다. 중량 16파운드로 M1소총보다 무겁다.

총구를 높이 세울 수 있게 2각(二脚)이 붙어 있다. 1개 분대에 1정씩(7번 사수) 가지고 있었다. 제1차 세계대전 때 만들었다.

길이 121.4mm, 무게 9070g, 탄창용량 20발, 발사속도 분당 350~550발

구경 30 자동소총(M1918A2) - 전쟁기념관

CAL-30경기관총

일명 LMG(Light Machine Gun). M1소총과 같은 실탄을 사용한다. 완전자동식(브라우닝식 반동발사)이다. 여러 종류가 있다.

우리가 주로 사용한 것으로 보여지는 M1919A4를 보면 길이 104.4cm, 무게 23.7kg, 발사속도 분당 400~500발, 유효사거리 1,000m(최대사거리 3,200m).

삼각대 위에 장치하여 사용한다. 총신을 둘러싼 철갑에 구멍이 뚫어져 있어 유입된 공기가 철갑 안에서 순환하면서 총열을 식힌다. 그래서 공랭식(空冷式)이다.

실탄은 1통(BOX)에 250발이 들어 있고, 한꺼번에 사격할 수 있게 연결되어 있으며 5발마다 예광탄(曳光彈-붉은색)이 들어 있다. 보병중대에 2정씩 배정되어 있었다.

세계 제1차대전 때 미국에서 제작.

이동할 때는 삼각대를 분리하여 부사수가 운반하고 총신은 사수가 운반한다.

구경 30 경기관총(M1919A4) - 전쟁기념관(제5권 p348 사진 참조)

경기관총(앞) - 다부동지구전적기념관

CAL-30 중기관총(M1917A1MG)

길이 978m, 무게 38.9kg(3각대 포함), 탄띠 용량 250발, 발사속도 분당 450~600발. 일명 HMG(Heavy Machine Gun). 수냉식이다. 실탄은 경기관총과 같으나 5발마다 철갑탄이 들어 있는 것이 다르다. 경기관총을 대형화한 것이다. 총신을 둘러싼 물통이 있고, 물을 채워서 총신을 식힌다. 물통은 따로 있는 다른 물통과 호수를 연결하여 물을 순환시킨다(오른쪽 사진 참조). 사정(射程)이 멀고 살상율이 높다. 보병대대(중화기중대)에 4정이 배정되어 있었다.

CAL-30 중기관총 - 전쟁기념관
(제5권 p211 사진 참조)

미군병사가 중기관총을 사격한다.

CAL-50기관총

우리는 기관포라고 불렀다. 구경 50mm, 길이 165.3cm, 무게 39.1kg, 사거리 1,828m인 대구경기관총으로 공랭식이다. 전차, 장갑차, 전투기에 장착하여 사용한다. 보병은 중화기중대에 4정이 배정되었다. 실탄은 대형으로 1박스에 105발이 들어 있고, 계속 사격할 수 있게 연결되어 있다. 자동식으로 1분에 575발을 발사할 수 있다. CAL-30기관총은 소총처럼 오른손 집게손가락으로 방아쇠를 당기는데 반하여 CAL-50은 삽자루 손잡이 모양의 손잡이가 세로로 2개가 있고 그 가운데에 크로바 두 잎처럼 생긴 방아쇠가 나 있다. 양손으로 손잡이를 잡고 양손 엄지로 방아쇠를 눌러서 발사한다.

CAL-50기관총(50 CAL M2 Browning). 원내는 실탄 - 전쟁기념관

로켓포

일명 바주카포. 대철갑 무기로 구경 2.36인치와 3.5인치가 있다.

2.36인치 로켓포는 제2차 세계대전 중에 제작하였다. 길이 149.27cm, 무게 1.54kg, 사거리 640m(유효사거리 100m), 장갑 관통력 5cm. 두꺼운 장갑판을 관통하는 포탄을 사용하고, 어깨에 올려 놓고 사격하는 휴대용 포다.

6·25전쟁 당시 국군 보병중대의 각 소대(화기분대)에 2문씩 가지고 있었다. 중대장들은 보병학교에서 이 로켓포로 파괴할 수 없는 전차는 없다고 배웠는데 실전에서 북한군 T-34전차 1대도 파괴하지 못하여 이상하다고 했다.(앞 카빈 소총과 함께 있는 사진 참조)

3.5인치 로켓포는 제2차 세계대전 말기에 개발 설계가 끝났으나 종전으로 말미암아 생산하지 않았다. 7월 3일 맥아더 사령관의 요청으로 긴급 생산하여 7월 10일 시제품이 사격 지도요원과 함께 대전으로 공수되었다. 성능이 확인되지 않은 상태에서 12일 일선 전투중대에 실전용으로 공급되었고, 7월 20일 대전 전투에서 위력을 발휘하였다. 이후 북한군의 전차는 보는대로 부셔 T-34전차킬러라는 별명을 가졌다. 국군에는 8월 초에 공급되어 석적 전투에서 위력을 발휘했다.

M20AB1 : 길이 152.4cm, 무게 5.9kg, 최대사거리 823m, 유효사거리 점표적 275m, 이동표적 185m, 장갑관통력 28cm

3.5인치 로켓포(M20A1B1) - 전쟁기념관
M20, M20B1, M20A1, M20A1B1형이 있다.
(제2권 p358 참조)

포탄(모조품) - 전쟁기념관

무반동총

20mm, 57mm, 75mm는 보병용이고, 105mm는 포병이 사용했다.

6·25개전 초기 국군에는 105mm 무반동포가 없었고, 미군사단도 초기에 참전한 포병에 105mm무반동포를 가졌는지는 기록으로 확인되지 않는다.

1. M-20mm무반동포
   1950년 7월 19일 대전 북쪽 갑천 전투에서 미 제34연대 병사가 무반동포를 쏘고 있다.
2. 57mm무반동총(RR/TYPE36) - 전쟁기념관
   길이 156cm, 무게 36kg, 사거리 3,657m
3. 75mm무반동총 - 전쟁기념관
   길이 207cm, 무게 52.4kg, 유효사거리 800m
4. 75mm무반동총 - 전쟁기념관
   길이 228cm, 무게 85kg, 유효사거리 800m, 최대사거리 6,675m
   앞보다 규격이 크고 바퀴가 달려 있다.
5. 106mm무반동포 - 전쟁기념관
   길이 340.36cm, 무게 196.85kg, 최대사거리 7,700m, 유효사거리 1,100m. 최대발사속도 분당 4발
   포병용이다. 차량으로 견인한다. 3각 바퀴 중 앞 두 바퀴는 고정받침대로 바꿔 놓았다.

박격포

60mm, 81mm, 4.2인치가 있다.

화력이 직접 도달할 수 없는 계곡이나 참호 또는 산병호에 30도 이상의 고각도(高角度)로 고성능 포탄을 낙하시킬 수 있다. 포탄을 포구로 집어 넣어 반동으로 발사한다.

60mm박격포 : 구경 60mm는 포탄 직경이다. 길이 98.3m, 무게 17.8kg, 사거리 3,590m, 발사속도 분당 18~30발. 소총중대(화기소대)에 3문 배정.

81mm박격포 : 구경은 60mm 경우와 같다. 길이 129.54cm, 무게 48.53kg, 사거리 4,500m, 최대발사속도 분당 30발. 대대(중화기중대)에 6문이 배정되어 있었다.

60mm와 81mm는 휴대용으로 장치가 간편하다. 포판과 포신이 분리되어 있고, 포신에 2각이 붙어 있다.

4.2인치 박격포는 대구경포로 차량으로 운반한다. 국군에는 없었고, 미군의 경우 연대 박격포중대에서 사용했다.

1. 60mm박격포(미국산) - 다부동지구전적기념관
2. 81mm박격포 - 다부동지구전적기념관
3. 국군이 81mm박격포를 쏘고 있다.

▎곡사포

75mm, 105mm, 155mm와 8인치가 있었다.

75mm 곡사포 미국산.

포신길이 1.2m, 무게 572kg, 발사속도 분당 16발, 최대사거리 8,700m.

105mm곡사포 : 포신길이 2.3m, 무게 2,250kg, 최대사거리 11,270m, 발사속도 분당 10발. 국군포병이 가진 최대 화력이었다.

155mm곡사포 : 포신길이 3.8m, 무게 5,760kg, 최대사거리 14,600m, 발사속도 분당 4발. 미군 포병이 가지고 있었다. 국군에게는 훨씬 뒤에 보급되었다.

미군 사단에는 포병사령부가 있었고, 일반적으로 155mm 1개 대대, 105mm 1개 대대, 자주고사포 1개 대대가 예속되어 있었다. 8인치 곡사포는 미군만 가지고 있었다.

한·미군 다 같이 1개 포대에 포 6문, 1개 대대에 18문이 정수이나 실제는 그 보다 적게 가진 경우가 많았다. 미군사단은 6·25전쟁 초기까지 감소편제를 그대로 유지하여 1개 대대에 2개 포대만 유지하여 12문이 정수였다.

1. 155mm 곡사포(제5권 p399 사진 참조)
2. 105mm 곡사포(제1권 p293, 제6권 p79 사진 참조)
3. 75mm 곡사포(제2권 p33 사진 참조)

▌자주고사포

일명 듀얼 40대포. 보포르스 40mm대공자동식대포 2문을 차량에 고착시킨 것으로 처음에는 대공화력으로 사용하다가 보병지원에 사용했다. 미군 사단포병사령부에 자주고사포대대가 있었다. 국군에는 없었다.

M-24경전차

▌M-24경전차

주로 정찰용으로 얇은 장갑판으로 만들었고, 75mm포를 장착.

1950년 7월 7일 미 제24사단 소속 제78전차대대 A중대 M-24 경전차 1개 소대(5대)가 천안 전투에 투입되었으나 보병이 후퇴하면서 아무런 활약을 하지 못했다.

▌M-26중(中)전차

구경 90mm대포 장착. 1950년 7월 29일 파울러 중위가 지휘하는 M-26퍼싱전차 3대가 진주에 있는 미 제19연대를 지원했다. 이 전차는 일본 병기창의 격납고(格納庫)에 보관되어 있는 M-26퍼싱(pershing)전차를 수리한 것인데

M-26퍼싱전차(1950년 8월)

수리 과정에서 부품이 없는 팬벨트(Fan belt)를 일제 고품(古品)을 사용한 까닭에 엔진 과열이 잦아서 장거리 주행이 불가능하여 포 구실밖에는 할 수 없었다. 미 제19연대장 무어 대령은 '앉은뱅이 포탑'이라고 했다.

7월 31일 미 제5연대전투단에 배속된 제89전차대대 A중대가 M-26중전차 14대를 가지고 도착한 것을 비롯하여 8월 초에 많은 동형의 전차가 도착했다.

▎M-4A-3 셔먼전차(中型)

태평양 지역에 배치되어 있는 M-4A-1(74mm포) 셔먼전차를 회수하여 A-3(76mm포)로 개조했다. 6·25전쟁 중 주력 전차.

M-4로 표시한 전차가 있는데 위의 M-4A-3와 같은 형인지 별도의 형이 따로 있는지 확인이 되지 않는다. 두 형을 혼동해서 기록한 문헌도 있다.

고지를 향해 사격하는 M-4 A-3셔먼전차

M4A3E8 SHERMAN전차 - 전쟁기념관
길이 7.5m, 폭 3m, 중량 33,800kg,
최대속도 시속 48km,
항속거리 161km. 승무원 5명
6·25전쟁 중 미군의 주력전차

▎M-46 중형(重型) 패턴전차

제6전차대대 보유. 90mm중포 장착
무게 44t. 길이 8.48m, 높이 3.18m,
장갑두께 102mm, 주포구경 90mm
전차는 1개 소대 5대, 1개 중대 20대, 1개 대대 80대가 정수이다. 앞의 제89전차대대 A중대는 전차 14대를 가지고 왔고, 8월 19일 다부동에 증원된 미 제27연대 전차중대는 M-26퍼싱 전차 20대를 가지고 왔다.

M-46중형 패턴전차

▶ 전차부대와 전차의 종류는 본 책 제8장 제2절 「1. 미 지상군증원」 참조

차량

GMC라고 부른 2.5톤 트럭, 3/4톤 트럭(스리쿼터), 1/2톤(지프)가 있었다.

GMC, 스리쿼터, 지프로 불렀고, 군 수송수단의 주류를 이루었다.

GMC는 미국 General Motors Corporation에서 만든 트럭이다. 회사 이름의 두 음을 따서 붙여진 이름인데 군의 주류를 이룬 트럭이다 보니 트럭의 대명사가 되었다. 6발이라고도 한다. 바퀴가 6개라서 붙인 이름이다. 일부 닛산(日産)트럭이 있었다. 글자대로 일본산 트럭이고, 6·25개전 전에 우리 군과 민간에서 많이 가지고 있었다.

당시 대대의 경우 지프는 대대장과 부대대장의 지휘용으로, 스리쿼터는 무전차량, 통신지휘 및 기자재 운반용으로 통신대에 1대, 중화기중대에 1대가 있었고, GMC는 보급품과 병장기 운반용으로 몇 대(4~5대)가 있었을 뿐이다.

당시 사단이 보유한 차량은 1,566대였고, 육군본부가 1,200대 정도를 보유했으며, 재고 차량이 1,600대 정도 있었다. 1개 사단이 보유한 차량은 196대(T/E 377대)였다. 6·25개전 초 미군사단은 약 5,000대의 차량을 보유하고 있었다.

1. 2.5톤 GMC트럭 행렬 2. GMC트럭 – 거제도 포로수용소유적공원
3. 1/4톤 지프행렬(제7권 p290 사진 참조) 4. 3/4톤 트럭(스리쿼터) 5. 닛산(日産)트럭

북한군 병기

보병소총은 1944년에 만든 소련제 7.62mm기병용 총과 일본 관동군이 가졌던 7.7mm 99식 소총 등 다양한 형식의 총을 가졌다. 소련제 소총을 장총 또는 따콩총이라고 불렀다. 총신이 길었고, 발사하면 '딱 콩' 하는 소리가 났다.

▌다발총

북한군의 대표적인 소총이다. 구경 7.62mm

제2차 세계대전 중에 만들었고, 별로 위력은 없으나 동시다발로 사격하여 근접전에서 효과적이고 연발되는 총소리가 위협적이다. 총소리가 '따따따따' 하여 따발총이라고 했다. 72발이 들어가는 원형 탄창을 사용하고 1분에 100발을 발사할 수 있다.

보병소총 PPSM-41기관총(다발총) - 다부동전적기념관
(제2권 p38 사진 참조)

소련제로 알고 있었는데 다부동전적기념관에는 중국산이 전시되어 있다.
길이 84.2cm, 중량 3.5kg, 사거리 200m, 35~71발들이 탄창 사용.

▌시모노프 소총

구경 7.62mm, 길이 102cm, 무게 3.8kg, 유효사거리 400m, 단발 수동식. 소련제

모시나칸트 소총

구경 7.62mm, 길이112cm, 무게 3.9kg, 유효사거리 400m, 단발 수동식. 소련제

소련제 시모노프 소총(위)과 모시나칸트 소총 - 전쟁기념관

▎덱타레프 경기관총(DP-소련제) - 다부동전적기념관

구경 7.62mm, 길이 113.2cm, 무게 13.7kg, 사거리 1,000m
실탄 260발들이 탄창사용. 원통이 탄창이다. 2각으로 앞을 받힌다.

실전에서 사용하고 있는 경기관총

소련이 원조해 준 7.62mm경기관총 DP

▎덱타레프 기관총(DPM-소련제) - 전쟁기념관

길이 127cm, 무게 9.1km, 유효사거리 800m.

손잡이가 따로 있고, 앞의 것과는 달리 탄창이 없고, 국군 것처럼 다발로 된 실탄을 옆으로 장진하게 되어 있다.

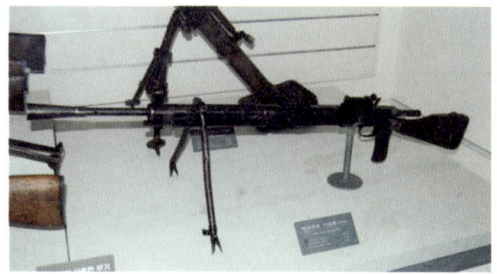

▎PPSH-43기관총(중국산) - 다부동전적기념관

길이 83.1cm, 무게 3kg, 유효사거리 200m, 35발들이 탄창. 기관단총이다. 둘다 같은 형이다. 안쪽은 개머리쇠(사격할 때 어깨에 대는 받침)를 위로 접어 놓은 것이고, 밖의 것은 개머리쇠를 펴 놓은 것이다. 가운데 밑으로 내려진 것이 탄창이다.

▎코류노프형 중기관총(소련제)

대형으로 바퀴가 달려 있어 수레처럼 끈다. 사진이 혼란스러워 식별하기가 어렵다. 안쪽은 총신을, 바깥쪽은 바퀴쪽을 찍었다.

▎막심중(重)기관총(소련제)

총신을 둥근 물통이 감싸고 있고, 사수 앞에 방탄철판이 달려있다. 바퀴가 달려있어 견인하기에 편하다.

▎덱타레프 기관총(RPD-소련제) - 전쟁기념관

길이 103.7cm, 무게 6.5kg, 유효사거리 800m, 발사속도 분당 850발, 총구에 2각 받침대가 있고, 연결된 실탄을 옆으로 장진한다.

기관총 구경은 소총구경과 같이 7.62mm다. 소총과 같은 실탄을 쓴다.

뎍타레프 대전차포

구경 45mm. 포신이 길어 볼품이 없다. 제2차 세계대전 초기에 대전차포로 사용하다가 전차의 장갑판이 두꺼워지면서 대차량용 및 원거리 대인 저격용 화력으로도 사용하였다. 북한군 사단에 36문씩 장비하였다. 미군은 이를 코끼리 또는 들소(野牛)라고 불렀다.

박격포

61mm, 82mm, 120mm가 있다. 61mm는 중대(화기소대)에 4문씩, 82mm는 대대(중화기중대)에 9문씩, 120mm는 연대(박격포중대)에 6문씩 가지고 있다. 61mm와 82mm는 우리의 60mm, 81mm 포탄을 그대로 쓸 수 있는 이점이 있다.

82mm박격포 : 길이 122m, 무게 56kg, 사거리 3,040m, 발사속도 분당 25발

61mm박격포 : 전쟁기념관 수장고 담당 김학선씨는 60mm로 확인했다고 했다.

120mm박격포 : 길이 1.85m, 무게 274.8kg, 최대사거리 5,700m, 발사속도 분당 15발. 1938년 소련이 개발. 바퀴가 달려 있고 차량으로 견인한다.

①

②

③

1. 중공군 61mm 박격포 – 전쟁기념관
2. 북한군 120mm 박격포
3. 북한군 82mm 박격포 – 전쟁기념관
   왼쪽은 국군 81mm 박격포

야포

122mm, 76mm곡사포와 SU-76자주포가 있다.

이상 3가지는 사단이 각각 12문씩 가지고 있었고, 76mm곡사포는 연대도 4문씩 가지고 있었다.

122mm곡사포 : 길이 5.7m, 무게 7,117kg, 최대사거리 20,800m, 발사속도 분당 5~6발. 1940년대 소련이 생산. 제2차 세계대전 중 소련 사단의 표준포로 운용했고, 미군의 155mm포와 대등한 성능을 가졌다.

76mm곡사포 : 길이 3.4m, 무게 1,150kg, 최대사거리 13,300m, 발사속도 분당 15~20발. 1942년 소련이 개발하여 제2차세계대전 중 대전차포로 운용.

1. 122mm 곡사포 M1937 – 전쟁기념관
2. 76mm 곡사포 M1942 – 전쟁기념관

가벼워서 험준한 산악지형에서 효과적으로 운용할 수 있고, 신속한 이동과 배치가 용이하다. 저쪽에 보이는 것은 122mm곡사포.

고사포

85mm, 57mm, 37mm, 14.5mm가 있다.

85mm고사포 : 길이 4.7m, 무게 4,300kg, 최대사거리 15,650m, 발사속도 분당 15~20발. 1939년 소련이 개발. 제2차세계대전 중 사용.

57mm고사포 : 길이 4.4m, 무게 4,660kg, 최대사거리 12,000m, 발사속도 분당 70발.

85mm보다 규격이 작은데 무게가 더 나간다. 착오가 아닌가?

37mm고사포 : 길이 2.8m, 무게 2,100kg, 최대사거리 9,500m, 분당 220발.

14.7mm중고사기관총 : 길이 4.6m, 폭 1.7m, 최대사거리 7,000m, 발사속도 분당 2,400발.

이상 제원은 전쟁기념관 안내표시에 따랐다. 가장 작은 14.7mm의 길이가 긴 것이 의문이 간다. 착오가 아닌가?

1. 85mm고사포 M1939 – 전쟁기념관
2. 적으로부터 노획환 소련제 85mm고사포 (1950.10.8)
3. 57mm고사포 – 전쟁기념관
4. 37mm고사포 – 전쟁기념관
5. 14.5mm중(重)고사기관총 – 전쟁기념관

▌SU-76자주포

길이 6.1m, 폭 3m, 무게 31톤, 최대속도 시속 55km, 76mm포 장착. T-34전차 차체에 포를 장착하여 보병지원에 사용. 외관상 전차와 구분되지 않는다. 개전 초 우리는 이를 모두 전차로 오인했었다.

SU-76자주포

▌T-34전차

길이 6.1m, 폭 3m, 무게 32톤, 최대속도 48~65km, 항속거리 300km, 무장 85mm포와 7.62mm 기관총 2정 장착. 승무원 4~5명.

제2차 세계대전 때 소련군 주력 전차다. 6·25남침 후 우리를 공포의 도가니로 몰아넣은 괴물이다. 남침 당시 북한군은 250여 대의 이 전차를 가지고 있었고, 150대가 초전에 투입되었다.

1. 서울에 집입한 북한군 T-34전차
 (1950.6.28)
2. T-34전차(소련제) – 전쟁기념관
 (제2권 p135 사진 참조)

지상군 장비 371

6·25 전쟁 기간 중에 유통된 화폐와 발매된 담배

전쟁기념관 p148

화랑(옆)이 국군용 담배다

6·25전쟁 중 인명 손실 — 애! 6·25 p120 (일부 수정)

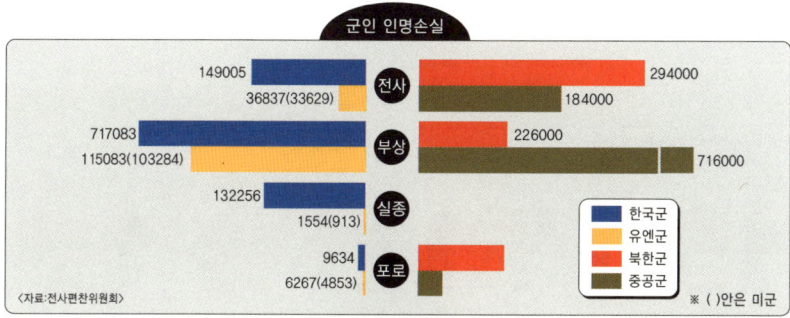

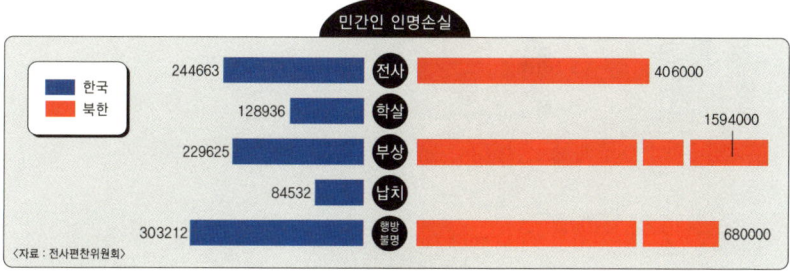

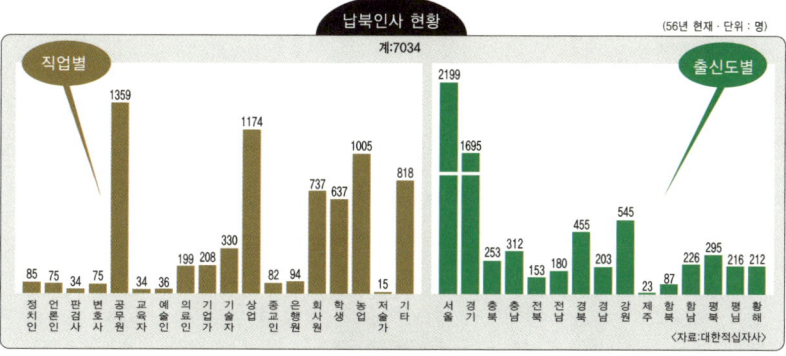

포로 교환 현황

(단위 : 명)

구분	국군	유엔군	계	북한군	중공군	계
상병포로교환	471	213	684	5640	1030	6670
반공포로교환				26930		26930
휴전 후 포로교환	7870	4913	12783	70371	6080	76451
송환거부	327	22	349	7712	14264	21976
계	8668	5148	13816	11653	21374	132027

국군 및 UN군 참전 상황

(1950~1953년)

〈자료 : 유엔한국참전국협회, 2000.5.10 작성〉

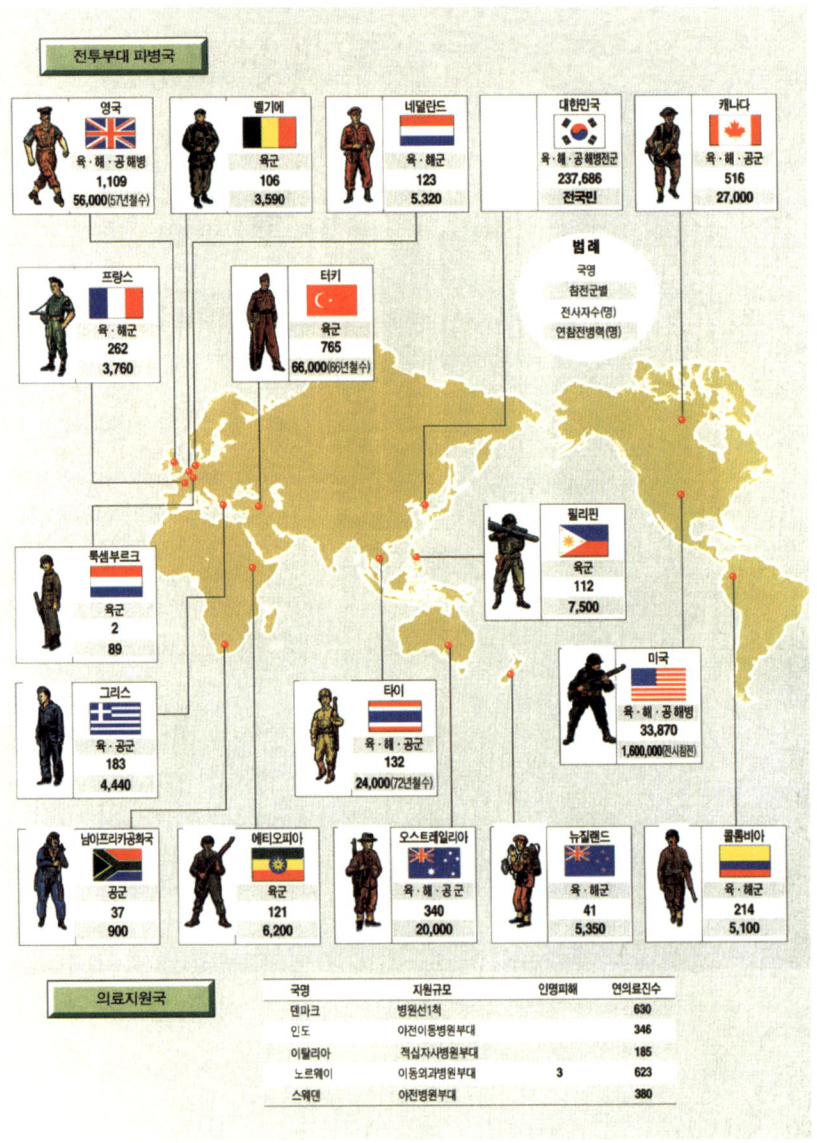

국군 및 미군사단급 이상 부대 휘장

중요 현충시설

국군 제1사단 충현탑
파주읍 - 1950. 6. 26.~28.

춘천지구전적비
춘천 - 1950.6.25.~30. 제6사단

강릉지구전투기념비
강릉 - 1950. 6. 25.~28. 제8사단

의정부전투기념비
의정부 - 1950. 6. 25~26. 제7사단

죽미령전투기념비
오산 - 1950. 7. 5. 미24사단 스미스특수임무부대

무극리전투기념비
음성 무주리 – 1950. 7. 5.~9. 제6사단 제7연대

동락리 전승비
충주 – 1950. 7. 5.~7. 제6사단 제7연대

진천 6·25전적비
진천 – 1950. 7. 6.~10. 수도사단

대전지구전적비
대전 보문산 - 1950. 7. 17.~20. 미 제24사단

이화령전투기념비
문경 - 1950. 7. 13.~16. 제6사단

화령장전투기념탑
상주 - 1950. 7. 17.~25. 제17연대

낙동강전투기념관
대구 - 1950. 8. 1.~12.

영산지구전적비
영산 - 1950. 8. 5.~18. 미 제24사단

창녕지구전적비
창녕 - 1950. 8. 5.~18. 미 제24사단

포항지구전적기념탑
포항 - 1950. 8. 9.~9. 22. 제3사단

해병대 진동리지구전적비

안강지구전적비
경북·경주 - 1950. 8. 9.~9. 22. 제1연대

박진지구전적비
영산 - 1950. 8. 5.~18. 미 제24사단

다부동전투전적비
칠곡다부동 - 1950. 8. 13~30. 제1사단

볼링앨리(다부동)전투 전승비
칠곡, 신주막 - 1950. 8. 18.~8. 30. 미 제27연대

왜관지구전적기념비
칠곡군 석적읍 - 1950. 8. 9.~30. 미 제1기병사단

영천지구전적비
영천 - 1950. 9. 5.~13. 제8사단
제8사단, 제1사단 제11연대, 제7사단 제5·제8연대, 제6사단 제19연대

통영상륙작전기념비
통영 원문고개 - 1950. 8. 17.~9. 8. 국군해병대

신령지구전승비
영천 - 1950. 8. 30.~9. 15. 제6사단

육사생도 6·25참전기념비
포천군 가산면 우금리

해군영흥도전적비

인천상륙작전기념비
1950. 9. 15.

해병대 행주도강전첩비
행주나루 - 1950. 9. 20

학도의용군 전승기념관
포항 - 제3사단 학도의용대

학도의용군 6·25전적비
제3사단에 지원한 학도의용군이다.
포항여자고등학교 정문 앞에 있다.

전몰학고 충혼탑
포항 - 제3사단 학도의용대

전투 상황도

미국의 극동방위선

1950.1.12 애치슨 미 국무부장관이 발표한 미국의 극동방위선(검은선)

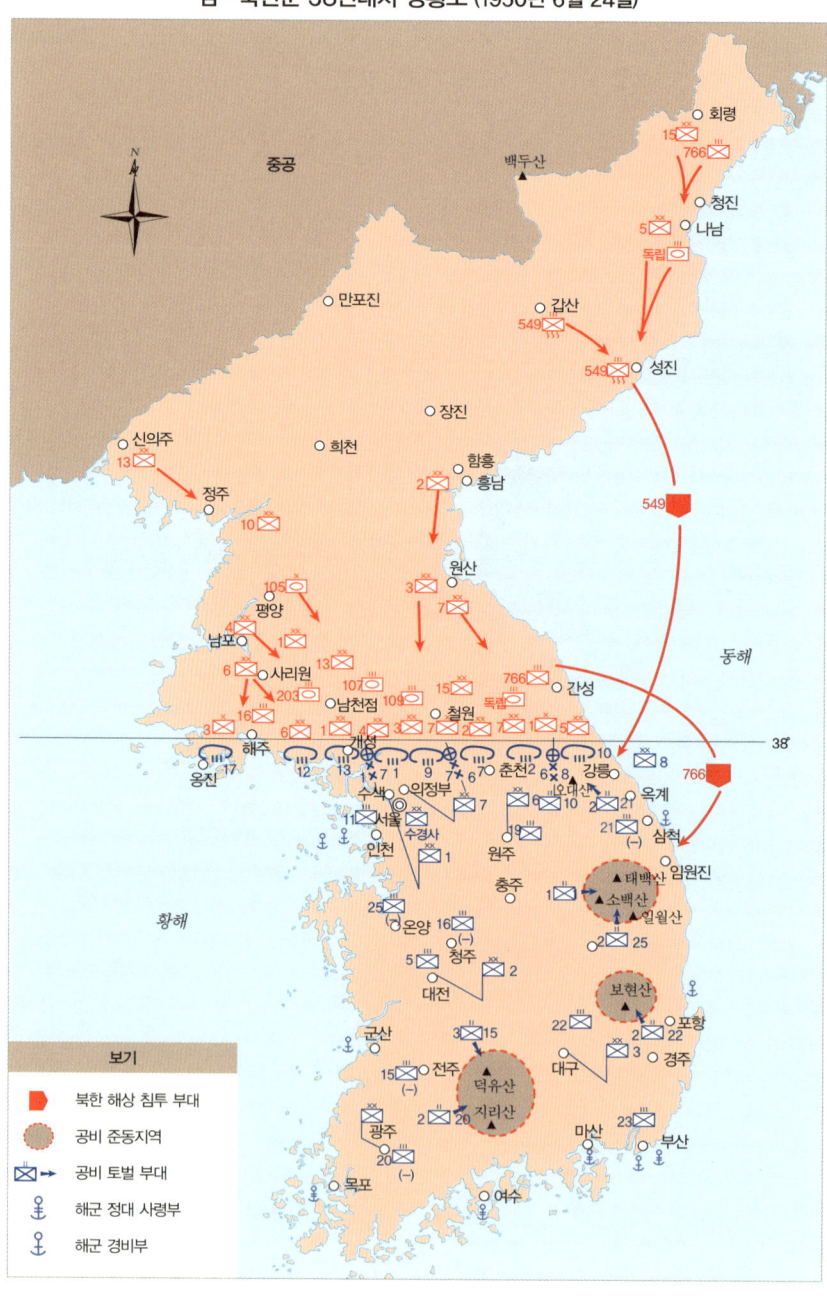

남·북한군 38선대치 상황도 (1950년 6월 24일)

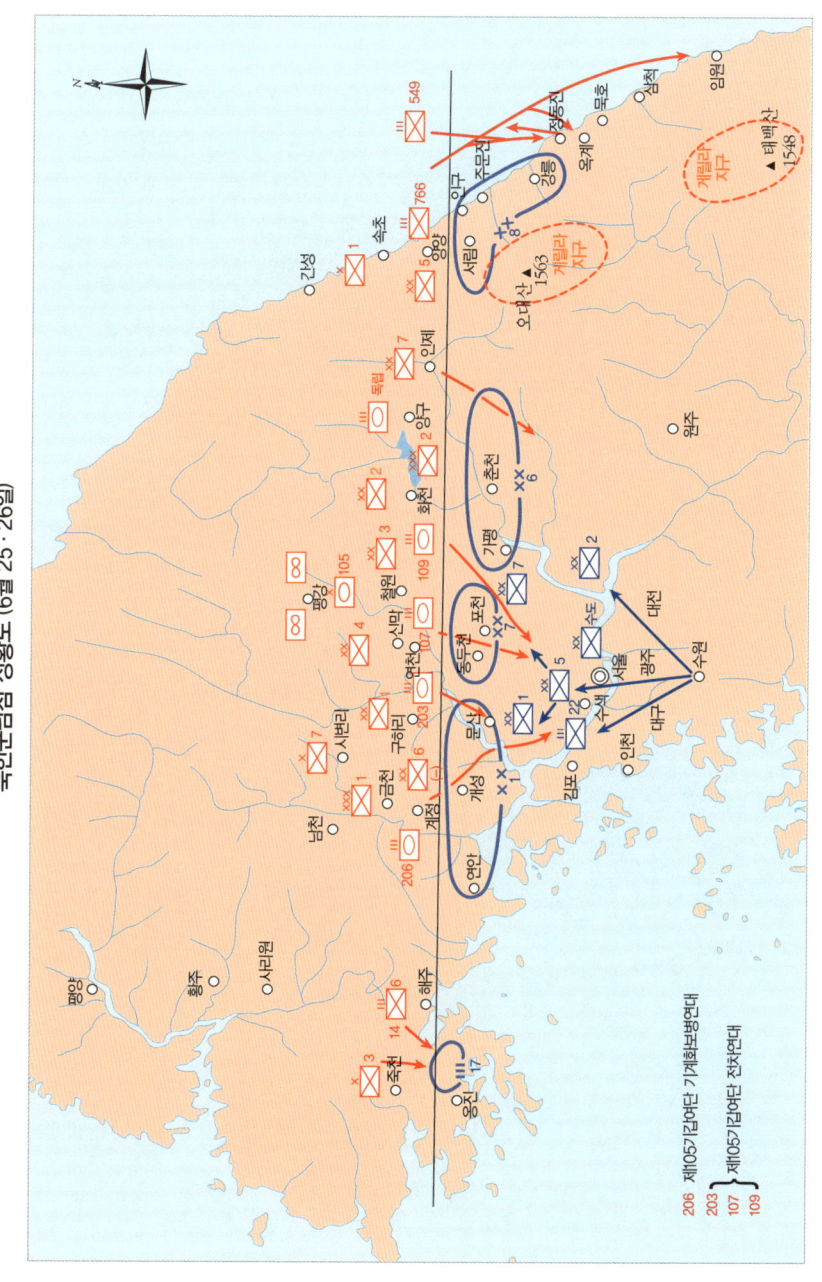

전투 상황도 389

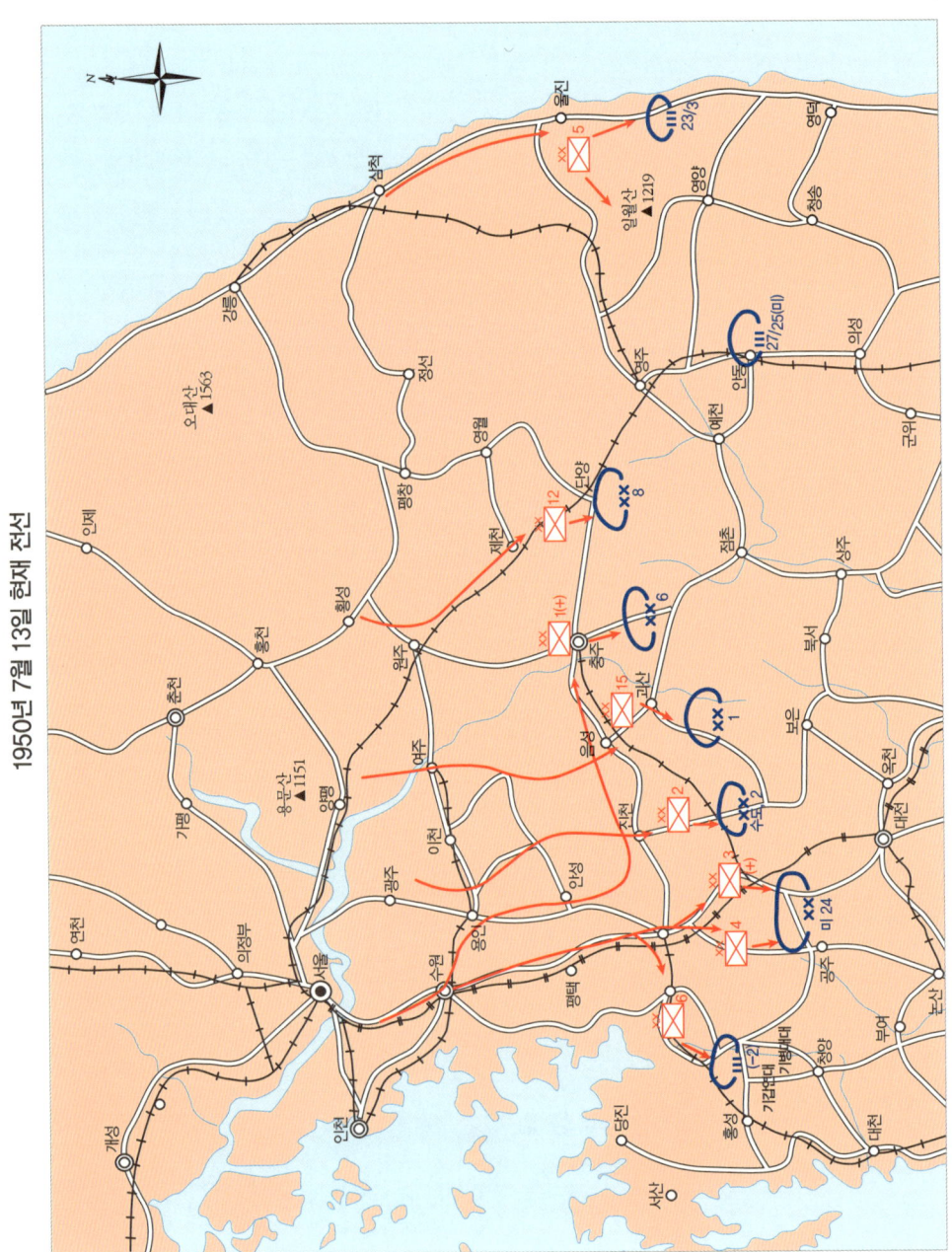

낙동강 방어선 (1950년 8월 3일)

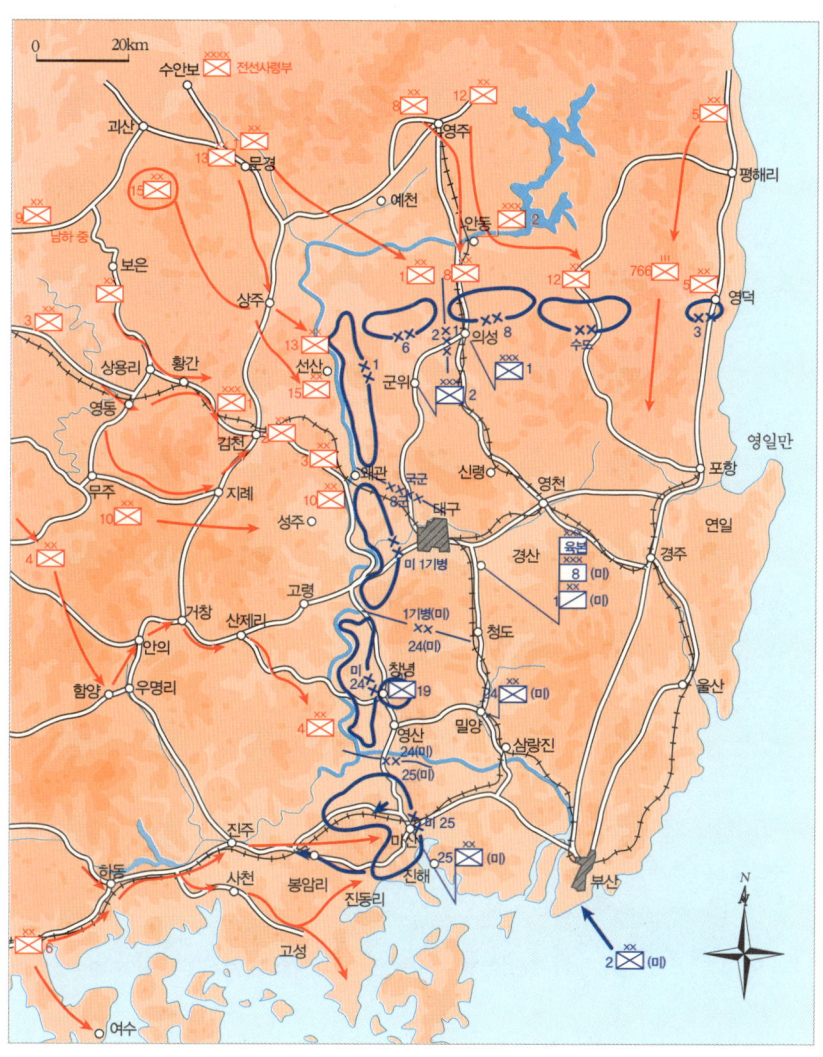

전투 상황도

북한군 침공경과도 (38선~낙동강)

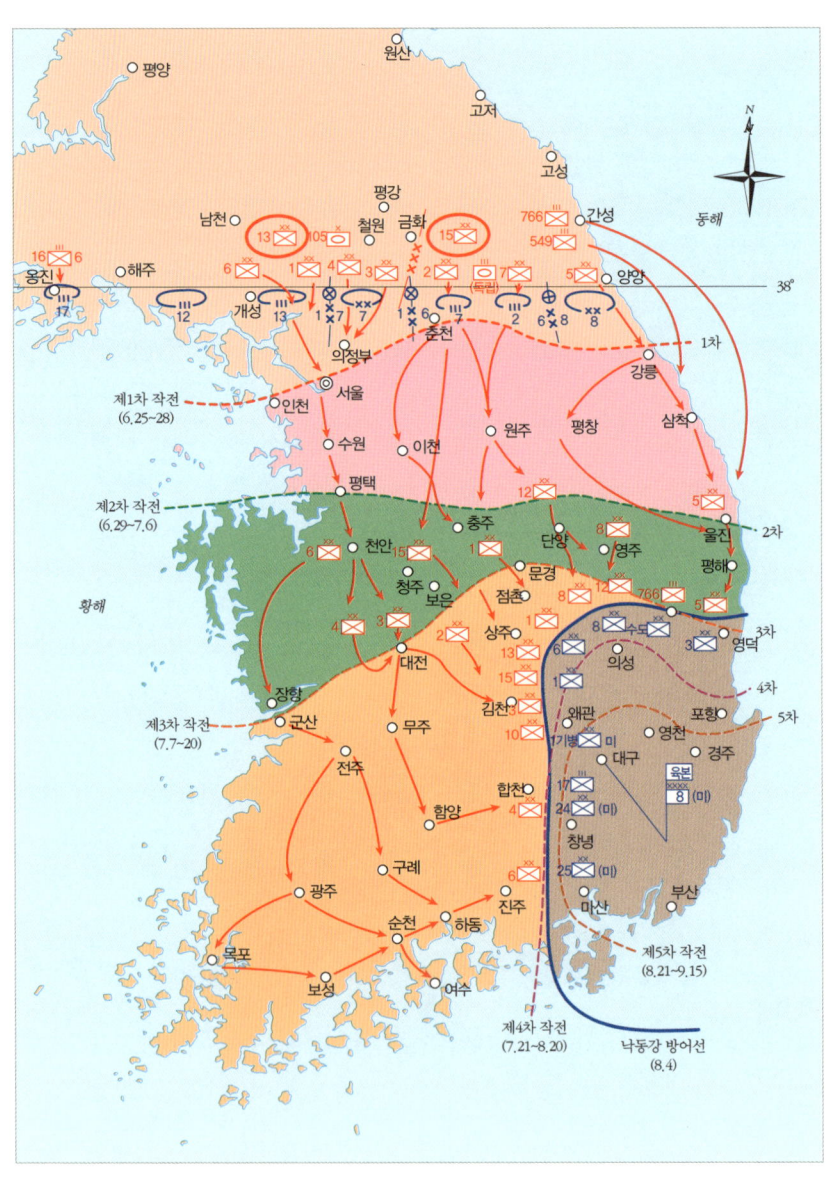

낙동강 방어선 9월대치전 상황도

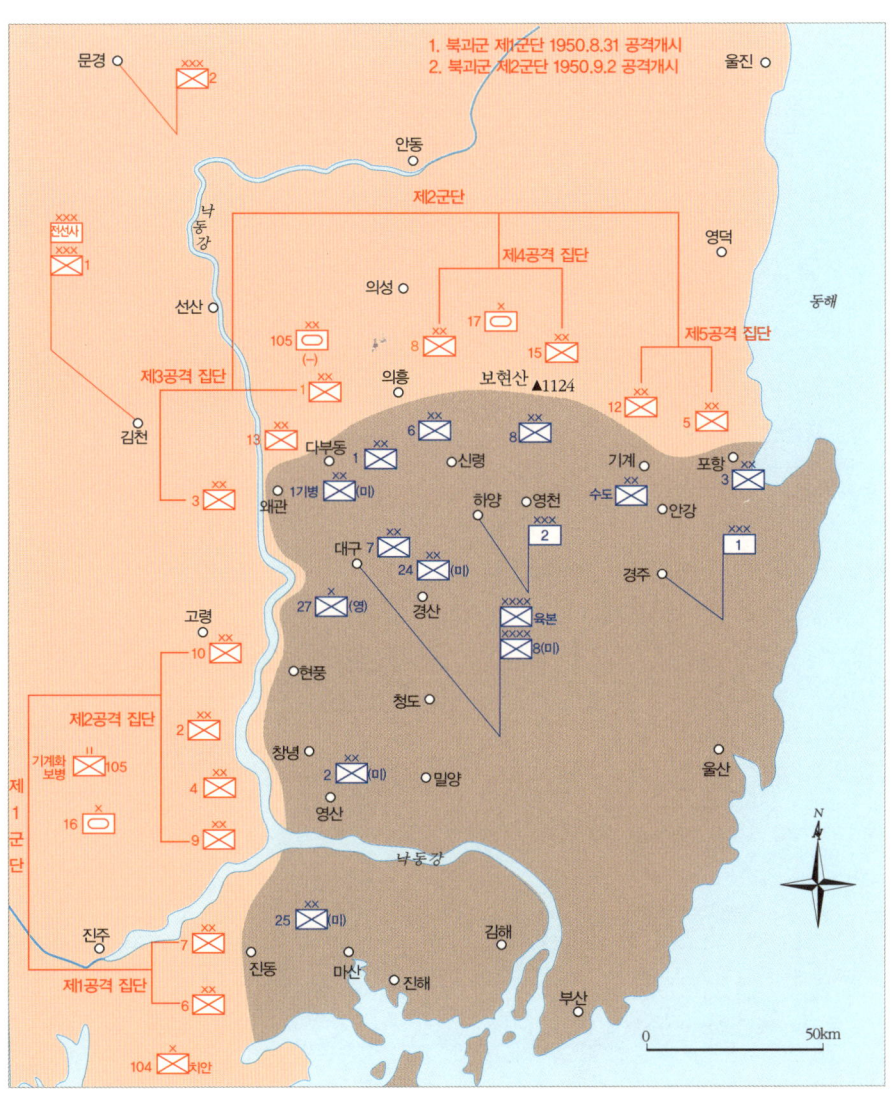

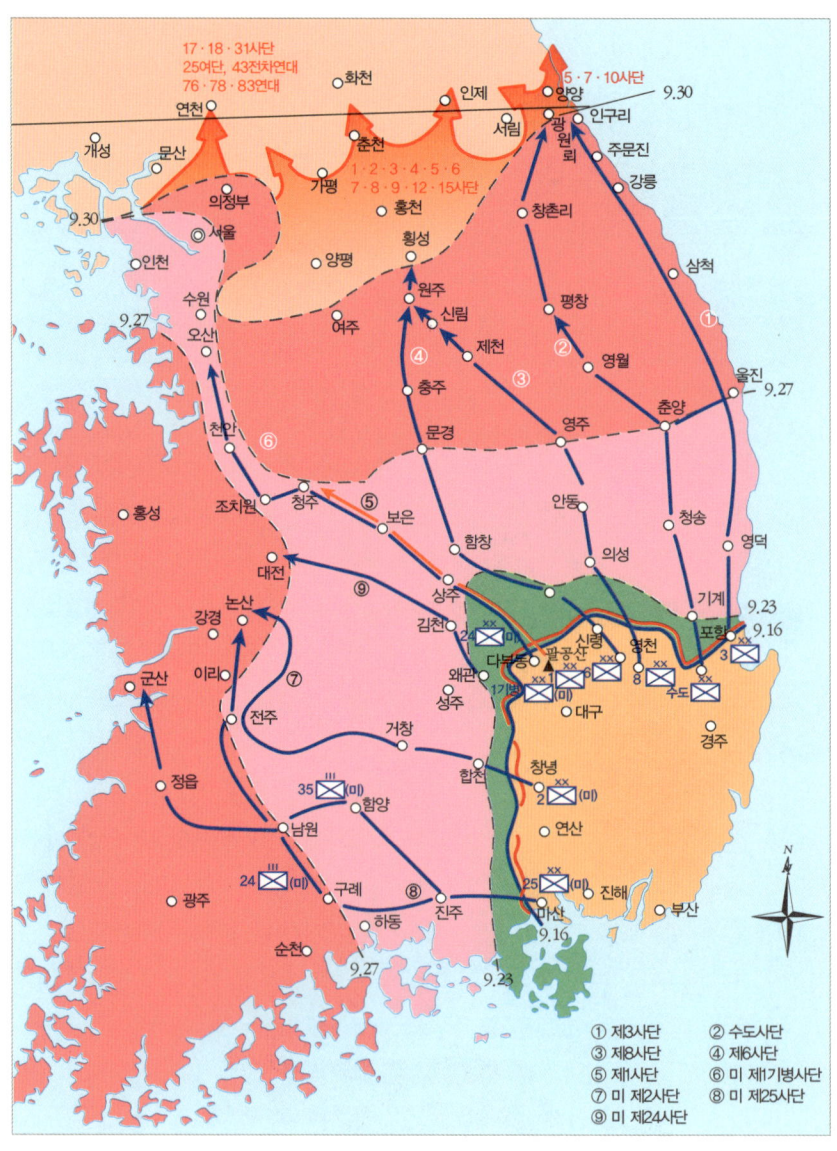

연합군 반격작전 상황도 (1950년 9월 16일~30일)

전쟁이 할퀸 상처(화보)

화물열차 지붕 위 피난민(오산역)

국도를 가득 메운 피난민 행렬(수원 근교)

고갯길을 힘들게 올라간다.

고달픈 인생길(1950.8.15 마산)

낙동강 유역의 피난민(1950.8.24)이라고 설명했다.

열차표를 사려고 줄 서 있는 피난민(1950.8.23 함안). 그 와중에도 갓을 써야 체면이 섰다.

그래도 웃음(1950.8월). 아들! 물고기! 어느 것 때문일까?

어딘지 모를 바닥에서 노숙하는 피난민

피난민들이 밥을 짓고 있다. 일렬로 늘어선 밥솥이 이채롭다.

낙동강변 피난민 수용지. 해수욕장의 캠프를 방불케 한다.

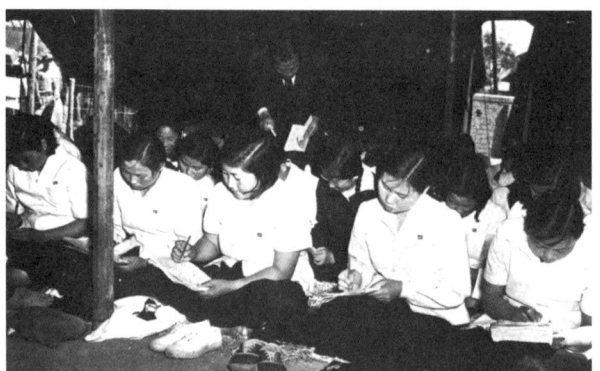
천막에서 수업하는 여학생

노천교실. 어딘지 모를 땅바닥

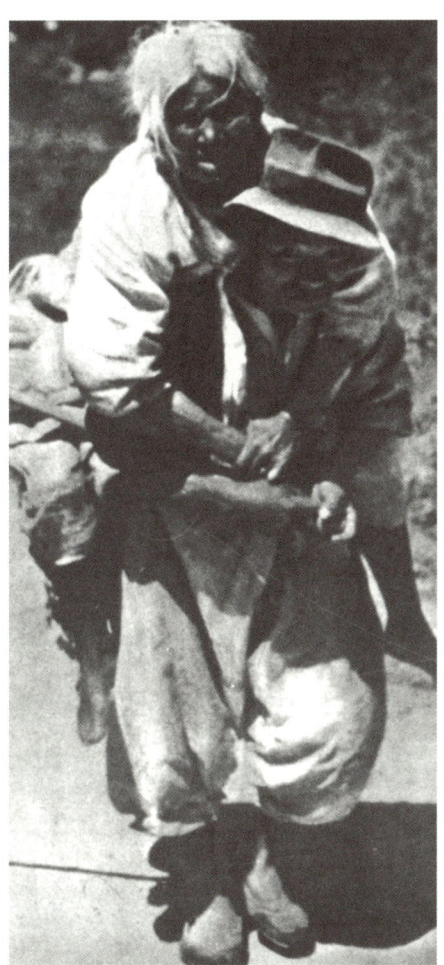

"언제까지,
어디까지
갈 수 있을까?"

노모를 업고!

아내를 지고!

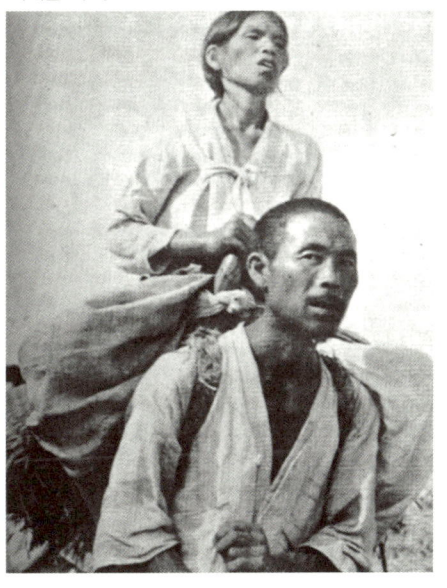

무엇에 쫓기는지 서두르는 모자(1950.7.29 영덕)

힘겹게 진 피난살림(1950.7.27)

강둑의 모정. 철없는 것이 어미 속을 어찌 알까?

엄마를 찾다가 지쳐서 주저앉아 운다.(1950.9.16 인천)

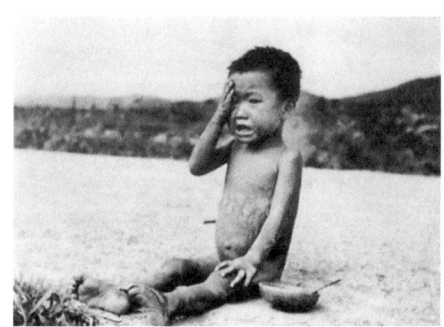
맨 몸뚱이만 남은 줄 알았는데, 옆에……

혹시나 먹을 것이 있을까?
빈 페이션상자를 살펴본다.(1950.9.30 진주)

허탈한 고아

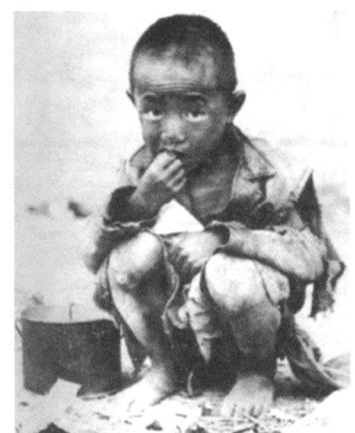
손가락을 빠는가? 무엇을 먹는가?

영문도 모르고 전쟁의 소용돌이에 휩쓸린 어린이

피난갔다 돌아온 부인들이 주변을 정리한다. 서울 수색

"엄마, 왜 그래?" "너 밖에 남은 것이 아무 것도 없구나!"

불타버린 폐허에서 허탈에 빠진 부인. 이 어린 것을 어찌할꼬?

폐허가 된 중앙청 동쪽(1950.10.1)
외롭게 솟은 북악산
건물은 당시 국립중앙박물관

열심히 땅을 파는 할머니
(1950.11.16 서울)

부서진 학교(1950.10.6)

굴뚝만 남아 있는 서울 거리

대전시가지 터. 여기도 굴뚝은 남아 있고 트럭이 지나간다.(1950.9.29)

폐허가 된 왜관읍(1950.8.19)

폐허가 된 인천역

춘천시가지(1951.4.4)

파괴된 한강복선 철교(1951.3.3)

끊어진 한강대교와 철교(1951.6.12)

왜관 낙동강 철교(1950.9.21)

포화의 상처를 입은 국보 제1호 숭례문(1951.3.20)

반토막 난 수원 장안문(1951.1.25)

상반신이 없어진 광화문

인생은 질기다!

부상당한 전우를 업고 가는 병사

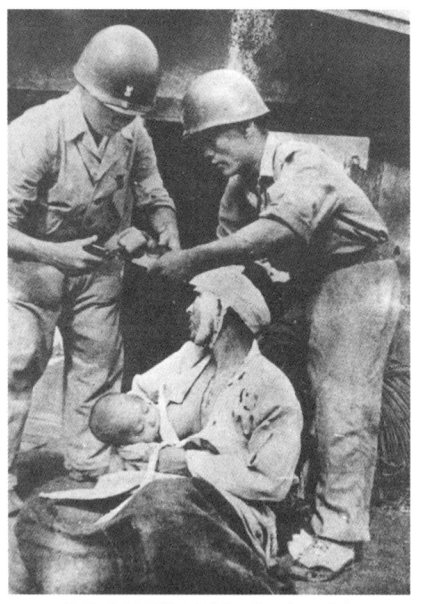

국군이 부상한 부인을 치료하고 있다.
엄마의 젖을 빠는 아기는 행복하다.

탄흔을 되잘으며 골몰한 생각에 잠긴 미군 병사

총탄에 구멍난 철모를 가리키며 웃는 국군상사

납량 특집 - 이렇게 시원할 수가!

양산을 쓰고 식사를 받는 스미스부대 병사

찢어진 드럼통에서 목욕을……

몸을 드럼통에 담그고 머리에 찬물을……

철모에 담은 물에 발을 담근 병사

'김일성의 충성스러운 꼬마 전사'

아직도 젖비린내가 가시지 않은,
병정놀이나 해야 할
어린 것들에게 총을 들며 사람을 죽이게 했다.

참고 문헌

단행본

국방부	『한국전쟁사』 제1권	전사편찬위원회	1968. 8. 15
	제2권	위 같은	1968. 12. 30
	제3권	위 같은	1970. 12. 25
	제4권	위 같은	1971. 12. 25
	『다부동전투』	위 같은	1981. 12. 10
	『38도선 초기전투(중동부전선)』	위 같은	1982
	『38도선 초기전투(서부전선)』	위 같은	1985
	『인천상륙작전』	위 같은	1983
	『안강・포항전투』	위 같은	1986
	『단양~의성전투』	위 같은	1987
	『6・25전쟁사』 1	군사편찬연구소	2004. 6. 23
	2	위 같은	2005. 12. 12
	3	위 같은	2006. 12. 13
	4	위 같은	2008. 2. 20
	5	위 같은	2008. 6. 30
	6	위 같은	2009. 7. 30
육군본부	『6・25사변 육군전사』 제1, 제2권		1952
	제3, 제4권		1955
	제5권		1956
	제6, 제7권		1957
전쟁기념사업회	『한국전쟁사』 제1권~제4권	행림출판	1992. 12. 20
안용현	『한국전쟁비사』 전 5권	경인문화사	1992. 7. 30
문화공보부	『광복20년』	광명인쇄공사	1965
희망출판사	『해방20년사』	희망출판사	1965. 8. 1
고정훈	『비록 군』	동방서원	1967. 3. 1
이호범	『태평양전쟁』 1, 2	한림출판사	1969. 10. 1
이원복	『한국동란』 전 5권	금성출판사	1969. 10. 20
종군기자실록	『대동아전쟁비사』 1 태평양편	노벨문화사	1971. 9. 25
	2 버마・말레이지편	위 같은	
김석영	『판문점』	진명문화사	1972. 4. 10
중앙일보사	『민족의 증언』 전 6권	을유문화사	1973. 1. 10
남상선 외	『6・25와 학도병』	대한학도의용군동지회	1974. 7.
송남헌	『해방30년사』 제1권	성문각	1976. 1. 25
김운태	『해방30년사』 제2권	성문각	1976. 1. 25
홍성원	『남과 북』 전 7권	서음출판사	1977. 5. 25
고지마 죠(兒島 襄)	『조선전쟁』 전 3권	일본 문예춘추사	1977. 11. 25
서울신문사	『주한미군 30년』	행림출판사	1979. 6. 10
북한사회과학원	『조선전사』 25~27	과학백과사전출판사	1981. 9. 30
장창국	『육사졸업생들』	중앙일보연재	1982. 10. 17~1983. 8. 27
한용원	『창군』	박영사	1984. 2. 20

대한민족사관연구회	『대한민국 사십년사』		1986. 1. 15
대한민국공훈사발간위원회	『대한민국 광복40년사』		1987. 1. 10
김학준	『한국전쟁』	박영사	1989. 7. 10
육군본부	『학도의용군』	육군본부 군사연구실	1994. 10.
김철범	『한국전쟁과 미국』	평민사	1995. 4. 25
박명림	『한국전쟁의 발발과 기원』 I, II	나남출판	1996. 6. 25
노병천	『도해세계전사』	연경문화사	1996. 7. 23
이병완	『끝나지 않은 전쟁』	명성출판사	1997. 11. 10
50동우회	『국군의 뿌리 창군·참전용사들』	삼우사	1998. 8. 14
김탁한	『불멸』 1	미래지성	1999. 1. 15
이희진 외	『한국전쟁의 수수께끼』	가람기획	2000. 6. 10
노병천	『이것이 한국전쟁이다』	21세기군사연구소	2000. 7. 13
김홍	『한국의 군제사』	학연문화사	2001. 7. 25
월간조선	『6·25 우리들의 이야기』	월간조선사	2001. 11. 26
박명림	『한국1950 전쟁과 평화』	나남출판	2002. 11. 27
김행복	『6·25전쟁과 채병덕 장군』	국방부 군사편찬연구소	2002. 12. 20
월간조선	『6·25 피살자 59994명』	월간조선사	2003. 6. 10
육군사관학교	『세계전쟁사』	황금알	2004. 2. 27
정영환 외	『프랑스 지식인들과 한국전쟁』	민음사	2004. 3. 30
강성학	『유엔과 한국전쟁』	리북	2004. 9. 10
양호민	『38선에서 휴전선으로』	생각의 나무	2004. 12. 30
김경일	『중국의 한국전쟁 참전기원』	논형	2005. 1. 10
김행복	『알아봅시다 6·25전쟁사』	국방부 군사편찬연구소	2005. 3. 25
류춘도	『벙어리새』	당대	2005. 10. 18
류형석 편저	『우리들의 아름다운 날을 위하여』	교육문화원	2005. 6. 1
김경학 외	『전쟁과 기억』	한울아카데미	2005. 10. 20
이윤규	『들리지 않는 총성 종이폭탄!』	지식더미	2006. 7. 20
조갑제	『박정희』 1, 2 길	조갑제닷컴	2006. 12. 10
한용원	『남북한의 창군』	오름	2008. 9. 10
월간조선	『60년 전 6·25는 이랬다』	월간조선	2010. 6. 1
이임하	『전쟁미망인, 한국현대사의 침묵을 깨다』	책과함께	2010. 6. 25

번역본

T. R. Fehrenback/안동림 역	『한국전쟁』	문학사	1965. 5. 30
류성룡/남만성 역	『징비록』	현암사	1970. 1. 15
서대숙저/서주석 역	『북한의 지도자 김일성』	청계연구소	1989. 4. 10
일본 육전사연구보급회/이원복 역	『한국전쟁』 1~4		1991. 6. 1
이배석 외 역	『한국의 초상』	동영사	1999. 6. 10
Joseph C. Goulden/김병조 발췌 번역	『한국전쟁비화』	청문각	2002. 6. 12
A. V. Trkunov/구종서 역	『한국전쟁의 진실과 수수께끼』	에디터	2003. 6. 20
Martin Russ/임상균역	『브레이크아웃』	나남출판	2004. 2. 10
윌리암 스툭/서은경 역	『한국전쟁과 미국의 외교정책』	나남출판	2005. 1. 20
김광림 역	『소련의 자료로 본 한국전쟁의 전말』	열림	1997
러시아 국방부/김종주 역	『러시아가 본 한국전쟁』		2002

Marguerite Higgins/이현표 역		『자유를 위한 희생』	코러스	2009. 11. 10
David Halberstam/정윤미, 이은진 옮김		『콜디스트 윈터』	살림출판사	2009. 11. 23

회고록 또는 전기

트루먼/손세일 역	『트루먼 회고록』下	지문각	1968. 12. 28
맥아더/구범모 역	『맥아더 회고록』	한림출판사	1971. 4. 10
김석원	『노병의 한』	성남중고등학교 동창회	1977. 4. 5
이응준	『회고90년』	산운기념사업회	1982. 1. 31
강성재	『참 군인 이종찬 장군』	동아일보사	1986. 7. 15
백선엽	『군과 나』	대륙연구소출판부	1989. 6. 15
정일권	『정일권회고록』	광명출판사	1996. 1. 15
박한진	『근초록』	발행처미상(비매품)	1997. 11. 15
이계홍	『장군이 된 이등병』(최갑석 장군 전기)	화남	2005. 7. 25
김인철	『38선에서 휴전선까지』	보문당	1992
강기천	『나의 인생여로』	계몽사	1996
유재홍	『격동의 세월』	을유문화사	1994
이형근	『군번1번의 외길인생』	중앙일보사	1993
김정렬	『김정렬 회고록』	을유문화사	1993
조병옥	『나의 회고록』	어문각	1963
박정인	『풍운의 별』	홍익출판사	1990
박경석	『오성장군 김홍일』	서문당	1984

화보

『한국전쟁기록사진집』	중앙일보사	1973. 9. 30
『광복30년 시련과 영광의 민족사』	문화방송·경향신문	1975. 10. 7
『LIFE AT WAR』	한국일보타임라이프	1977. 5. 10
『사진으로 보는 한국백년』	동아일보사	1978. 12. 1
『남북분단40년사』	재단법인 경우장학회	1985. 5. 15
『사진으로 본 한국전쟁의 실상』	한국언론인동우회	1987. 3. 10
『사진으로 보는 한국전쟁』	강창구	1997. 7. 10
『아! 6·25』	조선일보·전쟁기념관	2000. 6. 25
『사진으로 읽는 한국전쟁』	길광준	2005. 6. 17
『지울 수 없는 이미지』 1	박 도	2005. 6. 25
『지울 수 없는 이미지』 2	박 도	2005. 6. 25
『광복60년 사진60년 시대와 사람들』	민족사진가협회	2005. 4. 12
『전쟁기념관(도록)』	전쟁기념관	1996. 12. 18
『전쟁기념관』	전쟁기념관장	2008. 12. 15

기타

『한국행정구역총람』	보문출판사	1971. 3. 15
『한국지명사전』	손석우	1974. 8. 30
『한국행정구역총감』	행정구역총감편찬회	1987. 6. 22
『정밀도로지도』	영진문화사	2001. 10. 5
『전국도로안내지도』	현대지도문화사	2004. 1. 5

6·25전쟁사

낙동강 제8권

초판 1쇄 인쇄 2010년 12월 21일
초판 1쇄 발행 2010년 12월 30일

지은이 ｜ 류형석
펴낸이 ｜ 김세영
펴낸곳 ｜ 도서출판 플래닛미디어

주소 ｜ 121-839 서울 마포구 서교동 381-38 3층
전화 ｜ 3143-3366
팩스 ｜ 3143-3360
등록 ｜ 2005년 9월 12일 제 313-2005-000197호
이메일 ｜ webmaster@planetmedia.co.kr

ISBN 978-89-92326-91-9 04910
         978-89-92326-83-4 (전8권)

ⓒ류형석 2010

* 책값은 겉표지에 있습니다.
* 잘못 만들어진 책은 구입처나 본사에서 교환해 드립니다.

다부동지구 전선

제10연대 | 제11연대

← 팔공산
가산 901고지
다부동
674고지
천생산
유학산 제2눈 837고지

← 옥골

← 해평

제12연대 | 제13연대
(8월 25일 제15연대로 개칭)

유학산 정상
839고지

수암산
518고지 328고지
↓
369고지
인동
↓

다식동 →
짓골나루 ↘

강정나루
↓

2009년 8월 1일 숭선교(강정−해평)에서 촬영